-*"El dinero que tienes hoy es resultado de tus decisiones y hábitos financieros del pasado.*

El dinero que tendrás mañana será resultado de las decisiones y hábitos que tomes, a partir de hoy.

Todo inicia con una decisión y un hábito.

Todo lo que siempre has deseado se encuentra a una decisión y un hábito de distancia.

Bienvenido." -

Lalo Cortez

www.FinanzasFamiliaresInteligentes.com

Finanzas Familiares Inteligentes

© 2023, J. Eduardo Cortez Méndez

© 2023, Editorial Zetroc, Inc

Publicado por Editorial Zetroc

Asesoría Editorial: Carlos Eduardo González, Mayra Idalid Cota Manríquez & Ada Idalid Cortez Cota.

Lalo Cortez

Finanzas Familiares Inteligentes

Tomo #1

Toma el control de tu dinero,
ve de **Pendejolandia** a **Moneylandia**
en tiempo record.

-"*Si solo estás "interesado",
harás lo que sea conveniente;
si estás comprometido,
harás lo que tengas que hacer.
Esa es la diferencia.*"-

John Assaraf

DEDICATORIA

Para mi madre, Libia, por toda la sabiduría que me transmitiste desde tu "ignorancia", sin ti, mamá; no habría comprendido tantas cosas sobre dinero a lo largo de los años, gracias por tu sacrificio. Sin ti, no sería lo que hoy, soy. Sin ti este libro no existiría.

Para mi esposa Mayra, para mi hija Ada, mi hijo Apolo y mi hijo Adonay; por servirme de conejillos de indias, sin ustedes saberlo; para muchos de los temas de este libro. Ustedes, mi familia son mi obra maestra. Gracias por ser testimonio viviente.

Para mi hermana Maritza y para mi hermano Pepe, gracias por siempre estar ahí y el apoyo incondicional.

Para mis estudiantes que se han convertido en mis amigos, porque "al enseñarles", soy yo el que más aprende.

A mis mentores, algunos que fueron mis clientes durante mi etapa de programador de computadoras y me enseñaron tanto de la forma en que manejaban sus negocios, especialmente a Nathan Rubin, y de unos añitos posteriores a mi gran amigo y mentor Roger La Pierre.

A mi gran amigo Roger Lapierre, que no alcanzó a ver esta obra terminada. Gracias amigo hasta el cielo, por motivarme y enseñarme tanto del mundo financiero.

A todos aquellos que este libro les sirva para lograr formar una familia estable, fuerte, en paz; como resultado de aplicar lo que aprendan en este material.

A mi padre, que aunque no crecí contigo, me enseñaste el significado de la resiliencia, tu vida tampoco fue fácil, te quedaste sin tu madre desde los 9 años, y lograste grandes cosas.

A mi padrino, Álvaro Mendoza, que me has mostrado el camino de integridad y ética más extraordinario con que se deben manejar los negocios.

Para Dios, porque tú sabes que tenemos una relación especial, única, nos entendemos a nuestra manera. Gracias por guiarme en el camino y por tenerme tantísima paciencia.

DEDICATORIA para mis estudiantes

Lo más difícil al momento de presentar un entrenamiento o crear cualquier tipo de contenido para mis estudiantes en cualesquiera de sus modalidades, ha sido para mí elegir los temas que más impacto causarán en sus resultados, y el orden de estos. Son miles de temas financieros que se entrelazan entre sí, elegir cuáles y el orden en que los presentaré ha sido siempre mi principal reto.

En los entrenamientos presenciales el reto es siempre el tiempo, no podemos extendernos y extendernos indefinidamente, cientos de veces al final nadie queremos irnos.

Este libro y la serie que representa, son 3; más sus materiales auxiliares, son mi mejor intento para resumir todos esos temas que sería imposible presentar en vivo, a menos que lo hiciéramos de tipo educación continua, lo cual abre las puertas para lo que viene,   por ahora, este libro presenta retos, temas, ejercicios y materiales que les serán de gran utilidad a todos. Son una selección especial.

Si ya has tomado uno o más de mis entrenamientos presenciales, encontrarás algunos temas ya conocidos, sin embargo, los encontrarás renovados, corregidos y aumentados. Además, me atrevo a decirte que los verás desde una perspectiva totalmente nueva y te dará una visión aún más profunda y poderosa para lograr cambios de fondo en tu vida y en las de tu familia. Habrá también temas que habías olvidado y que revivirás.

También verás un contenido muy poderoso de temas nuevos, que en este formato me ha sido posible incluir.

Va dedicado a las familias A ti mi estudiante actual o anterior y tu familia. Para que logren cosas extraordinarias más allá de lo que soñaron jamás.

Los amo a todos.

DEDICATORIA para mis hijos

Escribo este libro por muchos motivos, tal vez el más importante es para que mis hijos no tengan que pasar por lo que yo pasé, todos los temas que expongo aquí, los he vivido, y los he podido resolver. Dios me ha dado las herramientas para asumir una postura en donde pueda vivir una gran prueba y las herramientas para superarlas, para luego compartir ese aprendizaje.

Espero sinceramente que con el solo hecho de que ustedes mis hijos: Ada, Apolo y Adonay lean, aprendan y dominen estos principios, sus vidas serán mucho más fáciles de lo que fue la mía, sin embargo, no lo digo desde el lado de víctima, sino desde la responsabilidad absoluta. Este conocimiento les traerá a ustedes nuevos retos, algunos más grandes que a su vez tendrán el conocimiento para resolverlos, y a su vez, pasar ese conocimiento a más personas.

También lo hago porque en el afán de proteger a nuestros hijos para que "no vivan lo que nosotros vivimos", muchas veces y sin quererlo, los mutilamos de herramientas que nuestro proceso nos hizo obtener, momentos en que la única respuesta era LOGRARLO. Momentos en donde otras personas dependían de nosotros. Por eso este libro es una caja de herramientas para que ustedes obtengan como por ADN, todo eso que yo ya he superado, no están iniciando en ceros.

Reciban este libro como parte de su "herencia en vida", saben que hemos tenido cientos o tal vez miles de "teachable moments" en igual número de sobremesas, este libro de alguna manera es un resumen, en todos los temas financieros que tendrán que ver con su vida y con las generaciones que vienen después nuestro.

Les dejo entonces no solo un gran regalo, sino un gran reto de continuar la tradición, mejorarla, superarla y trascender.

Los amo.

-"*La libertad financiera es
un viaje, no un destino.
Se trata de crear un estilo
de vida que te permita hacer
lo que quieres, cuando quieras.*" -

Tony Robbins.

Prólogo

El valor de un libro no se determina por el costo de cada ejemplar. Tampoco, por la cantidad de ventas alcanzadas, más allá de que en este mundo moderno escribir es un negocio (y debe ser rentable). Y tampoco por la cantidad de apariciones en los medios de comunicación o los likes en las redes sociales, que no son más que un alimento para el ego (que nunca se sacia).

El valor de un libro, en especial de uno como este que llegó a tus manos, bien sea en su versión impresa o digital, está determinado por la suerte de impacto que ese contenido, esas letras, genera en la vida de cada lector. Que se manifiesta de diferentes formas: entretención, educación, reflexión, inspiración o, por supuesto, el mejor de los casos, la sumatoria de todas las anteriores.

Como periodista y escritor, autor de varios libros a título personal y para otras personas (ghostwriter), entiendo el poder de las palabras. Lo entiendo y lo aprovecho: vivo de él desde hace más de 35 años. Y no puedo quejarme, porque no solo me ha dado el sustento necesario para vivir como quiero, sino me ha permitido disfrutar incontables experiencias maravillosa durante el viaje.

Sé, perfectamente, que las palabras correctas pueden desatar un raudal de emociones que van desde la risa al llanto incontrolable (más por alegría que por tristeza). Sé, también, el titánico esfuerzo que significa escribir un libro y he experimentado la ilusión de las páginas escritas sean un tiempo bien utilizado por tus lectores. También he sentido la gratitud y admiración de ellos.

Como mentor de escritores aficionados o de empresarios y emprendedores que anhelan contar su experiencia de vida, transmitir su conocimiento a otros, sé lo que significa despojarse de los miedos y dar el paso de sentarse frente al computador. Una aventura riesgosa que muchos, la mayoría, abandonan en algún punto del camino. Y muchos jamás lo vuelven a intentar.

Por eso, valoro, aprecio y aplaudo a quienes, como mi amigo Lalo Cortez, logran cristalizar el sueño. Un sueño detrás el cual hay miedos pavorosos, dudas, ansiedad, noches de desvelo y muchas horas de trabajo. Un sueño que encierra el fervoroso deseo que el contenido escrito sea bien recibido por algunos y, sobre todo, les sirva a quienesacepten la invitación para leerlo.

A Lalo lo conocí en 2017 en Punta Cana (República Dominicana), durante un evento organizado por nuestro común amigo y mentor Álvaro Mendoza, 'el Padrino' de los negocios en internet. Llegamos allí por caminos diferentes: Lalo, en condición de emprendedor ansioso por aprender más para generar un mayor impacto en su entorno; yo, como aprendiz y miembro del equipo de Álvaro.

Llamó mi atención de inmediato por su capacidad para escuchar, primero, y hablar de manera inteligente, después. Por su capacidad de discernimiento y, en especial, por su pasión. Por la vida, por su familia, por sus clientes, por sus alumnos, por sus colegas, por su trabajo. Una pasión que a veces raya con la obsesión, sin que esta se convierta en un obstáculo o le provoque distracción.

También, sus ganas de aprender. No solo de estrategias de marketing o de cómo escalar su negocio al siguiente nivel; no solo de cómo replicar en el ámbito digital el éxito que había cosechado y disfrutaba en las presentaciones presenciales. Ganas de aprender, sobre todo, de cómo podía ayudar a más personas a evitar que transitaran por el mismo camino que él tuvo que recorrer.

¿Cuál? El de la pobreza, las limitaciones, las frustraciones y el llanto provocado por la impotencia. Durante la semana que duró aquel evento en República Dominicana fueron múltiples las charlas que sostuvimos con Lalo. De temas diversos, claro. A él le causaba curiosidad y una innegable admiración lo que yo podía hacer con las palabras. Y también quería aprender cómo hacerlo.

Lo mejor, sin embargo, estaba por venir. Llegó cuando tuve el privilegio de conocer su historia de vida, gracias a una entrevista que le realicé para publicarla en la revista de MercadeoGlobal.com. Descubrí, entonces, a un ser humano maravilloso, más que aquel al que había conocido durante el evento. Descubrí a una persona con una inmensa sensibilidad y un propósito inclaudicable.

Por si no lo sabes, a los 9 años, el pequeño Lalo era un cerillo, el niño que hace mandados en las tiendas a cambio de unas monedas. Hoy Lalo Cortez es un referente de la educación financiera y motivo de inspiración. Una increíble transformación que no se dio de la noche a la mañana, por supuesto, y que significó sacrificios y mucho esfuerzo, que implicó dolor y mucho aprendizaje.

El divorcio de sus padres marcó su vida. Su padre, un millonario egocéntrico, y sus tíos vivían en la opulencia. Gracias a su dinero podían darle lujos, vivir la vida que deseaban. Él se fue a vivir con su madre, una humilde mujer, la otra cara de la moneda. Pasó hambre, enfrentó múltiples dificultades y, sin embargo, logró construir un camino diferente. El camino que hoy nos comparte en este libro.

Que, por supuesto, tiene el poder de las palabras. Sin embargo, las páginas de este libro encierran algo todavía más poderoso que las palabras. ¿Sabes a qué me refiero? Al poder de los actos y, en especial, del ejemplo. Estoy seguro de tú, como yo, conoces o has leído textos y libros muy bien escritos, pero que al final nos damos cuenta de que solo eran eso: palabras, palabras vacías.

Finanzas familiares inteligentes, en cambio, encierra el poder de las vivencias. Que, por favor, no te equivoques, no solo han sido agradables y positivas. De hecho, la mayor parte del camino, sobre todo en el comienzo, fueron espinas y caídas repetidas. De las cuales Lalo supo reponerse, por fortuna para él y su familia. Utilizó el dolor de las heridas como alimento de su inclaudicable fuerza.

No soy una persona rica, pero cada día le doy gracias a Dios porque no me falta nada, nada de lo básico y necesario. Inclusive, cuando miro a mi alrededor veo más de lo que en verdad requiero. No contraigo grandes deudas, utilizo la tarjeta de crédito para gastos muy específicos y siempre he sido "buena paga". Sin embargo, disto mucho de tener una cultura financiera sólida.

Mi madre solía decirme que soy "un comprador compulsivo". ¿Y qué crees? ¡Tenía razón, claro! Sin embargo, me llevo bien con el dinero, sostenemos una relación que no es tóxica. Lo aprendí tanto de las enseñanzas de mi madre como de mis vivencias, de lo que vi a través del ejemplo de otras personas para las que el dinero fue bendición, al comienzo, y una terrible perdición, al final.

A mi edad, casi los 60, el tema del dinero no es menor. ¿Qué va a ser de mi futuro? ¿Trabajo? ¿Pensión? Los periodistas de mi generación tuvimos la suerte de contar con excelentes maestros en el oficio, en el tema de la reportería, de la ética, de la construcción de mensajes poderosos. El problema era que esos maestros provenían de la generación de empíricos, los del amor al arte.

Es decir, aquellos que en el mejor de los casos consiguieron una pequeña pensión y que se quedaron con la satisfacción de haber podido sacar adelante su familia. Un mérito enorme, por cierto. Sin embargo, eso no es lo que quiero para mí y, por eso, intento aprender. Mi educación financiera está en un nivel básico y ese es un riesgo potencial para mi actual situación.

Por eso, justo por eso, me miro en el espejo de aquellos que han tenido la sabiduría y, en especial, el coraje de cambiar el rumbo de su vida. Como Lalo Cortez. Él, como tristemente lo han hecho muchos otros, bien podría haber dicho "esta fue la vida que me tocó y voy a vivirla con resignación". Al contrario, aprendió, adquirió el conocimiento y construyó un camino distinto.

No soy de aquellos que creen que llegamos a este mundo a seguir un libreto que ya fue establecido, eso que llaman destino. Y mucho menos fui de aquellos que siguieron el libreto de la familia: de hecho, casi siempre fui en contravía de él. Soy un convencido de que la vida que tienes es producto directo de lo que aprendes, de tus decisiones, de tus creencias y de tus hábitos.

En todos y cada uno de los campos de la vida, con especial énfasis en el financiero. No hay una gran ciencia que se requiera para ser rico (o, al menos, vivir con tranquilidad y comodidad), pero tampoco puedes dejarlo todo en manos de la fortuna, del destino y de la suerte. Es necesario ser consciente del manejo de tus finanzas, aprender algo más de lo básico de finanzas familiares.

Por eso, justo por eso, considero que este libro que está en tus manos es un verdadero tesoro. Si lo sabes aprovechar, claro; si lo recibes con mentalidad abierta y positiva, también; si logras dejar atrás tus miedos y, en especial, si consigues cambiar esas creencias limitantes, esos hábitos y esos comportamientos que, hasta hoy, te han impedido producir dinero y saber cómo administrarlo.

De manera genial, como para quitarse el sombrero (¡y me lo quito!), en estas páginas Lalo nos hace un extenso y profundo recorrido por las finanzas familiares. Nos las explica de manera sencilla y, sobre todo, práctica. Además, con una metodología insuperable: hábitos de gente rica vs. hábitos de gente quebrada. ¿En cuál bando estás tú hoy?

Toma el control de tu dinero.

¿En cuál bando quieres estar en el futuro?

Consejos prácticos que surgen primero de la teoría, porque Lalo ha invertido una fortuna en adquirir conocimiento de los mejores del mercado, y de la práctica. Lo que a él y otros les ha funcionado, les ha permitido generar riqueza y abundancia para darse el estilo de vida que anhelaban y, sobre todo, para garantizar el bienestar de su familia a largo plazo. Es lo que quieres, ¿cierto?

Si es así, entonces ¡bienvenido! Estoy seguro de que una vez termines de leer este libro estarás agradecido por el tiempo invertido. Será la primera gran inversión de tu nueva vida, créeme. Sin embargo, será tan solo el primer paso. El resto dependerá de lo que hagas todos y cada uno de los días de tu vida para producir dinero y, en especial, para administrarlo de manera inteligente.

Al dedicar un tiempo para leer Finanzas familiares inteligentes has tomado una de las mejores decisiones de tu vida. Si pones en práctica lo que Lalo te enseñará en estas páginas, tu vida cambiará para bien, tus finanzas cambiarán para bien y tú y tu familia lo agradecerán. Si este libro llegó a tus manos es porque la vida te envía un mensaje: atiéndelo, apréndelo y disfrútalo.

Carlos Eduardo González
CarlosGonzalezCopywriter.com
caredugo@mercadeoglobal.com

De pronto, en el silencio de la noche, se oyó un disparo, Gerlach se levantó como resorte del sillón donde leía y lanzó su libro a un lado, corrió rápidamente hacia la parte posterior de la propiedad...

Perdón, me equivoqué de libro, mi novela policíaca tendrá que esperar su turno.

ÍNDICE

Primera parte

Introducción

La estrategia de inversión más importante es tener una estrategia de inversión. En resumen, esto es tu PROYECTO DE VIDA FAMILIAR Y FINANCIERO. Esto es lo que construiremos juntos en Finanzas Familiares Inteligentes.

En los años que tengo como entrenador financiero hay muchas cosas en común que he observado entre mis alumnos. Sin embargo, hay una que sobresale sobre el resto. Son personas de todos los niveles socioeconómicos, de todos los niveles educativos, y prácticamente de todas las edades también. La mayoría tienen resultados, entonces, ¿para qué vienen a mis entrenamientos? Esa es la respuesta al asunto más frecuente que he ido descubriendo y reafirmando y que sobresale; desean mejores resultados, mejores aún que los que ya tienen.

¿Por qué tienes tanto miedo de querer más? —Esta pregunta surge luego de procesos y ejercicios, digamos que hemos llegado al fondo, a la causa de lo que los ha frenado hasta ahora—. Luego de defenderse y negarlo como primera reacción por unos minutos, al saberse acorralados por la línea de cuestionamientos que les hago, les "cae el veinte", la respuesta es una y solo una: "Porque apenas logro sobrevivir en donde estoy ahora". Se refieren a todo su contexto, su pareja, familia, casa, empleo o negocio, nivel de ingresos y gastos, grupo de amistades, responsabilidades, lo que todo mundo espera de ellos y un largo etc.

Este libro es acerca de cómo las personas se transforman en seres extraordinarios, y por qué otros se bloquean de esa posibilidad. Verás claramente por qué algunos logran resultados extraordinarios, y otros fallan, y muchos otros ni siquiera lo intentan; estos últimos se han dado por vencidos incluso antes de comenzar.

En el mundo actual, la gestión financiera familiar es crucial, más que nunca. La pandemia ha puesto en evidencia la vulnerabilidad económica de muchas familias y ha demostrado que la planificación financiera es esencial para enfrentar situaciones imprevistas y difíciles. En este contexto, el libro "Finanzas Familiares Inteligentes" adquiere una importancia aún mayor, ya que ofrece soluciones prácticas y efectivas para gestionar los recursos financieros de manera inteligente y congruente. La urgencia de la situación económica es evidente y la necesidad de adoptar medidas concretas y rápidas es imperativa. El libro aborda los principales desafíos que enfrentan las familias en materia de finanzas, proponiendo estrategias, hábitos y herramientas para optimizar el uso de los ingresos, planificar los gastos, ahorrar e invertir de manera efectiva y sostenible. Desde la perspectiva de la congruencia, el libro promueve un enfoque integral y equilibrado que no solo se preocupa por los aspectos económicos, sino también por los valores y principios que guían la vida familiar.

Al finalizar de leer este libro, ya no tendrás miedo de ir por más, además, sabrás cómo hacerlo y habrás trazado el borrador del primer mapa para ir a por ello.

¿Por qué una persona o familia debería crear un proyecto de vida familiar y financiero? En eso, precisamente, profundizaremos en Finanzas Familiares Inteligentes:

1.- Establecer metas claras y realistas: Permite a las personas establecer objetivos realistas a largo plazo y trazar un camino para alcanzarlos. Es responder a la pregunta: ¿qué quiero que suceda con mi dinero?.

2.- Tomar el control de tus finanzas: Ayuda a las familias a tomar el control de su dinero, lo que llevará a una mayor estabilidad financiera. Es responder a la pregunta: ¿A dónde va mi dinero?

3.- Planificar el futuro: Permite a las personas planificar para el futuro, incluyendo la jubilación, la educación de los hijos, la compra de una vivienda y otros objetivos importantes. Responde a la pregunta: ¿A dónde quiero que vaya mi dinero?

4.- Evitar deudas: Ayuda a las familias a evitar endeudarse más allá de sus posibilidades y a mantenerse dentro de un presupuesto razonable. Responde a la pregunta: ¿Por qué debo lograr deuda cero?

5.- Mejorar la comunicación familiar: Aumentar la colaboración interna que involucre a todos los miembros, lo que mejorará la comunicación y el entendimiento entre todos. Responde a la pregunta: ¿Cómo quiero que apoye mi dinero a mi familia?

6.- Aumentar la seguridad: Ayuda a las familias a ser más resistentes ante situaciones imprevistas como una pérdida de empleo o el cierre de un negocio. Responde a pregunta: ¿Cómo me protejo de una situación extrema?

7.- Reducir el estrés: Reduce la ansiedad financiera y el estrés relacionado. Responde a la pregunta: ¿Cómo hago para obtener paz financiera?

8.- Inculcar valores a los hijos: Es una oportunidad para inculcar valores fundamentales como la responsabilidad, el ahorro y el trabajo duro a los hijos. Responde a la pregunta: ¿Cómo enseño a mis hijos valores relacionados con dinero?

9.- Aprovechar oportunidades: Ayuda a las familias a identificar oportunidades de crecimiento financiero, como inversiones o negocios. Responde a la pregunta: ¿Cómo hago para estar totalmente abierto a nuevas oportunidades?

10.- Mejorar la calidad de vida: Permite a las personas enfocarse en lo que realmente importa y lograr un equilibrio entre sus objetivos personales y profesionales. Responde a la pregunta: ¿Cómo incremento mis ingresos a la vez que logro equilibrio financiero y emocional, mío y de mi familia?

Vuelve mentalmente por un instante al primer día en que te enteraste de la pandemia en 2020, el mundo entero cerrado. Ahora imagina ese día, junto con tu familia, visualiza que no tienes pagos de auto, ya es tuyo, no tienes pagos de casa, ya es tuya, no tienes pagos de tarjetas de crédito, tienes algunas, pero están en ceros. Tienes dinero suficiente para esperar a que pase esta pesadilla sin salir de casa o casi sin salir. Tienes uno o dos o tres flujos de ingreso que no se van a detener ni con una pandemia.

Esta pandemia nos dejó claras muchas cosas, una de ellas es que tener un plan familiar-financiero es un asunto de vida o muerte. Literal. Llevo años diciéndoselo a la gente, muchos, gracias a Dios, escucharon a tiempo.

Estos son mis compromisos contigo desde ahora, si te juntas el tiempo necesario conmigo, y si aplicas por lo menos algunas cosas que aprenderás durante el proceso.

En este libro de finanzas familiares inteligentes, exploramos cómo las decisiones financieras que tomamos tienen un impacto significativo en nuestras vidas y en las de nuestros seres queridos. La mayoría de nosotros nos enfrentamos a muchas todos los días, desde cómo gastar nuestro dinero, formas en que lo ganamos y temas sobre cómo invertir nuestros ahorros. Parte de nuestra investigación ha incluido a psicólogos y economistas conductuales de vanguardia, y he dedicado gran parte de mi carrera a entender cómo tomamos decisiones y cómo podemos mejorar la calidad de estas, sobre todo las que tienen que ver con recursos y dinero. En este libro, aplico mis conocimientos y experiencia en estos campos para ayudarte a ti y tu familia.

Una de las principales lecciones que he aprendido es que, a menudo, nuestras decisiones financieras son influenciadas por sesgos cognitivos y emocionales. En otras palabras, no siempre tomamos decisiones racionales y objetivas, sino que a menudo nuestras emociones y prejuicios influyen en nuestras elecciones. Por ejemplo, es posible que nos dejemos llevar por el temor a perder dinero y evitemos invertir en algo, incluso si los datos indican que sería una inversión rentable a largo plazo. Para cuando termines de leer este libro lo tendrás superclaro.

Este libro está organizado en:
a) Hábitos que llamaremos de "la gente rica", y;
b) Otro tipo de hábitos que llamaremos "de la gente quebrada".
c) Varios temas adicionales a manera de bonos.
d) La manera en que todo esto se relaciona con nuestro proyecto de vida familiar-financiero.

Analicemos por un momento el tremendo impacto que tienen los hábitos en nosotros, pero no le ponemos la más mínima atención, pareciera que no importan, que no afectan. Anota esta frase: **Los hábitos son el efecto compuesto de la automejora personal.** De la misma manera que el dinero se multiplica por causa del interés compuesto(capítulo 38), de la misma manera los efectos de tus hábitos se multiplican a medida que los repites una y otra vez. Pareciera que no hacen ninguna diferencia en un día en especial, sin embargo, el impacto que logran al paso del tiempo, que pueden ser semanas, meses o incluso años; es gigantesco.

Muchas veces no les damos importancia a cambios pequeños porque parecen no generar ningún cambio en el momento, parecieran no tener una "causa" (del tema causa-efecto). Por ejemplo, si ahorras algo de dinero ahora, sigues sin ser millonario, si vas al gimnasio 3 días seguidos, de todos modos sigues sin tener condición física. Si estudias un idioma nuevo hoy por una hora, sigues sin haber aprendido el idioma. Hacemos una serie de cambios que no parecieran producir ningún resultado, así que nos regresamos a nuestras rutinas anteriores, lo cual no es otra cosa que otro conjunto de hábitos diferentes. Esto hace que los "malos" hábitos sean muy fáciles de instalarse casi para siempre.

Por ejemplo, si comes comida chatarra hoy, la báscula no se mueve en lo absoluto. Si trabajas hasta tarde esta semana y descuidas a tu familia, te perdonarán. Si procrastinas ese proyecto hasta mañana, sentirás que siempre habrá tiempo para terminarlo mañana. Una simple e insignificante decisión es fácil dejarla pasar e ignorarla. Con el tiempo esas decisiones "pequeñas e insignificantes" forman una montaña, esas decisiones malas o débiles, se convierten tarde o temprano en resultados tóxicos. Es la acumulación de estas decisiones, una aquí otra allá, **que eventualmente se convertirá en un problema.**

Una persona no enferma por fumar un cigarro, lo hace por fumar miles durante un periodo de tiempo, no fue una decisión, fueron miles. Fue un patrón que se repitió y se repitió como en un ciclo sin fin.

Por eso este libro está basado en hábitos, **hábitos financieros** que podrán llevarte a un destino muy distante del que tenías en mente, para bien. También te doy una lista de otros que en caso de que los tengas, pueden llevarte a la pobreza de por vida. Te digo cómo deshacerte de ellos para siempre. Piénsalo, 1 % de cambio diario en cualquiera de las direcciones determinará la diferencia entre quien eres, y quien puedes llegar a ser. Todo son decisiones. El éxito, en este caso la riqueza, es el resultado de hábitos diarios aplicados a lo largo del tiempo. Una montaña de pequeñas decisiones tomadas una y otra vez consistentemente.

Dicho lo anterior no importa que tan exitoso eres en este justo momento, lo que importa realmente aquí y ahora, es si esos hábitos te están acercando a la riqueza o alejando de ella. Enfócate en analizar tu trayectoria actual, más que tus resultados actuales.

Tus resultados son la factura que te pasa la vida como cobro por tus hábitos. Te gusten o no esos resultados. Es una radiografía. El tiempo magnífica (hace grande) el margen entre el éxito y el fracaso. "Buenos hábitos hacen que el tiempo sea tu aliado, malos hábitos hacen que sea tu enemigo. Tus hábitos pueden tener un efecto compuesto a favor tuyo o en tu contra. Tú decides". *James Clear.*

No quiero hablar de libertad financiera, aunque la obtendrás con mi proceso, el cual inicia con este libro. No quiero hablar de que te vas a hacer rico o millonario, aunque igual, lo puedes lograr con mi proceso completo. Solo quiero hablar de paz, de tranquilidad y que tienes todo cubierto para fondear tu estilo de vida y el de tu familia. Bienvenido al primer día de tu vida en donde construirás tu proyecto de vida familiar-financiero.

Al finalizar la lectura de este libro, te darás cuenta de que alcanzar la estabilidad y la paz que tanto anhelas es más fácil de lo que habías imaginado. Incluso podrías descubrir que ya tienes la capacidad para lograrlo y que cuentas con los recursos necesarios.

Una vez hayas concluido la lectura de este libro, tendrás una comprensión clara acerca de la relación entre las emociones y el dinero. Serás capaz de utilizar esta relación en tu beneficio y sabrás en qué aspectos enfocarte para lograrlo.

Al finalizar leer este libro, descubrirás que para resolver el tema financiero, un individuo o una familia no solo necesita ganar más, sino que eso es solo una parte de la ecuación, y que quizás es la más sencilla y que, incluso, ese camino ya lo conoces. Además, adquirirás las herramientas necesarias para comprender el asunto completo a profundidad, lo cual te dará una "ventaja injusta" con el resto de la población.

Cuando termines de leer este material, y su cuadernillo de trabajo; tendrás claro cuáles hábitos mantener o crear, (hábitos de "la gente rica"), y cuáles debes eliminar de inmediato (hábitos "de la gente quebrada").

Lo que sucederá en los siguientes 12, 24, 36 o más meses, solo será el resultado de tus decisiones compuestas (*compounded*), con base en los hábitos y conceptos que aprenderás con mis materiales. Te daré las herramientas, de ti dependerá si las usas y aplicas. Sé que lo harás.

Nadie necesita ir a un nutriólogo para que saber que no debería comer cantidades industriales de comida chatarra, o bebidas alcohólicas o azucaradas en exceso. Nadie necesita ir a un cardiólogo para saber que bajar de peso y hacer ejercicio, son excelentes "ideas", que su corazón se lo agradecerá.

En este mismo orden de ideas, en los temas de dinero nadie necesita ir con un asesor financiero para saber que, no debería gastar más de lo que gana, que debería ahorrar, que debería tener un plan "b", que debería saber cómo invertir su dinero o cómo crear negocios, que debería entrenarse sobre asuntos financieros, y un largo etc. ¿El resultado? Hacemos cosas que bien sabemos que NO deberíamos hacer, y NO hacemos otras que bien sabemos que SÍ deberíamos hacer.

Mejor te diré por qué no haces eso que es obvio, y viceversa, y te enseñaré cómo resolverlo. Adicionalmente, te mostraré cosas fundamentales, que tal vez no son tan obvias, y que sí deberías estar haciendo definitivamente, y otras que definitivamente lo contrario.

Pongamos como ejemplo ahorrar. De acuerdo con nuestras investigaciones, solo entre el 10 y 20 % de las personas ahorran consistentemente en los EE. UU. en Latinoamérica no llega ni al 10 %. ¿Por qué lo hacen tan pocas personas? Porque la forma en que se habla de ello causa dolor, no placer. ¿Qué tiene de agradable separar un porcentaje de tu ingreso? Aparentemente, "no ganamos" nada con ahorrar. Para empeorar el tema, la cultura del ahorro se ha ido perdiendo en las últimas generaciones, para darle paso a la "cultura de la deuda".

El error que cometen la mayoría de los "expertos" en temas financieros. El principal error que he encontrado recurrentemente, es que la gran mayoría se enfocan en "Cultura Financiera", que es la parte digamos aburrida de las finanzas, es como la clásica escuelita. Se habla de conceptos sin fin que hay que memorizar e incluso entran en el tema reglas, reglas del tipo, regulaciones gubernamentales para tal o cual cosa, etc. Además, se enfocan demasiado en que gastes menos, NO se trata de gastar menos, sino de tener un **GASTO CONSCIENTE, y de poder incrementarlo**. ¿Cuánto es mucho?, ¿cuándo algo es caro?; son temas subjetivos y hasta individuales, y se corre el riesgo de solo aprender a administrar la escasez.

Lo que NO es la Libertad Financiera. La Libertad Financiera NO es un permiso para gastar, indiscriminadamente. Las personas más acaudaladas del planeta, lo son en parte por su nivel de orden y planeación. Todas las personas que suponen que la libertad financiera es gastar a diestra y siniestra, están tal vez ante uno de los errores más grandes en cuestiones de dinero a en el mundo, no solo de los países hispanos.

Nos enfocaremos en tres cosas fundamentales: (ya lo dije antes)
1.- Aumentar tu poder adquisitivo.
2.- Mejorar sustancialmente tu estilo de vida.
3.- Que aprendas a hacer "magia" con tu dinero.

Todo con el poder de tus hábitos, con el poder de tus decisiones acumuladas, el efecto compuesto de ellas.

En este libro descubrirás dos ciudades:
Pendejolandia: ¡Es una ciudad en un país muy "lejano", donde los habitantes toman decisiones más idiotas que un político en cam-

paña! Aquí viven todos aquellos que creen que el dinero crece en los árboles y que el ahorro es solo una leyenda urbana. En Pendejolandia no hay clases sociales, todos son igual de babosos en asuntos de dinero. ¿Inversiones? ¿Qué es eso? Prefieren gastar sus recursos en cosas innecesarias como una caja de chocolates gigante, en forma de unicornio; que ni siquiera les gusta, y que no se van a comer.

Y ni hablar de la negación, aquí no existe la palabra "presupuesto" y "ahorro para el futuro". Prefieren vivir en el momento y dejar que el mañana se encargue de sí mismo.

Aquí nadie te juzgará por gastar todo tu dinero en una cena romántica que terminó en un desastre. Recuerda, en Pendejolandia, el dinero no es importante, ¡lo importante es vivir la vida al máximo y no preocuparse por las consecuencias financieras! ¡Bienvenidos a nuestra loca y divertida ciudad!

Moneylandia: Es una ciudad muy CERCANA, donde los habitantes ya no tienen que preocuparse por tener suficiente dinero para pagar sus cuentas y vivir bien. Aquí viven todas esas personas inteligentes que lograron salir de Pendejolandia para nunca volver.

En Moneylandia no hay lugar para la negación, la negligencia o la falta de preparación financiera. Todos aquí han tomado la responsabilidad absoluta sobre la creación de su proyecto de vida familiar y financiero. ¡Y no se arrepienten de haberlo hecho!

Aquí, el ahorro y la inversión son palabras que se escuchan a menudo. No hay miedo a tomar riesgos calculados, ni a trabajar duro para alcanzar las metas financieras. ¡Y lo mejor de todo es que es una ciudad muy divertida, donde se vive muy en paz!

En Moneylandia, las cenas románticas son solo una pequeña parte de la vida y no causan estragos en las finanzas. Aquí se celebra el éxito financiero y se disfruta de la vida sin preocupaciones.

Así que si estás buscando salir de Pendejolandia y unirte a nosotros en Moneylandia, ¡te damos la bienvenida! Aquí no solo encontrarás estabilidad financiera, sino también una vida llena de diversión y aventuras.

¡Prepárate para un viaje emocionante hacia nuestra ciudad de riqueza y felicidad financiera! **Bienvenido a Moneylandia.**

¿En cuál de las dos ciudades prefieres vivir? ¿En cuál de las dos has vivido los últimos tiempos? Perdóname por asumir que has vivido en la primera, las estadísticas me abruman, de repente. Una vez más, bienvenido a Moneylandia.

Ah, casi lo olvidaba, en Moneylandia, todos, absolutamente todos;

tenemos un proyecto de vida familiar y financiero, perfectamente estructurado.

Al terminar de leer este libro, no podrás volver a ver, pensar o sentirte acerca del dinero, igual que antes. Tendrás una actualización de tu relación con el dinero, y comprenderás a fondo todos lo temas que se entrelazan y que tienen que ver con él. Garantizado. Solo lee, anota, escribe.

Nota: Todos los importes en números en este libro, están expresados en dólares americanos, a menos que se indique lo contrario y sin centavos, por ejemplo, cien dólares están expresados: $ 100. Usamos punto ".", como separador de miles.

"No te enamores de tus ingresos, enamórate de tu libertad; recuerda que ganar mucho dinero no te convierte necesariamente en una persona rica." -

Grant Cardone

Capítulo 1

Mensaje para grandes generadores de ingresos

La gente rica se centra en ganar dinero, mientras que la gente pobre se centra en gastarlo. Ganar mucho dinero no te convierte en automático en una persona rica, al principio solo eres eso, "un gran generador de ingresos". Una persona rica se centra en ganar dinero, de por vida. La pobre, en gastarlo, de por vida. ¿Tienes aún una mentalidad gastadora? Estás en el lugar correcto para descubrirlo.

Este capítulo está dedicado a los que llamaremos grandes generadores de ingresos. Altos niveles de mercadeo en red, marketeros en 6 o más cifras, evangelistas y dueños de negocios de todo tipo. **En mis años como entrenador financiero**, una de las cosas más importantes que he aprendido es que no importa cuánto dinero ganes, lo importante es cómo lo manejas. Este libro te guiará hacia una vida financiera más estable y segura. Te proporcionará consejos prácticos y herramientas útiles para maximizar tus ingresos, invertir sabiamente, y evitar errores comunes que pueden poner en riesgo tu estabilidad. Además, aprenderás a crear un plan a largo plazo, a prever imprevistos, y a asegurarte de que estás aprovechando al máximo tus oportunidades.

Incrementar nuestros ingresos es parte fundamental de ganar en el "juego del dinero", pero no es lo único necesario para ganar la partida, para lograr el jaque mate. Ser un gran generador de ingresos, no es lo mismo necesariamente que "ser rico", este libro es una guía esencial precisamente para dar ese paso definitivo. A través de estas páginas, descubrirás cómo hacer crecer tu patrimonio y cómo asegurar tu futuro financiero a largo plazo, como hacer para que una gran parte de todo ese dinero que pasa por tus manos se quede contigo, y se multiplique. ¿La cereza en el pastel? Paz mental y tranquilidad permanente.

Te hablaré de Ferrán Martínez, autor de "**LA ALQUIMIA DE LA PROSPERIDAD**". Escritor, mentor y mito del deporte español. Ferrán nos explica como las palabras austeridad, crisis, autoempleo, microfinanciación; todas palabras relativas a la economía han cambiado. Las reglas del juego también. Y en el proceso, el dinero ha pasado a ser nuestra preocupación más alucinante.

Ferrán nos pone en la perspectiva correcta, para todos, pero en especial para los que están listados arriba. Nos presenta el tratado de economía y finanzas domésticas más completo e innovador que se ha escrito en tiempos modernos. Basándose en su experiencia como **asesor de grandes fortunas.** Martínez nos propone un viaje de tres partes que abarca desde estrategias prácticas para sanear la economía doméstica y empresarial hasta reflexiones y ejemplos concretos sobre el sentido de la riqueza en el mundo actual.

Ferrán vivió una brillante carrera deportiva. Como basquetbolista. Por circunstancias del destino, un buen día se vio obligado a dejar de pensar en sus altos ingresos como deportista profesional, y se enfrentó a una dura realidad. Ahí es donde la leyenda de Ferrán se empieza a forjar.

Ferrán nos regala lo mejor de dos mundos: Uno, el de los grandes atletas de élite con contratos millonarios, y el otro de convertirse en un individuo común y corriente, un ciudadano de a pie, como dirían los economistas. Lo cual le da un amplio conocimiento en ambos mundos y un nivel de influencia inigualable, entre muchos altos generadores de ingresos.

Ferrán, con su estatura de 2.13 m, atleta en retiro, se dedica actualmente a asesorar a poseedores de grandes fortunas. ¿Por qué? **Porque sabe perfectamente que esas grandes fortunas pueden evaporarse casi de la noche a la mañana, sabe perfectamente que el ganar mucho más es solo una parte de la ecuación.** Es por eso, querido lector, que si ya eres un gran generador de ingresos, este libro te dará mucha más información para que mantengas esa fortuna mucho más allá de lo que dure tu carrera o tus negocios.

No es un destino, es un viaje, y ese viaje es continuo.

Mentalidad de escasez versus mentalidad de abundancia. Mucho se ha hablado y escrito con respecto a este tema, y esto nos mete de lleno en el terreno de las creencias, del poderoso sistema de creencias que tenemos todos. Muchos autores mencionan frases como: La gente con mente pobre se gasta el dinero cuando no necesitaría gastar o en cosas que no necesita, tiene una especie de prisa interna por gastar. Lo hacen ver como un autosabotaje.

No estoy en desacuerdo con esta forma de ver el tema, solo que nuestras investigaciones nos han arrojado que es una evaluación incompleta, es como una mesa con tres patas solamente. ¿Qué le falta?, bueno, le falta lo fundamental, reconocer y asumir que el dinero es fundamentalmente emocional, tal como lo comprobaré a lo largo de este libro, y lo veremos en profundidad en el capítulo 42.

Si tú eres un gran generador de ingresos, alguno de la lista del título de este capítulo, nuestras investigaciones nos indican que eres también un gastador profesional. Hablando meramente de números, de matemáticas; esto no te significa un problema necesariamente, — aunque debes recordar, que siempre existirá el riesgo latente de que te gastes todo o inviertas en cosas que no deberías —, todo eso nos regresa nuevamente al tema emocional.

Dicho lo anterior y por lo cual quise hablarte a ti, de la lista del título de esta sección; y para ti, que lo serás eventualmente también; para prevenirte. La gente de este *"petit comité"*, no solo gasta a nivel despilfarro irresponsable por tener mentalidad pobre y querer autoboicotearse, el motivo principal es porque ahora tiene dinero para comprar todo eso que no tuvo en su etapa de pobreza, pero, con un gran pero: Esas cosas que no tuvimos, fueron principalmente emocionales, ¿sabes a dónde nos lleva esto? **Deseamos comprar vacíos emocionales, remplazar con productos todo eso que no logramos sentir, pero que desconocemos; deseamos sanar nuestra "huella de abandono" literalmente comprando cosas**, al hacerlo, nos violamos la curva de la satisfacción (capítulo 24), y llega un momento en que más gasto solo significa aumentar el egreso, obvio; también aumentar el dolor que originalmente deseamos sanar. Se acabaron los pretextos. Ahora ya no podemos decir: "es que como no tuve esto o aquello", ya no podemos decir tampoco: "Cuando tenga [PRODUCTO O META] podré sentirme [EMOCIÓN]". Este es el motivo por el cual grandes celebridades de todos los ámbitos, tienen excesos como el abuso de sustancias, llegando algunas lamentables veces a finales fatales.

Igual que todo lo que escribo en este libro, te lo digo por experiencia, porque he recorrido el camino, yo me he sentido miserable al salir de una agencia con un auto nuevo de lujo. No significa que no amara ese coche, que no hubiera una parte de mí brincando de alegría. Significa que esa meta, ese automóvil no me aportaba esa emoción que estaba buscando, no me llenaba ese vacío, seguía faltando algo. Por eso te escribo esta sección a ti, "gran generador de ingresos", en el capítulo 1 de este libro, que bueno que tienes los ingresos que tienes, ahora lo que sigue es un gran clavado hacia dentro. Lo más fácil, insisto, ya lo has logrado.

Si no sanamos primero, no hay dinero que pueda comprar tu salud mental y emocional. Ahora bien, esto no debe usarse para justificarse por la falta de resultados, con frases como: "Pobre pero honrado". Esas son patrañas, son escusas, vamos por todas las canicas. Se puede ser rico y honesto al mismo tiempo, por supuesto.

Palabras clave: Sanar las heridas. Este libro, leerlo, releerlo y aplicar lo que aquí hablamos será un primer gran paso, lo siguiente tú lo decidirás. Según sea tu caso, tal vez con ayuda profesional o si eres creyente con la ayuda de Dios.

10 principales motivos por los que "los grandes generadores de ingresos", gastan en exceso y muchas veces terminan sin nada e incluso endeudados:

1.- Falta de educación financiera: A menudo, "los grandes generadores de ingresos", no comprenden cómo lo han logrado, no tiene bases o no tiene una comprensión adecuada de cómo manejar su dinero y tomar decisiones financieras responsables, lo que los lleva a gastos innecesarios y malas inversiones. Asumir que por ser "grandes generadores de ingresos", se tiene educación financiera es un error que a menudo cuesta carísimo. El fondo de este #1 es emocional, fundamentalmente.

2.- Presión social: "los grandes generadores de ingresos" puede sentir la presión de mantener un cierto nivel de vida y de impresionar a sus amigos y colegas, lo que puede llevar a gastos innecesarios y extravagantes. El fondo es emocional #2, 100 %.

3.- Adicción al consumo: Al igual que cualquier otra adicción, la adicción al consumo puede ser difícil de controlar. "Los grandes generadores de ingresos", pueden gastar en exceso como una forma de satisfacer sus impulsos y sentimientos de placer. El fondo es emocional #2, 100 %.

4.- Falta de perspectiva a largo plazo: "Los grandes generadores de ingresos", pueden centrarse en el presente y disfrutar de su "buena racha" sin pensar en el futuro. Esto puede llevar a una falta de planificación financiera adecuada y a un gasto imprudente e incluso caer en despilfarro exagerado. El fondo es emocional #2, 100 %.

5.- Malos asesores financieros: "Los grandes generadores de ingresos", a menudo contrata asesores financieros para ayudarles a manejar su dinero. Si estos asesores son inadecuados o tienen intereses propios, pueden llevar a decisiones financieras desastrosas y a un gasto excesivo. Los mismísimos bancos, como el caso más reciente en 2023, del Silicon Valley Bank, metió en serios aprietos a cientos de multimillonarios. El fondo es emocional #2, 100 %. Delegar la responsabilidad de su propio dinero a otros.

6.- Dependencia de ingresos pasivos: "Los grandes generadores de ingresos", a veces se vuelve complaciente al depender de sus ingresos pasivos, como los ingresos de alquileres o inversiones. Si estos ingresos se secan repentinamente, pueden enfrentar problemas financieros importantes. El ejemplo mundial más reciente es la crisis financiera provocada por la pandemia que inició en 2020, millones de dueños de edificio y bienes inmuebles dejaron de cobrar sus rentas. El fondo es emocional #2, 100 %. Olvidarse de seguir aprendiendo, aplicar el interés compuesto y formas para blindar sus ingresos.

7.- Egos inflados: "Los grandes generadores de ingresos", pueden desarrollar un ego inflado y una actitud de "nunca tener suficiente". Esto puede llevar a un gasto innecesario y a un deseo constante de adquirir más bienes materiales hasta llegar a diferentes niveles del síndrome del acumulador.
El fondo es emocional #2, 100 %. No tiene llenadera, como decimos en México. ¿Cuántas posesiones son suficientes?

8.- Falta de objetivos claros: "Los grandes generadores de ingresos", a veces puede perder el rumbo y no tener objetivos claros en cuanto a sus finanzas y su futuro. Esto puede llevar a gastos imprudentes y a una falta de planificación. Es como divagar con el dinero. El fondo es emocional #2, 100 %. Como un barco a la deriva.

9.- Desconexión de la realidad: "Los grandes generadores de ingresos", pueden estar desconectadas de la realidad y no tener una comprensión adecuada de cuánto cuestan las cosas. Esto puede llevar a un gasto excesivo y a una falta de cuidado con su dinero. El fondo es emocional #2, 100 %. Negación y negligencia.

10.- Cambios económicos imprevistos: "Los grandes generadores de ingresos", pueden enfrentar cambios económicos imprevistos, como una recesión, una crisis financiera o cambios importantes en la geopolítica, como el caso extremo de una guerra, que pueden hacer que pierdan gran parte de su flujo y terminen en la bancarrota. Algunos grandes líderes del mercadeo en red, con cierta frecuencia, son "corridos" por su empresa con cualquier pretexto, cuando ya les resultan demasiado costosos. El fondo es emocional #2, 100 %. Confianza excesiva, no tener un proyecto de vida familiar y financiero.

Sobra decir que si esto sucede, esos "grandes generadores de ingresos", se llevan de corbata a toda su familia. La gestión financiera, y emocional responsable es esencial para evitar que "los grandes generadores de ingresos" gasten en exceso y terminen sin nada. Este libro es el mejor primer paso al respecto para prevenir este problema. Deben entender cómo manejar su dinero de manera efectiva y cómo tomar decisiones financieras responsables. Estas deben ser a corto, mediano y sobre todo a largo plazo. Palabras clave: Asumir Responsabilidad.

Es importante que "Los grandes generadores de ingresos" tengan objetivos financieros claros y un plan para alcanzarlos. Esto les ayudará a mantenerse enfocados y a tomar decisiones informadas sobre cómo gastar y mover en general su dinero. También deben tener un presupuesto realista y seguirlo cuidadosamente. Nada justifica gasto irresponsable.

Es muy valioso que "Los grandes generadores de ingresos" no se dejen llevar por la presión social o el deseo de impresionar a los demás. Deben centrarse en sus propias necesidades y objetivos financieros en lugar de tratar de mantener un cierto nivel de vida o de impresionar a los demás.

También es crucial que "Los grandes generadores de ingresos" mantengan una perspectiva a largo plazo y no se centren solo en el presente. Deben planificar cuidadosamente para su futuro y asegurarse de tener un fondo de emergencia para protegerse de cualquier crisis financiera imprevista.

En resumen, este libro como comienzo, los objetivos financieros claros, un presupuesto realista, asesores financieros confiables y la planificación a largo plazo son las claves para prevenir que "Los grandes generadores de ingresos" gasten en exceso y terminen sin nada. La gestión financiera responsable es esencial para mantener el éxito financiero a largo plazo, lo cual es la base para la creación de tu proyecto de vida familiar-financiero.

Te recomiendo el libro *"The dumb things smart people do with their money"* de Jill Schlesinger, para una lista sin fin de personas que han derrochado verdaderas fortunas y quedar en la ruina.

Siempre recuerda, esta frase de Benjamin Franklin: "No

gastes más de lo que ganas". —Nota cómo NO importa cuánto gane la persona, es una regla que aplica, con mayor razón, para los grandes generadores de ingresos—.

-"Tan solo conseguirás la prosperidad verdadera cuando hayas disciplinado tu mente.

Paradójicamente, la riqueza (y la felicidad) acuden con mayor facilidad y frecuencia a aquellos que se olvidan de si mismos en su servicio a los demás."-

James Allen

Capítulo 2

Mensaje para jóvenes o personas que recién comienzan

Invierte en ti mismo, tu educación y tus habilidades te abrirán muchas puertas financieras. No te compares con los demás, cada uno tiene su propio proceso. Mantén tus metas de dinero claras y trabaja duro para alcanzarlas. Estos son mis mensajes preliminares para ti.

El mundo financiero es un lugar que puede producir incertidumbre cuando se es muy joven o se está iniciando. El sistema nos enseña que debemos ir a la escuela durante quince años en promedio (depende del país); para estar listos para ganar dinero. En esta sección te diré cuál fue parte de mi proceso y te daré algunas ideas, para que comiences en tu vida financiera con el pie derecho.

Hay muchos estudiantes que al graduarse de su carrera creen que ya lo saben todo y que no necesitan aprender más. ¡Ja! ¡Qué ingenuidad! La realidad es que cuando comienzan su carrera profesional, es cuando su verdadero entrenamiento está comenzando. El aprendizaje es un proceso continuo y de por vida. Los nuevos profesionistas, piensan que lo saben todo y que el mundo laboral les recibirá con los brazos abiertos, pero se encuentran con la cruda realidad: son novatos y no saben nada, —En términos prácticos—. Por eso, es importante seguir aprendiendo y estar siempre abiertos a nuevas experiencias. Porque al final del día, nunca sabemos todo y siempre habrá alguien que sabe más que nosotros.

No importa qué carrera hayas estudiado, o si no terminaste tus estudios, o si no tienes "educación formal"; hay unas asignaturas que son cruciales para poder trabajar, o emprender; en cualquier área, ya sea que quieras ser empleado o emprendedor. Estas materias son como las cosas que todos necesitamos saber, como la base para construir una casa. Es de alta relevancia que las aprendas bien porque son FUNDAMENTALES para sobrevivir en el mundo laboral y empresarial en las próximas décadas. Desde el inicio del siglo XXI, se han vuelto cada vez más necesarias. Asegúrate de dominarlas. Probablemente será tu diferenciador.

1.- Inglés. Si ya hablas inglés, no estudies otro idioma, mejor perfecciónalo lo más que puedas. No sirve que digas, "hablo 70 %", NO, aquí vamos por el 100 %. Profundiza en el inglés técnico de acuerdo a tu actividad comercial. Si eres por ejemplo abogado, estudia inglés jurídico. Recuerda que aprender otro idioma implica cuatro cosas: hablarlo, escucharlo, leerlo y escribirlo. Evalúate y perfecciona cualquiera de las cuatro que no este al mismo nivel de las otras.

2.- Ventas. Todos estamos en el negocio de vender. Me extraña que no existe como materia obligatoria en el sistema educativo desde hace décadas. **Vender no es convencer, vender es ayudar.** Entonces también implica un alto sentido de ética. Hay una frase que dice que un buen vendedor le puede vender arena a los árabes y hielo a los esquimales, en realidad no es así, un buen vendedor no lo haría, porque vender es ayudar, es resolver problemas o necesidades de alguien más, y es un hecho evidente que un esquimal no necesita hielo, ni un árabe arena, eso sería un engaño.

Tal vez el motivo por el que no se enseña en la educación formal, es porque la palabra "VENDEDOR", ha sido mal usada y hasta "satanizada" por demasiado tiempo; nadie quiere ser llamado vendedor, prefiere ser llamado "ASESOR COMERCIAL", "ASESOR EJECUTIVO", "DISTRIBUIDOR AUTORIZADO"; o cualquier otro que suene rimbombante. En el momento en que seamos capaces de asumir que todos, absolutamente todos, estamos en el negocio de las ventas, y no nos importe que nos digan "vendedores", más pronto nos lo tomaremos en serio. Así que, mira, te voy a regalar las **tres reglas de oro de las ventas**, léelas, luego léelas de nuevo, escríbelas y apréndetelas de memoria, y, te sugiero las veas en inversa, es decir, aquí el vendedor eres tú.

a) A las personas no nos gusta que nos vendan, pero nos encanta comprar.
El vendedor, es decir, TÚ, solo tienes que hacer lo necesario para crear un ambiente, o las circunstancias para que el cliente, tu cliente compre solo.

b) Todas las decisiones de compra son emocionales.
El vendedor, es decir, TÚ, solo tienes que producir lo explicado en el punto #1, con base en emociones. Genera un ambiente emocional, crea una historia que sea inspiradora.

c) Todas las compras las justificaremos con una "razón",

algo "lógico".
Si el cerebro, todo lo va a "justificar" con una "razón lógica", el vendedor, es decir, TÚ, únicamente tienes que darle una lista de "razones lógicas" por las cuales debe tomar esa decisión.
Advertencia: Si usas alguno o todos los puntos anteriores para engañar, a la larga el precio que pagarás irremediablemente será el desprestigio.

3.- Marketing. Conste que no digo mercadotecnia, ni es necesariamente su traducción, no necesitamos la historia de la materia, ni los fundadores, ni las etapas históricas de la misma, por eso prefiero el término MARKETING y MARKETERO, porque implica ir directo a los temas prácticos, a los asuntos modernos, a los temas digitales, sin limitarse únicamente a las redes sociales, estas, solo son una pequeña parte del engrase para producir tráfico, una minúscula parte del ecosistema moderno actual del MARKETING.

4.- Hablar en público. Hablar en público no es solo para conferencistas o entrenadores o actividades afines. Nota esto que te voy a decir: **HABLAR EN PÚBLICO ES LA LLAVE QUE TE ABRE LA PUERTA HACIA EL LIDERAZGO.** Todos necesitamos elevar nuestro nivel de liderazgo si queremos tener una empresa exitosa, personal a nuestro cargo o simplemente para presentación de ideas, proyectos o entrega de resultados ante ejecutivos de la organización de la cual tal vez eres parte de, o dueño.

No te preocupes por cuánto tiempo necesitarás para aprender todo esto que tal vez es nuevo para ti, el tiempo, —valga la redundancia—; de todos modos va a pasar.

Validación: Borrón y cuenta nueva. Al salir del sistema de educación formal y entrar al mundo de personas económicamente activas, considera tus calificaciones casi como un borrón y cuenta nueva. Sí, tal vez una que otra empresa se impresione con ver tus dieses perfectos. Tal vez otras empresas te rechacen por ausencia de estos dieses perfectos. No importa cuáles hayan sido tus calificaciones, considéralo todo borrón y cuenta nueva, y pasarás a la etapa de VALIDACIÓN, ¿recuerdas todas esas veces que te preguntaste o tal vez tus compañeros lo hacían más frecuentemente que tú, y esto, para qué me va a servir allá afuera? El conocimiento verdadero se nota. Entonces, ¿qué significa esta validación de que te hablo? Es algo muy sencillo, no es lo mismo tener calificaciones perfectas en una carrera afín a administración de empresas que tener una empresa que sea rentable, que esté operando y que sea excelentemente administrada, que esté triunfando.

La VALIDACIÓN significa resultados, significa ese proyecto final, que se va a repetir una y otra vez, con dinero de por medio, con un patrón, con un cliente, con un contrato firmado.

En este proceso de VALIDACIÓN deberás hacer que tu conocimiento se note. Ese trabajo en equipo de seis u ocho personas que batallaban para ponerse de acuerdo en tu etapa de estudiante, al pasar al proceso de VALIDACIÓN te lo pedirá con resultados de cinco, diez, veinte o más personas a tu cargo, en donde ya no será tan sencillo ni tan agradable hacerle su parte a nadie. La etapa de la escuelita terminó, la etapa de hacerle el trabajo al más flojo terminó.

Este proceso te exigirá que esa presentación en PowerPoint para tus compañeros y maestros de clase, se convierta en una presentación de resultados, o el lanzamiento de un proyecto ante tal vez contadores, inversionistas, contralores y dueños de grandes negocios. Para la etapa de la VALIDACIÓN no se requiere título universitario, boleta de calificaciones, es más, probablemente alguien con menos "educación formal", sea capaz de obtener mejor VALIDACIÓN, que tú.

La etapa de la VALIDACIÓN no se "califica" con un número del uno al diez, se califica con una transferencia bancaria y un apretón de manos por un trabajo bien hecho. Una vez que empiezas a superar, a vivir esta etapa de VALIDACIÓN, estarás dando paso firme ante la construcción de algo mucho más poderoso aún, algo llamado REPUTACIÓN PROFESIONAL.

No esperes hasta terminar tu carrera para pasar a la etapa de VALIDACIÓN. Estés en la carrera que estés, no trabajes en cualquier cosa, ¿por qué?, simplemente porque no tiene nada que ver con tu meta, estás desperdiciando tiempo y dinero valiosísimo, mientras más pronto aprendas de tus errores, mejor.

Parte del gran problema de los sistemas educativos a nivel internacional, es que están plagados de maestros o profesores que nunca pasaron la etapa de VALIDACIÓN, muchas veces sus ingresos no les alcanzan ni para pagar su estilo de vida, es una total injusticia y desbalance del sistema. La mayoría saben muchísimo, pero han perdido la inspiración y, por lo tanto, no son capaces de inspirar a sus alumnos, ¿has notado en muchas películas como un paradigma recurrente es el científico genio, siempre necesita el aval del rico empresario? Al quedarse atorados, a veces de por vida en la etapa de VALIDACIÓN, han perdido totalmente algo fundamental para seguir avanzando, han perdido la ESPERANZA, y esta eventualmente se convertiría en FE, no una fe al estilo religioso, fe en ti mismo, fe en tus metas lo cual se conectará finalmente con algo llamado PROPÓSITO. Existen benditas excepciones, demasiado pocas.

Maestrías y Doctorados. Mi consejo es que no te saltes pasos, no hagas ni maestrías ni doctorados sin antes haber pasado con *"flying colors"* (con excelencia) la etapa de VALIDACIÓN, y que ya tengas otro elemento sobre la mesa: Tu proyecto familiar-financiero a largo plazo por escrito. Si aún no tienes una familia, hazlo suponiendo que ya la tienes.

Encontrar tu propósito. Este es un tema que, en mi caso, tardé algo así como treinta años comprender y descubrir. Primero, porque no sabía bien que era, y segundo, porque por consiguiente, no sabía lo importante que era en mi vida y en la vida de cualquiera, descubrirlo y, asumirlo; lo cual puede ser lo más retador.

Iniciemos con esta frase un tanto famosa: **Si trabajas en lo que amas, entonces jamás tendrás que trabajar, te pagarán por hacer lo que amas y disfrutas.** Esta frase por mucho tiempo me gustó y la defendí, pero debo reconocer que algo me hacía ruido, finalmente me di cuenta de que la gran mayoría de las personas viven atrapadas en una actividad comercial, que tal vez no odian, pero que no aman o no disfrutan en el día a día. Es como una especie de esclavitud autoinfundida.

Descubrí entonces que esa "esclavitud" era en realidad un tema de soberbia y falta absoluta de humildad. Entonces le agregué algo a esa frase. El resultado es este:

Si trabajas en lo que amas, entonces jamás tendrás que trabajar, te pagarán por hacer lo que amas y disfrutas. Sin embargo, para provocar el cambio, primero debes amar y disfrutar lo que haces, esto implica dar tu 100 % siempre, sin importar que trabajo sea, cuánto te paguen o cuáles sean las condiciones. Solo así, "los Dioses del trabajo" se compadecerán de ti. ¿Por qué?, simplemente porque te habrás convertido en una persona nueva en el proceso.

¿Cómo nos convertimos en personas nuevas? Esta es una excelente pregunta, gracias por hacerla. Veamos. Muchas veces se habla del tema **SER --> HACER --> TENER**, y se critica que lo normal es enfocarse directamente en el TENER, y tienen razón quienes lo afirman. Ahora bien, ¿cómo hago entonces para enfocarme en el ser? La respuesta es sencilla: **NOS CONVERTIMOS EN LO QUE HACEMOS REPETIDAMENTE UNA Y OTRA VEZ.** Veamos los siguientes ejemplos:

1.- Si estudias para hablar en público, y das una charla de vez en cuando para grupos que te impliquen reto, pero lo suspendo con cualquier excusa, entonces te convertirás en un estudiante de la materia "hablar en público".

Si das charlas para grupos de diferentes tamaños, la mayor cantidad posible y sin poner excusas, soltando el resultado; (si les gusta, si se salen, si aplauden o no, etc.) en ese momento te convertirás, irremediablemente, en un conferencista, en un experto en hablar en público. La práctica hace al maestro, la repetición te convertirá en la persona que quieras.

2.- Si estudiaste la carrera de medicina, y ejerces como doctor, y en algún momento decides abrir una farmacia u otro negocio, te habrás convertido en un empresario. Tu profesión es doctor, pero eres un empresario. Una cosa es tu profesión, otra cosa es lo que eres. Nos convertimos en lo que hacemos repetitivamente. En ese momento impactamos el SER, para bien o para mal. Por eso la gran importancia de los hábitos.

¿Cómo apalancarme de los hábitos para impactar el ser, para impactar quien soy y en quien me estoy convirtiendo? La respuesta es en realidad muy sencilla, olvídate de los resultados, enfócate en los **SISTEMAS**. Veamos; por años nos han enseñado a enfocarnos en las metas, en los logros que queremos obtener. Eso lo viví por mucho tiempo, hasta que me di cuenta de lo poco que tenía que ver los resultados que obtenía versus las metas que me proponía. En realidad tenía todo que ver con los **SISTEMAS** que estaba aplicando.

Fue hasta que hice una serie de reflexiones profundas luego de leer "**Hábitos Atómicos**", de James Clear, fue que caí en cuenta. **¿Cuál es la diferencia entre SISTEMAS y METAS?**

METAS = Pensar en metas consiste en hacer una lista de las cosas que quieres lograr. **SISTEMAS** = Pensar en sistemas es hacer una lista de procesos, de acciones, de cosas que tengo que hacer que me lleven a esos resultados, a esas metas.

Este libro y todos mis contenidos, están estructurados de tal manera que mediante hábitos, seas capaz de construir tu propio sistema, que te dará los pasos a seguir, con exactitud para alcanzar esas metas.

Ejemplo: Tu META es convertirte en un empresario exitoso. **Tu SISTEMA** es cómo te preparas desde ahora, a qué hora te levantas, cuánto estudias, cuántos y qué libros lees, con quiénes te rodeas, si das tu 100 % o solo cuando estás de buenas, etc. Tu labor será crear por escrito tu propio sistema. Una meta por si sola es solo una idea, un sistema es una lista detallada de acciones a tomar.

¿Sabías que Napoleón Hill, en su libro "Piense y Hágase Rico", habla de un hombre que se quedó a un metro del oro? Es una metáfora de las personas que abandonan justo cuando están a punto de lograrlo, cuando están, literalmente, a un metro del oro. En el libro Hill cuenta cómo ese hombre vendió su mina, el nuevo dueño descubrió que estaba a un metro del oro de la más grande veta de oro que se había descubierto hasta ese momento. El hombre de esta historia no sabía de sistemas, funcionaba con base solo a metas.

Esto no quiere decir que las metas no importan, lo que realmente significa es que de nada sirven las metas si no creamos un sistema que las soporte, una serie de acciones que nos van a llevar directamente a lograrlas, en una ruta que podemos medir. Pensemos por un momento en el famoso violinista Joshua Bell, ¿crees que es famoso a nivel mundial y millonario porque se puso como meta ser un gran violinista?, o ¿porque lo respaldó con un sistema de cientos, miles o tal vez cientos de miles de horas de práctica, maestros, mentores, etc.? **El objetivo, el blanco es la META, la forma de lograrlo es el SISTEMA.**

Las **metas** están enfocadas en **el TENER,** y son temporales, ¿qué sucede cuando ya has logrado tu meta? La motivación termina. Los **sistemas** están enfocadas en **el SER,** y son permanentes, cuando ya has logrado una meta, no te detienes, tienes un sistema que está funcionando en automático, y en ese momento construyes una espiral ascendente de meta, tras meta.

Las metas son "**el efecto**", los sistemas son "**las causas**". La otra situación con las METAS, es que condicionan el avance, nos decimos cosas como: "Haré [META2] cuando logre [META1]", y le pega a la gestión emocional o lo dejamos para después. Crea un sistema para cada meta, y ponlo en marcha, los resultados llegarán solos. En ese justo momento todos te dirán: "Qué buena suerte tienes". Enamórate del sistema, olvídate de las metas, así tus emociones no estarán condicionadas a lograr nada, puedes ser feliz en cualquier momento, sin condicionamientos.

El objetivo de crear **METAS** es ganar el juego. El objetivo de crear

SISTEMAS es continuar jugando el juego.

Lo que sucede en la escuela tradicional, es que el enfoque está en la meta(tener), estudiar para obtener una carrera; si cambiamos el enfoque a sistemas(ser), el enfoque está en convertirnos en profesionistas. En el caso del dinero la meta es aprender a ganar más y administrar mejor, si lo basas en sistemas, el enfoque está en convertirte en una persona rica que sabe cómo manejar el dinero. ¿Notas la diferencia? Una distinción muy fina, muy poderosa.

Por eso este libro está estructurado de esta manera, si batallas para formar hábitos nuevos, hábitos empoderantes, tú no eres el problema, el problema es tu sistema, el problema es que tal vez ni siquiera sabes qué componentes debe llevar tu sistema, nuestros materiales te darán ideas y hábitos de sobra para eso y mucho más. Si por ejemplo tienes alguno de los "hábitos de la gente quebrada", y lo repites una y otra vez, no es porque no quieras cambiarlos, sino porque tienes el SISTEMA erróneo, o tal vez no tienes un SISTEMA en absoluto.

Creemos que subimos hasta la altura de nuestras **METAS,** en realidad caemos al nivel de los **SISTEMAS** que hemos sido capaces de crear.

Si Lalo, pero quedaste que me ibas a ayudar a saber cuál es mi propósito. Sí, a eso voy. Mira **Todos tenemos el mismo propósito, ayudar a otros, mediante nuestra pasión,** pero no todos la descubren y otros tantos no la asumen.

Entonces mira; Propósito = Poner al servicio de la mayor cantidad de personas en el mundo aquello en lo que soy verdaderamente bueno y que además amo hacer y que le resuelve un problema a las personas. Este es tu reto #1, descubrir cuál es ese talento que la humanidad necesita de ti, tu segundo reto será superar la etapa de la soberbia y asumir la de la humildad. ¿Cómo?, amando lo que haces sin importar que sea y dando tu 100 % al hacerlo, tu tercer reto será comprender e idear formas para poner ese talento al servicio de la mayor cantidad de personas posibles. No te confundas con tanta palabrería, mira, lo haré muy sencillo: Todo lo anterior lo puedes lograr con un empleo o un negocio, y ¿la mejor parte?, nadie dijo que debe ser gratis, confusión común cuando hablamos de hacer algo realmente grande en favor de la mayor cantidad de personas posible o en favor de la humanidad. Repite conmigo: **Me encanta resolver problemas para los demás y hacerme rico en el proceso.**

El día que permitas que tu pasión, se convierta en tu propósito, ese día tu pasión se convertirá en tu profesión, en ese momento el dinero te llegará por mandato divino.

Vamos a desmenuzarlo un poco para aclararlo, por si queda alguna duda:

El día que permitas que **tu pasión**(lo que amas hacer), se convierta en **tu propósito**(lo que quieres hacer para la mayor cantidad de personas posibles en el mundo), ese día **tu pasión**(lo que amas hacer) se convertirá en **tu profesión**(lo que te paga, lo que te deja dinero - tu validación), en ese momento el dinero te llegará por mandato divino.

En realidad el concepto es muy sencillo, una vez que lo logras comprender, tiene un fundamento bíblico que a la vez es un fundamento de marketing, veamos:

Dice la Biblia, en 1 Timoteo 6. El amor al dinero es la raíz de todos los males, *esta frase ha sido la causante de que millones de personas en el mundo, desde su punto de vista bíblico o religioso, piensen que el dinero es malo*, nada más alejado de la realidad, con unos cuantos renglones te quedará claro para siempre.

Imagina el siguiente escenario:
1.- Tienes un negocio, el que sea, como ejemplo diremos que es un restaurante.
2.- ¿En dónde prefieres poner tu enfoque total?, **a)** ¿En que los comensales tengan la mejor experiencia al comer en tu restaurante con la mejor comida?, **b)** ¿Enfocarte solamente en cuánto dinero vas a ganar?. Esta es una distinción fundamental.

Sé que tu respuesta es "a", y además es lógico que si lo haces el dinero llegará por añadidura, cuando ves a un negocio decaer, que antes era exitoso, perdió el foco, es cuando descuidó el punto "a" y se fue al "b". Entonces la frase bíblica lo que nos está diciendo realmente es que el dinero es una herramienta y es un resultado.

Nuestro enfoque debe estar en las personas que atendemos por medio de nuestro negocio o empleo, en el problema que resolvemos. Si solo nos enfocamos en el dinero, todo estará perdido. ¿Has conocido a un vendedor que se nota que solo le interesa venderte y ya? Es un vendedor que no ha entendido el nombre del juego, aportación de valor, **el dinero no es otra cosa que certificados de apreciación y reconocimiento que otras personas te dan por el valor que han recibido.**

Son los goles en el partido de la vida.

Cuando no hemos entendido esto, el dinero que ganamos no será suficiente jamás porque se aplicaría lo que dice en 1 de Timoteo 6. ¿Alguna vez has regresado a Costco algún producto? Es demasiado fácil, ¿no crees? ¿Has intentado regresar algún producto en alguna otra tienda y no ha sido posible o ha sido más problemático? Ahora ya sabes en qué está enfocada una y otra. Hay una historia que dice que una persona en EE. UU. regresó unas llantas que había comprado para su auto en la prestigiosa tienda Nordstrom, le hicieron el rembolso en unos minutos, ¿qué tiene de especial esta historia? Que en la tienda Nordstrom no venden llantas. El enfoque debe ser siempre hacer feliz a tu cliente, resolverle un problema. El dinero es un resultado.

Tu propuesta única de valor. Este tema entra en el terreno del marketing, lo haré breve con un ejemplo. Piensa en estas tres empresas: Domino's Pizza, Papa John's Pizza y Little Caesar Pizza. Las tres venden el mismo producto, pero cada una tiene diferente propuesta única de valor. La primera te ofrece el producto recién cocinado en tu casa, a domicilio en treinta minutos o menos; la segunda los mejores y más finos ingredientes, lo que supone una pizza de mayor calidad, y la tercera que siempre habrá una pizza lista para que pases por ella y no esperes. Estas propuestas únicas de valor está en nuestra mente sin darnos cuenta debido a su publicidad y a la repetición de la misma. Las tres venden.

¿Qué ofreces tú al mercado laboral o empresarial que solo tú puedes ofrecer? ¿Qué te hace único? Deberás pensar desde ahora en tu diferenciador. Nota como el precio NO es un factor. Todo negocio o persona que compite solo por precio, es porque no tiene un diferenciador, el producto o servicio es el mismo, es igual; en este terreno ganará siempre el más barato.

¿Cómo hago para conseguir empleo si en todos lados piden experiencia? De acuerdo a tu actitud, y a tu nivel de compromiso para entrar de lleno en tu proceso de validación, es altamente probable que generes oportunidades en donde la experiencia no será necesaria. Sin embargo, considera por lo que más quieras lo siguiente: No esperes a terminar tu carrera para ofrecer tus servicios y hazlo en el ramo que te interesa, me lo agradecerás eventualmente.

Fórmula para obtener cualquier empleo sin importar si piden experiencia.

Esta "fórmula" es en realidad una técnica muy usada en marketing, aplicada al mercado laboral. Es la siguiente secuencia: **Algo gratis --> Algo de bajo costo --> Producto principal**, en el vocabulario de marketing sería así: *Lead Magnet -> Tripwire -> Main Product*, y aún lo podríamos continuar a más etapas, pero lo dejaremos hasta aquí por ahora.

Veamos ejemplos en la vida real: **Cine:** Tráiler de 3 minutos(Algo gratis) --> Boleto para la película(Algo de bajo costo) --> Palomitas, bebidas, etc.(Producto Principal, el de mayor costo).

Supermercado al menudeo o medio mayoreo: Una prueba/muestra de ese "queso nuevo"(Algo gratis) --> Compras un queso(Algo de bajo costo) --> Te haces cliente de esa marca y lo vuelves a comprar muchas veces durante años (Producto principal de mayor costo, en este caso por repetición).

Nota como esto solo lo necesitan los productos "nuevos". Los productos establecidos en el mercado se venden solos. Ya hicieron su trabajo con antelación. Si Lalo, pero esto ¿cómo lo aplico a un empleo? Toma nota:

1.- Aplica al empleo que te interesa.

2.- Sé muy claro en tus expectativas financieras, tus posibilidades de horario, etc.

3.- Menciona que puedes trabajar muy bien bajo, presión (créeme, esa presión llegará).

4.- Cuando sea tiempo de hablar que no tienes experiencia, menciona lo siguiente, pero solo y exclusivamente como último recurso, no lo ofrezcas desde el inicio, y solo que la empresa y el puesto realmente valgan la pena, dirás: "Estoy dispuesto a trabajar a prueba incluso sin goce de sueldo por [PERIODO], puedes decir una semana, quincena o un mes" (algo gratis), en este [PERIODO] te asegurarás de ser el mejor empleado que hayan soñado jamás, querrán medir puntualidad, actitud, liderazgo, compañerismo, iniciativa, etc. Es tu momento de brillar.

5.- Al final de este [PERIODO] pedirás una cita con la persona a cargo y le dirás: Estoy listo para negociar.

Muy importante, si sucede, como sucede a menudo que estás mejor calificado de lo que lo está, quien sería tu jefe, en lugar de competir o comprobar que eres mejor que él, te asegurarás de ayudarle, de aligerarle la carga, de resolverle problemas a él. Lo convertirás en tu aliado y en tu mejor promotor.

Si lo que deseas desde el principio es un negocio propio, pero no tienes más remedio temporalmente de iniciar con un empleo, te recomiendo leas el libro: "Emprendedor 10 %": ¡Vive el sueño de emprender sin renunciar a tu empleo!, de mi amigo Patrick J Mcginnis.

Aprovecha tu circunstancia actual con tus padres. Todos los capítulos de este libro te van a servir, escribí esta sección como un punto de partida con consejos para jóvenes, por lo que debo decirte que aproveches tu momento privilegiado actual, cuando tengas tu primer ingreso no salgas corriendo a gastarlo. Haz por escrito tu plan financiero a largo plazo, aprovecha esta etapa en que tal vez no pagas renta, ni agua, ni electricidad, etc. Apoya a tus padres de alguna manera y haz tu plan financiero a largo plazo, una vez que tengas responsabilidades, que llegará el momento, deberás modificar y ajustar ese proyecto. Por ahora, aprovéchalo y guarda la mayor cantidad de dinero que te sea posible, las fiestas pueden esperar, los despilfarros en general pueden esperar, sé un adulto con el manejo de tu dinero.

Mandamientos de finanzas personales para jóvenes:

1.- Leerás este libro completo en orden, y luego otra vez en el orden que gustes, por lo menos tres veces, lo comentarás con amigos y familiares.

2.- No te casarás hasta que tengas un proyecto de vida familiar-financiero individual y otro con tu pareja por escrito, ambos deberán estar de acuerdo. Si una de las dos partes no le interesa el tema, no deberás casarte. Esto aplica para unión libre o cualquier otra forma en que se llame en estos tiempos modernos o futuros. Deberán ser tres planes familiar-financieros: **a)** Uno a corto plazo, **b)** Otro a mediano plazo y, **c)** Otro a largo plazo, este último debe ser revisado y actualizado siempre en mejoría al menos cada año.

3.- Si te casas, esperarás al menos diez años hasta haber aplicado tu proyecto de vida familiar-financiero, para tener hijos. Si logras despegar tu proyecto y "graduarte" del tema antes, podrás, solo así, adelantar este tiempo. Harás en estudio del costo de tener un hijo, desde la etapa del embarazo hasta la crianza hasta que cumpla por lo menos 18 años, preferiblemente hasta que termine su educación profesional.

4.- Detendrás los gastos alocados y desordenados. Es tiempo de asumir tu RESPONSABILIDAD. Reflexiona sobre los gastos que cometes, anótalos. Ponte en los zapatos de tus padres y apóyalos también con charlas sobre finanzas personales y familiares, que avancen todos como familia.

5.- Enfrentarás tus deudas. El endeudamiento excesivo es el cáncer de esta generación. Detén y cancela, destruye no solo tus tarjetas de crédito, deja de pedir préstamos a tu mamá, papá, abuelos, amigos, etc. Si no tienes deudas, mantente así. Si eres de los que piensan: "Es que es la única manera de tener algo", puedo decirte que te has dado por vencido, por adelantado. Yo te respondería: ¿y cómo sabes si no lo has intentado? El hecho de que otros se hayan dado por vencidos no quiere decir que tú también tengas que hacerlo. Mejor hazte preguntas diferentes, del tipo: ¿Alguien ya logró lo que yo deseo lograr?, si alguien puede, todos podemos. ¿Sabías que de los hombres más ricos del mundo en la actualidad, el 78 % aproximadamente lo son en primera generación? Es decir, no heredaron nada, empezaron con nada o casi nada. Si decides endeudarte, habrás aceptado que no puedes.

6.- Comprarás casa solo hasta que tengas deuda cero, y harás antes un plan para pagarla en máximo 5 años, no importa si la hipoteca es a 20, 25, 30 o más años dependiendo del país, tu plan deberá contemplar máximo 5 años. No te preocupes, a medida que leas este libro, tendrás más claras tus opciones. Tu hogar debe ser una BENDICIÓN, no una maldición financiera. No compres hasta que estés realmente listo.

Mientras ese momento llega, te recomiendo visites desarrollos de vivienda nueva, también veas casas en venta, te ayudará a comprender las cosas básicas sobre los bienes raíces (finca raíz como le dicen en Colombia). Lee un libro o dos sobre el tema, esto te preparará para ese momento. Nota tus emociones, cómo se comportan cuando llegas a una unidad que podrías llamar "la casa de tus sueños".

7. No guardarás dinero bajo el colchón. Una cosa es guardar tu dinero y encerrarlo bajo llave, y otra es hacerlo mediante un instrumento de inversión que te ofrece más seguridad y la posibilidad de obtener rendimientos en el futuro. Hay opciones para invertir que tienen un muy bajo riesgo. Lo primero que deberás estudiar es cómo guardar tu dinero y hacer que al menos mantenga su valor con respecto a la inflación. Recuerda uno de mis **consejos de oro**: No invertir en nada, absolutamente nada que no comprendas al 100 % sin importar quien te invitó.

8. Harás tu plan financiero por escrito a largo plazo. Leer este libro completo será fundamental para que comprendas más conceptos, tendencias y tengas claridad en lo que realmente quieras lograr.

9.- Estudiarás lo básico sobre la ley del trabajo, y lo básico so-

bre cómo abrir un negocio, incluyendo lo básico sobre pago de impuestos. Para esto lee y cuestiona, no es necesario por ahora que vayas a un curso especializado ni nada, pero si compra uno o dos libros y pregunta a familiares y amigos sobre los temas, toma nota.

10. Investigarás sobre como funcionan los bancos, tradicionales y digitales. Este punto se refiere a cultura básica bancaria, ¿qué requisitos piden para abrir una cuenta bancaria?, ¿qué es y cómo funciona una cuenta de cheques? ¿Qué es y cómo hacer una transferencia? ¿Cómo funciona la app de mi banco? ¿Cuál es la diferencia entre un banco tradicional y uno digital o fintech? ¿Qué es lo básico que necesito saber en cuanto a la relación de bancos y pago de impuestos (SAT en México, IRS en EE. UU.)?

11.- Empezarás a invertir, solo cuando estés en deuda cero (a excepción tu casa, si tienes una) con un fondo de emergencia de 6-12 meses de gastos ahorrados para empezar, esto significa que el pago de deuda tiene prioridad.

12.- No tomarás responsabilidades que no te corresponden. A medida que llegas a la edad adulta, una palabra emergerá cada vez con mayor fuerza, esta es la palabra es **RESPONSABILIDAD**. Tendrás que asumir muchas, cada vez más tanto en el ámbito personal como profesional. El consejo aquí es que aprendas a distinguir cuáles sí son tuyas y las asumas al 100 %, pero, también, rechazar todas aquellas que no lo son. Esto aplica para la familia, amigos, compañeros de trabajo, socios, etc.

Tengo una especie de mantra que aprendí de la manera más ruda y que la tuve que vivir muchas veces para aprenderla bien y poder detenerla, dice así: "Todo aquello que haces como favor, si no lo detienes, se convertirá en una responsabilidad". En ese momento, habrás tomado como tuya una responsabilidad que no te correspondía. TODOS AMAN A ALGUIEN QUE TOME RESPONSABILIDAD, ESTARÁN FELICES DE LANZARTE PARTE DE "SU CARGA", ESA RESPONSABILIDAD QUE NO TERMINAN DE ASUMIR; no les resuelvas la vida a los demás.

13.- Aprende a tener efectivo o dinero líquido. Te sorprenderías cuantas personas de todas las edades NO saben qué hacer con dinero disponible. Con excedentes. Pareciera que tener dinero disponible fuera algo malo. Salen a gastarlo como si su vida dependiera de ello. En este mandamiento, harás las siguientes cuatro cosas:

a) Tendrás en tu casa en un lugar seguro, en efectivo, por lo menos $ 1,000. Siempre 24/7/365 y 366 los años bisiestos. Esos NO los podrás gastar jamás con excepción de emergencias, más delante te doy la verdadera definición de la palabra "emergencia".

b) Cualquier ingreso que recibas, que no tenías planeado: Comisiones, aumento de sueldo, nuevas ventas, etc. no lo podrás tocar durante al menos 6 meses. Ah, y por lo que más quieras, no te "autoprestes", es decir; no te lo gastes incluso antes de recibirlo. ¿Y si destinas el 100 % de este ingreso extra a tu fondo para tu libertad financiera?

c) Tendrás contigo en tu billetera o cartera, para todos lados contigo un billete de $ 100. Deben ser dólares como todos los importes expresados en este libro, no puede ser el equivalente en tu moneda local. Ese billete no lo gastarás jamás, pero lo tendrás contigo siempre, para dondequiera que vayas.

d) El billete del punto "c", lo "gastarás mentalmente" mil veces todos los días. Es decir, a todos lados que vayas, imaginarás todas las cosas que puedes comprar con ese billete, y, te visualizarás haciendo eso, precisamente, comprando y comprando, muchas veces. Veamos que sucede en tu interior y con tu mente con este ejercicio. Obsérvate.

14.- Jamás te conformes. En alguna ocasión tendrás que tomar un empleo que no te gusta el sueldo. A veces tendrás que aceptar un cliente que no te gusta. Si lo haces, como parte de tu proceso, adelante. Pero jamás te conformes, la gente que lo hace, eventualmente termina odiando lo que hace y deja de cuidar la regla de oro de siempre dar nuestro 100 %. Si lo haces, asegúrate de seguir aprendiendo, seguir preparándote y crea un plan "b", que te catapultará al siguiente nivel.

Sentido de dignidad y respeto: Cuando se trata de "clientes o patrones indeseables" tengo una regla DE ORO desde hace años. Jamás trabajo con alguien que grita, puede ser a sus empleados, subordinados o a quien sea. Si me doy cuenta de que es un "gritón", busco una salida amigable en el corto plazo, si apenas voy a iniciar, invento un pretexto y aborto la misión. En algunos casos incluso les digo por qué. NO ES NEGOCIABLE. Es un *"deal braker"* definitivo. No le permito a nadie que me trate mal, y si lo hace con otras personas, eventualmente lo hará conmigo, o con mi personal. ¡Adiós! No importa cuánto dinero, signifique. Amo esta regla, por cada uno de estos "odiosos", he obtenido a cambio una docena de personas amables y educadas en todos los sentidos, en todos mis negocios. Esta regla no la tuve siempre, aprendí por el lado rudo. No asumas que un patrón es el clásico patán de las películas. Mientras más valor te des a ti mismo, la vida te recompensará en forma directamente proporcional y multiplicado.

15.- Cada vez que hagas el pago de algo, la cuenta en el super-

mercado, un recibo de electricidad, la compra de ropa nueva, etc. sea lo que sea. Agradece. Es probable que al comprar, lleguemos a sentir emociones encontradas. Por un lado, se produce placer por el bien comprado, por el recibo pagado (ya no te van a cortar la luz); pero, por otro lado, hay dolor, por "lo caro" o por "tener que pagar eso". Es tu sentido de escasez, pensando que se va a acabar, que se va a terminar. Desde ahora, cada vez que pagues lo que sea, agradecerás. ¿A quién? A quien tú quieras, a Dios, al Universo, a tus empleadores, a tus papás, etc. Veamos que empieza a suceder al darle al dinero que sale la energía del agradecimiento, considera que eso que obtuviste, lo vas a disfrutar.

Cuando tenía 18 años, tuve mi primer carro, un Toyota Celica, era rojo, deportivo y tenía quemacocos, estaba un tanto viejo; yo lo veía y sentía como si fuera un Ferrari del año. Me pregunto si hoy manejaría las marcas Alemanas que manejo, si al subirme a mi Toyotita de esos tiempos, lo hubiera hecho renegando por subirme en ese pedazo de basura, como mucha gente lo hace. Aún lo recuerdo con mucho cariño.

16.- Independízate a más tardar a los 25 años, esto significa irte de casa, valerte al 100 % por tus propios medios. Mucho cuidado con casarte o irte a vivir con alguien solo por compartir gastos o por buscar que alguien se haga cargo de ti. Como dice mi amigo Alfonso Ruiz Soto: **La vida es bella, pero no es gratis, si tú no estás financiando tu estilo de vida, alguien más lo está haciendo.**

Esto significa que te prepararás para ese momento desde mucho antes, esto no sucede de la noche a la mañana. Con el paso del tiempo, no se vale regresarte a vivir con tus padres porque tienes una "mala racha", harás lo que tengas que hacer para mantenerte independiente. Siempre podrás visitar a tus padres, y por supuesto apoyarlos. Muy importante: Considera "gratis" el apoyo de tus padres solo hasta los 18 años, luego de eso, todo lo que te apoyen considéralo como un "préstamo". Nadie te lo va a cobrar, solo es una postura que te mantendrá dentro de tu parte responsable y te hará valorar mucho más los sacrificios que tal vez han hecho por ti. Cuando triunfes, regresa a apoyarlos a lo grande. ¿Sabes lo que se siente comprarle una casa a tu mamá?

El hecho de sentirse con derecho. (*Feeling entitled*). Las parejas tienden a dedicar los primeros cinco a siete años de sus matrimonios o de vida en pareja, tratando de obtener el mismo estilo de vida que sus padres, esto puede jugar a tu favor o en tu contra, depende de ti y de tu pareja. Lo primero que debes hacer es reconocerlo, para eso necesitas saberlo. Ahora ya lo sabes. Negarlo no va a cambiar que sea verdad.

Tu niñez NO te define. Marcus Buckingham, investigador internacional y líder de opinión, dice: Puedes venir de una familia adinerada y batallar eternamente por dinero, lo he visto un millón de veces; igualmente he visto casos de personas que vienen de una niñez en pobreza, y resolver de una manera extraordinaria los temas financieros.

Lo "obvio" que de todos modos prefiero mencionar. No trates de cortar camino, solo dedícate a negocios lícitos, dormir tranquilo toda la noche, es algo que cuando se llega a ir, no regresa jamás. Y, dentro de esta línea, elige solo cosas que estén alineadas con tus valores y principios. Hay negocios legales que explotan temas de dudosa ética, como los productos "milagro", si eres MARKETERO ofrece siempre una promesa que puedas cumplir y cúmplela, -valga la redundancia-; temas como venta de alcohol o negocios de "giros negros", deberás evaluar si es congruente con quien eres o quieres ser. Recuerda que nos convertimos en lo que hacemos repetidamente. La respuesta es individual, tu único juez serás tu mismo, tu conciencia y ética. También considera la ecología en todos tus emprendimientos.

De cualquier manera, la lectura de este libro te está dando herramientas que la mayoría de las personas no tendrá en toda su vida. Si vienes de una familia con retos financieros, te felicito porque estás rompiendo la brecha generacional y mostrando un nuevo camino para las siguientes generaciones.

Las 3 cosas FUNDAMENTALES que buscamos todos como seres humanos: Hay 3 cosas que, sin saberlo, buscamos prácticamente desde el momento en que nacemos.
1.- Identidad. ¿Quién somos? Ya hemos hablado bastante sobre el SER en este capítulo. ¿Sabes quién eres?, o una mejor pregunta: ¿sabes con claridad en quién te quieres convertir?

2.- Sentido de pertenencia. Los seres humanos somos seres sociales, y haríamos casi cualquier cosa por "encajar", por ser "parte del grupo". Luego así, somos parte de una familia, de un equipo deportivo, tenemos una nacionalidad, etc. El sentido de pertenencia lo validamos miles de veces a lo largo de nuestras vidas. Por eso puede ser muy doloroso dejar de ser parte de un grupo; una empresa, una sociedad, cuando se termina una relación, por ejemplo; se rompe una parte de nuestro sentido de pertenencia, duele y reaccionamos con ira ante ello. La ira no es otra cosa que dolor reprimido.

3.- Propósito. Dicen los que saben que los dos días más importantes de nuestras vidas son: **a)** El día en que nacemos y, **b)** El día que descubrimos para qué. Ese es el propósito, ese es el "para qué", ya hemos hablado de que consiste en ayudar mediante nuestra pasión a la mayor cantidad de personas en el mundo. Creo se abren muchas ventanas de oportunidad con esta información y todo lo que debe estar sucediendo dentro tuyo al leer estas líneas. A mí me sucedió lo mismo en su momento. Disfrútalo.

Datos duros con respecto a los jóvenes: 1.- Los jóvenes menores de 20 años suelen ser más propensos a gastar su dinero en experiencias y en ocio, como viajes y conciertos, que en bienes materiales, según un estudio de la empresa de investigación de mercado Mintel.

2.- Según un estudio de la empresa de asesoría financiera Bank of America Merrill Lynch, la mayoría de los jóvenes de entre 18 y 24 años tienen más confianza en sus habilidades tecnológicas que en sus habilidades financieras.

3.- Según un estudio de la empresa de asesoría financiera T. Rowe Price, la mayoría de los jóvenes menores de 20 años sienten que no están suficientemente preparados para enfrentar los retos financieros de la vida adulta.

4.- Según un estudio de la empresa de asesoría financiera Betterment, los jóvenes menores de 20 años son más propensos a invertir en activos digitales, como criptomonedas, que cualquier otro grupo de edad.

5.- Los jóvenes menores de 20 años suelen ser más propensos a pedir consejo financiero a sus padres que a buscar asesoramiento profesional, según un estudio de la empresa de investigación de mercado Ipsos.

Principales retos financieros actuales para jóvenes:
1.- Presión social: Los jóvenes pueden sentir la presión social para gastar dinero en ciertas cosas, como vacaciones o ropa de marca, lo que puede afectar su capacidad para ahorrar dinero y mantenerse financieramente saludables.

2.- Falta de conocimiento financiero: Los jóvenes pueden no entender conceptos financieros básicos, como el interés, los impuestos y el presupuesto, lo que puede dificultar la toma de decisiones financieras informadas.

3.- Tarjetas de crédito: Los jóvenes pueden tener dificultades para manejar sus tarjetas de crédito, lo que puede llevar a grandes deudas y problemas financieros.

4.- Falta de planificación financiera: Muchos jóvenes no tienen un plan financiero a largo plazo, lo que puede dar como resultado en dificultades financieras más adelante.

5.- Gastos innecesarios: Los jóvenes pueden gastar demasiado dinero en gastos innecesarios, como comidas fuera de casa, ropa y tecnología, lo que puede afectar su capacidad para ahorrar dinero.

6.- En EE. UU. principalmente deudas estudiantiles: Muchos jóvenes toman préstamos estudiantiles para pagar la universidad, lo que puede dar como resultado grandes deudas que deben pagar después de graduarse.

7.- Falta de ingresos: Los jóvenes a menudo tienen dificultades para encontrar empleo a tiempo completo y, por lo tanto, pueden tener ingresos limitados o inestables.

8.- Ahorro para el futuro: La falta de ingresos y la falta de educación financiera pueden hacer que los jóvenes no ahorren lo suficiente para el futuro, lo que puede ponerlos en una situación financiera difícil más adelante.

Mujeres: quiero sugerirte que en tu etapa de salir con chicos, en tu etapa de "dating", pagues tu parte, -lo menciono en varias partes de mis materiales-, no lo tomes a mal, te pido que sigas leyendo y al final tomes decisiones, este libro no está escrito en piedra y las decisiones las tomas tú al final.

Cuando era muy joven simplemente no salía porque no tenía dinero para financiarlo. Los tiempos han cambiado y la mujer de hoy está mucho más preparada que antes.

Aquí mis motivos para sugerirte *"go dutch"*, -pagar tu parte-; como se dice en inglés:

1.- Es una muestra de independencia y empoderamiento: Si la chica está trabajando y tiene su propio dinero, pagar su parte es una forma de mostrar que es independiente y capaz de cuidarse a sí misma financieramente. No hay nada de malo en aceptar una invitación a salir, pero pagar su parte muestra que ella no depende del chico y que aceptó por motivos reales. ¿No tienes dinero? ¡Entonces no salgas!

2.- Es una forma justa de dividir los gastos: En una relación, tanto el chico como la chica deben asumir la responsabilidad de los gastos. Es justo que cada uno pague su parte, especialmente si están saliendo regularmente y haciendo actividades juntos.

3.- Evita el desequilibrio financiero: Si una de las partes paga todo el tiempo, puede crear un desequilibrio financiero en la relación. La chica podría sentirse en deuda o el chico podría sentirse resentido por siempre tener que pagar. Pagar su parte ayuda a evitar este problema.

4.- Demuestra interés genuino: Si una chica está dispuesta a pagar su parte, muestra que está interesada genuinamente en el chico y no solo en aprovecharse de él. Muestra que está dispuesta a invertir en la relación y que valora su tiempo juntos.

Dicho lo anterior, ahora un mensaje para hombres, no lo escribí para ahorrarles una lana. Hombre, siempre ofrécete a pagar el 100 %, te digo los motivos:

1.- Es una forma de mostrar cortesía y respeto: Para algunos hombres, pagar el 100 % es una muestra de cortesía y respeto hacia la mujer. Esto puede ser una forma de demostrar que valoran su compañía y que quieren hacer que se sienta especial.

2.- Es una suerte de mostrar su capacidad financiera: Algunos hombres pueden ver pagar todo como una forma de demostrar que tienen la capacidad financiera para hacerlo. Se vale siempre y cuando se mantenga el respeto y sea equilibrado.

3.- Es una manera de asumir el rol tradicional de proveedor: En algunas culturas, el hombre asume este rol en una relación y se espera que pague por todo. Para algunos hombres, simplemente significa demostrar que son capaces de cuidar a su pareja.

A mí la palabra "proveedor" como rol en una familia me sonaba mal, en realidad solo significa asumir responsabilidad. Asúmela, mientras más pronto, mejor. A medida que la relación avance podrán llegar a acuerdos, siempre cuidando mantener el equilibrio y el respeto mutuos, si esa relación llega a largo plazo y forman una familia, habrá nacido sobre cimientos muy firmes.

Si se da el caso de una desproporción en el poder adquisitivo de ambos, -que uno tenga mucho más que el otro-; tener cuidado que no se genere al síndrome de cenicienta.

El síndrome de Cenicienta es un patrón de comportamiento en el que una persona en una relación asume el papel de "víctima" y espera que su pareja, la "rescate" y satisfaga todas sus necesidades. Aquí hay un ejemplo del síndrome de Cenicienta en una pareja en la etapa de noviazgo: Carla y Juan están saliendo y Carla siempre espera que Juan la rescate de cualquier problema financiero que tenga. Ella gana menos dinero que él y tiene problemas para llegar a fin de mes, así que siempre espera que Juan la invite a salir y pague todo. Cuando salen, Carla no ofrece pagar su parte ni trata de buscar opciones más económicas, sino que espera que Juan la trate como a una princesa y pague por todo.

En este ejemplo, Carla asume el papel de víctima y espera que Juan la rescate de sus problemas financieros, en lugar de tomar medidas para resolverlos por sí misma. También está perpetuando la idea de que es el hombre quien debe ser el proveedor en una relación, y que ella no tiene responsabilidad en las finanzas compartidas. Si esta actitud persiste, causará tensión y desequilibrio en la relación, y Juan se sentirá resentido o explotado. Es importante que ambos miembros de la pareja sean responsables financieramente y trabajen juntos para encontrar soluciones que funcionen para ambos.

Palabras clave: Respeto y equilibrio. Acuerdos ante todo.

Algunos casos extremos: En mis años como entrenador financiero, también me ha tocado ver situaciones de personas, que se aprovechan de su pareja para temas de dinero. Esto además de que no es ético, es muy peligroso y el riesgo es gigante para quien lo hace. No es moralmente aceptable, ni justo aprovecharse de que alguien más pague por tus gastos, independientemente de tu género. Además, depender exclusivamente de la financiación de otra persona puede dejar a la otra parte, vulnerable en caso de que la relación termine o de que quien paga, se enfrente a dificultades financieras. En lugar de eso, es valioso que las tanto hombres como mujeres se empoderen en el ámbito financiero y aprendan a administrar su propio dinero para poder tomar decisiones que impliquen finanzas informadas y tener una mayor seguridad y autonomía económica en el futuro. No se vale.

¿Leíste sobre la chica en New York que aceptaba salir en citas solo para comer fuera? ¿Pasó caso dos años sin siquiera ir una sola vez al mandado? No le importaban las personas más allá del pago de la cuenta. ¡Increíble el descaro!

La agenda 2030. La Agenda 2030 es un plan de acción global adoptado por los Estados miembros de las Naciones Unidas en septiembre de 2015 para erradicar la pobreza, proteger el planeta y asegurar la prosperidad para todos. También se conoce como los Objetivos de Desarrollo Sostenible (ODS) y consta de 17 objetivos y 169 metas específicas que deben alcanzarse para 2030. Estos objetivos abordan temas críticos como la eliminación del hambre y la pobreza extrema, la reducción de las desigualdades, la promoción de la salud y el bienestar, la acción contra el cambio climático y la protección de los océanos y la biodiversidad, entre otros. La Agenda 2030 es un llamado a la acción para todos los países, empresas, sociedad civil y ciudadanos para trabajar juntos en pos de un futuro sostenible y justo para todos.

¿Por qué decidí hablar de este tema en esta sección del libro que va dirigido a jóvenes? Porque la agenda 2030 te va a poner ciertos retos, mientras más pronto los conozcas, más pronto podrás planear en consecuencia, y se alinean con la filosofía en general de mis entrenamientos.

Reta a la generación *millennial* (que se refiere a las personas nacidas entre 1981 y 1996) en varios aspectos importantes, entre ellos:

Responsabilidad social: Pide a todas las partes interesadas, incluidos los ciudadanos, que asuman una mayor responsabilidad social para lograr un futuro más sostenible. La generación *millennial* debe tomar conciencia de su papel en la construcción de un mundo más justo y sostenible y trabajar para lograr los objetivos de desarrollo sostenible.

Innovación: Pide la innovación en tecnología y soluciones sostenibles para abordar los desafíos del desarrollo sostenible. La generación *millennial* está en una posición única para liderar y promover la ación en áreas como la energía renovable, la agricultura sosteni-onomía circular y la tecnología verde.

n: Requiere un liderazgo responsable y comprometido bjetivos de desarrollo sostenible. La generación *mi-* la iniciativa en la promoción de un liderazgo más inclusivo, justo y sostenible en sus comunidades y lugares de trabajo.

Acción climática: Destaca la importancia de la acción climática y la necesidad de reducir las emisiones de gases de efecto invernadero para abordar el cambio climático. La generación *millennial* debe liderar la lucha contra el cambio climático y promover la adopción de medidas urgentes para reducir las emisiones de gases de efecto invernadero.

Igualdad de género: Llama a la igualdad de género y la eliminación de la discriminación de género. La generación *millennial* debe trabajar para promover la igualdad de género y luchar contra la discriminación de género en todas sus formas.

*-"Tus hábitos financieros son más
importantes que la cantidad
de dinero que ganes." -*

T. Harv Eker

Capítulo 3

Hábitos financieros

No ahorres lo que te queda después de gastar, gasta lo que te queda después de ahorrar. Si quieres ser rico, debes estar dispuesto a hacer lo que los ricos hacen para obtener y mantener su riqueza. Gasta cada centavo con intención, o guárdalo para otro momento. Los 3 anteriores enunciados, son excelentes ejemplos de hábitos financieros. En el capítulo anterior ya te hablé sobre ellos, sobre las metas y sobre los sistemas, en esta sección hablaremos específicamente sobre la pieza más pequeña de ese ecosistema, "el hábito". Empezaremos por su definición más elemental.

Hábito = En las ciencias de la salud, en particular a las ciencias del comportamiento, se denomina hábito a cualquier conducta repetida regularmente, casi en automático. **En este libro, le llamaremos "hábitos de la gente rica" a aquellos que son buenos para nuestra salud financiera, y "hábitos de la gente quebrada" a aquellos que le pegan a nuestro bolsillo.** Son acciones que hacemos sin pensar mucho en ellas, y que nos llevan a tomar decisiones de una manera determinada. Estos comportamientos habituales pueden influir en el éxito o fracaso en cualquier aspecto de nuestra vida.

Cada hábito que tengas puede acercarte o alejarte de la riqueza. Si tienes un hábito que te ayuda a ser rico, la falta de ese hábito será lo que te aleje de la riqueza. Y por cada hábito que no tengas, hay otro hábito opuesto que sí tienes, aunque no te des cuenta. Nuestros hábitos tienen un gran impacto en nuestra riqueza, ya sea para acercarnos o alejarnos de ella.

Imagina que hay un hábito muy importante que dice que debes ahorrar un cierto porcentaje de tus ingresos. Si no tienes este hábito y no ahorras nada, es probable que tengas el hábito contrario, que es no ahorrar en absoluto. Este segundo hábito te aleja de la riqueza, mientras que el primero te acerca a ella. En pocas palabras, no ahorrar es un hábito que te perjudica, mientras que ahorrar te ayuda a estar más cerca de la riqueza.

Todos los hábitos financieros que te mostraré en este material, te explicarán lo que implican y lo que sucede dentro de ti al aplicarlos. Al agregarlos a tu inventario de hábitos que te acercan a la riqueza, y, adicionalmente, te explicaré cuál es su contraparte y qué precio estás pagando por no tener el opuesto. Recuerda que el precio no siempre es en dinero.

Relación entre tus hábitos y tu Dinero. No creas nada de lo que te diga, pero dame el privilegio de la duda. Conviértete, como yo, en un eterno aprendiz y en un investigador para que llegues a tus propias conclusiones sobre cualquier tema que leas en cualquiera de mis libros.

También te dije que te iría dando bibliografía, en diferentes lugares verás que menciono a autores y nombres de libros, por si te interesa, profundices en el conocimiento que cada uno de ellos aportarán a tu crecimiento. Ya te hablé del impresionante James Clear, y su libro "Hábitos Atómicos", es la persona que redefinió el concepto y reinventó todo lo que hasta ese momento se sabía acerca de hábitos. Verás cómo es un tema por demás apasionante.

Las etapas de un hábito que ya existe son los siguientes:
(Gráfico 1.0)
1.- Detonador (Algo lo dispara)
2.- Deseo o antojo (Deseas un resultado determinado)
3.- Acción o respuesta (Eso que haces como resultado de los dos anteriores)
4.- Recompensa (El premio que recibes por haber pasado a la acción).

Los pasos para la creación de un hábito "bueno", que te acerca a la riqueza son:

1.- Hacerlo obvio. En esta parte te sugiero hacer una lista de tus hábitos relacionados con dinero, una lista completa no importa cuántos sean, luego te enfocarás en los que consideres más importantes, tanto aquellos que te enriquecen como los que te alejan de la riqueza. Al hacer esto, los habrás hecho obvios, están expuestos frente a ti para que puedas hacer algo al respecto. Algunos reforzarlos, y otros, eliminarlos. Al final de cada hábito que te propongo en este material, te daré al menos un hábito y su respectiva estructura para que lo agregues a tu inventario de hábitos.

Esto lo haremos en el formato: Haré: *{COMPORTAMIENTO O ACTIVIDAD}* a las *{HORARIO}* en *{LUGAR Y FRECUENCIA}*.

Ejemplo: *{LEERÉ TODOS LOS DÍAS LIBROS SOBRE FINANZAS PERSONALES}, {A LAS 7:00 PM}, EN {LA SALA DE MI CASA DURAN-*

TE 45 MINUTOS DE LUNES A VIERNES}.

Ahora solo tienes que apegarte al "script" y armar tu SISTEMA. Recuerda que el detonador de un hábito es algo que simplemente "te recuerda" hacerlo, en este caso te sugiero una alarma, una de lunes a viernes a las 7:00 pm que, te recuerde que es hora de leer, 45 minutos.

2.- Hacerlo atractivo. Una vez que ya has logrado que determinado hábito sea evidente para ti, ahora lo que sigue es hacerlo atractivo, esto es, que te den ganas de hacerlo. Aquí es cuestión de usar la creatividad un poco, por ejemplo, cada vez que termines de leer, come algo que te encanta, una quesadilla tal vez, una taza de chocolate con pan, etc. de tal manera que tu subconsciente, pero también tu consciente se den cuenta de que en cuanto termines de leer, obtendrás un placer inmediato. ¿Quieres hacerlo con algo que no sea comida? Planea algo con tu familia o con tu pareja.

3.- Hacerlo fácil. Para este ejemplo de lectura de libros sobre finanzas personales, empieza con libros sencillos y no tan extensos, de tal manera que sea y lo sientas fácil, es como ir al gimnasio, no levantarías todo el peso que podrás luego de seis meses de ir constantemente. Hazlo extremadamente fácil y ve subiendo el nivel poco a poco. Aplica esto para todos esos nuevos hábitos que irás creando.

4.- Hazlo satisfactorio. Cúmplete a ti mismo, date esa recompensa que planeaste desde el principio. Si esa recompensa fue planeada con tu pareja o con tu familia, asegúrate de obtenerla, de "cobrar" inmediatamente después de haber completado tu actividad.

Ejemplo de un hábito aleatorio inconsciente:
1.- Pasa por tu casa el carrito que vende pan calientito, recién salido del horno, escuchas la música que utiliza... **DETONADOR**, este sonido es la activación del hábito.

2.- Sientes un fuerte DESEO O **ANTOJO** de comer pan, tal vez acompañado de una taza de chocolate caliente.

3.- Sales a la calle y le dices al carrito que se detenga, lo cual representa la **ACCIÓN** O RESPUESTA a esta parte del ciclo de los hábitos.

4.- Unos minutos después estás disfrutando ese pan tal vez con tu familia, esta es la **RECOMPENSA** a ese hábito, que inició con un detonador, un detonador del cual ni siquiera eres consciente.

Cómo romper o deshacer un mal hábito, a continuación te muestro el cuadro para deshacer los "malos hábitos", son todos aquellos que estamos conscientes que nos queremos deshacer de ellos.

Nota: Tan importante como crear nuevos hábitos es reconocer y "destruir" todos los "malos hábitos". En el siguiente gráfico veamos cómo función el ciclo de los hábitos. En el cuadernillo de trabajo, harás varios ejercicios para afianzar tu técnica de creación de nuevos hábitos, y la eliminación de los que sabes que te entorpecen tu avance.

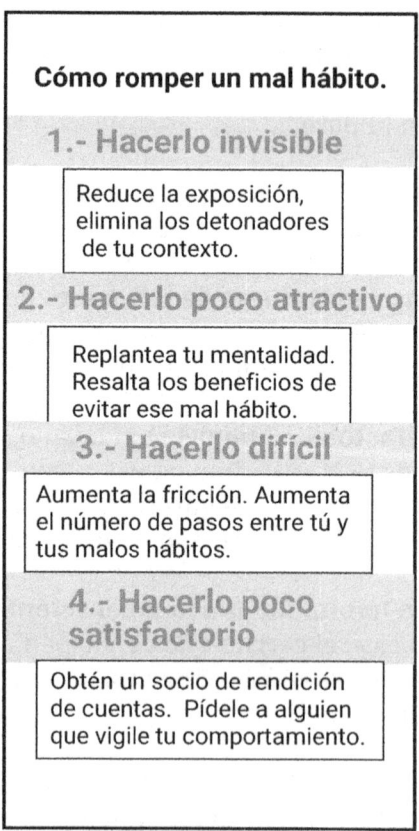

Gráfico 1.0

Gráfico 1.1

-"No puedes tener una relación de pareja a largo plazo, sana, sin una comunicación financiera saludable." -

Dave Ramsey

Capítulo 4

El dinero y la pareja

El amor es ciego, pero el dinero puede abrir los ojos. El dinero no puede reemplazar el amor, pero el amor no puede pagar las cuentas. La falta de dinero es una mala hierba que puede invadir todo el jardín de una pareja.

El dinero es un asunto que puede ser complicado y potencialmente conflictivo en las relaciones de pareja. Ya sea que se trate de problemas financieros o de diferencias en las prioridades y valores relacionados con el dinero, la forma en que una pareja maneja sus finanzas tiene un impacto significativo en su relación. En este capítulo, exploraremos la importancia del dinero en las relaciones de pareja y cómo una mejor comprensión y manejo de las finanzas ayudará a fortalecer y mejorar las relaciones. Descubriremos las principales causas de conflictos financieros en las parejas, exploraremos formas efectivas de abordar el tema del dinero y aprenderemos cómo establecer metas financieras compartidas para crear una base sólida para una relación exitosa.

También hablaremos del **"elefante en la habitación"**, asumir que el dinero es parte fundamental de una relación de pareja, incluso desde la etapa de noviazgo y puede ser un factor que influya, en el tipo de personas con quienes nos relacionamos sentimentalmente, desde siempre.

La regla de oro para que una pareja se mantenga unida en el largo plazo, consta de 3 elementos:
1.- Amor.
2.- Polaridad (intimidad).
3.- Proyecto de Vida Familiar y Financiero.

Si falta cualquiera de estos tres, es muy probable que la relación fracase en algún momento. La ausencia, o si es disfuncional alguno de estos tres, es como tener una bomba de tiempo en la relación.

En la vida cotidiana lo normal es iniciar una relación porque la otra persona nos gusta, y es mutuo. Con el tiempo llega el amor, y la intimidad. Punto final. ¡Pareciera que con eso es suficiente para compartir toda una vida en pareja! ¡De locos!

Estos son los 5 motivos más comunes por los que una pareja inicia una relación:

a) Atracción física: Es el #1. ¿Te sorprende? Las personas pueden sentirse atraídas por alguien debido a su apariencia, voz, olor o simplemente por su presencia. Se logra en muy corto plazo, puede ser instantáneo.

b) Compatibilidad: Intereses, valores y perspectivas similares. Ayuda a las parejas a conectarse más profundamente. Se logra en el mediano plazo. No es instantánea.

c) Soledad: Búsqueda de compañía. Lograr la sensación de que no están solas y tener a alguien con quien compartir sus pensamientos y sentimientos. Al ser una necesidad emocional, no lleva tiempo, está latente en todo momento. Implica un inicio disfuncional.

d) Deseo de compromiso: Desean comprometerse con alguien y establecer una vida juntos. Las parejas que inician una relación por este motivo, ya están en el camino "correcto", buscan formar un proyecto de vida. ¡Aguas! Según el caso, es potencialmente un inicio disfuncional.

e) Apoyo emocional: Las relaciones pueden ser un lugar seguro para expresar emociones, recibir consejos y ayuda en momentos difíciles. Sin embargo, una relación que comienza de esta manera, tiene altas posibilidades de crear codependencia. Implica un inicio disfuncional.

En realidad frases como: "Cuando el dinero sale por la puerta, el amor sale por la ventana" son totalmente erróneas, el amor no se terminará porque no hay dinero, lo que en realidad sucede es que esa pareja no tiene un proyecto de vida familiar y financiero y sin él, muchas cosas no harán sentido.

Es increíble, pero ni en la escuela ni en casa se nos enseña materias financieras ni herramientas para formar una relación de pareja exitosa, vamos por la vida aprendiendo casi a prueba y error, o, por imitación. Esto, además de doloroso, será siempre muy caro; y estaremos produciendo deuda emocional con las personas que simplemente vamos dejando por el camino y viceversa (capítulo 42, finanzas y emociones).

Peligro de caer en temas de codependencia. Sin estar conscientes de ello, —salvo excepciones maquiavélicas—; existen ciertas necesidades afectivas psicológicas comunes que buscamos satisfacer a través de nuestra pareja y del dinero, las más notorias son: (Todas son disfuncionales).

1.- Seguridad: tanto financiera como emocional, las personas buscan en su pareja y en el dinero un sentido de estabilidad y protección. ¿Quién en su sano juicio rechazaría ser protegido? —No es un tema de género, ya no—.

2.- Afecto y apoyo emocional: A menudo, el dinero también se utiliza para demostrar afecto y apoyo, por ejemplo, a través de regalos o gestos generosos. O simplemente porque se cubren las necesidades básicas de la pirámide de Maslow o la nuestra, que verás en el capítulo 40. Tal vez, incluso, se cubre la pirámide completa.

3.- Reconocimiento y aceptación: las parejas pueden proporcionar un sentido de pertenencia y validación emocional, mientras que el dinero a menudo se usa para demostrar éxito y estatus social. ¿Has paseado con tu pareja tomada de la mano, presumiéndola (él o ella)?

4.- Control y autonomía: tanto el dinero como las relaciones pueden proporcionar un sentido de control y autonomía, como la capacidad de tomar decisiones importantes juntos o tener la libertad financiera para hacer lo que se desea.

5.- Placer y diversión: tanto las relaciones como el dinero pueden proporcionar experiencias agradables y divertidas, como viajar juntos o disfrutar de una buena comida en un restaurante lujoso.

Notas de importancia suprema sobre los 5 puntos anteriores:
a) Es responsabilidad tuya, resolverte a ti mismo todos los anteriores. Si te las resuelve tu pareja, tal vez habrás creado una relación con cierto nivel de codependencia. El proyecto de vida, estará basado en una ilusión, en algo que no es real, tendrá un inicio disfuncional.

b) Es responsabilidad tuya también, no tejer una red para "capturar" ese tipo de parejas, con ese tipo de necesidades. Fue mi caso por mucho tiempo. Soy hijo de padres divorciados, te cuento un poco más de mí en el capítulo 49(acerca del autor). Vi a mi madre trabajar en empleos durísimos e injustos para poder poner comida en la mesa, eso me llevó a relacionarme por muchos años con "mujeres que necesitaban ser rescatadas". Años de terapia y autoobservación después, eme aquí, escribiendo sobre el tema. Ellas tampoco sabían que deseaban ser rescatadas. Una huella de abandono, rellenando literalmente otra huella de abandono. ¿Qué podría salir mal?

c) Nota como los 5 puntos que te expuse antes, se parecen peligrosamente con los 7 lazos o valores del amor incondicional, material del Dr. Alfonso Ruiz Soto en el Colegio de Semiología de México. —El Sigmund Freud, contemporáneo, mexicano; como lo llamamos algunos de sus aprendices —. Pero, no lo son. Es solo un tejido muy peligroso de codependencia. (La codependencia es una adicción a una persona y a sus problemas, y se ha llegado a afirmar que la adicción y la codependencia son la misma enfermedad porque comparten las mismas características: negación, obsesión, compulsión y pérdida de control). ¡Aguas!

d) Este es un libro fundamentalmente financiero, familiar y financiero. En este capítulo debo decirte que tu primera función como miembro en una relación, es hacerte responsable de tus propias finanzas. Esto sentará las bases para formar una verdadera pareja, —parejos —; una que sea sana y que parta desde la responsabilidad y la honestidad. Ya no estamos en el siglo XIX ni XX. —No es un tema de género, ya lo dije —.

e) Deberás asumir tu responsabilidad también por tu parte emocional, y no esperar que tu pareja las resuelva por ti. Es TU responsabilidad sanar tu propia huella de abandono. Sé honesto. Sé 100 % responsable. Es la única manera de formar una relación, con bases firmes y sólidas. Para poder aspirar y formar de manera consciente. Que sea funcional desde el comienzo. Tendrá cimientos sólidos.

EL OBJETIVO EMOCIONAL MÁSTER. A lo que debemos aspirar todos, es a lograr independencia emocional, también conocida como autonomía emocional. La independencia emocional implica tener una fuerte autoestima, confianza en ti mismo, habilidades para resolver problemas y una capacidad para establecer límites saludables en las relaciones de pareja. Las personas emocionalmente independientes tienen una gran capacidad para tomar decisiones informadas y saben cuándo es apropiado pedir ayuda.

En una relación, la independencia emocional permite a cada persona tener una identidad propia y mantener su sentido de individualidad, mientras se construye una relación sana y equilibrada. En una relación codependiente, por otro lado, las personas a menudo pierden su sentido de identidad individual y se convierten en excesivamente dependientes de la otra persona para satisfacer sus necesidades emocionales. En una relación emocionalmente independiente, ambas personas son capaces de proporcionar apoyo emocional y afecto el uno al otro sin necesidad de ser codependientes.

La independencia emocional se puede desarrollar a través de la terapia, la introspección y el trabajo personal en habilidades como la comunicación efectiva, la resolución de conflictos y la construcción de una autoestima saludable. Al ser emocionalmente independiente, una persona puede desarrollar relaciones más saludables y satisfactorias, ya que no depende de su pareja para satisfacer sus necesidades emocionales y tiene la capacidad de cuidarse a sí misma.

Hasta este punto, tienes información suficiente para hacer una especie de autodiagnóstico. Hazlo.

Ahora bien, nadie se casa para divorciarse, sin embargo, estudios demuestran que un alto porcentaje de las parejas que se divorcian (quizás entre el 60 y el 70 %) apuntan a problemas de dinero como parte del proceso de divorcio.

Por si fuera poco nos dedicamos una eternidad, desde niños a "aprender" información, que distan mucho de ser formas de ganar dinero, vamos por años a la escuela para estar "listos", como si aprender cualquier tema al azar, se fuera a convertir en dinero automáticamente. Aprendemos matemáticas pero no interés compuesto. Español pero no maneras de abrir un negocio exitoso. Geografía, pero nada del mercado forex e intercambio de divisas. Además, el sistema premia a quien memoriza los tópicos, no necesariamente a quien los comprende. En el capítulo 2 ya mando un gran mensaje a los jóvenes de las grandes asignaturas ausentes y de los retos a los que se van a enfrentar más temprano que tarde. Debo aclarar, que todos los capítulos están escritos para ser leídos por todos, indistintamente.

El resultado casi generalizado es confusión y frustración. Muchas más preguntas y miedos que respuestas.

Ahora sumemos tres elementos a esta mezcla:
1) Se juntan dos personas con las mismas dudas e inseguridades. Solo porque él tiene los ojos azules y ella un cuerpo de campeonato.
2) En las actuales generaciones tenemos un sector mayoritario de

mujeres en las universidades, por primera vez en la historia tendremos más mujeres profesionistas que hombres. —A nivel internacional—. Es para celebrarse, solo que tendremos todos un reto:

3) Además de la ignorancia para los temas financieros, esa unión significa necesariamente un choque de paradigmas, valores, principios, creencias, gustos, expectativas, tradiciones e incluso hábitos. ¡Vaya coctel!

Somos personas diferentes, pretendiendo ser iguales. Sin saber casi nada acerca de la otra persona. Con la mera promesa de que le vamos a echar ganas y de que nos amamos mucho.

Llega Murphy y empeora lo "empeorable", ambos deciden formar una familia, y ni siquiera se imaginan que necesitan crear antes un proyecto de vida familiar y financiero. Tenemos los elementos para una tormenta perfecta. ¡Y luego nos sorprendemos por el alto nivel de divorcios!

El proyecto de vida familiar y financiero, debería un día ser parte de la legislación de los países, y cada pareja antes de casarse tendrían que hacerlo por escrito, con preguntas muy puntuales que tendrían que responderse. En EE. UU. existen los famosos contratos prenupciales, son un buen intento, aunque al menos por ahora mucho de su contenido solo son caprichos y una gran parte de ego.

El asesor financiero certificado Jason Crowley, en un artículo para *"Survive Divorce"*, Sobrevive el Divorcio, plantea que el dinero es la razón número UNO por la que los matrimonios terminan en divorcio en EE. UU. Los números no son tan distintos en el mundo hispano. **El dinero toca transversalmente todas las áreas de nuestra vida.** Entonces, el problema del dinero, en el fondo, no es una causa, sino un síntoma. Como pareja, tenemos dificultades para trabajar juntos, estar bien alineados, funcionar como un solo cuerpo, como un equipo.

En parte por eso escribí este libro. Si el dinero es un síntoma, trabajaremos integralmente en las causas de una manera que jamás imaginaste. Verás temas tan obvios que literalmente te preguntarás: por qué no lo habías visto desde hace años. Este capítulo tiene una importancia especial, porque mi objetivo es la familia, en el proyecto de vida financiero, la familia está al centro de todo.

La causa principal de todos esos síntomas, es la ausencia de lo básico: Tu proyecto de vida familiar y financiero por escrito.

Este libro puede ser leído en pareja o de forma individual, sin embargo, es importante que lo lean ambas partes, incluso los hijos, si es el caso que los tienen.

Mi nombre es Lalo Cortez, me dedico a ayudar a las parejas y familias, a aumentar su poder adquisitivo, mejorar su estilo de vida y a que aprendan a hacer "magia" con su dinero. Sé que muy pronto nos conoceremos en persona.

Al finalizar de leer este libro y que además hayas hecho todos los ejercicios del cuadernillo de trabajo, habrás creado un proyecto de vida familiar y financiero, por lo menos un borrador que podrá irse perfeccionando. Si ambos lo hacen, será 1,000 veces mejor.

Como pareja, tal vez, aun así, tendrán otros temas que resolver, el dinero NO será uno de ellos. Sin embargo, al momento que ponemos la familia al centro, muchos de esos otros "problemas" se arreglarán solos.

Prepárate, o ¿debo decir... prepárense para salir del **rabbit hole**?, modismo en inglés que significa: *"Used to refer to a bizarre, confusing, or nonsensical situation or environment, typically one from which it is difficult to extricate oneself"*. **Español --> Se usa para referirse a una situación o entorno extraño, confuso o sin sentido, típicamente uno del cual es difícil salir.**

Un *rabbit hole* en el cual has estado(hemos, —debería decir —); por mucho tiempo sin saberlo.

Gracias por permitirme entrar en tu vida de pareja, tal vez tu vida matrimonial e incluso tal vez en tu vida como padre o tutor. Gracias por dejarme entrar en la vida de tu familia.

Haré una última pregunta en esta etapa del libro, una que te pido anotes, guardes o te acuerdes al final de la lectura de este material de forma integral: ¿qué sucede en las parejas en donde solo una de las dos se compromete a avanzar y a aprender todos estos temas? ¿Cuál es el precio que se paga como pareja o familia? Tenemos que tomar en cuenta que al iniciar en estos asuntos, la pareja o miembros de la familia, no necesariamente lo están haciendo desde el mismo nivel, la causa, de "los síntomas", es, necesariamente diferente, y finalmente convergen al formarse las familias.

El primer GRAN salto de conciencia que tuvimos mi esposa y tu servidor en temas de dinero: Teníamos algo así como 8 años de habernos casado, nuestro nivel financiero había sido bueno en general, pero no el óptimo. Algo me hacía ruido, mis resultados no eran congruentes con lo que yo sentía que había ingresado, —hablo en primera persona para asumir 100 % responsabilidad —; sentía que ganaba suficiente dinero para tener un nivel de vida incluso mejor. Cabe aclarar que en ese tiempo aún no sabía absolutamente nada sobre lo que es un proyecto de vida familiar y financiero, ni sobre ninguno de los temas materia de este libro que tienes en tus manos. Además, lo más probable es que teníamos una relación de codependencia mutua.

Mi sospecha era que ella gastaba de demasiado, pero a la vez solo era una sospecha, mi "yo pensante", no lo "sentía" así. No tenía registro detallado de gastos. Tampoco un presupuesto y tenía algunas deudas, las "normales" para una familia de clase media con 2 hijos, que en poco tiempo se convertirían en 3.

Un día tuve lo que yo intuí era la idea del siglo: le pedí, nos sentáramos a la mesa e hiciéramos un presupuesto de gastos mensuales. Se veía fácil y sonaba como una buena idea. Ambos empezamos a agregar conceptos e importes, en media hora habíamos terminado. Esa lista la multiplicamos por 12 y teníamos nuestro gran primer plan de gastos anualizado. Por primera vez en 8 años teníamos una idea de cuánto nos costaba financiar nuestro estilo de vida por todo un año. Haz esto con tu pareja, será un dato preliminar.

Nos fuimos de espaldas. Esa cantidad vista así fríamente y en términos anuales no era para nada cosa de juego, era un mensaje fuerte y claro de que las cosas tenían que funcionar sí o sí, pero además me hizo reflexionar que no todo podía ser pagar y pagar y pagar y terminar a fin de año con nada o casi nada. El plan tenía que ser más grande, mucho más, y debía haber excedentes. ¡Por el amor de Dios! Era como un desfile de dinero pasando enfrente nuestro.

Lo que ni ella ni yo sabíamos en ese momento, era que ese importe que estábamos viendo era solo la punta del iceberg, solo eran los gastos planeados, los racionales, los que no teníamos motivo para negar, minimizar o esconder. Además, como había deudas, pues no estaba claro cuánto nos costaba de nuestro dinero deber, solo teníamos claro cuanto eran los pagos mensuales de esas deudas. Versión corta: No teníamos la más mínima conciencia del gasto y éramos ignorantes totalmente en todos los temas. Teníamos autos nuevos, a crédito, por supuesto, ¿de qué otra manera sería posible?

En ese momento tuve otro pensamiento que supuse, era aún mejor que la anterior, ¡otra gran idea del siglo!, — pensé —; le daría a mi esposa el presupuesto completo de un año, para que ella se hiciera cargo de todos los pagos y gastos de todo, de esa manera podría yo concentrarme prácticamente en ahorrar, únicamente mis gastos estrictamente personales y listo, — qué tanto podían ser —, pensé; me había convertido, sin saberlo en el mayor iluso de la historia moderna. Culpaba inocentemente a mi familia del hecho de que gastara tanto, — tener una familia, cuesta, no es nada barato—; tenía una y eso es lo que sucede cuando tienes una, no como queja, sino como una simple realidad. ¡Era hasta lógico caramba!

No me estaba parando en responsabilidad, estaba dejando fuera de la ecuación a ese hombre que saludaba todos los días frente al espejo. Él estaba exento de toda culpa o responsabilidad. Por lo tanto, seguía en total y absoluta negación.

Lo hablé con mi esposa y estuvo de acuerdo, así lo hicimos. Le di 12 meses de gasto familiar por adelantado, del total que habíamos hecho por escrito, era principios de enero, así que todo concordaba. ¿Qué crees que sucedió? Te contaré qué sucedió por partes, realmente no estábamos preparados para ese shock, y fue el principio para confrontar al *mirror man* (hombre en el espejo), teníamos cuentas pendientes que no podían seguirse postergando.

1.- Pasaron los primeros días, semanas, meses. Las cosas parecían fluir tal como lo habíamos planeado. "Todo era risas y alegría hasta que todos comprendimos que lo que el tartamudo quería era jamón", estábamos en un gran error.

2.- Más o menos en julio de ese año me dijo: "Amor, ¿cuánto dinero se supone que debo tener todavía?". Era un poco más de medio año, así que la respuesta era evidente, debería tener más o menos la mitad, tal vez un poco menos. La pregunta me puso los pelos de punta y le respondí con otra pregunta: "¿Por qué?, ¿Cuánto tienes o qué?", —ya casi se me terminó—, me respondió un poco asustada. Tal vez asustada de la reacción que yo tendría, o tal vez por sospechar que alguna parte la había perdido o incluso algún robo de alguna manera. Nos quedamos en silencio unos segundos. Ni ella ni yo alcanzábamos a comprender que es lo que había sucedido.

3.- No era la única bomba que estaba explotando, justo en el séptimo mes, la otra era tal vez del doble o triple del tamaño que esa. La otra era que se suponía que al darle el gasto por adelantado, todo el resto de nuestro ingreso sería para ahorrarlo, en su mayoría. ¡Yo tampoco tenía prácticamente nada! De alguna manera misteriosa, ella había logrado gastar el dinero que estaba destinado para 12 meses en 7, más o menos. Y yo había gastado todo el resto del ingreso, "libre de gastos" en "no sé qué". Ingreso de 7 meses, pero que solo existía en la memoria de haber pasado por mis manos.

4.- Los focos rojos empezaron a parpadear y a sonar, como en las películas, cuando algo muy malo está a punto de suceder. Luces rojizas y un sonido intermitente de alarma. Las deudas seguían prácticamente iguales, nuestro nivel de vida no había aumentado significativamente, NO éramos una familia donde el problema era tener bajos ingresos; y, sin embargo, no teníamos casi dinero. El problema tampoco eran los vicios o abusos de ningún tipo. Ambos con carreras profesionales. ¿Entonces? Una vez más teníamos más dudas que respuestas y estábamos aterrorizados. En mi caso, la emoción dominante en ese momento era: frustración, sentido de impotencia.

5.- Lo que aprendí a partir de ese momento, y lo que empecé a aplicar, está explicado a lo largo de todos los capítulos de este libro. Debo aclarar que me llevó varios años. Tomó de mí leer, cientos de libros, no estoy exagerando, viajes a entrenamientos, incluso a otros países, y la creación de todo mi proceso actual de enseñanza. La idea es que a ti te tome una fracción de tiempo que a mí; que a nosotros como familia.

6.- El primer paso indiscutible fue: **Asumir mi responsabilidad**, se dice fácil, no lo es; en mi caso, dejé de ignorar a ese hombre en el espejo y tuve muchas muy largas conversaciones con él, me paré en primera persona. El problema no era mi familia o los gastos "por tener una", yo, era el problema. Era mi nivel de negación, mi falta absoluta de conciencia del gasto. Yo había metido a todos en ese lío, era mi responsabilidad sacarlos. La palabra RESPONSABILIDAD se convirtió en, como dicen los gringos: *"MY MIDDLE NAME"*. Me convertí en centinela de mis hábitos y decisiones financieras.

¿Cómo podemos saber si estamos parados en el lado responsable? La respuesta es muy sencilla, pararse en responsabilidad implica simplemente hablar en primera persona. Ejemplo: ¿Por qué no me alcanza el sueldo que me pagan en mi trabajo?, —el culpable es mi jefe o mi empleo—; cambiarlo por: ¿Por qué no me alcanza el dinero que estoy ingresando? Así de sencillo, o de difícil, es el primer gran paso para asumir responsabilidad. Para mí no fue nada fácil. Toda una vida viviendo en actitud de víctima.

Para el que no está en su lado responsable, siempre habrá un culpable allá afuera: El gobierno, el tipo de cambio, la inflación, la crisis mundial, los malos salarios, nuestra niñez, nuestros padres, tu esposo o esposa. ¡Algunos llegamos a ser tan descarados que llegamos al extremo de culpar a nuestra niñez por nuestros resultados como adultos, esto es el equivalente a culpar a nuestros padres! Mientras no TOMEMOS TOTAL Y ABSOLUTA RESPONSABILIDAD, nada va a cambiar.

—Aclaremos algo de una buena vez, todos podemos vivir dramas de telenovela cuando somos niños, incluso en la etapa de la adolescencia. Peeero, cuando crecemos, dos palabras llegan juntas, tomadas de la mano: La palabra adulto y la palabra responsabilidad. Desde el momento en que nos convertimos en adultos, NO podemos seguir culpando a nuestros padres por nuestra falta de resultados. Eso ya fue. Ahora es nuestro turno arreglar el mundo. Nuestros padres ya vivieron sus propios retos, su propio proceso en su momento. Desde que nos convertimos en adultos, la única actitud que podemos permitirnos ante y hacia nuestros padres es la de responsabilidad y agradecimiento, y no me importa si no creciste con uno de los dos, tampoco me importa si "te abandonó". ¡Ya supéralo! Ya creciste. Asume tu rebanada de responsabilidad que el mundo está esperando compartir de ese gran pastel que se llama humanidad. En el contexto de este libro; tu pareja, tu familia te necesita—.

Lo más retador fue el trabajo interno, reconocer, aceptar y sobre todo actuar en consecuencia. Dar giros de 180 grados muy seguidos y lo más importante: tomar decisiones diferentes cada vez.

7.- Reconocer y aceptar. ¿Reconocer qué, aceptar qué? Bueno, por ejemplo, que era experto en gastar dinero y luego negarlo. Mira, te hago una pregunta rapidita: ¿Puedes recordar fácilmente todo lo que compraste durante el día, cualquier día?, ¿y lo de la semana, mes, año? La mente nos juega una especie de broma pesada, y nos hace "olvidar" esas compras, si no las recordamos, nunca sucedieron. Por eso la importancia del capítulo 22, donde hablo del hábito #9 de la gente rica.

8.- Aprendí que el dinero es dominado por la parte emocional humana, capítulo 42. Al desconocer eso, necesariamente "justificaba" cada gasto, cada compra.

9.- Muy relevante, no se trata de dejar de gastar, ni de administrar la escasez, —ya lo dije—, se trata de todo lo contrario, tal cual lo explico en el capítulo 25, te explico sobre el tema de tener varias fuentes de ingresos.

10.- En el capítulo 22 aprenderás a llevar un registro detallado de gastos y lo que ganarás al hacerlo, tanto en números como en crecimiento interior. Tu transformación es lo más importante, recuerda que las finanzas personales y familiares se conforman de 80 % comportamiento (emociones y decisiones), y 20 % conocimiento. Si no fuera así, todos los maestros de temas financieros en las universidades del mundo y todos los *"brokers"* de casas de bolsa del mundo serían multimillonarios.

11.- Presupuesto. Quiero que notes como en todo este tomo #1, no tengo ningún capítulo dedicado específicamente a hablar del presupuesto, ¿por qué? Porque primero necesito que salgas de la negación. Aunque en ejercicios que verás, harás tu primer ensayo. En el tomo #2, y en el cuadernillo de trabajo; tocaremos en profundidad al tema. En mi caso, descubrí que ese presupuesto que hicimos esa vez, era nuestro "plan ideal", de un mundo "color de rosa", NO contenía el lado más pesado. Nuestros costos emocionales, ni los impulsivos; los conceptos que nadie pone en su primera versión de este, que los importes plasmados NO empataban en lo absoluto con los reales, que ambos estábamos en total negación por ignorancia de los temas y que *Parkinson*(Energía vital, capítulo 19) se había mudado a nuestro sofá de la sala. Si no hacía algo al respecto, simplemente seguiríamos despilfarrando gran parte de nuestro dinero por el resto de nuestras vidas y la frustración y confusión seguirían creciendo.

Por otro lado, no era un tema que se fuera a resolver con simplemente ganar más dinero, esa es la parte fácil; aunque ese siempre es parte del plan, sin embargo, si solo me hubiese enfocado en eso, habríamos terminado donde mismo en pocos meses, lo mismo con más ceros. Ahora, en mi etapa de entrenador, lo he visto mil y una veces.

12.- Bomba expansiva. A medida que fui aprendiendo y estudiando y autodescubriéndome, llegó a mi cabeza una epifanía gigante que la describo como una bomba expansiva: La gran mayoría de la población vivía con los mismos exactos problemas financieros, y debo agregar: emocionales que nosotros. Para los casos de familias que ganaban más dinero, tenían los mismos problemas solo que con más ceros. En los casos de las que ganaban menos, culpaban a eso, a lo que sentían era un ingreso bajo. Ambos vivían en Victimilandia, ciudad a unos pocos kilómetros de Pendejolandia.

13.- No te tomes a la ligera, ninguno de los temas y retos que leerás en los siguientes capítulos, ni en el cuadernillo de trabajo; fueron seleccionados muy cuidadosamente por ser los de mayor impacto en el seno familiar. Y por supuesto haz todos los ejercicios. Te cambiarán la vida y la de tu familia. Garantizado.

14.- Hoy en día somos una familia de 5. Recibimos flujo de dinero de varias fuentes de ingresos, cultura de seguros, alta conciencia del gasto, llevamos presupuesto que con el tiempo hemos logrado empatar con el registro real de gastos (lo real con lo emocional). Vivimos en DEUDA CERO, ¡amamos la deuda cero! Podemos comprar lo que sea, de contado, sin recurrir a deuda. Hemos logrado tener ingresos provenientes de varios países y libertad de tiempo. Aplicamos cada uno de los principios de este libro y los otros tomos. Enseñamos a nuestros hijos cultura financiera desde el ejemplo y desde retos para ellos.

15.- Comunicación abierta: Siempre habrá asuntos, digamos "espinosos" que tenderemos a negar en pareja, pero que deben ser confrontados para tomar acuerdos. Temas como apoyo a las familias políticas de ambos. Apoyos a la iglesia en caso de que uno o los dos sean parte. Siempre habrá cosas que para uno serán meras necedades y para el otro todo lo contrario. Recuerda que si le dices tú, como esposo, a tu mujer que no tienes dinero para comprar "eso", lo que ella realmente escuchará es: "No me quiere lo suficiente". No la culpes, ella no lo sabe todavía, ha sido condicionada así por la sociedad por décadas. De todos modos, eso no la exime de tomar responsabilidad, o viceversa. Déjala vivir su proceso, el momento llegará, por supuesto que llegará.

16.- Establecer metas financieras: Para ella tal vez sea muy importante ir de vacaciones o a acampar cada Semana Santa, porque es lo que aprendió desde niña. Para él tal vez viajar deba tener un sentido mayor y sobre todo evitar las aglomeraciones que suceden precisamente en fechas así. Pónganse de acuerdo, descubran esas diferencias que de otra manera son invisibles y estarán "jodiendo la borrega" sin ustedes saberlo.

Sobre el tema de planeación financiera, existen 3 verdades fundamentales, que si las aplicas harán toda la diferencia (en el capítulo 3 hablo sobre los hábitos, y en el 2, sobre las metas y los sistemas):

a) No pueden hacer un plan financiero si no saben desde dónde están empezando, hagan una evaluación honesta y profunda con tu pareja, y vean dónde están parados.

b) No pueden planear sus finanzas, si no saben a dónde quieren ir. Hagan 3 planes; uno a corto, otro a mediano y el último a largo plazo. Piensen a lo grande.

c) Para saber cómo van en su plan, requerirán monitorear sus avances, tengan juntas de evaluación y ajuste periódicamente. Trabajen con una pareja a manera de equipo de rendición de cuentas.

17.- Planificar un presupuesto: Hablaremos de presupuesto y control de gastos muy ampliamente un poco más delante. Hasta aquí, sin embargo, ya sabes que van a existir dos versiones de este, el "planeado" versus "el real". El real va a ganar siempre, es el emocional. El reto como familia es lograr un equilibro entre ambos. Tomar el control de cada dólar, tomar el control de una vez por todas de su dinero. Este es tal vez el reto más grande de todo este tomo #1. Insisto, la versión emocional ganará varias veces hasta que hagan esos cambios internos como pareja.

18.- Empatar el conocimiento: Es importante que cada miembro de la pareja comprenda al mismo nivel que el otro todos los temas financieros. Si lo logran, sus emprendimientos serán sociedades y ambos participarán por igual. Si no lo hacen, será posible que se cree un *"gap"* o diferenciador entre ambos y causará conflictos irremediables y continuos. No es un asunto de quien gana más y quien gana menos, se trata más bien de autoestima, es algo que viene desde dentro y que tiene que ver con el sentido de merecimiento.

19.- Evitar deudas: El capítulo 30 aprenderás sobre el concepto DEUDA CERO. Hacer pedazos el paradigma de la deuda, los catapultará a niveles insospechados de riqueza y abundancia a ambos.

20.- No ocultar información: Como entrenador financiero me ha tocado ver casos en donde una de las partes debe miles de dólares en tarjetas de crédito y a otra parte supone que están en DEUDA CERO. También nos podemos ir a lo básico: ¿Sabes cuánto dinero gana tu pareja?, o ¿Le dices a tu pareja la verdad sobre cuánto ganas tú?, ¿hay ciertos "gastitos" que prefieres que tu pareja no se entere?

21.- Celebrar los éxitos juntos: La pareja debe celebrar juntos cada uno de los éxitos alcanzados en el manejo de sus finanzas, esto los motivará a seguir trabajando en su plan familiar-financiero. Además, celebrar es agradecer.

22.- Comprender los gastos "excesivos" de tu pareja. Los miembros de las parejas tendrán conceptos por los cuales estarán dispuestos a pagar más que otros. Por ejemplo, ella "necesitará" una línea especial en el presupuesto para pintarse el pelo, hacerse las uñas, comprar 20,000 productos de belleza de todo tipo, algunas de estas cosas o en su conjunto pueden ser cantidades "interesantes". De igual manera, es muy probable que él quiera una pantalla de 100" para ver los deportes con sus amigos, junto con un asador de miles de dólares para tales ocasiones. En ambos casos uno y otro verá exceso. Cuando existan conflictos por estos temas, ella sentirá: "No me quiere lo suficiente", —ya lo dije—; él pensará: "No le importo lo suficiente, me mato trabajando". Tranquilos, encuentren un punto medio y negocien. De alguna manera y alineados con todos el contenido de este libro, los dos tienen razón y a la misma vez ninguno la tiene.

23.- Acordar quien pagará qué. En parejas en donde ambos trabajan, hay cosas que la otra persona supone que el otro lo pagará, por ejemplo: Van ambos a Costco, y "repentinamente" en el carrito va una proteína para la suegra, un perfume para ella y un taladro y otra herramienta para él, además de otros 20 o más productos para comer. Si se acerca una fecha "especial" como Navidad, esto se multiplicará. En la caja, si no indican lo contrario, les darán un solo recibo. ¿Ya se pusieron de acuerdo quién pagará qué?, ¿Siquiera lo discutieron?, ¿Hay un acuerdo previo? Si van sus hijos con ustedes, ¿cómo explicarles a ellos que es una estrategia y un presupuesto y no un tema de tacañería?, o de plano, ¿prefieres ir solo?. Si solo uno de los dos trabaja, o si lo que tienen es un negocio, los acuerdos de todos modos deben existir. Erradiquemos el idiota paradigma de que hablar de dinero es mala educación o ser "codo", como decimos en México.

24.- Cuando se tienen hijos adolescentes o adultos jóvenes. En los casos en que esto sucede, habrá conceptos que no existían con anterioridad. Saltarán otros paradigmas de otro tipo, por ejemplo: Compra de desodorantes, perfumes, comida chatarra, salidas en familia al cine, de pronto vacacionar ya no es tan sencillo como cuando eran pequeños, productos de uso personal. Otro ejemplo:¿Cuánto presupuestarás para darles a tus hijos para que salgan?, ¿si la salida es con su pareja?, ¿si es un hombre le darás lo mismo que si es mujer?, ¿qué reglas le pondrás a uno y a otro?. Todos estos temas habrá que hablarlos, planificarlos y llegar a acuerdos. Incluyan a sus hijos.

25.- Un viaje en el tiempo. Viaja con tu mente en el tiempo, a tu etapa de noviazgo con tu pareja. ¿Hablaban de dinero?, ¿crearon un plan o estrategia?. Por si no te acuerdas, te diré lo que a todos nos dicen al momento de casarnos, y hacer la entrega de las famosas arras, puede variar de acuerdo al país o la religión, pero dice más o menos así:

Esposo: [Nombre de la esposa] recibe estas arras: son prenda del cuidado que tendré de que no falte lo necesario en nuestro hogar.

Esposa: Yo las recibo en señal del cuidado que tendré de que todo se aproveche en nuestro hogar. (Está hablando de frugalidad(capítulo 24) y administración).

Analicemos por un momento estas palabras, son un compromiso gigante, por un lado, nos estamos comprometiendo en producir lo necesario, y, por otro lado, nos estamos comprometiendo en cuidarlo. Independientemente de que en la tradición él las entrega y ella las recibe, en los tiempos modernos eso es solo una formalidad, lo realmente importante son los dos compromisos que estamos aceptando ambas partes.

¿Lo hablaste con tu pareja en su etapa de novios?, ¿Lo harías ahora?. Todas las parejas deberían recibir preparación prematrimonial financiera, y en ese mismo proceso frenar muchas de esas futuras familias. Dame 10 minutos con una pareja que desea casarse y te diré si tendrán éxito o no a mediano plazo.

26.- ¿Juntar el dinero de ambos en una sola cuenta? Para los casos en que ambos trabajen, ¿deberán juntar el dinero en una sola cuenta y simplemente ir pagando lo que se tenga que pagar?, misma pregunta para tarjetas de crédito. Todo se vale, pero hagan acuerdos.

27.- Cuando uno de los dos produce más que el otro. Esto es muy común, y puede generar competencia, sentido de inferioridad en uno de los dos y toda una serie de conflictos. Frases del tipo: "Mi amor, yo pago eso, yo gano más que tú", o "Mi amor tú, paga eso otro, tú ganas más que yo". Una frase como esa puede generar un silencio casi mortal y luego dos largas semanas de caras largas y confrontaciones de todo tipo. Puede pegarle fuertísimo a la huella de abandono de tu pareja. Háblenlo. Hagan acuerdos. Encuentren un punto medio.

28.- Planeación para la vejez. No me gusta llamarle ahorro para el retiro o algo así porque son términos que nos meten necesariamente en política. Sin embargo, deberán hacer un plan para cuando estén en edad avanzada. No solo es planear los fondos, el dinero. Piensen en donde van a vivir, ¿misma ciudad?, ¿nueva casa tal vez más chica para ustedes solos?, ¿mismo país? A esa edad tus hijos ya habrán triunfado y estarán recorriendo su propio proceso. Se habrán convertido en ciudadanos del mundo y te hablarán en cada cumpleaños desde diferente zona horaria e incuso desde distinto continente.

En mi caso yo aplicaré el mandamiento #10 de la iglesia judía(Capítulo 43), para hacer dinero: No retirarme jamás, amo aprender, amo experimentar. La planeación para la vejez debe incluir a tus padres y tal vez a tus suegros. ¿Hicieron ellos un plan a tiempo?, ¿Necesita ayuda de algún tipo? Pon tus barbas a remojar y sean compasivos ambos con sus respectivas familias políticas.

Recuerda que a tus hijos les darás todo tu apoyo hasta los 18, opcionalmente hasta los 25. A toda tu familia extendida debe ser opcional, más cerca del no, que del sí. A tus padres el apoyo debe ser para toda la vida.

Si eres una persona entre 18 y 25, toma nota, tus padres ya hicieron muchos sacrificios y esfuerzos por ti desde los 0 hasta los 18, no es un tema de cuanto dinero tienen o no tienen, es un asunto de agradecer, y si ellos te siguen apoyando, deberás corresponder de una manera mucho más allá que "tu parte proporcional" comparándote con tus hermanos. No quiero ser demasiado duro contigo si es tu caso, pero si tus padres no han tomado un proceso como el que inicias con la lectura de este libro y sigues tomando parte de sus recursos después de los 18, probablemente estás gastando un dinero que a ellos les hará falta cuando tengan 70 o más.

Mitos y realidades acera de las parejas y el dinero:

Mito #1: Si nos amamos, nunca pelearemos por temas de dinero. ¡*Yeah, right*, ja, ja, ja, ojalá!

Realidad #1: El dinero tiene muy poco que ver con el amor, en realidad tiene mucho más que ver sobre los motivos por los cuales se originan peleas en las parejas, es un asunto altamente emocional.

Repite conmigo: El dinero no tiene nada que ver con el amor. No importa si amas a tu pareja más que a nadie en el mundo. Si tienen valores que se contraponen con respecto al dinero y uno o ambos toman decisiones financieras que impactará las emociones, del otro, van a tener fuertes problemas de pareja.

Mito #2: Se necesita dinero para hacer dinero.

Realidad #2: Se necesita muy poco dinero para hacer dinero, siempre y cuando seas paciente y disciplinado. (En el capítulo 38 te hablo de interés compuesto).

Mito #3: Si no hablamos de dinero, todo saldrá bien eventualmente.

Realidad #3: Si no empiezan a hablar sobre los temas financieros, lo más probable es que terminen divorciados o con una vejez en la pobreza. Las parejas inteligentes hablan acerca de dinero todo el tiempo.

Mito #4: Mi pareja y yo pensamos idéntico con respecto al dinero, nos parecemos tanto que hasta en eso somos igualitos.

Realidad #4: La verdad es que todos tenemos diferentes paradigmas que se han ido formando desde nuestra niñez, estos han sido influenciados por nuestro contexto. Familia, amigos, compañeros de trabajo. Es imposible que dos personas, de la nada, sean idénticos en temas financieros. Ni siquiera sucede con dos miembros de la misma familia.

Mito #5: Nos amamos tanto que cuando sea el momento de hablar de dinero, simplemente lo haremos.

Realidad #5: El mejor momento para hablar de dinero es ahora, incluso desde el noviazgo, —ya lo dije—. Mientras, más pronto descubran las diferencias en paradigmas, ideas, creencias, valores y principios acerca del dinero; más pronto podrán empezar a llegar a acuerdos y a solucionarlos.

Mito #6: Nos amamos tanto que tenemos el mismo propósito en la vida y en el dinero. Estamos de acuerdo en todo.

Realidad #6: En el capítulo 2, hablo acerca de descubrir tu propósito, y de lo que es. Hablamos también del SER. El tema ahora es alinear ambos propósitos, llegar a acuerdos una vez más, y ponerse de acuerdo en quienes se quieren convertir ahora como pareja.

Mito #7: Nos amamos tanto que tenemos el mismo círculo de valores con respecto al dinero.

Realidad #7: Esto en realidad es muy poco probable, todos tenemos valores en distinto orden de importancia, y no necesariamente son los mismos.

Hagamos un ejemplo, digamos que para él su círculo de valores con respecto a dinero son:
a) Diversión

b) Seguridad y trabajo (lo que lleva dinero a casa)
c) Familia
d) Valores matrimoniales fuertes
e) Salud

Y ahora digamos que para ella si círculo es:
a) Sus padres
b) Seguridad y trabajo (lo que lleva dinero a casa)
c) Familia
d) Valores matrimoniales fuertes
e) Salud
f) Amigos

Al conflictuarse ambos círculos de valores, ambos tomará decisiones encontradas y lo más delicado es que el otro se sentirá atacado, aun cuando no sea el caso. Deberán trabajar en conocer el círculo de valores de cada uno para elevar el nivel de comprensión y empatía, no para igualarlos.

La relación entre valores y las metas deseadas: Es increíble para mí pensar que tantos de nosotros podemos pasar décadas con nuestras parejas, sin siquiera tener idea cuáles son sus valores centrales, su círculo de valores y mucho menos el orden de estos. Observa el gráfico de la página anterior, con mucho detenimiento. Analízalo.

Hasta para largarse se necesita dinero. Nadie se casa para divorciarse, —ya lo dije—; sin embargo, también ya comentamos que el dinero es parte del proyecto de vida, uno de los 3 ingredientes para que una pareja se mantenga junta en el largo plazo. También ya mencionamos el porcentaje de divorcios que suceden por temas de dinero.

No lo deseo para ti, sin embargo, si ese llegara a ser el escenario en que deciden divorciarse, será mejor que tengas un plan financiero para hacerlo, pues hasta para largarse se necesita dinero. Mi sugerencia es que ambos, al momento de crear su proyecto de vida familiar financiero, planeen incluso para el caso de un divorcio, en donde las condiciones sean equitativas, prepararse para lo peor, esperar lo mejor; creo lo resume perfectamente. Sé que es más fácil escribirlo que hacerlo.

Este renglón nos mete peligrosamente en materia de los abusos, de todos los tipos, en las relaciones, en donde el dinero y nivel socioeconómico es uno de los grandes detonantes, para bien o para mal. Si llega ese momento en que la única respuesta es irte, incluso por seguridad y hasta integridad física, ten un plan con toda la antelación posible. No importa si eres hombre o mujer. Prepárate. Mantente atento.

Recomendaciones para ahorrar dinero e intereses al comprar tu casa:

1.- Refinanciar tu hipoteca. Si las tasas de interés bajan, es posible que puedas reducir el monto que pagas de interés refinanciando tu hipoteca. Asimismo, también puedes elegir reducir el plazo de tu préstamo considerablemente.

2.- Haz más pagos hipotecarios. Haz más pagos hipotecarios(13 mensualidades al año en lugar de 12, por ejemplo). Asegúrate que tu banco no te cobre una sanción por pagos anticipados, esto desde el momento en que contrates.

3.- Recuerda informarle a tu banco o financiera que tus pagos adicionales deberán aplicarse al capital del préstamo, no al interés. De lo contrario, tu prestamista podría aplicar los pagos a futuros pagos mensuales programados, los cuales no te harán ahorrar dinero.

4.- Realiza los pagos anticipados al principio del préstamo, cuando el interés es mayor. Es posible que no lo notes, pero la mayor parte de tu pago mensual durante los primeros años va al interés, no al capital del préstamo. Y el interés se compone, esto significa que el interés de cada mes está determinado por el monto total adeudado (capital del préstamo más interés). Mientras más mensualidades puedas pagar anualmente desde el principio, mejor.

5.- La manera más práctica de hacer esto es pagar 1/12 adicional todos los meses. Por ejemplo, al pagar $975 cada mes en un pago de hipoteca de $900, habrás pagado el equivalente a un pago adicional para el final del año.

6.- Redondea tus pagos hipotecarios. Otra manera en que puedes reducir el plazo de tu hipoteca considerablemente es redondear. Cuando calcules el pago de tu hipoteca, redondea al siguiente monto de $100 más alto. Paga $800 en lugar de $743. O $900 en lugar de $860.

7.- Prueba el plan de un dólar por mes. La estrategia de un dólar por mes debería ser financieramente factible si tus ingresos aumentan en forma ligera pero constante con el tiempo. Cada mes, aumenta $1 en tu pago. Solo paga $900 el primer mes, $901 el segundo, etc. Para una hipoteca de 30 años y $900 por mes con una tasa de interés fija del 6 % por un préstamo de $150,000, podrías reducir ocho años en el plazo de tu hipoteca.

8.- Usa tus ingresos imprevistos. (Toda la carne al asador)

Envía las ganancias imprevistas directamente a tu compañía hipotecaria. Esto incluye bonos festivos, devoluciones de impuestos y recompensas de tus tarjetas de crédito. El uso de este dinero no influirá en tu presupuesto mensual normal.

9.- Si vives en EE. UU. no aceptes jamás un "equity loan", eso solo es más deuda, casi como volver a empezar; y si las condiciones del mercado bajan, te verás en problemas.

10.- Si vives en EE. UU. tampoco saques una segunda hipoteca, es algo muy parecido a un "equity loan".

Con ejemplos como estos, muchos de nuestros estudiantes han pagado hipotecas de 25 o más años en 5 o menos. Todo sucede una vez que comprendes cómo hacer funcionar el sistema a tu favor.

Valor	Objetivo - Meta
Seguridad →	Retirarse con $1 millón
Felicidad →	Lograr DEUDA CERO
Diversión →	Viajar
Poder →	Ser el jefe
Matrimonio →	Planear "noviar" más
Hacer la diferencia →	Donar y caridad
Independencia →	Dejar de trabajar
Aventura →	Viaje a medio oriente
Confianza →	Hacer ejercicio
Amor →	Tener un gran matrimonio
Libertad →	Liquidar la hipoteca
Paz mental →	No preocuparse por $
Emocionante →	Vacacionar con amigos
Familia →	Pasar más tiempo con fam
Amistad →	Muchas reuniones
Espiritualidad →	Ir a la iglesia
Crecimiento →	Seguir aprendiendo
Realización →	Mantenerse casado
Equilibrio →	Proyecto de Vida
Salud →	Larga vida, bajar de peso

Beneficios de saldar la hipoteca antes de tiempo: Mucha gente tiene dificultades para decidir si pagar su hipoteca o ahorrar. Mi recomendación es pagar todas las deudas primero, incluyendo tu hipoteca. La clave está en hacerlo rápido usando todas las posibles opciones. Pensar en que aún faltan 20 años o más de pagos mensuales no ayuda en nada, por el otro lado si reduces en tu mente y en la vida real ese número a muy pocos años, a medida que veas que está sucediendo estarás creando la evidencia para ti mismo, y para tu pareja de que es posible. **Habrán logrado romper la barrera interna de la incredulidad.** En ese momento el resultado solo puede ser que lo hagan más rápido cada vez.

Los 10 principales errores financieros que cometen las parejas y que deberás evitar a toda costa.

1.- Tienen una hipoteca a 30 años. Ya te he hablado mucho sobre esto y lo haré otra vez en el capítulo de DEUDA CERO(30).

2.- No se toman las deudas de tarjetas de crédito en serio. Pareciera que pagar un poco aquí y otro poco acá en intereses no importa, no afecta. Te sugiero llevar la cuenta mensual del costo solo de intereses, verás que no querrás volver a pagar ni un centavo jamás.

3.- Tratar de "vencer" los mercados. Muchas veces al estudiar sobre temas de inversiones en bolsas de valores, no falta el "genio" que les dice que les enseñará la manera de ganar grandes cantidades de dinero invirtiendo en acciones, esto no sucederá, créeme. ¿Puedes ganar en la bolsa? Por supuesto que sí, pero no es un plan maestro en donde ya no fallarás jamás. En realidad, si lo haces lo que harías no sería muy diferente que ir al casino.

4.- No enseñarles a sus hijos acerca de temas de dinero. Enseñar a tus hijos a ser totalmente independientes, es el mejor regalo que puedes hacerles y hacerte tú y tu pareja. Una familia en donde todos los miembros adultos son independientes es una maravilla. Hacer lo contrario será una de las cosas más caras que harás en tu vida.

5.- No tener un propósito más grande que ustedes dos. En el capítulo 2 te hablo acerca del propósito, ¿qué tal que hacen uno entre ambos? Si no tienen un propósito, la vida será aburrida eventualmente. Sean creativos y bondadosos. Creen las bases para lograrlo.

6.- No tener ayuda profesional en temas financieros. Vayan a cursos, lean más libros, hagan ejercicios, vayan a entrenamientos, hágase amigos de entrenadores financieros, etc. Yo tengo una especie de mantra: Si algo no me sale como yo lo quiero o como yo lo espero, sé que es porque hay algo que no he aprendido aún, le pregunto a Dios para que me guíe en eso que me falta aprender. Siempre pone enfrente de mí un libro, curso, entrenamiento, etc. a veces al otro lado del mundo, aprovecho para viajar. Cuando ese vacío de conocimiento, se ha ido, llega una claridad asombrosa a mis proyectos, llegan los fondos, la ayuda idónea y no puedo parar hasta ejecutarlo totalmente. Hagan del aprendizaje algo permanente y de por vida.

7.- No asumir que un día uno de los dos quedará solo. Seamos realistas, ¿cuántas parejas mueren al mismo tiempo?. No tengo el dato, pero me atrevería a asegurar que poquísimas. Seamos más realistas aún; quedarse solo en algún momento, es, por decir, lo menos; inevitable, son 3 las posibilidades: a) Separación "normalita", b) Divorcio y, c) Muerte. Toco madera y ojalá que sea en 1,000 años.

Kim Kiyosaki, autora del libro *"Rich Woman"*, destaca el tema en profundidad. No hay mucho más que agregar. La famosa frase: "Hasta que la muerte nos separe", no tiene una cláusula con seguridad financiera. Parejas, el momento de crear su proyecto de vida familiar y financiero es hoy. Deberá incluir un plan para cuando cualesquiera de los dos, se quede solo.

las 5 principales creencias limitantes de las parejas con relación al dinero:

a) El dinero es la raíz de todos los problemas: Esta creencia limitante hace que las parejas eviten hablar de dinero y no tomen decisiones financieras importantes. También llevan a una mentalidad de escasez y limitar su capacidad para crear riqueza.

b) No necesitamos un presupuesto: Esta creencia limitante hace que las parejas no planifiquen sus gastos y no sean conscientes de cómo están gastando su dinero. Esto lleva a problemas financieros a largo plazo y tensiones en la relación.

c) El dinero es mi dinero y tu dinero es tuyo: Esta creencia limitante hace que las parejas no trabajen juntas como equipo para alcanzar sus objetivos financieros. También llevan a la desigualdad financiera en la relación.

d) Ganar más dinero resolverá nuestros problemas: Esta creencia limitante lo que logra es que las parejas se concentren en ganar más dinero en lugar de enfocarse en manejar mejor su dinero y tomar decisiones financieras inteligentes. También lleva a una sensación de insatisfacción constante y a un estilo de vida insostenible. ¡Aguas!

e) El amor es más importante que el dinero: Esta creencia limitante lleva a una actitud de complacencia en la relación financiera y a la falta de atención en la toma de decisiones importantes. También lleva a la creencia de que el dinero no es importante en la relación, lo que llevará a tensiones y problemas financieros en el futuro, inevitablemente. Además, puede dar a la pareja la justificación perfecta para la falta de resultados.

Siempre recuerda, en este capítulo dirigido a las parejas, **es fundamental establecer límites claros en cuanto al dinero**, los cuales deberán ser claros y contundentes para evitar conflictos innecesarios en el futuro. Te regalo algunas frases con las que podrás iniciar una conversación con tu pareja, charlas con respecto al dinero.

1.- Podemos tener diferentes prioridades financieras, pero necesitamos encontrar una manera de hacer que nuestro dinero trabaje para ambos.

2.- Sé que el dinero puede ser un tema complicado, pero me gustaría hablar sobre cómo podemos trabajar juntos para lograr nuestras metas financieras.

3.- En lugar de centrarnos en lo que no podemos hacer con nuestro dinero, ¿qué tal si nos enfocamos en las cosas que podemos hacer juntos para mejorar nuestra situación financiera?

4.- Nuestra relación es importante para mí, y creo que hablar abierta y honestamente sobre el dinero es una forma de fortalecerla.

Lecturas recomendadas con respecto al dinero y la pareja: "Tenemos la pareja para la que nos alcanzó", de Rubén González Vera. "*Smart Couples Finish Rich*", de David Bach. "Un equipo ganador", de Andrés Panasiuk. —Secretos para parejas que quieren ganar en el juego del dinero—.

"No importa cuánto dinero ganes, nunca gastes más del 25 % en vivienda o "housing". Si lo haces, te encontrarás esclavizado a tu hipoteca". -

Grant Cardone

Capítulo 5

Hábito #1 de gente rica: Gastan máximo 25 % en vivienda

La vivienda es una necesidad, pero no debería ser una carga financiera. Si estás gastando más del 25 % de tus ingresos en vivienda, estás poniendo en riesgo tu estabilidad financiera. El 25 % de tu salario debe ir hacia la vivienda, el 15 % hacia la comida y el 10 % hacia la ropa y el transporte. Vive así y serás libre.

Si eres una persona "normal", te apuesto que nunca te habías puesto a pensar en "dividir" y "medir" en qué gastas, mucho menos saber que porcentajes son en cada rubro. No te preocupes mucho por ahora, empecemos por este 25 % en *housing* o vivienda.

Estos costos por supuesto que inician con el costo de la renta o la hipoteca, pero también debes considerar gastos por mantenimiento, impuestos municipales como el predial, seguros y reparaciones en general.

Para aquellas familias que están construyendo un proyecto de vida familiar y financiero, es importante tener en cuenta que los hábitos que te menciono en este libro son aquellos que según nuestras encuestas e investigaciones son los más comunes entre "la gente rica". Siguiendo estos hábitos recomendados uno a uno, poco a poco tomarán más sentido y se convertirán en una parte fundamental de tu vida financiera diaria.

Nuestra investigación arrojó un número mágico: El costo total por concepto de vivienda jamás deberá exceder un 25 % de tu ingreso total neto. 64 % de las personas en nuestra investigación en el segmento de "RICOS" mantienen los costos de vivienda por debajo del 25 % de su ingreso total neto. El estudio también arrojó este dato: Aquellos que gastan más del 40 % de su ingreso total neto en vivienda, tienen muchos más problemas financieros de todo tipo.

Dato de miedo: Cada vez más familias y personas gastan en exceso del 50 % o más de sus ingresos totales netos por concepto de vivienda. Entonces... ¿Cómo puedes reducir tus costos en vivienda? La solución es reducirte *to downsize*, buscar vivienda menos costosa o compartirla con miembros de la familia, amigos o *"roomies"*; si esas no son opciones viables, aquí te doy unas ideas adicionales:

** Reduce el costo de los recibos.

1) Baja el termostato en el invierno unos cuantos grados (si vives en lugares donde hace mucho frío en invierno), y sube el termostato unos cuantos grados en verano (si vives en lugares donde hace mucho calor en verano).

2) Reduce el costo de tu recibo de agua; báñate más rápido, cierra la llave mientras te cepillas los dientes, usa la lavadora solo con cargas completas y lo mismo si tienes máquina lava trastes.

3) Renueva tus electrodomésticos, que de preferencia sean del tipo "inverter". ¿Qué es un electrodoméstico con motor inverter? El funcionamiento de los sistemas inverter supone un gran ahorro energético y una mayor durabilidad de nuestro electrodoméstico. Podríamos definir la tecnología inverter como aquella que regula el voltaje, la corriente y la frecuencia de un aparato. Puede llegar a ahorros de hasta el 80 %. Para las zonas donde el invierno es muy frío, ahorrarás una fortuna en calefacción, para los sitios en que el verano es muy caliente, el ahorro será en tu recibo de electricidad. Considera también tecnología solar de algún tipo. En la casa de tu servidor, hemos logrado ahorrar un 80 % en promedio en términos anuales. Una verdadera maravilla, porque además contaminamos mucho menos.

> **Por lo general el gasto en vivienda o "housing", es el gasto más grande que tiene una persona o familia a lo largo de su vida, por lo que es imperativo mantenerlo lo más bajo posible y sobre todo ser consciente de él.**

** Elige un servicio de triple Play menos costoso (TV por cable, Internet y teléfono)

** Haz el mantenimiento de tu vivienda tú mismo (podar el césped, limpiar el patio, limpieza en general, mantenimiento)

** Aumenta el deducible en tu seguro de vivienda.

** Negocia un pago de renta más reducido con tu arrendador o renegocia tu hipoteca con tu banco, o muda tu hipoteca a otro banco con una que te cobre menos intereses.

Acercar tus costos de vivienda a ese mágico 25 % que debe ser tu objetivo (si estabas por arriba de este), significa que estarás en capacidad de ahorrar. Si solo cambias uno de los hábitos de dinero, que sea este. Controlar el costo de tu gasto en vivienda tiene que ser tu objetivo #1 si deseas avanzar y prosperar.

Claro que siempre tendrás la opción, de incrementar tus ingresos, de tal manera que sigas cumpliendo con este hábito, de mantenerte por debajo del 25 %. Esta idea se te reforzará en las siguientes páginas.

Recuerda que para formar un hábito debe haber un detonador, algo que te lo recuerde; debe haber una recompensa, una especie de pago por hacer ese hábito, al tener esta estructura el cerebro se va a anticipar y generará un antojo, que es la anticipación a la recompensa. Todo lo anterior detonará una acción, esto es, levantarás tu trasero de donde estés sentado y harás "esa acción" que representa ese nuevo hábito.

Reto: Con el tiempo y cuando ya seas un profesional en mi proceso, el reto es que mantengas el costo del "*housing*" en 25 %, o incluso menos, pero incluyendo todos los gastos de casa; recibos mensuales, alimentación, etc. Tu gasto en este apartado deberás mantenerlo así.

Recomendación: Si sentiste escasez al pensar en este reto, te invito ahora a que mentalmente multipliques tus ingresos por 3, o por 4, o por 10, o por 100. ¿Cuál es tu número mágico? Recuerda que en mi proceso trabajaremos el gasto responsable, la frugalidad; pero también el incremento sustancial de ingresos. Cáchate cuando sientas esa "escasez", lleva un diario.

Recuerda siempre que, reducir tus costos de vivienda no solo te ayudará a cumplir con la regla del 25 %, sino que también te permitirá tener más dinero disponible para otras metas financieras, como para pagar deudas o simplemente para mandarlo a TU FONDO PARA TU LIBERTAD FINANCIERA(Capítulo 20).

-"El 25% es un buen punto de partida, pero cada situación financiera es única. Lo más importante es tener un presupuesto sólido y vivir dentro de tus posibilidades." -

Jean Chatzky

Capítulo 6

Hábito #1 de gente quebrada: Gastan más del 25 % en vivienda

Es evidente que para poder saber cuál es tu poder adquisitivo para "housing" o vivienda, lo primero que tienes que saber es:

1.-Cuál es tu ingreso neto.

2.-Este ingreso es de una sola persona o es una pareja o familia. Sí, es el caso sumar el ingreso de todos.

Las investigaciones que hemos llevado a cabo, nos indican que, debido a la parte emocional de las finanzas, una vez que una persona o familia "se enamora" de un bien inmueble, ya sea casa, piso, departamento, loft, etc. Será muy difícil hacerlo desistir de esta casa sin importar si pasa de este 25 % que hablamos.

Antes de buscar una vivienda, es importante que hagan un presupuesto que incluya a todos los miembros de la familia. De esta manera, podrán conocer cuánto dinero pueden invertir en la vivienda sin exceder sus posibilidades reales. Al hacerlo de esta manera, evitarán tomar decisiones basadas en emociones y en su lugar, utilizarán la lógica y la inteligencia para. Entiendo que no es fácil, pero en mis materiales y entrenamientos, encontrarás herramientas para aumentar tu nivel de conocimiento financiero y para superar cualquier obstáculo que se presente. Tu nivel de CONCIENCIA FINANCIERA, aumentará irremediablemente. Harás distinciones que antes ignorabas, cada vez con mayor precisión.

Es de suma importancia recordar, memorizar y practicar siempre que los hábitos de finanzas en las familias, deben estar enfocadas siempre en los siguientes dos puntos:

1.- Cuidar los gastos y los egresos siempre desde lo FRUGAL, — esto significa la justa medida, sin exagerar y sobre todo sin desperdiciar —. (Frugalidad, capítulo 24).

2.- Siempre enfocados en mejorar los ingresos, alineados totalmente con el punto anterior. Si logras el equilibrio entre estos dos puntos, la riqueza te llegará por añadidura y tu mente se moverá cada vez hacia la abundancia, tu *"mindset"* o mentalidad se alineará como resultado de este ejercicio.

La palabra clave entonces aquí es: EQUILIBRIO.

Simplemente, responde para ti y para tu familia la siguiente pregunta: **¿Cómo hacemos para siempre ganar más, a la vez que mantenemos nuestros gastos en niveles FRUGALES y a la vez fomentar nuestra mentalidad de abundancia? El enemigo a vencer es la mentalidad de escasez.**

Mentalidad de escasez: Una cosa es no comprar esa casa o departamento porque "no te alcanza", ya que no tienes los medios para hacerlo en el presente, y sin esperanza de poder hacerlo en el futuro; y otra muy distinta es salir del análisis con la pregunta: ¿Cómo hago para conseguirlo? O mejor aún, si nos metemos de lleno en el mundo de los hábitos, los cuales representan el ser, representan quiénes somos... Entonces una mejor pregunta sería: ¿Cómo hago para convertirme en esa persona que es capaz de lograr esa meta, de comprar esa casa? La respuesta o más bien las respuestas a esta pregunta se convertirán en una ruta clara hacia el tesoro.

1.- Requieres saber cuál es el porcentaje de tu ingreso, -o su ingreso sumado, en caso de manejarlo en pareja o un grupo de personas-; que pagas actualmente por concepto de renta o hipoteca, ya lo mencioné antes, adicionalmente a ese dato, saldrán a la vista varios indicadores obvios, son los que numeramos a partir del siguiente número dos.

2.- Si tienes en mente una casa o departamento con determinadas características, solo necesitas hacer la investigación correspondiente sobre los costos, para saber si puedes mudarte bajo tus condiciones actuales o si te verás en la necesidad de hacer ajustes.

3.- Te hará poner los pies sobre la tierra, para que no te conformes con un "sueldo general", la mayoría de las personas que tienen un empleo se resignan al sueldo que esta "aceptado" en el mercado de acuerdo al perfil, de acuerdo al tipo de empleo que es. Si por ejemplo esa casa o departamento que deseas, cuesta mensual $ 1,000 mensuales, no deberás bajo ninguna circunstancia aceptar un empleo en donde te paguen menos de $ 4,000. Sé que esto es un cambio brutal de paradigma, esa es la idea, si leer esto te causó cierta incomodidad. Entonces vamos por buen camino.

Si no tienes un empleo, sino un negocio, las matemáticas siguen siendo las mismas, solo que deberás calcular el dato no contra tus ventas, sino contra tus utilidades netas. Luego de pagar costos de operación e impuestos; si eres un empresario organizado, entonces tienes un sueldo dentro de tu propia empresa. De ser así aplica el caso de empleado, no importa que seas el propietario, si ese eres tú, te felicito implica disciplina financiera. También que sabes de administración de negocios y sobre todo que mantienes un orden, el cual es absolutamente necesario para el éxito de cualquier negocio.

Chequeo emocional - financiero:

1.- ¿Cómo te hace sentir calcular ese 25 % de acuerdo a tus ingresos actuales?

2.- ¿Cómo te hace sentir que ese 25 % sea menos de lo que requieres para esa casa o departamento?

3.- ¿Te nace un deseo de hacerlo de todos modos?

Hasta este punto ya tienes un dato absolutamente claro: Para poder vivir en esa casa o departamento, necesitas un mínimo de ingreso, es una especie de radiografía inicial de tus finanzas enlazadas con tus metas. ¿Siguiente parada? Lograr ese ingreso mínimo. ¿Cómo?

Por ahora mi sugerencia es que sigas leyendo este texto hasta el final y tomes notas, has todas las anotaciones posibles. Cuando lo termines de leer, léelo nuevamente, verás cómo la segunda vez comprenderás, o descubrirás detalles que se te pasaron la primera vez, esto sucede debido a que tu nivel de conciencia habrá aumentado, estarás más atento a los detalles.

Decisiones difíciles: Tal vez el resultado de tu análisis inicial, indica que, aunque lo puedes pagar e incluso ya vives ahí, está por arriba del 25 %. ¿Está este 25 % escrito en piedra? Por supuesto que no, ¿lo puedes ajustar? Sí, preferentemente a la baja. Sin embargo, recuerda que estos datos son el resultado de estudios, encuestas y miles de charlas con muchas personas y son prácticas para salud financiera. Debes considerar mudarte temporalmente a un lugar que sea acorde a este porcentaje.

Debo decirte que el botón de la mentalidad entra en automático, y el plan siempre va a ser aumentar nuestros ingresos, en ese caso observa lo que este porcentaje hará por ti, imagina el siguiente escenario:

1.- La casa o departamento que deseas cuesta $ 1,000 mensuales.

2.- Tus ingresos solo, en pareja o en equipo, son $ 9,500 al mes, manejar este dato, aplicar este hábito evitará que destines para casa o departamento, más de $ 2,375. Dicho con otras palabras se convierte en un nivelador, para siempre mantener el gasto controlado, sobre todo durante los ingresos que irán aumentando paulatinamente a medida que te hagas experto en nuestros materiales y entrenamientos, serás todo un erudito en el manejo de tus finanzas familiares.

Existe otro escenario posible, es el caso en donde tienes casa propia, tal vez la compraste o la heredaste, si es tu caso, considera destinar 25 % para algo en el futuro, que esta circunstancia te haga gastar de manera irracional, las finanzas son fundamentalmente emocionales. Podrías sumar este 25 % al 10 % que ya te estás pagando a ti mismo primero, que se vaya directito a tu fondo para tu libertad financiera(capítulo 20). ¿Te imaginas? ¿35 %?

Normalmente la gente no calcula qué porcentaje de su ingreso representa el costo en vivienda, simplemente toma la decisión pensando en "si me alcanza". Saber este dato te hará tomar decisiones educadas con base a finanzas reales; descuida, recuerda que siempre podrás crecer tus números y posibilidades.

Recuerda siempre que, no tienes que llegar a extremos como mi amiga en mi etapa escolar, Julia, que me dijo una vez: "Mi casa es tan pequeña que tengo que salir afuera para cambiar de opinión".

Recuerda también no usar frases como "ni modo", el objetivo de esto es crear una estrategia, jamás resignarse, ¡siempre hay modo!

Al igual que un general que retrocede para reorganizarse antes de volver al ataque, es importante que una familia que está construyendo un proyecto de vida familiar y financiero tome un momento para evaluar su estrategia. En lugar de seguir adelante sin un plan claro, es mejor dar un paso atrás y revisar los objetivos y los planes financieros. Al hacerlo, se pueden identificar posibles debilidades y corregir los errores antes de continuar avanzando. Este proceso de reorganización puede parecer un retroceso, pero en realidad es un paso crucial para asegurar el éxito a largo plazo. Tus objetivos serán cada vez más claros a la vez que las formas en que puedes conseguirlos. Va a tomar de ti una tonelada de honestidad y de auto-confrontación, lo sé. Notarás como tu contexto se expande y las opciones se multiplican.

-"No es el coche el que hace al conductor, sino el conductor el que hace al coche." -

Enzo Ferrari

Capítulo 7

Hábito #2 de gente rica: Adquieren coches seminuevos

Comprar un auto seminuevo es una forma inteligente de ahorrar dinero sin sacrificar la calidad. No compres un auto nuevo si puedes encontrar un auto usado con poco kilometraje a la mitad de precio. Un auto nuevo pierde valor en cuanto sale del concesionario, por eso comprar un auto seminuevo es una opción más inteligente, alguien más habrá pagado esa depreciación.

Al igual que los costos de vivienda, los costos de tus autos pueden comerse un buen pedazo de tu ingreso mensual. Los autos del año pierden su valor tan pronto como sales con ellos de la agencia. Así que una estrategia inteligente es adquirir vehículos seminuevos de altísima calidad para aligerar los costos. 64 % de los ricos en nuestros estudios adquieren un vehículo de dos a tres años de antigüedad y tienden a mantenerlos por largo tiempo. Si te das cuenta es un tema de EGO también y le pega de forma directa a la autoestima.

A medida que el tiempo pasa y el carro "envejece" incurrirás en gastos de reparaciones, esto será especialmente cierto luego de los 200,000 km. (125,000 millas). A partir de este punto espera un costo anual de al menos $ 1,500 por costos de reparaciones a tu automóvil (en dinero del año 2023), lo cual es infinitamente más bajo que el costo de un nuevo financiamiento o el arrendamiento financiero de uno nuevo.

Sé inteligente: Adquiere un auto de altísima calidad, seminuevo, y úsalo hasta que se salgan las ruedas; muchas agencias ofrecen hoy en día autos con certificado de garantía en todo tipo de seminuevos. Esto es lo que el 94 % de los auto-millonarios en mi estudio hicieron, Esto es, millonarios que formaron sus fortunas por ellos mismos.

¿Esto significa entonces que un millonario jamás compra un auto del año, nuevecito con cero kilometraje? Por supuesto que no, solo muestra lo que las investigaciones y encuestas entre cientos de millonarios resaltan, y saber en lo que realmente están enfocados. Aquí te dejo una lista:

1.- Viven muy por debajo de sus posibilidades. Esto es, de manera deliberada viven con menos de lo que realmente podrían pagar.

2.- Asignan su tiempo, energía y dinero de manera eficiente, de manera que conduzcan a la creación de riqueza. En otras palabras: No les interesa aparentar ser ricos, lo que diga la gente los tiene totalmente sin cuidado.

3.- Dedican tiempo a desarrollar y administrar un plan financiero para evaluar sus objetivos de ahorro, sobre todo a largo plazo. Todo con base a un plan con los pies bien puestos sobre la tierra.

4.- Creen que la independencia financiera es más importante que mostrar un alto estatus social. Se protegen de los grandes gastos al recordarse constantemente que muchas personas que tienen artefactos de alto estatus, como ropa costosa, joyas, automóviles y piscinas, tienen poca riqueza.

5.- Al final del día, si comparáramos las cuentas bancarias o portafolios de inversiones, entre los verdaderamente millonarios y los que solo lo aparentan, sería un shock ver la realidad con pesos y centavos.

6.- Mantienen un perfil bajo. En mi caso y debido a mi origen, prefiero un carro que no sea exageradamente ostentoso, como parte de mantener un perfil bajo, aunque amo los carros alemanes.

Nada impacta de manera directa al tema emocional - financiero, como el coche, el automovil que conduces. A nivel interno se convierte en una especie de extensión de quien eres.

"Muchas personas que viven en casas caras y manejan autos de lujo en realidad no tienen mucha riqueza. Luego, descubrimos algo aún más extraño: muchas personas que tienen una gran riqueza ni siquiera viven en barrios con mansiones o casas extravagantes".
Thomas J. Stanley. Autor del libro: "El millonario de la puerta de al lado".

Comprar un auto seminuevo puede tener varias ventajas en A continuación, se presentan algunas razones por las que conviene comprar un auto seminuevo:

1.- Precio: En general, los autos seminuevos son más económicos que los autos nuevos. Al comprar un auto seminuevo, es posible ahorrar una buena cantidad de dinero, ya que el precio de los autos nuevos suele ser más alto debido a su condición y a que nunca han sido utilizados.

2.- Depreciación: Los autos nuevos se deprecian rápidamente en los primeros años de uso, lo que significa que pierden mucho valor en poco tiempo. En cambio, los autos seminuevos ya han sufrido una parte significativa de su depreciación inicial, lo que significa que mantienen un valor más estable con el tiempo. **Esto significa que otra persona ha pagado por ti, el precio de esa depreciación.**

3.- Historial del vehículo: Al comprar un auto seminuevo, es posible conocer su historial de mantenimiento y accidentes anteriores, lo que puede ser muy útil para tomar una decisión informada de compra. Además, esto permite tener una idea de cómo ha sido tratado el vehículo en el pasado y puede ayudar a evitar sorpresas desagradables en el futuro.

4.- Garantía: Muchos autos seminuevos todavía tienen una parte de la garantía original del fabricante en vigor, lo que significa que es posible obtener los beneficios de la garantía sin tener que pagar el precio completo de un auto nuevo.

5.- Pago mensual promedio actual. Si combinas varios de los aprendizajes que tendrás de este libro, podrás hacer varias cosas muy interesantes. Comprar un auto seminuevo implica hacerlo de contado, no mensualidades que pagar. Mantener DEUDA CERO(capítulo 30). En EE. UU. el pago promedio mensual por un auto del año se ha elevado por arriba de los $ 750, para un coche de $ 35,000 a $ 40,000; imagina todo lo que puedes hacer con ese dinero en tu fondo para libertad financiera, y si eso lo haces crecer con interés compuesto(capítulo 38), al final del periodo en que estarías haciendo esos pagos, tendrás una pequeña fortuna, y una paz mental envidiable.

6.- Cuida tu coche de una manera exagerada. Mientras más cuidado esté en todos los sentidos: Limpieza por dentro y por fuera, no traer la cajuela llena de basurero, cuidado con la forma de manejar, hacerle sus mantenimientos, atender cualquier alarma que te indique. Mayor será el precio de reventa cuando llegue el tiempo en que lo quieras actualizar.

Comprar un auto seminuevo puede ser una buena opción y obtener un vehículo confiable y de excelente calidad. Sin embargo, es importante hacer una investigación adecuada antes, siempre hay verdaderas oportunidades de coches. Yo he comprado carros de 2 o 3 años de antigüedad, con menos de 10,000 km de uso, a un 50 o 60 % del precio. Mantente atento a las oportunidades, agrega a tus contactos agentes automotrices y diles que estás en la búsqueda de una verdadera oportunidad, te sorprenderás lo que podrás conseguir.

Nota especial para autos para el periodo a partir de **enero 2023**, dependiendo de que fecha leas esta sección, si ya quedó superada te servirá como historia y cultura general financiera, en cuanto a la industria automotriz.

¿Próxima a REVENTARSE la burbuja automotriz?
(Esta parte del texto aplica especialmente para todo el 2023)

1.- En los próximos 24 meses o menos, tu carro actual bajará de precio, se reventará la burbuja.

2.- Si financiaste tu coche en los últimos 18 a 24 meses, este valdrá mucho menos que el saldo que aún deberás en cuanto esta burbuja estalle.

3.- Si planeas comprar un coche, te conviene tener paciencia, sentarte y abrocharte el cinturón.

Empecemos por el principio... ¿Por qué se dispararon tan exageradamente los precios de los coches nuevos y seminuevos?

Motivos obvios: pandemia del Coronavirus, crisis de microchips, incremento del precio de las materias primas y guerra de Ucrania. Hay que añadir a este cóctel los largos tiempos de espera en las entregas de coches nuevos; en ocasiones, con plazos de más de un año, esto estimuló poderosamente la ley de oferta y demanda.

Tan loco se ha vuelto el mercado que hay quien ha vendido su coche recién comprado por más de lo que le costó nuevo aprovechando al extremo que aumentó de valor percibido.

Mientras tanto y, viendo este panorama, muchos de los que estaban dispuestos a comprar coche nuevo han decidido mantener el vehículo actual (o no les ha quedado más remedio), decisión correcta por ahora.

Por ese motivo y porque las alquiladoras no han renovado flotas (grandes compradoras) se han puesto menos coches usados a la venta y su precio ha subido. Esto último se aplica a los modelos de KM 0, a los seminuevos y a los que tienen muchos años y kilómetros encima: todos los coches de segunda mano son más caros que antes, de ahí que se hable de la burbuja de los coches de segunda mano. Es una burbuja automotriz como no se había visto jamás.

Otro "síntoma" es la "*start-up*" mexicana Kavak, (plataforma de compra y venta de autos seminuevos) anunció despido de personal y una reducción importante de gastos.

El factor ENTREGA INMEDIATA. Hace unos meses, los coches de segunda mano estaban por las nubes, hasta el punto de que uno nuevo era más barato que uno de segunda mano porque este último estaba disponible para entrega inmediata. ¡Para Ripley!

Todo lo anterior causó que esos clientes recurrieran al mercado de ocasión para no tener que esperar. ¿Resultado? Como crece la demanda y la oferta es limitada, el precio se dispara y se crea una BURBUJA. Precios inflados sin sustento, y; como toda burbuja va a reventar, ya se empezaron a notar los primeros síntomas. Quiero dejar claro que esto no es una pregunta de si algo va a explotar o no, sino más bien de cuándo va a suceder. Según mi predicción, el proceso será gradual y ya ha comenzado. Considero que en un máximo de 24 meses, todo habrá vuelto a la normalidad. Esto no significa necesariamente que los precios van a bajar, sino que se ajustarán al valor real que deberían tener. En otras palabras, la percepción de valor volverá a ser más coherente. Por otra parte, creo que algunos precios pueden reducirse entre un 20 % y un 40 %, mientras que en los vehículos usados la reducción podría ser aún mayor.

RIESGOS ACTUALES.

1.- Todas las agencias de autos nuevos se convirtieron por ahora en "yarderas", venden de todas las marcas, si no se deshacen a tiempo de estas unidades, terminarán con un inventario sobre valuado.

2.- Los bancos y financieras con alto número de clientes en esta etapa, tendrán el reto de aumento de cartera vencida y de clientes en impago.

Siempre ten en cuenta: El auto que manejamos es un indicador de nuestro "poder", —tema de EGO—; financiero y, por lo tanto, tiende a afectar la autoestima(emociones y dinero, capítulo 42). Además, es como un anuncio espectacular que nos acompaña a todos lados que vamos. No permitas que tu EGO destruya tu cartera, un seminuevo es una manera de "engañarlo", por mientras que rompes ese lazo. El primer paso es aceptarlo.

¡Tu coche merece todo el amor y cuidado que puedas brindarle!

Manéjalo con cariño, dale el mantenimiento que necesita y que siempre esté impecable, tanto por dentro como por fuera. ¡No comas ni permitas que nadie coma dentro de él! Evita convertirlo en una oficina o basurero móvil, y recuerda renovar las llantas cuando sea necesario. Asegúrate de mantener siempre sus placas, seguro y documentos, actualizados y vigentes, siempre a la mano. En resumen, ¡dale a tu coche todo el amorcito que merece!

Capítulo 8

Hábito #2 de gente quebrada: Gastan demasiado en coches

La gran mayoría de las personas que formaron parte de nuestras investigaciones y entrevista, pasan mucho más tiempo planificando sus vacaciones anuales o investigando su próxima compra de automóvil que analizando sus finanzas.

Como tu entrenador financiero, mi enfoque siempre será brindarte las herramientas necesarias para que puedas tomar decisiones informadas y aumentar tu poder adquisitivo para que tu billetera cada vez sea más gorda. Nunca te diré en qué debes gastar o invertir tu dinero, ni tampoco te diré en qué no deberías hacerlo. Es importante que tengas el control de tus finanzas y para ello es crucial que estés informado, ese es mi trabajo. Sé que soy repetitivo en este asunto, pero mi intención es ser claro. ¡Y por favor! No me vengas con el cuento de que no sabes en qué se te fue todo el billete que ganaste. Esa es una historia que ya me sé muy bien, me la han dicho demasiadas veces y que me da cosita escucharla de nuevo. Es, tal vez, la historia más triste y a la vez más común jamás contada. ¿Me acompañas? —Aquí tú preguntas: "¿a dónde?"—; yo te respondo: "A tomar el control total y absoluto de tu dinero".

Si después de terminar de leer esto y de echarnos un par de entrenamientos en persona o por internet, te lanzas por un auto totalmente nuevo, yo te respaldo al cien. Eso significa que tus finanzas, tus ingresos y emociones; están que arden, y eso se merece un ¡yeah!, de aplausos. Así que, de antemano, recibe mis más sinceras felicitaciones.

Hasta ahora no hemos mencionado los intereses que se agregan al financiar un auto nuevo, los cuales pueden aumentar el precio original en un 40 % a 50 %. Ese costo es algo fundamental que no se debe tomar a la ligera, pero no te preocupes, en este libro te explicaré cómo calcularlo de una manera sencilla y fácil de entender, sin necesidad de ser un experto en matemáticas. Con estos conocimientos, podrás dejar de negar la realidad y tomar decisiones con los pies bien puestos en la tierra.

Mucha gente que tiene negocios, es aconsejada por sus equipos de contadores que compren autos en la modalidad de "*leasing*" o arrendamiento financiero, bajo la premisa de que es deducible de impuestos. En otro capítulo retaré esa afirmación, por ahora solo te digo que si es tu caso, tienes todo el derecho y eso no te aleja de una vida de millonario que ya tienes o que es a la que aspiras.

Quiero resaltar algo muy importante y en lo que siempre haré hincapié: Si los datos que te he dado no te importan, o si simplemente quieres un coche nuevo porque tienes el dinero o no te preocupa pagar el sobreprecio por intereses, o por el motivo que sea; tienes todo el derecho de hacerlo. Tú eres quien toma las decisiones en tu vida. Insisto. Me gustaría invitarte a que cuestiones todo, absolutamente todo. Esto te llevará a un viaje profundo hacia tu interior, donde crecerás como persona de maneras que nunca imaginaste, y redefinirás tu relación con el dinero de una buena vez por todas.

El libro: "El millonario de la puerta de al lado", "*The Millionaire Next Door*", —del autor, *Thomas J. Stanley* —. *E*s un estudio exhaustivo de los hábitos y comportamientos financieros de los millonarios en el mundo. Una de las conclusiones a las que llega, es que la mayoría de ellos, compran autos seminuevos en lugar de nuevos.

En EE. UU. de acuerdo con un informe del tercer trimestre de 2021 de "*Experian*", el 87.2 % de los autos nuevos se compraron a crédito, mientras que solo el 12.8 % se compraron pagados de contado.

Además, el informe también reveló que el plazo promedio de los préstamos para la compra de autos nuevos es de 72 meses(6 años), lo que significa que los consumidores están tomando más tiempo para pagar sus préstamos y adquirir un auto nuevo; el pago mensual promedio es $ 750.

Capítulo 9

Hábito #3 de gente rica: Se rodean de personas con hábitos financieros avanzados

Como lo dijo John Wooden: "La gente que te rodea puede influir en tu éxito y en tu felicidad. Elige con sabiduría". Nuestro entorno, la gente con la que pasamos nuestro tiempo, tiene un gran impacto en quiénes somos y quiénes nos convertimos. Si quieres cambiar tu vida, cambia las personas con las que pasas tiempo. O, como lo diría mi abuelo: "El que con lobos anda, a aullar se enseña".

Bueno, ¡la mayoría de nuestros malos hábitos vienen de copiar a los demás! Ya sabes, papá, mamá, amigos, vecinos, el entrenador del gimnasio, etc. Y eso también se aplica a los hábitos de dinero. Si eres un poco desastre con el dinero, es muy probable que los demás con los que andas tampoco sepan muy bien cómo manejar sus finanzas. Así que cuidado, ¡porque sus malos hábitos pueden contagiarte! Si ves que tus amigos gastan dinero en tonterías, tú también vas a querer gastarlo. Pero si empiezas a ahorrar, tal vez contagies a los demás y se vuelvan más responsables con su dinero. ¡A lo mejor hasta te vuelves el mentor financiero del grupo!

Ah, recuerda no gastarte todo tu dinero en salidas inesperadas, ¿eh? Si te pones a hacer cálculos, esos $ 50 o $ 100 que gastas aquí y allá se van acumulando sin que te des cuenta. Y si eres de los que se van de vacaciones sin planear, ¡prepárate para una deuda que te va a durar años! No es cuestión de ser tacaño, pero hay que pensar un poquito antes de gastar todo el dinero. ¡Que no te agarre la vida sin un centavo en el bolsillo!

En nuestro cerebro tenemos un grupo de neuronas llamadas espejo, dominadas por nuestro cerebro reptil, las cuales te van a llevar a hacer cosas por el simple hecho de que viste que alguien más las hizo, sin cuestionarlas, sin razonarlas. Es mero instinto de conservación, si hacemos lo que la mayoría en nuestra "manada" hace, entonces estaremos seguros.

Analiza por unos momentos a fondo de qué manera la forma de gastar y de ahorrar de las personas con quienes más tiempo pasas contaminan o enriquecen la tuya propia. Considera que si te rodeas de personas con una alta conciencia del gasto y del ahorro, lo más probable es que tú también la tengas en poco tiempo.

Si quieres desarrollar buenos hábitos de dinero, buenos hábitos financieros, relaciónate con personas que poseen excelentes hábitos financieros, y aléjate de aquellos que no los tengan. Si todos tus amigos cercanos, familiares y personas que admiras del tipo *"role models"* comparten tus mismas metas de vivir por debajo de tus medios de vida; sus buenos hábitos financieros están prácticamente garantizados que los harás tuyos en tiempo récord.

Te puedo decir muchos beneficios al relacionarse con personas que tienen una situación financiera igual o superior a la propia, por ejemplo:

Inspiración y motivación: Al estar en contacto con personas exitosas financieramente, puedes sentirte inspirado y motivado a alcanzar tus propias metas. Puedes aprender de sus estrategias y hábitos con respecto al dinero y aplicarlos a tu propia vida.

Oportunidades de aprendizaje: Al relacionarte con personas con una situación financiera igual o superior a la tuya, puedes tener acceso a conocimientos y habilidades que de otra manera no tendrías. Pueden compartir sus experiencias, consejos y recomendaciones contigo para ayudarte a mejorar tu propio nivel actual.

Red de contactos: Las personas exitosas financieramente a menudo tienen una amplia red de contactos en el mundo de los negocios y las finanzas(Los mandamientos de la iglesia judía para hacer dinero, capítulo 43). Al relacionarte con ellos, puedes tener acceso a oportunidades de trabajo, inversiones y otros contactos valiosos.

Perspectiva y objetivos: Al interactuar con personas que tienen un nivel igual o superior al tuyo, puedes ganar una perspectiva poderosa sobre lo que se necesita para alcanzar la parte del éxito que te ha faltado alcanzar hasta ahora.

Refuerzo positivo: Recibirás refuerzo positivo y apoyo emocional en tu camino hacia el éxito. Te animarán a seguir adelante y ofrecerte orientación y consejos cuando te encuentres con obstáculos.

Superación de nuestra zona de confort: Al estar en contacto con personas que nos ponen en zona de reto, nos desafiaremos a superar nuestros límites y a salir de nuestra zona de confort.

Desarrollo de relaciones significativas: Al tener personas que nos desafían y nos apoyan a nuestro alrededor, desarrollaremos relaciones significativas y enriquecedoras que durarán toda la vida. Una fuente de apoyo emocional.

Romper tu barrera interna de incredulidad: ¿Cuánto crees en ti mismo y tus capacidades? ¿Existe un límite a la cantidad de dinero que puedes ganar? Al rodearte de nuevas personas valiosas, cualesquiera que sean las respuestas a estas preguntas, tu autoestima y límite de dinero; inevitablemente, crecerá. Habrás roto tu propia barrera interna de lo que es posible. A propósito La respuesta a si existe un límite a la cantidad de dinero que puedes ganar, es: si existe, es la cantidad máxima que has logrado ganar hasta ahora, se encuentra en lo más profundo de tu sistema de creencias.

Preguntas de poder: ¿Me relaciono con personas con un nivel económico igual o por debajo del mío para evitar la presión de elevar mis estándares? ¿Para justificar mi falta de resultados? ¿Para encajar? — Es muy fácil convivir con grupos donde todos nos quejamos de lo mismo —. A veces la familia será el principal reto.

Recuerda siempre: Si quieres estar en la cima, debes rodearte de gente que te ayude a llegar allí. O, como lo dice Tony Robbins: "La calidad de tu vida depende de la calidad de tus relaciones".

-"Te conviertes en el promedio de las seis personas con las que pasas más tiempo. Amigos, compañeros de trabajo o escuela, familiares, etc."-

Jim Rohn

Capítulo 10

Hábito #3 de gente quebrada: Se rodean de personas con un nivel financiero igual o por debajo del que tienen ellos

Como ya te habrás podido dar cuenta, este texto se basa en información muy precisa, en la creación o destrucción de hábitos, y también en una honestidad brutal para contigo mismo. Las preguntas y ejercicios de este material, puedes hacerlos en privado, con tu pareja o con un grupo de amigos de alta confianza, la decisión es totalmente tuya. Sea cual sea tu decisión, solo quiero insistir en que seas honesto, es la única manera en que vas a encontrar las soluciones y no solo eso, también el origen y el porqué de muchísimos de tus comportamientos.

La comodidad es la prima hermana del fracaso, y en aras de esa comodidad, ¿acaso existe algo más cómodo que rodearnos de personas con ingresos o conocimientos menores a los nuestros? En ese contexto es sumamente fácil encajar, ser aceptado y hasta respetado. Como diría mi abuelo: "Dime con quién andas, y te diré quién eres".

En su libro *"High Performance Habits"*, Brendon Burchard hace referencia a la importancia de prestar atención a las personas con quienes pasamos más tiempo y cómo esto puede influir en nuestro desempeño y éxito. Burchard argumenta que nuestras relaciones personales son uno de los mayores impulsores de nuestro bienestar y éxito. Además, señala que el nivel de éxito que alcanzamos a menudo se ve influenciado por la calidad de las relaciones que tenemos en nuestras vidas.

Burchard también destaca la importancia de rodearse de personas positivas y de alto rendimiento. Las personas que tienen éxito y son positivas pueden ser modelos a seguir y ofrecer una visión inspiradora del éxito en la vida. Por otro lado, las personas negativas y tóxicas frenan nuestro crecimiento y afectan negativamente nuestro desempeño.

¡Oye, amigo! ¡Imagínate que decides inscribirte en un gimnasio! ¡Qué buena decisión! Pero, ¿con quién decides ir? Tienes dos opciones:

puedes invitar a tus amigos que tampoco han ido al gimnasio en meses o años, o puedes unirte a un grupo de amigos que asisten regularmente y son disciplinados.

¿Con quién crees que tendrías más oportunidades de lograr resultados en el menor tiempo posible? ¡Obvio, con el grupo de amigos disciplinados! Ellos no van a escuchar tus historias de víctima ni tus excusas para faltar al gimnasio. ¡Ellos van a motivarte a levantarte del sofá y a ir a entrenar con ellos!

Lo mismo pasa exactamente con los temas financieros, con todos los tópicos que tienen que ver con construir tu proyecto de vida familiar y financiero.

Tus hábitos con relación las personas con quienes más tiempo pasas, deben estar alineadas con tres objetivos:
a) Aumentar tu productividad.
b) Desarrollar y aumentar tu nivel de influencia.
c) Demostrar valor y valentía.
Ahora alinea los anteriores a todos los tópicos que estamos estudiando en este libro. Exacto, la respuesta es obvia.

-"El secreto para lograr ser rico es
gastar menos de lo que ganas
y hacerlo durante muchos años;
a la vez que incrementas tu
ingreso todos los años." -

John Lee Dumas

Capítulo 11

Hábito #4 de gente rica: Su estilo de vida es financiado por una estrategia

Es de vital importancia entender que si gastas todo lo que ganas, no estás ahorrando en absoluto. Pero lo que es aún peor es gastar más de lo que ganas para mantener un estilo de vida que no puedes permitirte. Si dependes de tus tarjetas de crédito para alcanzar tu nivel de vida actual, estás viviendo por encima de tus posibilidades. Y lo que sucede es que estás gastando tus ingresos futuros para mantener tu estilo de vida actual. Al pagar intereses, estás aceptando que una gran parte de tus ingresos futuros se vaya simplemente a la nada, a la basura, ¡es como si te robaras a ti mismo! El ahorro no depende de cuánto ganes, si no de cuánto gastas. ¡Recuerda que tu futuro financiero está en tus manos!

** **Lleva un control detallado de tus gastos**, al menos durante 90 días, no uses aplicaciones, sino una pequeña libretita de bolsillo; esto te permitirá saltar en tu nivel de conciencia

El motivo más respondido al preguntar: ¿por qué no llevas un registro detallado de gastos y egresos?, ha sido: PORQUE TENGO MIEDO A SABER, TENGO MIEDO DE MÍ MISMO.

del gasto, normalmente la gente no quiere saber cuánto gasta y el cerebro reptil junto con el EGO hacen de las suyas, haciéndonos creer algo que no es real.

** Luego de estos 3 meses podrás crear un presupuesto mensual, con totales anuales. (Más sobre esto en las conclusiones de este libro) Asigna metas mensuales y anuales, todo debe quedar detallado en este documento, el cual te pondrá de frente y sin rodeos ni miramientos, el importe de tu gasto total anual, dividido por mes, conocerás los importes mensuales y también el gran total de la suma de los doce meses. Será un encuentro de frente con tu realidad, como una radiografía.

Podrás comparar el gasto consciente contra el gasto irreal que te dejaba visualizar tu EGO y el estado de negación en el que te encontrabas. Ese sencillo ejercicio de determinar a donde deseas que vaya tu dinero y compararlo versus a donde fue realmente, hará que tu conciencia del gasto se eleve de manera considerable.

** Luego de estos primeros tres meses, inicia otro proceso de otros tres meses, ahora con un reto en mente: No gastar absolutamente nada que no sea esencial, es decir; comprar solo comida, no ir a restaurantes ni bares ni teatros, pagar lo correspondiente a vivienda, etc. Lo llamaremos: "Ayuno Financiero". Tres meses de reto, veamos que aprendes de ti mismo y que cambios estarás dispuesto a hacer a partir de este periodo. Tu nivel de conciencia del gasto se irá hasta las nubes.

Te regalo los 9 pasos mínimos viables, para tu primer proyecto familiar y financiero, tu primera estrategia:

1.- Haz un presupuesto:

El primer paso fundamental para tener una vida financiera saludable es hacer un presupuesto detallado de tus ingresos y gastos del hogar. Este será un primer borrador que debe incluir no solo los gastos obvios, sino también aquellos que preferirías mantener en secreto. Aunque este presupuesto solo será un primer intento, debes asegurarte de que sea lo más realista posible. Espóiler *"alert"*: Sin embargo, independientemente del resultado que obtengas, esta primera versión será únicamente la versión "ideal", pero no será real. No te preocupes, ya que tengo unas estrategias y retos, que te permitirán ir desenmascarando al impostor, estarás en posición de tomar decisiones impresionantes, te sorprenderás a ti mismo gratamente. ¡Sigue leyendo!

2.- Lleva registro detallado de gastos. —Ya lo dije antes, aquí ya lo hago dentro de tu primera estrategia de 8 pasos—. No podrás avanzar si no aplicas este paso. Hazla al pie de la letra, me lo agradecerás durante décadas. Garantizado.

3.- Confronta tus dos "realidades", lo que quieres gastar versus lo que realmente gastas. Enfrenta tus gastos deseados con tus gastos reales. Este es el primer nivel de conciencia de la riqueza (capítulo 44), —negación o negligencia —; y es crucial que no lo niegues ni lo descuides. La mayoría empezamos así, no eres el primero ni serás el último. A medida que profundices en los primeros dos pasos de la estrategia que estoy describiendo, notarás que hay dos personalidades internas luchando en tu interior: una responsable que quiere hacer todo bien, y otra dominada por el ego que te lleva a hacer cosas que no deberías o a evitar cosas que deberías hacer. Sin ayuda, —sin un libro como este—; la segunda personalidad siempre ganará. Con los pasos que te estoy explicando, podrás iluminar lo que antes estaba oculto. Al aplicar estos pasos a cada hábito que describo en este libro, notarás que estas dos personalidades se vuelven más evidentes y tendrás que confrontarlas. El tercer paso de esta estrategia es esencial: "Deja de engañarte a ti mismo".

Ahora bien, este paso lleva tiempo, y tomará de ti mucho valor y templanza, por eso los retos y los tiempos que duran esos retos. Ya los repasaremos nuevamente.

Ejemplo de un tipo de gasto que tendemos a olvidar, a negar, a minimizar o todos los anteriores; y es una pequeña puntita del iceberg que iremos descubriendo juntos: ¿Recuerdas el ejercicio en el que hablamos sobre el café y el sandwich? Si una persona compra estos productos a diario, puede gastar $5 cada día, promedio. Si multiplicamos este gasto por los 22 días laborables del mes, el gasto asciende a $110. Ahora, ¿te has preguntado cuánto representa esto en porcentaje de tu ingreso neto mensual? Si lo multiplicamos por 12 meses, el gasto total anual ascendería a unos $1,320. Pero si logras controlar 3 o 4 de estos gastos "hormiga", que individualmente no parecen mucho, al final del año podrías tener $3,960 o más disponibles para invertir y multiplicar. ¡Imagina lo que podrías hacer con esa cantidad de dinero! Si esta cantidad la multiplicamos por 45 años de vida laboral promedio de una persona, ¿sabes qué cantidad tendríamos al final? Algo así como $ 178,200. No te estoy diciendo que no lo hagas, solo que tomes conciencia.

Si esa cantidad, estuviera en una inversión en donde ganara, digamos el 10 % de interés compuesto(capítulo 38); en lugar de $ 178,200, al final de ese periodo el importe serían más de $3,000,000. A esto le llamaremos valor del dinero a futuro, no me creas, de hecho te lo dije desde el principio, me interesa que lo compruebes por ti mismo. Para verificar este importe, solo tienes que ir a Google, y buscar cualquier calculadora de interés compuesto. Indícale los parámetros: 45 años, $ 3,960 anuales o $ 330 mensuales, 10 % de interés. Veamos que te descubres. En el capítulo 38, donde profundizo cobre interés compuesto, comprenderás mucho más a fondo qué es, cómo funciona y formas automatizadas de hacer cálculos. Espero por ahora que esto haya despertado tu curiosidad poderosamente.

4.- Establece objetivos financieros a largo plazo: El juego del dinero funciona a largo plazo. Jugarlo así es fundamental para lograr lo que quieres para ti y tu familia en el futuro. Si lo escribes, será más fácil alcanzar esos objetivos. A veces la gente se asusta cuando escucha "largo plazo", pero realmente, llevamos mucho tiempo haciéndolo, pero negándolo; las hipotecas a 25 o 30 años; los créditos de coches a 5 o 6 años que luego renovamos por otro y otro igual, la educación de los hijos que inicia cuando son muy pequeños y "termina" cuando son adultos, nuestro plan para nuestra edad avanzada, ¿le sigo?. Entonces, ¿por qué no hacer lo mismo con nuestro dinero? Mejor podemos ser expertos en organizarlo, hacerlo crecer, protegerlo y multiplicarlo; todo en el contexto del largo plazo. Así que, habla con tu familia sobre qué quieren para su futuro financiero y escríbanlo. Ah, y recuerda que el tiempo va a pasar de todas maneras. Se vale soñar.

5.- Crea un plan de ahorro: Para lograr los objetivos financieros a largo plazo, es importante crear un plan de ahorro y asegurarse de que estés ahorrando una cantidad específica cada mes. Ya veremos los tipos de ahorro que haremos. En el capítulo 19 conocerás el concepto para EL FONDO DE TU LIBERTAD FINANCIERA. Por ahora solo compra un cerdito de barro o algo, y haz el compromiso de ahorrar una cantidad fija cada semana, o cada quincena. Lo importante, lo primero es adquirir el hábito. Inicia cuanto antes.

6.- Reduce los gastos innecesarios: Este es el mayor reto para la mayoría de las personas. Para lograrlo, habrá que matar a un monstruo de 10 cabezas llamado negación, lo enfrentaremos juntos. Habrás dado un primer paso crucial al hacer el paso 3 de esta estrategia inicial. En el capítulo 22 te hablo del registro detallado de gastos a profundidad, y el punto 2 de esta estrategia preliminar ya dimos los primeros pasos. Esta frase de este número 6, se escucha como ese consejo que nos dicen cuando nos ven preocupados: "No te preocupes", y listo, con eso ya no estamos preocupados. ¡Cómo no se me ocurrió antes, caramba! Ja, ja, ja; se lee tan obvio, pero no lo es, si lo fuera, pues, simplemente los gastos innecesarios no existirían. ¿Cierto? Para lograr reducirlos, primero necesitaremos reconocerlos, para reconocerlos primero necesitaremos verlos y medirlos, para verlos y medirlos primero los tenemos que hacer obvios. Y ya que hemos hecho obvios, necesitaremos decidir de manera racional y emocional, reducirlos, va a doler y tu ego se va a retorcer. ¿Me sigues? Ese es el camino.

7.- Considera inversiones a largo plazo: Antes de invertir primero habrá que estar en deuda cero, por ahora solo considéralo, lee al respecto, documéntate y sobre todo: haz un fondo con todos tus excedentes. ¿Qué? ¿No tienes excedentes, no te sobra nada al final del mes? Ja, ja, ja, eso mismo decimos todos al principio. Ya verás lo que sucederá en cuanto implementes estos hábitos.

8.- Deuda cero. Hablaremos de eso mucho más en el capítulo 30, por ahora solo considera que no hay tal cosa como "deuda buena". Dame el privilegio de la duda y continúa leyendo.

9.- Edúquense permanentemente todos los miembros de la familia en temas financieros: Esto ayudará a todos a trabajar juntos para lograr las metas financieras a corto, mediano y largo plazo. En este punto te regalo, algunos ejemplos de cómo puedes enseñar finanzas personales a tus hijos desde una edad temprana, para menores de 10 años puedes tú y tu pareja:

a) Enseñarles a contar dinero: Practicar con ellos la identificación de monedas y billetes, y enseñarles cómo contar y hacer operaciones matemáticas básicas con el dinero. Que practiquen las tablas de multiplicar con dinero real.

b) Juegos de rol: Jugar a tiendas, restaurantes o bancos, donde los niños pueden aprender sobre el valor del dinero y cómo hacer transacciones. Para esto puedes jugar con dinero de juguete como el que se usa en el juego de mesa Monopolio.

c) Dinero de bolsillo: Darles una pequeña cantidad de dinero semanalmente y enseñarles cómo administrarlo para poder comprar cosas que quieren.

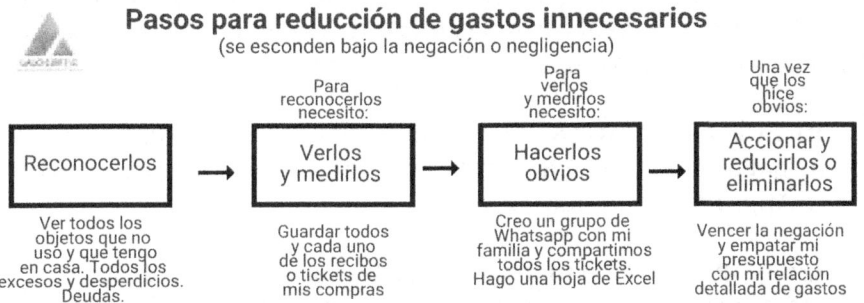

Pasos para reducción de gastos innecesarios
(se esconden bajo la negación o negligencia)

Reconocerlos	→	Verlos y medirlos	→	Hacerlos obvios	→	Accionar y reducirlos o eliminarlos
		Para reconocerlos necesito:		Para verlos y medirlos necesito:		Una vez que los hice obvios:
Ver todos los objetos que no uso y que tengo en casa. Todos los excesos y desperdicios. Deudas.		Guardar todos y cada uno de los recibos o tickets de mis compras		Creo un grupo de Whatsapp con mi familia y compartimos todos los tickets. Hago una hoja de Excel		Vencer la negación y empatar mi presupuesto con mi relación detallada de gastos

d) Ahorro: Fomentar el ahorro desde una edad temprana y enseñarles sobre la importancia de guardar su dinero para cosas que quieren en el futuro. ¡Atención! A los niños no les atrae ahorrar porque implica esperar, ¿dónde está la diversión en eso? Te sugiero crear un sistema de recompensas por cada meta de ahorro lograda. Por ejemplo decirle: "Aquí tienes $ 10 o $ 15, si al final del mes los tienes aún, te daré $ 10 como premio". Sé creativo.

e) Compras inteligentes: Enseñarles sobre cómo hacer compras inteligentes comparando precios y productos antes de comprar algo. ¡Atención! Los niños deben aprender a sentir, el dinero; es emocional(capítulo 42); para lograrlo te sugiero una dinámica: Cuando le vayas a comprar un juguete, ropa o lo que sea, le vas a dar el dinero a él o ella.

Y le vas a decir, mira esto que vamos a comprar, en realidad lo vas a comprar tú con tu propio dinero. El objetivo de esta dinámica es que aprendan lo que es tener dinero propio. Es muy fácil gastar el dinero ajeno, incluso si viene de nuestros padres, no hay emociones. ¿Nos vamos entendiendo? Sé creativo.

f) El valor del trabajo: Enseñarles sobre la importancia del trabajo duro y cómo ganar dinero a través del trabajo. Llevarlos ocasionalmente a nuestro lugar de trabajo no es mala idea. También puedes asignarle tareas en casa por la cual va a recibir algún tipo de pago. Comentarle en la calle o en películas donde se vea gente trabajando para llevar poner comida en su mesa. Ten cuidado de no hacer comentarios que se conviertan en paradigmas, hazle pregunta preferentemente y que todas sean del tipo que llevan a respuestas positivas y empoderadoras. Que comprendan que el mundo funciona mediante el intercambio de valor.

g) Donaciones: Enseñar sobre la importancia de las donaciones y cómo hacer una diferencia en la vida de otros a través de la caridad. Sé bondadoso delante de ellos. Dale dinero para que sean ellos quienes hagan las donaciones. Invítalos a que donen una parte de su propio dinero. Recuerda que necesitan sentir que hay un beneficio, de lo contrario no será atractivo hacerlo. Sean creativos con tu pareja.

h) Diferentes formas de pago: Enseñarles sobre diferentes formas de pago, como el efectivo, la tarjeta de crédito, transferencias bancarias, Apps bancarias, etc.

i) El papel de los bancos: Enseñarles sobre el papel de los bancos en la administración del dinero y cómo se guardan y usan los ahorros. Explícaselo con peras y manzanas.

j) Planificación de presupuesto: Enseñarles sobre la planificación de presupuesto para cosas específicas que quieren comprar, como un juguete o una actividad, y cómo hacer un seguimiento de sus gastos. En este punto te sugiero los invites a ser parte de la creación de este proyecto de vida familiar y financiero que estás construyendo como resultado de leer mis libros y estudiar mis materiales.

Para menores de 15, pero mayores de 10 años puedes tú y tu pareja:

a) Juegos de mesa: Se pueden utilizar juegos como Monopolio, Payday o Moneyland de Juan Marín Pozo, para enseñar sobre finanzas de una manera divertida y práctica.

b) Cuentas bancarias: Ayudar a los jóvenes a abrir una cuenta bancaria y enseñarles cómo funciona, así como a cómo hacer un seguimiento de sus transacciones. Que vayan a los bancos, que entiendan de los trámites, tiempos de espera, reglas generales.

c) Presupuestos: Ayudar a los jóvenes a crear un presupuesto para sus gastos diarios y enseñarles cómo administrar su dinero de manera efectiva. En el punto "e", de los consejos para menores de 10 años, hablamos sobre que deben aprender el concepto del dinero propio, dinero de ellos. En esta etapa y tal vez hasta los 18 o 20, la sugerencia es que les des una mensualidad, pero deberán cumplir con las reglas financieras que les indiques, y lograr metas también. ¡Atención! En esta edad lo más importante que deben aprender es que si se les termina su dinero, no les darás más hasta el próximo mes, y si lo quieres hacer un poco más exigente, deberán pagar algún tipo de castigo en dinero, por haber terminado su presupuesto antes de tiempo. Así es la vida de un adulto independiente. ¿No?

d) Ahorro: Fomentar el ahorro desde una edad temprana y enseñarles sobre la importancia del interés compuesto. Aquí recuerda que necesitarán, todos lo necesitamos, un incentivo poderoso para ahorrar, significa renunciar a uno de los grandes retos humanos: La satisfacción inmediata. Como seres humanos, ¡queremos "eso" y lo queremos "ahora"!

e) Compras inteligentes: Enseñar a los jóvenes cómo hacer compras inteligentes comparando precios y productos antes de comprar algo. Creo que en esta etapa lo más fundamental es que tomen conciencia de la economía familiar, eso implica que sepan los precios de cada cosa que se compra para la casa, incluyendo el pago de servicios; y que lo puedan relacionar con la parte proporcional de trabajo requerido para producir esos recursos para hacer frente a esas compras. Eso, necesariamente los hará "adultear" un poco.

f) Emprendimiento: Fomentar el espíritu emprendedor y enseñarles cómo crear un pequeño negocio y administrar sus finanzas. En esta edad ya pueden comprender las diferencias entre un empleo o un negocio, puede ser incluso un emprendimiento pequeño. Hazlos que armen un negocio en papel, un proyecto de un negocio, su primer emprendimiento.

g) Donaciones: Enseñar sobre la importancia de las donaciones y cómo hacer una diferencia en la vida de otros a través de la caridad. A esta edad ya pueden comprender el placer de dar, es tal vez una manera en que el dinero puede comprar felicidad ilimitada. Foméntales que sean generosos y luego reflexiona con ellos sobre su experiencia.

h) Inversiones: Introducir el concepto de inversiones y enseñarles cómo invertir su dinero de manera efectiva y segura. A esta edad ya pueden comprender el concepto de multiplicar su dinero. Enséñales cómo tener un negocio puede llegar a ser la mejor de las inversiones.

i) Tarjetas de crédito: Enseñarles sobre cómo funcionan las tarjetas de crédito, sus beneficios y riesgos, así como a cómo utilizarlas de manera responsable. Finalmente, les enseñarás todo sobre deuda cero(capítulo 30).

j) Tener un fondo personal permanente: Un porcentaje altísimo de adultos en el mundo, viven a una quincena de la bancarrota. Deberás enseñar a tus hijos desde ahora, que siempre deberán tener algo que llamaremos FONDO PERSONAL PERMANENTE, es una cantidad de dinero que determinarán como familia, y que nunca podrá tener menos que esa cantidad. Al hacerlo, le estarás enseñando que se puede tener dinero disponible, y no sentir la necesidad de salir a gastarlo. El control sobre su dinero habrá sido creado. Hagan un plan para cómo, y cuánto esa cantidad deberá ir subiendo cada año.

-"La riqueza de una nación es la de sus personas, no la de su gobierno. La riqueza se consigue por medio de la división del trabajo y la especialización cada vez mayor de las habilidades. La base de toda prosperidad futura son los ingresos actuales, los ingresos del momento."-

Adam Smith

Capítulo 12

Hábito #4 de gente quebrada: No tienen un proyecto de vida familiar y financiero

Una familia que trabaja junta en un proyecto de vida financiero es una familia que se mantiene unida. Durante este periodo extendido de 90 días, que hablamos en el capítulo anterior; tampoco deberás usar tus tarjetas de crédito. No importa que tu EGO te grite que solo la usas para pagar completo antes de la fecha del corte. Dejarla bajo llave, durante este periodo es el reto.

Como ya te habrás podido dar cuenta, este texto se basa en indicaciones muy precisas, en la creación o destrucción de hábitos, y también en honestidad contigo mismo. Las preguntas y ejercicios de este material, puedes hacerlos en privado, con tu pareja o con un grupo de amigos de alta confianza, la decisión es totalmente tuya. El resultado será que vas a encontrar las soluciones, el origen y el porqué de muchísimos de tus comportamientos financieros.

Estos retos que te estoy sugiriendo en estas páginas, si lo haces, tal cual está explicado, se habrán convertido en hábitos y lo más importante; habrás desnudado ante ti, una parte tuya que tal vez no conocías del todo, esa parte responsable "o culpable" de la falta de más éxitos financieros hasta ahora.

Repaso de los retos:
1.- Registra durante 90 días todos y cada uno de tus gastos, para este objetivo usa una libreta pequeña de bolsillo, es **fundamental** en esta etapa no usar alguna aplicación de tu teléfono o una hoja de Excel, en esta etapa deberás hacerlo a mano, a "la antigüita".

2.- **Micro reto:** Si ves o sientes muy lejanos esos 90 días, inicia con siete días, luego con otros siete y así hasta completar los 90. Cada semana haz un chequeo con sus respectivas anotaciones de la parte emocional. ¿Qué sientes al anotar cada gasto? ¿Qué aprendes de ti mismo en cada etapa?
3.- **Durante los 90 días siguientes,** vamos a entrar a un reto un poco más extremo. Además de seguir anotando cada gasto, lo que harás ahora es COMPRAR SOLO LO ESENCIAL (ayuno financiero). Para

esto harás una lista detallada de tus gastos realmente esenciales, nota como tu EGO y esa parte "subconsciente" se hará notar en esta etapa al ver que esos gastos los dejarás fuera porque no son esenciales. Por ahora no te diré mi versión completa de gastos esenciales, veamos qué lista resulta para ti, veamos tus patrones y hábitos de gasto con lupa. Disfrútalo y sorpréndete aprendiendo de ti mismo.

4.- No usar tarjetas de crédito en lo absoluto, si eres de los que pagas el total antes de la fecha de corte, y, por lo tanto, no pagas intereses. De todos modos en esta etapa te pido que limites al mínimo su uso. Hay aprendizajes muy importantes que te llevarás al hacer el ejercicio tal cual.

Chequeo emocional - financiero:

¿Cómo te sientes al tener que registrar cada gasto por pequeño que sea?

¿Te sientes "checado"?

¿Sientes algo parecido a: "por qué tengo que reportarle a nadie lo que haga con mi dinero"?

Una vez más, se honesto contigo mismo.

¿Por qué se siente como más barato al pagar con tarjeta de crédito o débito versus pagar en efectivo?

a) Al pagar con tarjeta, no sucede una alta de conexión emocional: Cuando se paga en efectivo, se tiene una conexión física y emocional con el dinero que se está gastando. Puede ser más difícil gastar dinero en efectivo porque se ve y se siente el dinero saliendo de la mano, es algo tangible. En contraste, el uso de una tarjeta de crédito puede parecer más abstracto, y la sensación de gasto no es tan inmediata.

b) "El dolor" se retrasa: Cuando se paga con una tarjeta de crédito, la gratificación del producto o servicio comprado se siente de inmediato, pero la factura del crédito no se recibe hasta varias semanas después. Por lo tanto, no se siente la verdadera carga financiera inmediatamente, lo que puede hacer que la compra parezca más barata de lo que realmente es.

c) Recompensas de la tarjeta de crédito: Muchas tarjetas de crédito ofrecen programas de recompensas, como puntos o reembolsos en efectivo por cada compra realizada. Al obtener estas recompensas, se puede sentir que se está obteniendo algo a cambio, lo que puede hacer que la compra parezca más barata. ¡Ten mucho cuidado!, ¿recuerdas las reglas de las ventas que te hablo en el capítulo 2? Estos sistemas de "recompensa" son el pretexto perfecto para darle una salida "lógica o racional" a tu decisión de compra. Ten mucho cuidado. ¡Aguas!

d) Descuentos y promociones: Al pagar con tarjeta de crédito, a menudo se pueden obtener descuentos y promociones exclusivas que no están disponibles al pagar en efectivo, lo que puede hacer que la compra parezca más barata, sobre todo en tarjetas de almacenes. ¡Ten mucho cuidado aquí también! Las compras finalmente son emocionales, siempre querremos satisfacción inmediata y posponer el dolor. Eso nos llevará a pagar intereses, lo cual es el principal negocio de estos almacenes. ¡Qué no te salga más caro el caldo que las albóndigas! ¿Crees que todos somos muy bien portaditos y pagaremos todo en tiempo y forma? ¡Claro que no! A río revuelto, ganancia de pescadores.

¿Estamos en contra del crédito? No, para nada, profundizaremos en ese tema en el capítulo 32 de este libro. Te digo desde ahora que usaremos dos palabras diferentes según el uso o destino que les demos a esos recursos. Te volará la cabeza.

-"Para obtener los resultados exteriores apetecidos, antes debes dominar el juego interior de la riqueza."-

T. Harv Eker

Capítulo 13

Hábito #5 de gente rica: No hacen compras impulsivas

Las compras impulsivas son una forma de buscar la felicidad en las cosas materiales, en lugar de en las cosas que realmente importan. No tienes "cosas", las "cosas" te tienen a ti. ¿Qué me dirías si te dijera que de acuerdo a nuestros estudios, el porcentaje de personas que compran cosas por IMPULSO es de más del 78 %?

A mediados de la década de los 70 un grupo de especialistas en ECONOMÍA DEL COMPORTAMIENTO, psicólogos y profesionales de la salud, así como expertos en otras disciplinas, iniciaron un estudio muy ambicioso con más de 1,000 niños que nacieron durante un mismo año, en Dunedin, Nueva Zelanda. El objetivo de los investigadores era analizar el autocontrol en cada uno de estos niños y determinar 30 años después, como les iba en la vida a esos niños, ahora ya convertidos en adultos. El estudio demostró que aquellos niños que mostraron un mayor autocontrol crecieron para ser adultos más ricos, el autocontrol resultó ser la forma más sencilla de predicción de éxito financiero, de acuerdo con los resultados de este estudio. El autocontrol lo podemos "traducir" como una forma de retrasar la gratificación inmediata.

Dale a un niño de 5 o 7 años, un par de malvaviscos; y dile que si te espera 10 minutos, cuando regreses, le darás el doble. Esto significaría 100 % de retorno en la inversión en solo 10 minutos. ¿Crees que esperaría? ¿O se los comería? Los experimentos han demostrado que el 87 % se los comerá. Los dos principales enemigos de la disciplina en el ser humano se llaman: a) Satisfacción inmediata, y, b) Mínimo esfuerzo. Pretendemos obtener el mayor beneficio, haciendo nada o casi nada en el menor tiempo posible.

La gratificación inmediata es la satisfacción que experimentamos al obtener algo que deseamos de manera instantánea, sin esperar mucho tiempo o hacer mucho esfuerzo. Esto es peligroso porque nos lleva a comportamientos impulsivos y poco saludables, como comer en exceso, gastar dinero en cosas innecesarias, aplazar tareas importantes o hacer compras impulsivas. Buscar siempre la satisfacción inmediata, es el inicio de la ansiedad.

Para mitigar la gratificación inmediata, te sugiero:

a) Practica la autodisciplina: esto implica que establezcas metas claras y que trabajes para alcanzarlas. Para hacer esto, es muy útil crear un plan de acción y establecer recompensas para cuando alcances tus metas.

b) Evita las tentaciones: si sabes que hay ciertas situaciones que te provocan una respuesta impulsiva, entonces aléjate, deliberadamente.

c) Practica la atención plena: la atención plena es la práctica de estar presente en el momento y consciente de los pensamientos y sentimientos. Esto ayuda a reducir la impulsividad y mejorar la capacidad para tomar decisiones conscientes y reflexivas. Conócete mejor a ti mismo cada vez.

d) Enfócate en el valor a largo plazo: cuando sientas la tentación de obtener gratificación inmediata, recuerda los beneficios a largo plazo de resistir la tentación, como el ahorro de dinero, la mejora de la salud o la satisfacción de alcanzar más y mejores metas.

e) Buscar apoyo: si estás batallando con la gratificación inmediata, busca apoyo de amigos, familiares o profesionales. El primer paso es reconocerlo.

¿Alguna vez has tenido esa sensación de estar en una tienda, pensando que tienes todo bajo control, y de repente ¡BAM!, algo te llama la atención y te sientes obligado a comprarlo? Eso es el gasto impulsivo. Es como si un pequeño demonio en tu hombro te susurrara "cómpralo, cómpralo", y antes de que te des cuenta, estás en la caja registradora con algo que ni siquiera necesitas.

Y lo peor de todo es que la mayoría de las veces son cosas inútiles, de esas que llamamos "chingaderitas". Pero hay ocasiones en las que el demonio del gasto impulsivo nos juega una mala pasada y terminamos comprando una "pendejadota" que nos cuesta un ojo de la cara.

Las tiendas y comercios se aprovechan de esta falta de autocontrol y lo capitalizan, los expertos en marketing moderno sin escrúpulos; simplemente acomodan la mercancía de tal manera que sea inevitable que la veas y, por lo tanto, en un porcentaje de hasta el 78 %, las personas compren cosas que no estaban planeadas, que son el resultado de un impulso.

Imagínate que vas al supermercado con la mejor intención del mundo: solo necesitas comprar unas pocas cosas para la comida de hoy. Pero, te encuentras con ofertas que son demasiado buenas para dejar pasar, o tal vez pasas por la sección de dulces y no puedes resistirte a esa barra de chocolate gigante que se te queda mirando. Y así, de repente, tienes un carrito lleno de cosas que no habías planeado comprar. No importa si tienes el dinero para pagarlo o no, lo importante es preguntarte: ¿por qué es tan difícil apegarme a un plan? A todos nos ha pasado más de una vez. Así que tu próxima ida al supermercado, mantente enfocado en tu plan inicial. Y si eso no funciona, siempre puedes culpar al supermercado por poner esas ofertas tan tentadoras en el camino de tu carrito. ¡La culpa es de ellos, no tuya! ¡Carajo!

Si de plano no tienes autocontrol y lo sabes; solo lleva el dinero necesario para lo que tienes planeado, apégate a tu lista por escrito. Deja tus tarjetas, —todas—; en casa. Protégete a ti mismo de ti mismo y busca a un compañero de rendición de cuentas, —*accountability partner*—. La otra opción es mandar a otra persona a hacer el mandado por ti, le darás la lista exacta y el dinero justo que necesita.

Esta falta de autocontrol, nos lleva a tener muy baja o nula **CONCIENCIA DEL GASTO**. Ve el gráfico: "Cómo reducir las compras innecesarias", en el capítulo 11.

¡La horrible sensación de que nunca es suficiente! Yo sé lo que es eso, lo viví por años. Es como si tu cerebro tuviera un botón de gasto loco, y a veces no puedes evitar presionarlo. Lo importante es que ahora puedes accionar y evitar caer en esa trampa una y otra vez. Sé que puede ser difícil controlarse cuando se trata de gastar dinero. A veces es como si nuestros cerebros estuvieran programados para gastar sin pensar. ¡Y eso es justo lo que nos mete en problemas! A veces tenemos hábitos y patrones de pensamiento que nos llevan a gastar más de lo que deberíamos. Si logramos identificarlos y ser conscientes de ellos, haremos algo al respecto. Eso es precisamente lo que llamamos: **CONCIENCIA DEL GASTO.**

Cuando te sientas tentado a gastar de forma impulsiva, tómate un momento para reflexionar. Pregúntate si realmente necesitas lo que estás a punto de comprar, o si es solo una respuesta automática de tu cerebro. Y si es lo segundo, ¡date un golpe en la cabeza y di "no!" a esa vocecita loca que te quiere hacer gastar todo tu dinero! Insisto, no es un tema de cuánto dinero tienes, es un asunto que trata de nuestro nivel de autocontrol en todos los sentidos. El gasto es muy evidente, ¿cuántas otras conductas que desearíamos no tener, han sido imposibles de erradicar, tal vez por décadas? Este nivel de autocontrol te va a resolver cosas en todas las áreas de tu vida.

Advertencia: ¿Estás pensando en este momento que NO es tu caso? ¿Qué a ti no te sucede? Lamento decirte que has caído en la lamentable negación, no te preocupes, nos pasa a todos, te explicaré las formas para evitarlas o por lo menos reducirlas sustancialmente, por ahora te dejo 3 tips:

1.- Compras planeadas. Antes de salir a comprar, has una lista por escrito en papel (no app, no teléfono) de lo que necesitas comprar.

2.- Escribe los precios aproximados de los que comprarás, y asegúrate de apegarte lo más posible a esa lista. Con el tiempo, lleva un registro de los precios de todos los productos que más compras repetitivamente; incluso te servirá como monitoreo de precios.

3.- Deja tus tarjetas en casa y solo lleva efectivo, lleva solo la cantidad aproximada que calculaste al hacer tu lista por escrito. —ya lo dije en un párrafo anterior, si realmente sabes que no tienes autocontrol—.

4.- Al aumentar la conciencia del gasto impulsivo en tu vida, habrás dado el primer paso definitivo para resolverlo, te garantizo que ahorrarás una fortuna.

5.- No pienses que eso es para "gente pobre" o que tiene poco dinero, te aseguro que aprenderás muchísimo sobre tus hábitos de consumo, descubrirás cosas que no tenías ni la más remota idea que te estaban sucediendo. El tema es el autocontrol, la disciplina. "La gente rica" planea absolutamente todo, ser rico es ante todo una cuestión de orden, lo diré hasta el cansancio.

6.- Nunca vayas al supermercado con hambre. Ese lugar mágico lleno de tentaciones y peligros. Y si vas con hambre, ¡prepárate para el desastre! Es como si tu cerebro dijera: "¡necesito todo lo que veo, y lo necesito ahora mismo!"

Pero, ¿sabes qué es peor que ir al supermercado con hambre? Ir al supermercado con hambre y una tarjeta de crédito ilimitada, o de débito con mucho dinero. Eso es como darle a un niño una bolsa de dulces gigante y decirle que puede comer todo lo que quiera. ¡Es una receta para el desastre financiero!

Es por eso que es crucial estar conscientes de nuestros hábitos de gasto. A veces, gastamos dinero sin siquiera darnos cuenta. ¿Te ha pasado alguna vez que tienes una cierta cantidad de dinero, pero después de un tiempo te das cuenta de que ya no tienes nada? ¡Eso es porque el hambre por comprar te ha cegado!

No te preocupes, no eres el único. Todos hemos caído en la trampa de las compras impulsivas en algún momento u otro. Lo considerable es ser consciente de ello y tomar medidas para evitarlo. Así que la próxima vez que vayas al supermercado, asegúrate de no tener hambre, lleva una lista de compras y establece un presupuesto para ti mismo. ¡No te dejes llevar por la emoción del momento, y evita que la negación sea tu cómplice en el "crimen" de gastar demasiado!

Claves para reconocer si haces compras por impulso:

1.- Haces un presupuesto, pero no lo sigues. Necesitas un presupuesto, lo sabes, tal vez hasta lo haces y en el último minuto compras cosas que no necesitas o que no estaban planeadas.

2.- Te das demasiados permisos para gastar. Este es el claro ejemplo de las personas que les gusta estrenar o tener la idea de haber comprado algo nuevo todo el tiempo. Es una sensación dominada por la emoción que produce, pero la realidad es que al ser producida de forma artificial en el cerebro, no dura mucho tiempo y vuelves a gastar.

3.- No esperas un día antes de comprar. Esto se refiere a que no haces la evaluación de la compra que vas a realizar; no te preguntas si lo quieres o necesitas y los beneficios que te puede traer, así como considerar cuánto esfuerzo de tu trabajo te cuesta comprarlo. (Energía vital, capítulo 19)

4.- Compras cuando estás emocional. Si permites que tus emociones controlen tus hábitos de consumo y haces compras en momentos de felicidad para aumentar el bienestar o en los de tristeza para sentirte mejor, eres un comprador impulsivo.

5.- Las compras que haces te causan problemas personales. Si le escondes algo a tu pareja, a familia que no quieres que sepan que lo compraste, has hecho una compra impulsiva.

El dinero que gastas en compras impulsivas es dinero que no puedes ahorrar para tus objetivos financieros a largo plazo, no podrá ir a tu **FONDO PARA TU LIBERTAD FINANCIERA**(capítulo 20), se habrá ido para no volver. Las compras impulsivas ocurren de forma espontánea, son difíciles de controlar y se ven afectadas por estados emocionales como el enfado y alegría.

Diferencia entre gasto impulsivo y gasto compulsivo:

Tanto el gasto compulsivo como el gasto impulsivo implican una falta de control en el gasto de dinero, pero existen diferencias entre ellos.

El gasto impulsivo se refiere a una compra repentina y no planificada, que puede ser el resultado de una emoción intensa como la felicidad, la tristeza, el enojo o el estrés. Alguien puede comprar algo porque se siente contento y quiere celebrar, o comprar algo impulsivamente para reducir el estrés o la ansiedad. Por otro lado, el gasto compulsivo implica una necesidad urgente y repetitiva de comprar, independientemente de si se necesita o no el artículo y a pesar de las consecuencias negativas para la vida financiera del individuo. A menudo, el gasto compulsivo está asociado con sentimientos de angustia, ansiedad y estrés, y puede convertirse en un patrón de comportamiento adictivo.

¿Padeces de: TRASTORNO DE ACUMULACIÓN?: El problema de acumulamiento excesivo, también conocido como trastorno de acumulación, es un trastorno mental que se caracteriza por la dificultad de una persona para deshacerse de las cosas, lo que lleva a una acumulación excesiva de objetos que a menudo son inútiles o sin valor. Algunas características comunes de este trastorno:

a) Dificultad para desechar objetos: Tienen dificultad para tirar objetos, incluso aquellos que son claramente basura o que no tienen valor.

b) Acumulación de objetos inútiles, viejos o que no se usan por largos periodos: Tienden a acumular objetos que no tienen un uso práctico o que no les sirven para nada.

c) Dificultades en su vida cotidiana: La acumulación excesiva de objetos puede dificultar el desplazamiento en la vivienda, la realización de actividades cotidianas y la convivencia con otros miembros de la familia. ¡No caben carajo!

d) Problemas emocionales y psicológicos: Puede estar relacionado con otros problemas emocionales y psicológicos, como la ansiedad, el estrés, la depresión y la soledad.

El tratamiento del trastorno de acumulación implica un enfoque multidisciplinario que puede incluir terapia cognitivo-conductual, terapia ocupacional y medicación en algunos casos. Es importante abordar el problema de acumulamiento excesivo para mejorar la calidad de vida de la persona y evitar que el trastorno empeore con el tiempo.

¿Tienes en tu familia o amigos, a alguien que padece de este trastorno? A menudo, las personas que lo sufren, tienen dificultades para deshacerse de cosas, incluso si no las necesitan o no tienen valor. Y lo que es peor, muchas veces estas cosas se acumulan y se convierten en una especie de "basura de oro", que nunca se utiliza y que solo ocupa espacio.

Es como si estuvieran viviendo en un episodio de *"Hoarders"*, —acumuladores—; el programa de televisión donde las personas acumulan cosas hasta el punto de que sus hogares se vuelven intransitables. ¡Imagínate vivir en una casa llena de objetos inútiles! Podría ser suficiente para hacerte perder la cabeza.

No te preocupes, hay maneras de ayudar a las personas que sufren de este trastorno. La clave es trabajar con ellos para ayudarlos a deshacerse de las cosas poco a poco, y enseñarles a dejar de acumular más cosas en el futuro. ¡De esta manera, podrán disfrutar de su vida sin tener que vivir rodeados de objetos inútiles como una colonia de hormigas!

Las malas noticias es que todos tenemos cierto nivel de este trastorno, ¿del 1 al 10 en qué nivel te consideras en el síndrome del acumulador?

-"El rico domina sobre los pobres,
y el que toma prestado es
siervo del que presta." -

Proverbios 22:7

Capítulo 14

Hábito #5 de gente quebrada: Basan su estilo de vida en tarjetas de crédito

Un hombre en deuda es tan cautivo como un hombre en prisión. El abuso del crédito es tal vez el principal cáncer de esta generación, jamás habían existido los niveles de deuda actuales, nunca se habían comprado consumibles e incluso productos perecederos a crédito. Los créditos automotrices están llegando a los 7, 8 y hasta 9 años. Este es un llamado de alerta, es deuda de consumo, deuda interna. Lo que debemos tú y yo en la tienda de electrodomésticos, tarjetas de crédito, los coches que manejamos, las casas donde vivimos, créditos personales, créditos de nómina y un larguísimo, etc.

Según **DEUDORES ANÓNIMOS,** en EE. UU. la gente se endeuda para no hacer frente a sus sentimientos, a sus emociones, sobre todo a los de privación. Como cualquier otra adicción, la deuda nos permite **NEGAR** el dolor, la pena, la pérdida, la ira, la soledad, la ansiedad y la desesperación. Tu tendencia al uso de la tarjeta de crédito ¿es simplemente un hábito o una adicción?

"The people's almanac" nos da una encuesta en la cual muestra que la gente gasta en promedio un 23 % más al comprar con tarjeta de crédito que al comprar con efectivo.

Si te endeudas habrás caído en la trampa, además de que estarás hipotecando horas valiosas de **ENERGÍA VITAL**(Capítulo 19). Sí, leíste bien. Existe una organización que se llama **DEUDORES ANÓNIMOS**, con oficinas en EE. UU., México, Colombia, Perú, Argentina, Chile y cada vez en más países.

Deudores Anónimos tiene un cuestionario simple, que ayuda a determinar si eres un deudor con problemas. Si tu respuesta es **"sí" para por lo menos 8 de las siguientes 17 preguntas,** puedes estar desarrollando, o quizá ya tengas un hábito de gastos y acumulación de deudas. Si es el caso, habrás resuelto la mitad del problema con aceptarlo, con reconocerlo. Al final del libro, te daré una liga para que solicites un resumen de **Los Doce Pasos de Deudores Anónimos**, un texto que no está incluido en este material, pero que es parte de nuestros activos digitales que ponemos al servicio de nuestra comunidad a manera de un bono.

Si te juntas el tiempo necesario con nosotros, aprenderás sobre un concepto que llamamos DEUDA CERO(Capítulo 30), **no necesita explicación, y es una de las grandes maravillas del mundo en el siglo XXI.**

SUERTE con tus respuestas.

.1.- ¿Tus deudas están causando que tu vida en casa sea infeliz?

2.- ¿La presión de las deudas te distraen de tu trabajo diario?

3.- ¿Tus deudas están afectando tu reputación?

4.- ¿Tus deudas hacen que te menosprecies?

5.- ¿Alguna vez has dado información falsa para obtener un crédito?

6.- ¿Alguna vez has hecho promesas a tus acreedores que no son posibles de cumplir?

7.- ¿La presión de las deudas provoca que seas descuidado cuando se trata del bienestar de tu familia?

8.- ¿Tiene miedo de que tu jefe, familia o amigos se enteren de la magnitud de tu deuda total?

9.- ¿Cuándo te enfrentas a una situación difícil, la posibilidad de pedir un préstamo te brinda un sentimiento desmesurado de alivio?

10.- ¿La presión de las deudas te hace que tengas problemas para conciliar el sueño?

11.- ¿La presión de las deudas alguna vez ha provocado que consideres emborracharte?

12.- ¿Alguna vez has tomado un préstamo sin considerar cuidadosamente la tasa de interés que tienes que pagar?

13.- ¿Por lo general esperas una respuesta negativa cuando estás sujeto a una investigación crediticia?

14.- ¿Alguna vez ha desarrollado un régimen estricto para pagar tus deudas, y has dejado de seguirlo debido a la presión?

15.- ¿Justificas tus deudas diciendo que eres superior a "otras" personas, y cuando llegue tu gran "oportunidad", saldrás de deudas?

16.- ¿Te escondes bajo la cortina de la NEGACIÓN, diciéndote a ti mismo cosas como: -Cuando quiera lo liquido- o mi preferido: -Yo no debo realmente tanto-?

17.- ¿Estás esperando un golpe de suerte que "sabes" que llegará, pero nomas no llega y cuando tienes ingresos extras, a veces cuantiosos ni así abonas a tus deudas?

Más delante no te puedes perder el capítulo 32, donde hablo de apalancamiento, el cual no debe confundirse jamás con el crédito. No existe la famosa "Deuda Buena" de Robertito, esa es la mayor brutalidad que ha dicho jamás un "experto" financiero. Espera al capítulo y léelo con toda calma, lo amarás y aprenderás a hacer tus primeras distinciones finas en cuanto a conceptos financieros.

Un buen plan financiero es un mapa, no una bola de cristal. Puedes controlar tus deudas o tus deudas te controlarán a ti.

-*"El éxito financiero no es cuestión de suerte, sino de estrategia y disciplina."* -

Ramit Sethi

Capítulo 15

Hábito #6 de gente rica: Su éxito financiero se basa en su estrategia

Una buena estrategia financiera es como un buen plan de negocios. Te permite anticipar los problemas y planificar la mejor manera de resolverlos. En nuestros estudios, el 77 % de las personas compran un boleto de lotería todas las semanas, y el 52 % apuestan en algún tipo de deporte, ya sea en línea o con amigos.

Las posibilidades de ganar son 1 en 290 millones. Bob Martin, el gerente del turno nocturno de un casino en Las Vegas del tipo "*sportbook*", en una ocasión dijo: el número de personas que apuestan y que ganan en este tipo de sorteos es virtualmente de cero, debido a que el ya reducido número de ganadores, lo vuelven a apostar todo otra vez en cuanto ganan, de tal manera que de todos modos pierden. De acuerdo a sitios especializados, las oportunidades de ganar se reducen al 2.3 % de los apostadores y solo para el 53.2 % de las apuestas, el resto las posibilidades son 0 %.

Hay personas que compran un boleto de lotería o hacen algún otro tipo de apuestas de vez en cuando, aquí me refiero a ese grupo de gente que lo hacen todas las semanas, religiosamente. **Han convertido las apuestas en su única estrategia financiera.**

La acumulación de la riqueza es un proceso constante, acumulativo, jamás algo que pasa de la noche a la mañana. Destina al ahorro cualquier cantidad que destinarías para apostar. Lento, pero constante, siempre ganamos la carrera de las finanzas personales, ¿recuerdas la fábula de la tortuga y la liebre?

Hábitos de gasto de *millennial*.
Los *millennials* gastan su dinero de manera distinta que otras generaciones. El estudio descubrió lo siguiente con respecto a esta generación.
** *El efectivo es el rey*. Usan efectivo y tarjetas de débito más que el consumidor promedio. (Observa la ausencia o disminución del crédito al consumo)

** **Compran café o algo parecido fuera de casa** un promedio de

11 veces por mes, comparado con 7 de la generación X y 5 de los *"baby boomers"*.

** **Comen o cenan fuera de casa un promedio de 11 veces** por mes, que es mucho más que la generación X (8 veces por mes), y *"baby boomers"* 4 veces, pero tienden a gastar menos, su ticket promedio es 20 % menos que el de generación X, y 33 % menor que los *"baby boomers"*.

** **Los *millennials* gastan menos en términos anuales** en artículos discrecionales como comida, ropa, viajes y diversión.

Cuestionario para saber si tienes una estrategia financiera, (nótese que esta lista te dará un mapa de los puntos que debes tener sí o sí para poder decir que SI tienes una estrategia financiera).

1.- Cuando piensas en tus ingresos, ¿lo haces de manera semanal, mensual, anual o en periodos de 10, 20, 30 o más años?

2.- Vocabulario financiero. ¿Cómo andas en cuanto a tu vocabulario financiero? ¿Sabes lo que es el interés compuesto, cómo calcularlo y cómo usarlo a tu favor? ¿Sabes el vocabulario para inversiones? ¿Sabes lo que es un mercado alcista? ¿Sabes lo que es el índice de miedo y avaricia?

3.- ¿Tienes una estrategia para incrementar tus ingresos? No importa cuanto ganes ahora, lo importante es tu estrategia y que siempre debe ser al alza, o que sean varias fuentes de ingresos.

4.- ¿Tienes una estrategia para el pago de deuda? (No confundir deuda con apalancamiento) La meta debe ser siempre deuda cero, incluyendo tu casa y tu coche, que son los gastos más grandes en la mayoría de las personas y familias en muchos países.

5.- Cuando piensas en tus ingresos, ¿piensas en términos responsables? O ¿te sientes víctima de las circunstancias como el gobierno, las crisis mundiales, la pandemia, tu niñez, etc.?

6.- ¿Tienes una cantidad que sea una especie de ALARMA antes de comprar? Te explico, algunas personas tienen este número asignado a $ 100 o $ 200 o algunos a $ 1,000. Esto significa que cuando harán una compra superior a esa "alarma", primero harán un filtro como esperar al menos 48 horas antes de adquirirlo y lo consultarán con su socio de responsabilidad.

7.- ¿Tienes un socio de responsabilidad (*accountability partner*)? ¿Qué es eso? Es alguien de toda tu confianza, pero también con tu mismo nivel financiero, o superior, que puede entender perfectamente dónde te encuentras y hacia donde vas en términos de dinero, también es alguien a quien escucharás y no pasarás en alto sus comentarios u observaciones. Un socio de responsabilidad también es alguien que te ayuda a mantenerte activo y no caer en tu zona cómoda.

8.- ¿Confrontas tus paradigmas con respecto al dinero? Es decir, ¿retas tus creencias y tu forma de operar y proceder con respecto a tus finanzas?

9.- ¿Divides tu sueldo o ingreso neto entre el 70 %, para tus gastos fijos mensuales; el 20 %, para ahorros, y el 10 % para diversiones? (O algún plan parecido en donde separes tus ingresos en diferentes porcentajes)

10.- Si tienes un negocio, ¿separas tus ingresos de los ingresos de tu negocio? Si la respuesta es no, le estás haciendo un gran daño a tu negocio, y los estados financieros no te están revelando nada en realidad, es una fantasía, no son reales.

Creo a estas alturas ya tienes claro que todos necesitamos una estrategia financiera, todos, sin excepción.

Sobre esto, no existe un manual único, a medida que avances, descubrirás cómo ir creando una ESTRATEGIA que funcione para ti y tu familia, podrás iniciar con las sugerencias que te damos aquí y en nuestros entrenamientos, y posteriormente podrás crear una que se adapte a tu realidad, y la cual deberás revisar y actualizar cada año, para que se ajusten a esa nueva persona en quien te irás convirtiendo poco a poco, irremediablemente.

La estrategia financiera es el fundamento de cualquier éxito financiero duradero.

*-"La planificación financiera a largo
plazo no es algo mágico, es
simplemente el resultado de
crecer como persona,
creer en ti mismo, en
tu plan, tus valores
y en tus principios." -*

John C. Maxwell

Capítulo 16

Hábito #6 de la gente quebrada: No tienen estrategia financiera

El fracaso en planificar es planificar el fracaso. Es decir, la gente que no tiene un plan, en realidad si lo tiene, pero para el fracasar. ¿Por qué la regla es que la gente no planifique su futuro financiero? Esta pregunta no tiene una sola respuesta, sino varias, aquí te muestro las más relevantes.

1.- Los temas financieros, emocionales y, la relación entre ambos no se enseña en los sistemas educativos de la mayoría de los países que incluye nuestra investigación. El tema no es menor, no se trata solamente que exista un decreto presidencial y a partir del próximo periodo se agregue en los planes de estudio. ¿Por qué? Porque los maestros o profesores tampoco lo recibieron, se requiere que pase una generación de nuevos estudiantes que sí tienen este conocimiento y sobre todo, que lo hayan comprendido y aplicado por varios años para ser capaces de enseñarlo.

Sobre el tema enseñanza quiero ser muy claro en nuestra versión de enseñanza-aprendizaje, para lo cual citaré a otro de los grandes gurúes de las finanzas personales, T. Harv Eker, cuando cita los diferentes niveles de conocimiento:

a) Es cuando sabes acerca de un tema.
b) Es cuando te aprendes de memoria un tema.
c) Es cuando comprendes un tema.
d) Es cuando puedes reflexionar, investigar e incluso agregarle cosas adicionales.
e) Es cuando se te nota ese conocimiento a simple vista.
Por eso los temas financieros parecieran tan complicados o ambiguos, no se trata de saber cosas de memoria, se trata de que se te note el conocimiento. Tus resultados y los míos, son una carta de presentación que no requiere explicación.

Hace algunos años, cuando recién iniciaba en el tema de los entrenamientos presenciales, la esposa de un socio que tuve me preguntó: Lalo, ¿por qué no te compras un Mercedes?, -le respondí-, lo traigo puesto, como una manera de medir la inversión que había hecho en mi persona en preparación, libros, cursos, entrenamientos, mentores, viajes, etc. Sin embargo, NO se me notaba. Sobra decir lo que sucedió unos meses después, claro que hay muchas maneras de que se te note; por ejemplo, si pasa enfrente tuyo un fisicoculturista hombre o mujer, es evidente que es experto en temas de ejercicios y nutrición a nivel avanzado, adicionalmente de la disciplina. Si vas a una escuela de inglés y ves a una persona a lo lejos hablando y riendo con gente nativa del idioma, no necesitas escuchar, ni hacerles un examen, simplemente se les nota.

Ese es el nivel de conocimiento que quiero para ti, que se te note. Que cualquier persona a simple vista lo pueda ver.

2.- Aunque soy muy crítico de los sistemas educativos de los países, no se trata de descartarlos o de decir que no funcionan y que solo sirven para crear obreros, -como lo hacen ciertas personas-; no, sirven, funcionan y lo hacen muy bien para muchas cosas. Gracias a esos sistemas tenemos doctores, ingenieros, arquitectos, etc. personas muy valiosas para el funcionamiento de la sociedad en su conjunto. Ahora bien, el hecho de obtener educación formal NO garantiza el éxito financiero, pero si aumenta las probabilidades.

A veces, en mis entrenamientos, personas en edad universitaria me preguntan: Lalo, ¿entonces si el sistema educativo no funciona para los temas financieros, me aconsejas mejor no estudiar una carrera? Mi respuesta siempre es: Todo lo contrario, todo lo que hagas por tu educación, te pagará tarde o temprano. Agrega lo que tengas que agregar, -como este libro por ejemplo-, hasta que logres ese éxito financiero que todos buscamos. **La educación y la autoeducación es la única inversión con tasa de retorno infinita.**

Existen personas sin educación formal y que son grandes empresarios, también existen personas con muy avanzada educación formal y que no tienen un centavo. Dicho lo anterior debo agregar: Si eres de los afortunados que tienen la oportunidad de hacer una carrera universitaria, aprovéchala, da lo mejor de ti, sé el mejor, sé puntual, sé disciplinado, obtén las mejores calificaciones; la sociedad, tu país te necesita. Eres uno de los pocos que tiene todas las oportunidades, no puedes fallar, contamos contigo. Dios y la vida te están dando la oportunidad de tener educación formal (pública o privada), que no es barata en ninguno de los casos, solo cambia quién la está pagando. Dios y la vida te quiere dar, prepárate para recibir.

Además, mi consejo siempre va a ser estudia, sigue estudiando, investiga, vuelve a investigar y jamás dejes de aprender, no importa que ya tengas noventa años. Sí, por el contrario, no tuviste la oportunidad de recibir educación formal, no lo uses como justificación para tu falta de resultados, si alguien puede, todos podemos. Tal vez hace cuarenta o cincuenta años el tener un título universitario era una ventaja brutal en cuanto a resultados financieros, ya no necesariamente lo es.

La inspiración es tal vez el maestro más poderoso: Recuerdo que cuando estaba en secundaria tenía varios profesores, el de inglés; llegaba en un flamante auto deportivo, adivina cuál materia me interesó más desde entonces, y no paré hasta que se me notara. En tu caso pudo haber sido un maestro o maestra de otra materia por cualquier otro motivo importante para ti.

3.- Hacerle caso al pie de la letra a "expertos financieros" como a Kiyosaki, no me malinterpretes, sé que el señor tiene muchos seguidores; sin embargo, como ya notaste este libro te dará al menos 50 verdaderos conocedores de los temas financieros, para que puedas formar tu opinión personal, como resultado de tus lecturas, estudios e investigaciones. Jamás deberás tomar el consejo de un solo mentor. En el caso de Kiyosaki, creo le ha hecho un especial daño al mundo hispano con varios temas, uno de ellos el de la famosa "deuda buena", que de buena no tiene nada, o el famoso "los ahorradores son perdedores"; -más adelante profundizo en el tema-. Por otro lado, si tú eres fan de él, solo te sugiero que te limites a uno o dos de sus libros, perderás el tiempo si lees los veintitantos que tiene. Su libro más famoso "Padre Rico Padre Pobre", les abre a los lectores la posibilidad, los hace preguntarse... ¿Y qué tal que si existe una manera?, creo abre la mente a pensar, a pensar en temas financieros. Fin de la enseñanza, quédate con eso y corre. Alguna vez, en una charla de sobremesa, te contaré historias que por ahora debo mantener privadas.

4.- Otro motivo por el cual no debemos nadie, tomar consejo financiero de un solo mentor, es porque las finanzas son una especie de combinación entre un rompecabezas y un laberinto. Existen muchísimos verdaderos expertos, pero solo lo son en unas cuantas piezas de ese rompecabezas, de esa especie de *puzzle*. En este material, ensamblado además en estructura de hábitos, nos hemos esforzado en mostrarte las piezas más importantes, y los mentores más recomendados, desde temas emocionales, hasta finanzas avanzadas como las bolsas de valores del mundo. Mira, para muestra un botón: te pido en este momento abras una ventana en tu navegador y busques lo siguiente:

"Fear and greed index", que significa: Índice de miedo y avaricia.

El índice de Miedo y Avaricia hace una evaluación, EN TIEMPO REAL, del estado de ánimo dominante en el mercado, por lo que también se tiene en cuenta el factor psicológico. El clima del miedo, por ejemplo, lleva a muchos inversores a entrar en pánico y vender sus activos. Esta es una potencial oportunidad de compra.

La tecnología actual nos permite saber, en tiempo real, si la mayoría del mundo inversionista del mundo se inclina hacia alguna de las dos emociones humanas instintivas, el miedo y la avaricia. Fascinante.

Este tema lo aprendí por primera vez en el libro "Maneja tu Dinero para Dummies", edición para México, Autor: Roberto Moran. Uno de los grandes verdaderos expertos de los temas financieros en México.

5.- La gente se conforma, se da por vencido. En alguna ocasión me invitaron a dar una charla a una escuela primaria, eran niños y jóvenes de 10 a 13 años aproximadamente, no estaba seguro de que temas ver con ellos, por su edad, así que decidí empezar por hacerles preguntas. Me llevé la sorpresa de mi vida, la gran mayoría tenían muy claros cómo deberían manejarse los temas financieros en el seno familiar, sabían perfectamente qué errores o decisiones equivocadas que estaban cometiendo sus padres con el poco, o mucho dinero que manejaban en cada caso. En los siguientes años, en las charlas que seguí dando en todos los niveles educativos, mis conclusiones fueron que en algún momento entre la edad en que se es adolescente y adulto joven, se "pierde" toda es lógica. Inician en empleos que no les gustan o que no les pagan lo que ellos quisieran, dudan como nunca sobre qué rumbo tomar en materia estudiantil, se contaminan con los paradigmas del resto de los adultos, un sinfín de frases como: "todo está carísimo, no hay dinero que alcance, mi jefe es un desgraciado, etc.". Estoy seguro de que tú podrías agregar más ejemplos a esta lista.

Lo malo del tema, lo preocupante es que lo que se produce es una especie de aletargamiento, una especie de resignación, y una pérdida casi total de esperanza. A eso agrégale por lo menos uno o dos de los hábitos de la gente quebrada de los que te hablo en este libro, se produce algo así como la tormenta perfecta.

Este libro en parte es para decirte que existen soluciones, que si alguien puede, todos podemos, que si yo pude, desde la pobreza extrema y con aparentes nulas posibilidades de poder estudiar y avanzar, entonces cualquiera puede. En serio te lo digo y lo creo, si yo pude; es casi imposible que exista alguien que no pueda, a menos que simplemente se dé por vencido. Si estás leyendo esto ahora, quiero que sepas que sí lo lograrás y además ¿sabes qué más? Lo más difícil ya lo has hecho.

La falta de una estrategia financiera clara es la razón número uno por la que la gente se encuentra en problemas financieros, es como conducir en la oscuridad sin faros.

"Un hombre que no planifica su consumo,
y gasta sin pensar que hay "un mañana";
en realidad lo que está haciendo,
es planificando su quiebra." -

Larry Burkett

Capítulo 17

Hábito #7 de gente rica: Gastan máximo 10 % en entretenimiento

El entretenimiento no debe ser la prioridad, sino el premio por una planificación financiera adecuada. Como entrenador financiero, entiendo que el entretenimiento es importante para nuestra calidad de vida y bienestar emocional, sin embargo, también es crucial mantener un equilibrio saludable. Este es un libro trata sobre crear un proyecto de vida familiar y financiero. Este capítulo 17 es especialmente relevante para todas esas parejas que son aficionados en extremo a un deporte o a cierto grupo musical, y que no les importa gastar cantidades escandalosas o hacer lo que sea para mantenerse "de fiesta", o incluso cuando es solo uno de los dos de en la pareja con este tipo de conducta.

Ahora bien, ¿quieres gastar más en entretenimiento?, fácil, incrementa tu ingreso primero, mantén el gasto por este concepto en 10 %.

Aquí te presento algunas razones por las que deberías considerar gastar máximo el 10 % de tus ingresos en entretenimiento, son prácticas que he encontrado en común en personas con altos resultados, con sus familias y en lo financiero.

1.- Priorizar tus necesidades: Es importante tener en cuenta que tus necesidades básicas, como la comida, la vivienda, los servicios públicos y la atención médica(prioridades del dinero, capítulo 40); deben ser cubiertas antes de gastar en entretenimiento. Al establecer un límite del 10 %, puedes asegurarte de que estén cubiertas y que no te endeudes o te quedes corto en áreas esenciales.

2.- Ahorrar para tus metas financieras: Al limitar tus gastos en entretenimiento, puedes liberar fondos para ahorrar e invertir en tus metas financieras a largo plazo(interés compuesto, capítulo 38); como ahorrar para la edad avanzada, comprar una casa o invertir en una educación adicional. Al hacerlo, puedes lograr tus objetivos más rápido.

3.- Evitar la deuda: Cuando gastas más de lo que puedes permitirte en entretenimiento, corres el riesgo de endeudarte. Esto puede ser peligroso porque las deudas pueden acumularse rápidamente, lo que suele amenazar seriamente tus opciones financieras y afectar tu calidad de vida. Limitar tus gastos en entretenimiento es una forma efectiva de evitar la deuda innecesaria, y sobre todo la excesiva, a la vez que mantienes tus finanzas personales en buen estado. (Deuda cero, capítulo 30)

4.- Desarrollar hábitos financieros saludables: Al establecer límites en tus gastos de entretenimiento, desarrollarás hábitos financieros saludables. Esto te ayudará a tomar decisiones más informadas y responsables en el futuro, lo que te permitirá mantener un equilibrio saludable a largo plazo. Recuerda que una de las "palabras clave" en las finanzas es: "Largo Plazo".

5.- Reducir el estrés financiero: Al establecer límites claros en tus gastos de entretenimiento, reducirás el estrés financiero y tendrás más control sobre tus finanzas. Saber que estás gastando dentro de tus límites y que tienes dinero disponible para cubrir tus gastos es una forma efectiva de reducir la ansiedad y el estrés asociados con el dinero. Dicho de otra manera: Lo gastarás con placer, porque sabes que para eso lo planeaste.

6.- Si eres un "gran generador de ingresos"(capítulo 1): Muy sencillo, aplica esta regla al pie de la letra, te será tal vez más fácil que al resto, mantén el gasto en entretenimiento en el 10 % máximo.

Voy a insistir una vea más, NO gastes más del 10 % de tu ingreso neto en entretenimiento. Incluye vacaciones, hoteles, viajes de recreo, restaurantes, bares, cines, películas en línea, teatro, juguetes, servicios de TV satelitales o de streaming, Fórmula 1, todo tipo de eventos deportivos, equipo de entretenimiento como televisiones y bocinas y conciertos.

Muchos de los que batallan financieramente, gastan más del 10 % en entretenimiento.

Su mente financiera funciona en términos de vivir el momento, vivir el día, luego ya veremos, lo cual se oye de repente interesante, pero ese tipo de mentalidades tienen su truco, sobre todo si vives una larga vida. Si planeas vivir una larga vida, inicia el día de hoy reduciendo tu gasto en entretenimiento.

Este tipo de pensamiento es acorde con las personas que piensan que ya habrá tiempo o mejores momentos para planear, es lo que en inglés se les dice de manera coloquial "YOLO" (*You Only Live Once*), solo se vive una vez. Esto significa que NO está resolviendo, y está consciente de ello, y simplemente está posponiendo, dejando para después decisiones que tal vez le pasen una factura demasiado cara. No están aplicando en absoluto el hábito #6(capítulo 15); de crear una estrategia primero.

¿Significa que estamos en contra de conciertos o viajes de vacaciones? Todo lo contrario, el único punto que queremos y debemos dejar muy claro es que si primero aplico todos los hábitos explicados en este material, tendré muchas y mejores oportunidades para hacerlo a lo grande y con una paz interior absoluta. Significa más y mejores conciertos, más y mejores vacaciones.

Algo que no deja de sorprenderme es como la gente está dispuesta a gastar cantidades mucho más grandes y con mayor frecuencia en conciertos o vacaciones, que en entrenamientos o seminarios; que en invertir en sí mismos, lo cual le permitirá hacer más grande lo anterior, de alguna manera es como darse un balazo en el zapato, -como decimos en México-, pues al hacerlo por emoción, sin una planificación y estrategia, lo que finalmente sucede es posponer hasta mucho más delante, si es que alguna vez; resultados extraordinarios que les permitirán vivir esa vida de sus sueños. Es como vivir por adelantado, el costo llegará.

El entretenimiento no es una necesidad, es un lujo. No permitas que te aleje de tus objetivos financieros a largo plazo, no debe interferir con tus responsabilidades financieras.

*-"El entretenimiento es importante,
tu libertad financiera es
más importante aún." -*

Dave Ramsey

Capítulo 18

Hábito #7 de gente quebrada: Gastan más del 10 % de su ingreso en entretenimiento

El entretenimiento es un placer temporal, el estrés financiero que puede llegar a generar; dura mucho tiempo. Durante décadas hemos estudiado a los todos los grandes de las finanzas personales, desde Wallace D. Wattles con su libro "La ciencia de hacerse rico", publicado por primera vez en 1906. Hasta los grandes autores contemporáneos, todos tienen sus estilos y doctrinas diferentes, sin embargo, existen dos o tres temas en los que todos coinciden, uno de ellos es precisamente separar los ingresos en porcentajes para diferentes conceptos, y dejar máximo 10 % para el rubro de entretenimiento. (En el tomo 2 hago una explicación completa de cómo separar el 90 % restante).

Ser rico no se trata de tener todo el dinero necesario para simplemente gastar indiscriminadamente, ser Rico es ante todo una cuestión de orden.

Imagina a una persona que gana mensualmente $ 4,500, bajo este esquema tendría para entretenimiento $ 450, ¿correcto? Ahora imaginemos que esa persona quiere gastar en este concepto, cada mes $ 700, en lugar de los $ 450 que gasta ahora, entonces bajo los hábitos de las personas ricas, primero creará una estrategia, para aumentar su ingreso o producir uno nuevo, de tal manera que el 10 % sean $ 700. Exacto, eso que pensaste exactamente, esta persona primero verá la manera de aumentar sus ingresos a $ 7,000 antes de hacerlo, y ¿sabes qué?, lo conseguirá, y lo hará en tiempo récord porque su mente generadora de ingresos funciona como un músculo, un músculo que va al gimnasio y que está en perfecta forma.

Muchas personas, incluyéndome, pensaba al principio que los temas financieros no se habían tomado en cuenta en libros serios hasta finales del siglo XX, sin embargo, este libro que te comparto en esta sección: "La Ciencia de Hacerse Rico", publicado en 1906 y que sigue editándose hasta la fecha, es una prueba de que el tema ha estado vigente por cientos de años, y es cosa de que tomemos la decisión de aplicarnos y, por ley de atracción, llegará a ti toda la información que necesitas para tu momento actual. Recordemos que cuando el aprendiz está listo, el maestro aparece.

Otro gran clásico: "Piense y Hágase Rico", de Napoleón Hill, publicado por primera vez en 1937, justo después de la Gran Depresión estadounidense, y que sigue editándose y publicándose en muchos idiomas en todo el mundo.

Solo 43 % de los encuestados dijo pensar y sentir, que pagar $ 497 por un entrenamiento en finanzas personales es algo razonable que haría con gusto, que es un precio razonable.

El 77 % de los encuestados respondió, que pagar $ 497 por un concierto de su cantante favorito es algo que haría con gusto, que es un precio razonable.

El entretenimiento es un gasto discrecional que debe mantenerse bajo control para lograr una vida financiera saludable, no debería ser el enemigo de la planificación financiera, sino su amigo.

-*"La energía vital es la herramienta más valiosa para mejorar nuestra calidad de vida y lograr nuestros objetivos."* -

Joe Dominguez

Capítulo 19

Energía Vital

Para comprender el concepto "energía vital" basta con entender que el dinero para lo único que nos debe importar es para comprar tiempo. ¡Vaya concepto, ¿verdad?! ¡Sigue leyendo! La cereza en el pastel es comprar tiempo para que produzca dinero para ti y tu familia. Elaborémoslo.

¡Bienvenido al mundo de la energía vital! ¿Estás cansado de sentir que tu dinero se esfuma en un abrir y cerrar de ojos sin que hayas conseguido nada realmente importante? Bueno, eso es porque no estás gastando tu dinero en lo que realmente importa: ¡el tiempo!

Piénsalo así, el tiempo es un recurso limitado y no renovable, no puedes comprar más de él, no puedes ahorrarlo, y no puedes ganarlo de vuelta. Pero, lo que sí puedes hacer es comprar tiempo para ti mismo a través de tu dinero. ¿Cómo? Puedes contratar a alguien para que haga las tareas que te quitan tiempo y energía, como limpiar tu casa, hacer la compra, o incluso cocinar. Así, podrás dedicar ese tiempo y energía en cosas que realmente importan, como pasar tiempo con tu familia, salir a caminar, simplemente relajarte o disfrutar haciendo lo que sea en tu casa.

No se trata solo de contratar servicios, sino también de invertir en cosas que te ahorren tiempo y energía a largo plazo. Por ejemplo, ¿has comprado una lavadora de ropa alguna vez? Sí, una lavadora puede parecer una compra simple, pero piensa en la cantidad de tiempo y esfuerzo que te ahorras en comparación con tener que ir a una lavandería cada semana.

Entonces, ¿cómo puedes aplicar esto a tu vida diaria? Comienza por identificar las actividades y tareas que te consumen más tiempo y energía, y luego reflexiona en formas en que puedas simplificar o eliminar esas tareas. Quizás puedas delegar algunas tareas a otra persona o invertir en tecnología o herramientas que te permitan hacerlas más rápido y eficientemente.

En resumen, la energía vital se trata de entender que el dinero no es solo un medio para adquirir cosas materiales, sino también una forma de comprar tiempo para ti mismo. Al ser consciente de cómo gastas tu dinero y en qué lo inviertes, puedes liberar más tiempo y energía para disfrutar de las cosas que se te pegue la gana. ¡Así que ahorra tiempo, ahorra energía y vive la vida al máximo!

Dos conceptos fundamentales: ¿Te acuerdas del pesado de Parkinson y sus leyes? Se aplican tanto para el tiempo como para el dinero.

Aplicada al dinero: La Ley de Parkinson aplicada al dinero es una teoría que sostiene que el gasto de dinero aumenta hasta el límite de ingresos disponibles. Es decir, cuando una persona tiene un aumento en sus ingresos, es común que su gasto también aumente, sin importar si realmente necesita o no gastar más dinero en esas áreas. Es decir, sin preparación y si conocimiento de estos temas, simplemente gastará todo lo disponible. No importa cuánto gane, tenderá a estirarlo como una liga.

Esta ley establece que, independientemente de la cantidad de ingresos que tengamos, siempre encontraremos una forma de gastar todo lo que ganamos. Es decir, si ganamos $1,000 al mes, probablemente encontraremos formas de gastar esos $1,000. Pero si ganamos $5,000 al mes, encontraremos formas de gastar esos $5,000. ¡Qué locura!

¿Qué pasa cuando aumentan nuestros ingresos? Supongamos que una persona gana $5,000 al mes. En lugar de ahorrar una parte de ese dinero, esta persona gasta todo su ingreso en renta, servicios, transporte, comida, ropa y entretenimiento. Luego, esta persona recibe un aumento de sueldo y ahora gana $7,500 al mes. En lugar de ahorrar esa diferencia, la persona encuentra nuevas maneras de gastar ese dinero, como tal vez comprando un coche nuevo o yendo a vacaciones más caras.

Evitar caer en esta trampa, es uno de los motivos por los que escribí este libro e hice la creación de todo mi proceso. Producir tu proyecto de vida familiar y financiero, es la principal arma que tendrás para defenderte de este señor. Romperemos las leyes de Parkinson juntos. ¿Te late?

Aplicada al tiempo: Esta teoría fue propuesta por el historiador y escritor británico Cyril Northcote Parkinson en su libro "Parkinson's Law" en 1957, en el que originalmente se refería al fenómeno en el cual el trabajo se expande para llenar el tiempo disponible para su realización. Esto significa que si tenemos 2 semanas para hacer algo, nos tomaremos 2 semanas; si tenemos 3 días para hacer lo mismo, nos tomará 3 días. ¿Conoces a alguien que siempre anda de prisa porque se le acaba el tiempo para entregar una tarea, cotización o proyecto, etc.? Parkinson se ha convertido en su rommie.

Ahora bien, veamos cómo este concepto, además de impresionante, tiene mucha más importancia de la que pareciera a simple vista.

Respóndeme la siguiente pregunta: ¿Cuántas horas de tiempo de tu vida te cuestan las cosas que compras? Sí, las cosas que compras las pagas con dinero, y ese dinero lo obtienes intercambiando tiempo por dinero, por consiguiente las cosas que compras, te cuestan literalmente: ¡TIEMPO! ¡Caramba! Pero ¿cuánto tiempo?

Si tú no pagas por las cosas que consumes, entonces ¿se están pagando con el TIEMPO de otra persona?

¿Voy bien?, bajo estos conceptos, entonces todo aquello que consumimos, si no hacemos algo al respecto, ¿nos está costando fragmentos de vida? Recuerda que el tema de este capítulo se llama "energía vital".

La energía vital se relaciona con el tiempo y cómo lo utilizamos. Si gastamos todo nuestro tiempo trabajando para ganar más dinero y adquirir más cosas, es posible que nos quedemos sin tiempo y energía para hacer lo que realmente nos hace felices y nos da un sentido de propósito. Por otro lado, si utilizamos nuestro dinero de manera inteligente y eficiente, podemos liberar tiempo y energía para invertir en nuestras pasiones y objetivos personales. Estaremos en una postura de comprar tiempo.

Veamos el siguiente ejemplo:
1) Alberto desea comprase una computadora portátil nueva.
2) El precio de la que desea comprar, es de $ 1,459.
3) Alberto gana en su empleo, $ 13.50 la hora.
4) ¿Cuántas horas de su le cuesta a Alberto comprar esa computadora? -> $ 1,449 ÷ $ 13.50 = 108.07 horas
5) Esta computadora nueva tiene un costo de 108.07 horas de la vida de Alberto.
6) Si la compra con una tarjeta de crédito, el precio es aún más, los intereses también se estarían pagando con horas.

Tómate unos minutos para reponerte. Una noticia como esto que acabas de leer no se recibe todos los días.

Ahora haz este cálculo por favor: Toma tu ingreso mensual y divídelo entre las horas que trabajas. Si tienes negocio propio, lo más probable es que sean más hora que las de un empleado. El resultado de esta operación, es el precio que le has dado hasta ahora a cada hora de tu energía vital. ¿Qué harás al respecto? Desde este momento, el concepto de independencia financiera ha tomado otro sentido para ti, estoy 100 % seguro. Ahora sabes que se trata de tu energía vital. ¿Cuánta? El 100 % de ella.

Ahora te pido que pienses en todos tus gastos en general, y en todos los capítulos de este libro, y en temas de registro de gastos y creación de presupuestos, etc. Son formas de frenar que se nos drene, literalmente, la vida. Ahora piensa en el desperdicio, en el despilfarro, en las compras impulsivas. También quiero que reflexiones en toda esa gente a nivel internacional que se vive endeudada(Deuda Cero, capítulo 30). ¿Cuántas horas de energía vital se le pueden ir a una persona por pago de intereses?

Crear tu proyecto de vida familiar y financiera, tiene entre sus objetivos comprar de regreso tu tiempo para ti y los tuyos. ¿Cuánto de tu tiempo? Repito, el 100 %. Que las cosas que compres no te cuesten ni un segundo de tu valiosísima energía vital. ¿Te gusta cómo suena? A mí, me encanta.

Supongo que en este punto tienes una cara con un gran signo de interrogación, ¿cómo hago para lograr eso? Estás en el camino correcto, sigue leyendo y recuerda hacer todos los ejercicios del cuadernillo de trabajo.

En este punto quiero que me respondas esta pregunta: ¿Qué sucede si solo nos enfocamos en ganar más y más dinero sin conocer todos los temas que hemos visto hasta hora? Y no vamos ni a la mitad... Ese es el gran error de la enseñanza en cuestiones financieras que descubrí y me quedé con la boca abierta, sin estos fundamentos, no hay manera de ganar. Las buenas noticias son que ya iniciaste tu sendero, ya has dado los primeros pasos y para cuando conozcas la mayoría de mi proceso, serás un profesional.

Repite conmigo: ¿Qué o quién me lo va a comprar? Haz un hábito mental repetirte esta pregunta cada vez que quieras comprar algo. Poco a poco tu cerebro, tu preparación, tu cambio de paradigmas, estarás pensando en múltiples fuentes de ingresos, tus nuevos hábitos y todo combinado, te darán respuestas. En poco tiempo empezarás a notar que cada vez que te surge un "gastito", se genera un ingreso por lo menos igual, es como si el universo te estuviera reponiendo el dinero. Cuando has logrado dar ese paso, has empezado a recuperar el 100 % de tu energía vital. No es magia. Simplemente, eres tú con otro filtro, que ve oportunidades donde antes solo veías humo. Esas puertas que se abrirán, se van a ir acumulando, irás haciendo una especie de siembra. ¿Qué sigue después de sembrar? Exacto.

Recuerda siempre: La energía vital es la fuerza que nos da la capacidad de crear la vida que queremos vivir. Es el combustible que nos permite avanzar en el camino de la libertad financiera. Es la herramienta más poderosa para lograr la independencia financiera y la libertad personal.

-"Ahorrar es como hacer ejercicio financiero. Si lo haces regularmente, obtendrás los resultados que deseas en poco tiempo." -

Sofia Estevez

Capítulo 20

Hábito #8 de gente rica: Ahorran siempre y de por vida por lo menos 10 %

El dinero que ahorras es como tu ejército financiero, que trabaja para ti y te protege. Si tomas una hoja y haces un cálculo de cuánto dinero has ganado aproximadamente desde que eres económicamente activo, estoy seguro de que el número será impresionante, al menos te sorprenderá porque no tienes idea de cuánto ha sido.

Ahora bien, si te hago la siguiente pregunta: ¿Habrías podido pagar tu estilo de vida con solo el 90 % de tu ingreso? Y la respuesta a esta pregunta es un aplastante SI, tal vez solo en algunos muy raros casos la respuesta podría ser no. Entonces, esto me lleva a la siguiente pregunta:

¿Por qué te has gastado todo o casi todo de lo que has ganado? A menos que tengas por lo menos el equivalente al 10 % de todo tu ingreso, mi afirmación anterior está equivocada; sin embargo, son los datos que me dan nuestros estudios y entrevistas con miles de personas.

Esto se pone mejor cada vez, ve, esto nos lleva a otra pregunta: ¿por qué si todos ganamos cantidades diferentes, todos nos gastamos absolutamente todo? ¿Acaso existe una ley financiera que nos obliga a gastarlo todo? La verdad es que si existe. La famosa ley de Parkinson que aplica para tiempo y para dinero.

El 100 % de los millonarios autoformados, tienen entre sus hábitos más arraigados el ahorro. Lo más que puedas ahorrar sin importar lo joven que seas, incluso mientras más joven, mejor. 94 % de los millonarios autoformados en mi estudio desarrollaron el hábito de ahorrar al menos el 20 % de su ingreso neto, durante sus primeros años económicamente activos.

Descubrí un sistema único desarrollado por los millonarios de todo el mundo, se llama *"The bucket system saving strategy"*, más tarde gurúes como Dave Ramsey, y T. Harv Eker; los implementaron como parte de su sistema, él le llama sistema de los frascos o los sobres. (Más

sobre el tema en el tomo 2)

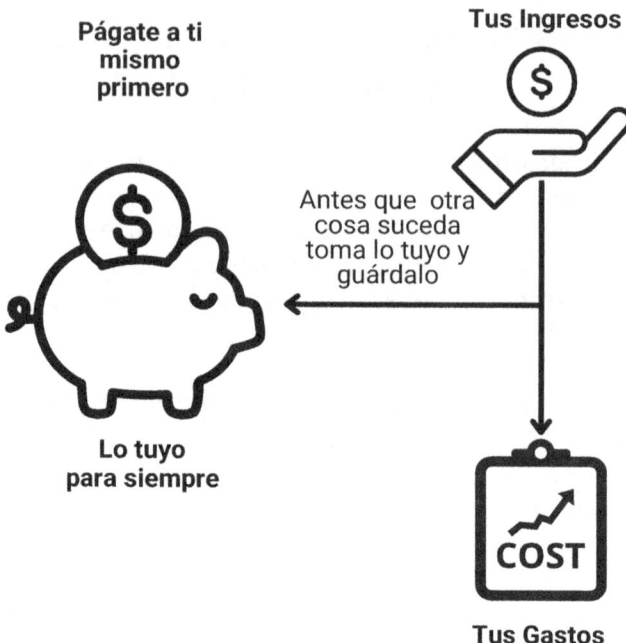

Aquí una descripción breve para que sepas en qué consiste y cómo aplicarlo.

1.- En cuanto recibas dinero, cualquier ingreso, toma el 10 % y sepáralo, ponlo en un lugar que esté a prueba de todo, incluso a prueba de ti mismo. (Sígueme la corriente, verás el poder tan grande que tiene)

2.- Normalmente "ahorramos" para posteriormente comprar algo, eso en realidad no es ahorrar, es gasto planeado. El verdadero ahorro debe quedarse contigo de por vida, solo se transformará en activos, en ingresos residuales, crecerá, lo que significa que su única función es **MULTIPLICARSE**.

3.- Ahora te estarás preguntando, ¿y entonces para cuándo me podré gastar este ahorro? ¿Listo para lar respuesta? **La respuesta es: NUNCA.** ¿Te desmayaste con mi respuesta? La verdad es que estamos programados para gastar, solo nos han enseñado que el dinero es para gastarse. Pero, ¿y si yo te dijera que el dinero es principalmente para multiplicarse? Ese es el objetivo de este hábito #8, romper fuertemente un paradigma, y crear un hábito que te haga guardar, para ti, para siempre, al menos el 10 % de todo tu ingreso de por vida. Estarás trabajando para formar **TU FONDO PARA TU LIBERTAD FINANCIERA.**

4.- Imagina por un momento que sí, has separado y guardado al menos ese 10 % desde que eres económicamente activo... ¿Cuánto sería aproximadamente hoy en día? ¿Cómo te haría sentir? ¿Tal vez tendrías ya ese negocio que tanto has planeado? ¿Tal vez ese negocio que tienes ya sería mucho más grande? ¿Conoces a alguien que tiene una oportunidad de inversión de algún tipo y no tiene el dinero para hacerlo, sin embargo, recuerda todas esas veces que pudo haber guardado ese excedente, pero que no lo hizo y que con todos esos remanentes ahora podría iniciar esa oportunidad? ¿Tal vez el primo de un amigo? Información como esta nos debe hacer reflexionar en toda una vida de decisiones, micro-decisiones financieras, miles, cientos, tal vez incluso millones.

"Págate a ti mismo primero" es una mentalidad de inversionista y una frase popular en las finanzas personales y familiares.

Las contribuciones de ahorro regulares pueden contribuir en gran medida a construir un nido de ahorros a largo plazo, **algunos profesionales financieros incluso llegan a llamar "págate a ti mismo primero" la regla de oro de las finanzas personales y familiares.**

Como entrenador financiero profesional, puedo decir que ahorrar al menos el 10 % de tus ingresos de por vida es fundamental para lograr una estabilidad financiera a largo plazo. Aquí te explico algunas de las razones por las cuales este hábito es tan importante:

1.- Construyes un colchón financiero: Ahorrar un porcentaje de tus ingresos te permite crear un fondo para cubrir gastos de todo tipo, incluso si no tuvieras ningún tipo de estrategia. Contar con un "colchón financiero" te permite enfrentar situaciones difíciles sin tener que recurrir a préstamos o endeudarte.

2.- Alcanzas tus objetivos financieros: Ahorrar te permite destinar parte de tus ingresos a lograr tus metas a largo plazo. ¿Acaso existe algo que suene mejor que FONDO PARA TU LIBERTAD FINANCIERA?, debe ser música para tus oídos.

3.- Evitas endeudarte: ¡Otra vez "la burra al trigo", diría mi abuela! Cuando no ahorras, es probable que recurras a préstamos o tarjetas de crédito para cubrir gastos que no puedes pagar con tus ingresos. Es como robarle a tu "yo", del futuro.

4.- Para reducir la deuda: Si estás en tu camino rumbo a deuda cero(capítulo 30), ahorrar el 10 % de tus ingresos también te ayudará a reducir tus deudas. Si tienes deudas pendientes, destinar una parte de tus ingresos al ahorro te obligará a vivir con menos, lo que a su vez te ayudará a reducir tus gastos innecesarios y destinar más recursos a pagar tus deudas. Todos estos pasos son cambios necesarios en tu conducta.

Recuerda, las finanzas familiares y personales, son esencialmente 80 % comportamiento y decisiones(implica emociones); y 20 % conocimiento. Ahorrar el 10 % de tu ingreso es el primer paso para lograr la independencia financiera. El ahorro no debe verse jamás como un sacrificio, sino como una inversión en tu futuro, en tu "yo" del futuro. Imagina que viajas en el tiempo, y ese, en quien te habrás convertido en 20, 30 o más años, te recibe para agradecerte por todo ese dinero que fuiste guardando y multiplicando para él; o ella obviamente.

-"El ahorro es la parte más importante de la riqueza. Es lo que te permite invertir en tu futuro y asegurarte un buen nivel de vida a largo plazo". -

Brian Tracy

Capítulo 21

Hábito #8 de la gente quebrada: Su ahorro es nulo de por vida

El ahorro no es algo que haces cuando tienes dinero extra, es algo que haces para tener dinero extra. ¿Cuál será el resultado de no hacerlo jamás? Las personas que NO tienen este hábito, es porque tampoco tienen la **cultura del ahorro**, consideran que no vale la pena y viven, en la mayoría de los casos, al día.

Las investigaciones sobre los ahorros indican que un porcentaje relativamente pequeño de personas sigue el adagio "págate a ti mismo primero". De hecho, la Reserva Federal de EE. UU., informa que en 2021 (las cifras más recientes disponibles) menos del 23 % de los estadounidenses pudieron cubrir una emergencia de $ 400 en efectivo. No tenemos el dato de otros bancos centrales; sin embargo, me atrevo a afirmar que los porcentajes no son muy distintos a lo de la poderosa FED.

Advertencia: El dinero que tienes en el fondo de PÁGATE A TI MISMO PRIMERO, no debe usarse para emergencias, para eso aplicaremos y apalancaremos otras estrategias, continúa leyendo.

Recuerda que la cultura del ahorro es un hábito que te ayuda a reservar una parte de tu dinero con base en planes para lograr tus metas económicas.

En este caso, todo el dinero producto de que te pagues a ti mismo primero, lo mandaremos a un fondo que le pondremos de nombre: **FONDO PARA TU LIBERTAD FINANCIERA**. ¿Te gusta cómo suena? Todo el dinero que entre a este fondo, por lo tanto, **no se puede gastar, solo se puede multiplicar.**

Advertencia: Si cuando piensas en ahorrar, pero que a la vez NO podrás gastar este dinero te causa una especie de decepción o incomodidad, te felicito, significa que un paradigma está a punto de romperse, una especie de regla interna nueva en cuanto a tu comportamiento con tu dinero.

Supongo ya alcanzas a visualizar en este punto, que deberás tener

Cuando te pagas a tí mismo primero, te pagas a tí mismo antes de realizar cualquier otro gasto. *En otras palabras, estás priorizando tu bienestar financiero a largo plazo.*

Algunos profesionales financieros incluso llegan a llamar "págate a tí mismo primero" la regla de oro de las finanzas personales y familiares.

otro fondo, otro ahorro diferente al de pagarte primero tú, para comprar cosas, si se puede y a lo grande, estamos construyendo los cimientos para que sean firmes y que lo puedas hacer con total comodidad, paz interior y que las cantidades sean mucho más grandes; y, lo más importante: que cuando gastes porque ahorraste para comprar algo, no tengas que empezar de cero nuevamente. ¿Ya viste por dónde vamos? Más delante te hablaré de Parkinson y sus leyes financieras y de cómo, sin el conocimiento necesario, irremediablemente la gente se gasta prácticamente todo lo que tiene, y, lo más grave, todo lo que gana de por vida. Un día despiertan y tienen 70 años y es entonces cuando se dan cuenta del gran error.

Como entrenador financiero profesional, es fundamental señalar que NO ahorrar dinero puede tener graves consecuencias financieras a largo plazo. No es necesario ser físico nuclear para saberlo, son de esas cosas que sabemos que deberíamos hacer, pero que no las hacemos de todos modos.

Dificultades para mantenerse al día con los cambios económicos será uno de los grandes retos si no ahorras, hacerlo te permite estar preparado para enfrentar cambios económicos, como la inflación, una recesión económica o una pérdida de empleo, incluso casos extremos como una pandemia. Si no ahorras, puede ser difícil enfrentar estos cambios y mantener tu estabilidad EMOCIONAL y financiera.

Otra de las graves consecuencias del NO AHORRO es que NO pueden aprovechar oportunidades. Cuando surgen por ejemplo para inversión o de negocios; que siempre habrá por todos lados, estas personas no tienen los recursos financieros para aprovecharlas, lo que puede limitar su capacidad para crecer y mejorar su situación financiera. Es más, ni siquiera tienen la capacidad de verlas, en "su realidad" esas oportunidades sencillamente no existen. ¿De qué lado quieres estar?

El cerebro humano es la computadora más poderosa que puede existir, funciona dándole comandos o con preguntas. Las preguntas le dan un más amplio campo de acción. Si por ejemplo nos hacemos la siguiente pregunta: ¿Qué puedo hacer para ganar más dinero?, o ¿qué me hace falta aprender para ser el tipo de persona que tiene múltiples fuentes de ingresos? El cerebro se irá a trabajar y nos traerá respuestas, pero hará algo más también: Se enfocará, lo que hará que lo que no está en ese foco le sea "invisible". Las personas que no ahorran jamás, sin siquiera, saben que las preguntas que le hacen a su cerebro son del tipo: ¿Por qué no me alcanza el dinero?, o tal vez, ¿por qué todos tienen oportunidades menos yo?. No saben que el cerebro simplemente irá por respuestas y se enfocará.

"El gran Kiyosaki" tiene varias frases famosas y que son parte de su enseñanza que cometen un error garrafal. Al pretender hacerlo *"COPYWRITE correct"*; es decir, que sea un texto expresado en redacción persuasiva. — Es toda una materia muy poderosa e importante en marketing —. Lanza mensajes garrafales, te doy un ejemplo: "Dice Kiyosaki que los ahorradores son perdedores". **¡Mentira!** No hagas caso de sus frases, "famosas", solo es "COPY", como se dice coloquialmente. Él entiende perfectamente la importancia de ahorrar, con frases como esta, he visto a miles, —literalmente —; tomarlo como un permiso para el despilfarro. ¡Aguas! El "COPY" es para motivar a seguir leyendo, entre otras cosas. Se refiere a las personas que tienen al ahorro como su única estrategia financiera, gente que no tiene un proyecto de vida familiar y financiero.

Todos estamos a un pequeño hábito del éxito. A uno solo de darle un giro de 180 grados a nuestra vida y nuestros resultados.

Ahorrar el 10 %, o más; es un hábito que puede marcar la diferencia entre una vida de escasez y una vida de abundancia. Es la clave para construir riqueza y lograr la libertad financiera.

-"No importa lo que ganes, si no llevas un registro detallado de tus gastos, estarás siempre en apuros." -

Thomas J. Stanley

Capítulo 22

Hábito #9 de gente rica: Llevan un registro detallado de gastos

El control del dinero que sale es la primera regla para tener éxito, el dinero no tiene memoria, pero tú sí la tienes. Saber siempre, de manera permanente a donde va tu dinero, te da control sobre tus finanzas. Puedes darte cuenta de que tal vez estés pagando por cosas que no usas, como membresías a clubes o gimnasios. También muchos tipos de gastos pueden ir cambiando con el paso del tiempo. Algunas personas me dicen: "Lalo, ¿cómo crees que no sé en qué gasto mi dinero?". En realidad, mis estadísticas e investigaciones me dicen que solo tienes una idea, pero en general y en términos anuales o de largo plazo estás totalmente perdido. Solo el 5 % o menos de las personas en nuestras investigaciones, llevan un registro detallado de gastos de manera espontánea, sin un entrenamiento o libro de por medio.

Un registro detallado de egresos es una radiografía de tus finanzas, es la mejor manera de poder determinar la salud o enfermedad de tu situación financiera. No se trata de cuánto ganas, tal vez es una cantidad considerable, de hecho, mientras más ganes más importante es ponerle freno a ese dinero, si no controlas tu dinero, él terminará controlándote a ti. Si no ganas tanto, es un excelente punto de inicio para planear hacia arriba.

Nota de suma importancia: **NO CONFUNDIR CON LLEVAR UN PRESUPUESTO.** Explicaré la valiosa diferencia entre uno y otro. De hecho, en el hábito #4(capítulo 11), te hice un reto, el cual consiste en registrar cada uno de tus gastos por pequeños que sean en una libreta pequeña.

El paradigma a romper aquí es que, la creencia popular es que "los ricos" pueden gastar simplemente como quieran, la verdad es que, en efecto, pueden hacer gastos de mayor cantidad que la mayoría de la gente; sin embargo, anotan cada recibo o ticket, **el dinero es fundamentalmente emocional, una revisión periódica de nuestros gastos, es también un chequeo emocional**, ya iremos profundizando en el tema.

Pon atención por un momento en el gráfico de esta sección, imagina ese escenario para ti o tus seres queridos, ahora quiero que visualices 10, 20, 30 o más años en esa carrera interminable, pero con un factor adicional, has tenido un control y registro mínimo de a donde ha ido ese dinero.

Estás a tiempo, y la hora de hacer un golpe de timón es ahora. ¿Cómo? Simplemente, inicia con este sencillo y aparentemente insignificante hábito. ¿Cuento contigo?

Si nunca has llevado registro de tus gastos ni presupuesto, o tal vez alguno de estos dos solamente, mi sugerencia es que lo hagas en el siguiente orden:

1.- Si ya tienes un presupuesto, déjalo de llevar por ahora.

2.- Si nunca has llevado un presupuesto, sigue así por ahora, un presupuesto es a dónde planeamos que vaya nuestro dinero, un registro de gastos es como un GPS que nos dice a dónde realmente fue. En un mundo ideal, en un mundo donde las finanzas personales y familiares se manejan con lógica y no con las emociones, ambas listas deberían ser idénticas. Lo irás comprobando, las personas que logran empatar ambas cosas, que sean iguales prácticamente en un 100 %, son personas con inteligencia financiera muy avanzada. Eso es un logro reservado solo para los pro, solamente para los perseverantes que conocen perfectamente sus finanzas, que tienen y aplican todos y cada uno de los hábitos aquí mencionados y que además se conocen a sí mismos a un nivel emocional profundo y tienen control sobre ello. Saben postergar la gratificación y son ordenados en general. Personas como tú y como yo, por supuesto.

No te preocupes, si te juntas con nosotros el tiempo suficiente tú también puedes conseguirlo.

Un registro detallado de gastos nos permite entender, entre otras cosas, nuestros hábitos de consumo. Desde luego, a cada gasto le debemos asignar una categoría que refleje nuestra propia realidad, para poder así obtener información de calidad. El motivo por el que en esta primera etapa sugiero se haga en una libreta es para presionar aún más la parte emocional. Sígueme la corriente, aplica este hábito y verás cómo se abre una caja de pandora de autoconocimiento y autocontrol. Las personas que NO tienen este hábito, significa que no llevan registro permanente de tus gastos. Viven eternamente con la pregunta: ¿A dónde se fue mi dinero? Pero lo más grave: se crea el paradigma:

"No hay dinero que alcance".

Cada vez que escucho la frase "ya no sé ni en qué se me va el dinero" se me ponen los pelos de punta. Si no sabemos cómo lo estamos gastando, eso nos impide hacer algo para dirigirlo hacia las cosas que más nos importan.

Como tu entrenador financiero, jamás te diré en qué gastar tu dinero, tampoco te limitaré a gastar menos, al contrario, el estudio de todos los temas financieros, personales y familiares son principalmente para expandir nuestro poder adquisitivo, y crecer como personas al mismo tiempo.

Convertirnos en alguien diferente con una mentalidad mucho más empoderada. Sin embargo, y dicho lo anterior, **lo que jamás admitiré es que no sepas a dónde se fue tu dinero.** Si quieres gastarte todo en un viaje por el mundo y al regresar estar en ceros y volver a empezar, perfecto, es tu decisión, es tu vida y tu estrategia. **Pero, que llegues conmigo y lo primero que me digas sea: "Lalo, es que no sé en donde se me ha ido el dinero, he ganado cantidades interesantes muchas veces en mi vida, en realidad no sé a dónde se ha ido".** Esto no lo puedo aceptar ni permitir nunca.

Este es el cáncer #2 (el #1 es el endeudamiento excesivo), que debemos evitar a como dé lugar como parte del proceso de madurar en nuestras finanzas personales y familiares. En esta etapa como lector de este libro, la negación YA NO ES UNA OPCIÓN. Abróchate el cinturón y ponte casco.

Ahora bien, el registro de gastos por sí mismo nos sirve para poco. Nos brinda información y nos da conciencia sobre la manera como manejamos nuestro dinero, pero tenemos que hacer más, tomar medidas para poder tener control de nuestro dinero. Pasar a la acción primero deberemos adquirir conciencia del gasto, los estudios demuestran que menos del 10 % de la población tiene esta práctica, lo cual significa que en general la gente no sabe en qué gasta. Es realmente impresionante, o incluso me atrevo a decir espeluznante.

El principal riesgo de no llevar un registro detallado de egresos, es que gastarás más de lo que ganas: Si gastas más de lo que ganas estás creando deudas y las deudas te saldrán muy caras. Cada vez estarás más hundido en el hoyo. Al gastar más de lo que ingresas utilizarás el crédito para financiar tus gastos, ya lo dije y lo diré una vez más: te estarás robando a ti mismo.

La ley de Parkinson: Esta ley afirma, que sin el conocimiento financiero y emocional, simplemente gastaremos todo lo que ganemos y un 30 % más. ¿Te suena familiar? Aplica también para la administración del tiempo.

El *"Latte Factor"* o El "Factor Latte". Es un concepto popularizado por el experto en finanzas personales David Bach en su libro "El Millonario Automático". Es su manera de referirse a los gastos hormiga. El concepto se refiere a la idea de que los pequeños gastos diarios pueden acumularse con el tiempo y tener un impacto significativo en la situación financiera a largo plazo de una persona. Al hacer pequeños ajustes en los hábitos de gasto diarios, como reducir la cantidad de bebidas de café costosas que se compran cada semana, las personas pueden ahorrar dinero e invertir los ahorros para lograr objetivos financieros a largo plazo, como construir un fondo de jubilación o pagar deuda.

El término *"Factor Latte"* se refiere específicamente al costo de un café con leche diario, pero el concepto se puede aplicar a cualquier gasto pequeño y regular.

Hay una realidad que te va a sorprender con este dato, más del 80 % de las personas en el mundo hispano, en cualquier país que se encuentren, gana el suficiente dinero para ser eventualmente rico. ¿Entonces por qué no lo somos todos? El problema no es el ingreso, sino nuestra forma de gastar.

Capítulo 23

Hábito #9 de gente quebrada: No registran jamás sus gastos

Lo que no puedes medir, no puedes mejorarlo. Esta sección quiero iniciarla con un desafío, con un reto, uno que mi familia y tu servidor hemos llevado a cabo por años.

RETO: Crea un grupo de WhatsApp en donde estén todos los miembros de tu familia, no importa la edad que tengan; cada compra, cada gasto que hagan, le tomarán una foto al recibo o factura, y lo compartirán en este grupo. Toma nota si te sucede que ciertas compras, te es más fácil o más difícil compartirlas. Cada mes, túrnense para pasarlo a todo a Excel y platiquen entre ustedes observaciones, totales, epifanías, etc. Noten a través de los meses si sus hábitos de consumo cambian por el mero motivo de haber comenzado esta dinámica. En realidad deberán cambiar, tomarán conciencia y decisiones.

Si deseas hacerte cargo de tus finanzas, asumir de verdad responsabilidad, llevar un registro de tus gastos es un punto de partida fundamental, pero no solo es un buen punto de partida, es algo IMPRESCINDIBLE, debería ser declarado casi como una ley. La información que recopiles puede ayudarte a identificar oportunidades de todo tipo, y te dará una radiografía de tus hábitos de consumo o inversión que tienen como familia.

Como entrenador financiero jamás te diré que gastes o no gastes en ciertas cosas, esas son decisiones tuyas y de tu familia. Esto lo menciono en varias partes de este material, y lo repetiré hasta el cansancio.

No es crítica, yo vengo de ahí también, fue uno de los principales motivos por los cuales decidí estudiar a fondo los temas financieros, es más, te voy a confesar algo, lo haré con una breve historia:

Hace algunos años, cuando solo había leído un libro sobre temas de finanzas personales, el famoso libro "Padre Rico Padre Pobre", tenía yo muy arraigado y creía fielmente en el concepto "DEUDA BUENA", que de buena no tiene nada, ahora lo sé. Pero bueno, te digo lo que me sucedió, las decisiones que tomé. Había comprado una franquicia de una de esas tiendas que venden todo a un solo precio, me estaba yendo de maravilla, estaba enamorado de ese emprendimiento. Mi mente empezó a divagar y a pensar a futuro, pensé en expandirme, en abrir más tiendas como esa para replicar mi éxito, total, ¿qué podría salir mal?. Mi parte emocional entrando en un *rabbit hole*.

Hice los números, y decidí no solo abrir una tienda adicional, decidí abrir ¡cuatro de una vez! La inversión que necesitaba era de aproximadamente $ 200,000 para las cuatro, (es un número ficticio, el real lo mantendré confidencial) de los cuales contaba con la mitad aproximadamente, decidí crear un sistema donde podría poner en funcionamiento, la "deuda buena" de Robertito. Solicité un préstamo bancario por el 75 % de la inversión para no descapitalizarme, el dinero me fue autorizado y "*here I went*" ja, ja, ja, hice los contratos correspondientes, permisos, creación de las tiendas, compra de inventarios, contratación de personal, etc. Todo el kit. Llegaron los días de las diferentes inauguraciones, en cuatro o cinco meses las cuatro flamantes nuevas tiendas estaban abiertas y funcionando. Ahora tenía no solo una, sino cinco exitosas tiendas, a ese ritmo ya me imaginaba jugando golf con Carlos Slim en un par de años.

Los ingresos aumentaron, la nómina aumentó, los impuestos aumentaron, pero lo más grave fue que lo que más aumentó fueron mis gastos. Mi descontrol. Me convertí en una especie de gastador profesional, claro que vivía en negación, yo no era capaz de verlo, y la gente en mi contexto, incluyendo abogados y contadores de mi equipo, estaban igual de ciegos que yo. Ellos pensaban que con mantenernos dentro de la ley era suficiente.

Doce meses después, aproximadamente, había tenido las utilidades, las ganancias suficientes para pagar mi préstamo de mi "deuda buena" dos o tres veces, pero ¿qué hice? NO LO PAGUÉ, seguía creyendo que eso era "deuda buena" y que gracias a eso estaba ganando mucho más que antes. Pero no tenía mucho más dinero líquido. No comprendía dónde estaba todo ese dinero extra. Empecé a sospechar que alguien en mi organización me estaba robando, y claro que así era; sin embargo, el ladrón era yo mismo. Me estaba robando a mí mismo.

Seguí gastando de lo lindo por unos 30 meses, hasta que un cambio importante en la geopolítica y en los tipos de cambio, llevo a todos mis negocios a una situación en donde era difícil mantener la rentabilidad, por lo menos a esos mismos niveles de esos primeros años.

Habían pasado unos 36 meses en total y decidí cerrar todas las tiendas nuevas, con excepción de la inicial, con la que había empezado. Cerré todo de acuerdo a la ley, y al final básicamente tenía el mismo capital con que había iniciado, pero, un gran, pero, la "deuda buena" me mostraba su verdadera cara, se había convertido en lo que fue desde el principio: "deuda mala", del único tipo que existe. No me había pagado a mí mismo primero nunca y no tenía registro de gastos personales ni familiares. Mi sueldo eran mis ganancias, luego de gastos de operación, costo de ventas e impuestos.

Tal vez tú, lector, estás leyendo esto y estás pensando, ¡pero qué pendejo!, y te daría toda la razón.

Me comió el tema emocional y el ego, me sentía una especie de *"rock star"* empresarial. Viví durante ese periodo en una ciudad llamada Pendejolandia, de hecho ese día fue cuando por primera vez supe el verdadero nombre de la ciudad donde había vivido esos años.

Años después, ya muy metido a fondo en estudios de finanzas de todo tipo y economía, sé que, lo que hice fue una verdadera pendejada, y me propuse a jamás volver a pasar por algo semejante. Más años pasaron, comprendí que al vivir en la negación, no saber nada de apalancamiento, deuda cero, interés compuesto, y la mayoría de los temas que ahora escribo en este libro, mis oportunidades para lograr el éxito en el largo plazo, eran prácticamente CERO.

Más años pasaron, empecé a dictar conferencias en temas financieros, luego entrenamientos y empecé a convivir con cientos y luego miles de personas, todos estudiantes de mis materiales y contenidos. Justo en ese momento hice el mayor descubrimiento de mi vida, al menos hasta ese momento: **La gran mayoría de las personas tienen los mismos problemas y la ignorancia financiera que yo experimenté en esos años. Llevé una sorpresa enorme al comprender que no vivía solo en Pendejolandia, la era una ciudad con una alta densidad de población.** Te doy algunos ejemplos:

1.- Personas con deudas, que al recibir dinero incluso por encima de sus deudas, no las pagan, optan por ignorarlas, como meter la cabeza en la tierra, como los avestruces.

2.- Familias que viven los primeros días de cada mes, con finanzas boyantes, van a restaurantes caros varias veces, van de compras. Para luego, los últimos días de cada mes, no tener siquiera para comer o pagar el recibo de la electricidad. Para finalmente ir a la casa de empeño para poder cerrar el ciclo, y volverlo a iniciar en unos días, a inicios del nuevo mes.

3.- Personas con varias tarjetas de crédito, todas prácticamente al tope, y no por falta de dinero, sino porque la parte emocional es la que gana. ¿Qué tiene de divertido pagar deudas si puedo usar ese dinero mejor para un viaje a Cancún o Acapulco?

4.- Personas manejando un flamante auto deportivo de modelo reciente, pero sin dinero ni para ponerle gasolina. Me dijo una vez un empleado de una gasolinera: "Huy jefe: A veces llegan carros superlujosos y le ponen $ 2.50 de gasolina".

5.- Líderes de mercadeo en red, que ganan $ 15,000, $ 20,000 o incluso uno una vez ganaba $ 45,000 al mes. ¿Sabes cuánto tiempo le duraba el dinero? 2 días. No es error de dedo, le duraba dos días.

6.- Matrimonios en donde él genera todo el dinero, en donde ambos lo acordaron así, pero que ella se siente que no merece ese dinero, ese trato porque no está produciendo. (Producto de paradigmas creados desde la infancia).

7.- Matrimonios en donde uno de los dos se endeuda por $ 10,000 o hasta $ 100,000 sin informarle a su pareja.

8.- Familias extendidas (abuelos, tíos, primos) en donde compiten por los logros entre sí, y que en las reuniones como fin de año es una especie de "*Vanity Fair*". Una vez un estudiante me dijo: "Lalo, es que no puedo competir con los regalos que les dan a mis hijos, su abuela y sus tías, por más que lo intento no lo consigo".

9.- Familias con propiedades millonarias, cosas como terrenos, ranchos, casas y hasta hoteles pero en desuso, abandonados o intestados. Propiedades literalmente con valor de muchos millones.

10.- En otra ocasión un estudiante me dijo: "Lalo, mi papá me heredó cientos de hectáreas en tierras, mi abuelo se las heredó a él, llevan varias generaciones en la familia. Dinero no tengo, una vez vendí una parte de mis tierras, me pagaron $ 2 millones, eran muchas hectáreas. Mi familia y yo nos gastamos el dinero en menos de tres años, ahora ya no quiero vender porque, ¿qué tal si luego no tengo ni una cosa ni la otra?".

11.- Casos de **DEUDA CULPOSA**, que es cuando las deudas no tienen un origen en dinero, no obstante que se convierten en dinero contante y sonante, por ejemplo: El exceso de regalos que recibe un hijo que es mal atendido, o el dinero que recibe cada mes la abuela que vive en otra ciudad, que lo que realmente desea y necesita es que su hijo o hija lo visite de vez en cuando. (En el capítulo 30 tengo una lista de "deudas emocionales", te va a volar la cabeza).

12.- Los ludópatas, que no importa que suceda, no pueden dejar de apostar, y pueden, literalmente, llegar a perderlo todo.

13.- Los adictos a la pornografía o que tienen "casa chica", este no es un libro sobre moral, pero si lo es sobre inteligencia financiera, el chiste se cuenta solo.

En resumen: cientos, miles, millones de personas gastando el dinero a lo idiota en ese pueblo llamado Pendejolandia, y que a final de sus vidas, realmente no saben a dónde se fue todo ese dinero que pasó por sus manos. Sucede incluso con casos de atletas o actores que en su momento han tenido contratos millonarios. Te lo conté en el capítulo 1, de cómo Ferrán Martínez se dedica a dar un servicio para salvaguardar las grandes fortunas.

Podría escribir un libro completo con ejemplos, algunos peores, ya comprendiste por donde va el tema, con todo lo anterior, por eso decidí llamar a todo lo que descubrí: **PENDEJOLANDIA**.

DE CÓMO LAS MARCAS SE APROVECHAN DEL VALLE DE PENDEJOLANDIA.

1.- Grandes ventas a meses sin intereses. Todos hemos escuchado este tipo de ventas, la parte racional, lógica de nuestro cerebro lo comprende perfectamente, peeero... ¿Qué crees que sucede con la parte emocional? Estas tiendas y las entidades financieras, tienen el dato, solo el 22 al 27 % de las personas que compran bajo este esquema, lo pagan dentro de las condiciones del contrato, comprenden temas como fechas de corte y las estudian y respetan, el otro 73 a 78 % simplemente paga tarde, aunque sea por un día. En ese momento la parte del contrato donde dice "sin intereses" pierde su efecto, y pues no tengo que decirte que sucede después.

2.- Los almacenes más importantes en las metrópolis del mundo, con el tiempo y con el avance del crédito, se han convertido en financieras, más que almacenes. Esto significa que ganan más dinero producto de los intereses que les cobran a todos sus clientes que tienen las tarjetas, que lo que ganan por la venta de sus productos. Ya sea ropa, artículos para el hogar, juguetes, mueblería, etc. En México, cierto almacén muy reconocido, tiene más "plásticos" que el más grande banco comercial del país, esto significa que tienen más, que todos los bancos del país, exceptuando al más grande de todos.

3.- El marketing sin perjuicios ni moral. Todos estamos en el negocio de vender algo, para ello el tema de la ética y la responsabilidad social deberían ser obligatorios. Ya en el caso de algunos países se han prohibido los llamados productos milagro, pero siguen vigentes los mensajes con publicidad engañosa y que van a explotar tus inseguridades. Tal o cual producto que te hará ser más popular, más bonito o bonita, más inteligente, ser aceptado, sentirte seguro, más "alto" o con temas, incluso para mejorar partes de tu vida privada que no voy a mencionar aquí. ¿Qué pasaría si como sociedad dejáramos de consumir chatarra? Como empresarios debemos siempre mantener los más altos estándares de ética y moral, y resolverle un problema real a nuestro cliente.

4.- Ventas de temporada. Estamos altamente condicionados a comprar a lo pendejo solo porque es el día de la <PENDEJADA DE MODA> llámese Navidad, Día de Reyes, cumpleaños, día del amor y la amistad, día de las madres. ¿Has notado cómo hemos permitido como sociedad ser programados y adoctrinados para consumir como borreguitos según sea la ocasión?

Nota importante: No te estoy diciendo que lo dejes de hacer. Solo que te preguntes, ¿cómo llegó esa programación a ti y al resto del mundo? ¿Cuántas otras programaciones como esa siguen instaladas en tu mente? Y lo más importante: Si ahora ya sabes que es una programación, algo que ni siquiera te preguntaron desde niño. ¿Lo vas a seguir haciendo? La decisión es solo tuya.

Dato de miedo: ¿Sabías que el personaje Santa Clause, fue creado por la Coca-Cola? Un personaje a medio camino entre lo simbólico y lo real, tal como lo conocemos en la actualidad, nació en 1931 de la mano del dibujante Haddon Sundblom tras recibir el encargo de D'Arcy, la agencia de publicidad de Coca-Cola. El objetivo era dibujar un personaje, la personificación del espíritu navideño y la felicidad de Coca-Cola. Para ello, el ilustrador se inspiró en el poema *"A Visit From St. Nicholas"*, de Clement Clark Moore.

¿Alguna vez te has preguntado cómo se puede lograr que toda una sociedad adopte un comportamiento generalizado? ¿Y que este comportamiento sea que todos compren regalos indiscriminadamente y que quien no lo haga siente la presión social y familiar? Esto es lo que sucedió con la creación de este personaje. Además, debo agregar que es el único personaje, que puedes usar indiscriminadamente sin pagar derechos de autor, es publicidad gratis para ellos.

5.- La escasez como herramienta de marketing. La escasez es una de las herramientas de la persuasión, una de las técnicas más socorridas de la mercadotecnia moderna (Libro: "Influencia, la psicología de la persuasión, de Robert Cialdini"). Considera los siguientes ejemplos:

a) Tienes una bolsa con papas fritas y empiezas a ofrecer en tu grupo de amigos si alguien gusta, les acercas la bolsa y algunos toman algunas, otros no, luego de un rato en tu bolsa ya solo queda el 20 o 30 % del contenido de tu bolsa de papas fritas, repentinamente ya no sientes tantos deseos de compartir; de repente ya solo queda el 10 %, esas son tuyas ya, compartir ha quedado fuera de la ecuación.

b) Anuncian una venta importante en tu almacén favorito, el buen fin, *"Black Friday"*, *"memorial day sale"*, etc. cualesquiera que sea el nombre que le ponen en tu país o ciudad, habrá descuentos de hasta el 70 % en determinados productos, pero solo durante las próximas 72 horas. ¿Qué sucede? Los almacenes resultan abarrotados por compradores.

En los EE. UU. todo está planeado para que cada mes exista una fecha para poder anunciar esa "venta especial".

Los diferentes deportes profesionales no compiten entre ellos en cuanto a las fechas, la temporada de Futbol Bol Americano es de septiembre a febrero, la de béisbol de marzo a octubre, la de *"Basket Ball"* inicia en octubre y termina en mayo.

Todo planeado para que las "eliminatorias" y los campeonatos de cada deporte, no se encimen entre sí, que no compitan entre ellos mismos.

El seguimiento de tus gastos es la única forma de saber si estás gastando tu dinero sabiamente o desperdiciándolo. El seguimiento de tus gastos te permite tomar el control de tu dinero, en lugar de que el dinero te controle a ti.

-*"La frugalidad es la clave de
la felicidad en el hogar,
y la riqueza de la sociedad".* -

Henry David Thoreau

Capítulo 24

La gente rica trabaja por un mundo frugal

La frugalidad no es una restricción, sino una oportunidad para ser más creativo y aprovechar al máximo lo que tienes. Veamos cuál es la definición de la palabra **FRUGALIDAD**: La cualidad de ser económico con el dinero o la comida; ahorro. Yo le agregaría de mi cosecha, que consiste básicamente en gastar equilibradamente, de tal manera que se elimine el desperdicio y lo que no usamos. Quiero insistir en no abrir el debate entre lo que necesitamos y lo que solo deseamos. Prefiero enfocarme en lo que definitivamente sí utilizaremos. ¿De qué sirve comprar un abrigo para el frío que si necesitamos, pero que finalmente no saldrá del armario porque tal vez tenemos otro? ¿O tal vez porque al tenerlo en casa ya no parece que hace tanto juego con el resto de mi ropa como sí lo pensé originalmente al momento que lo compré?

Mi propio ejemplo de vida es crucial para comprender el tema frugal, pasé de una niñez, en donde me paraba afuera de una tienda de pollos asados soñando con poder comprar uno, a una adultez con mis finanzas resultas; para ahora comprar comida en exceso como mecanismos de defensa y de respuesta a esa escasez de mi niñez. ¿El resultado? Refrigerador siempre lleno, pero, mucho desperdicio. Mi familia y yo simplemente no podíamos comer todo ese exceso de comida.

Durante los cumpleaños de mis hijos cuando eran pequeños no quiero contarte el exceso exagerado, pero yo no era capaz de verlo, yo veía abundancia; no conocía el mundo frugal, estaba totalmente fuera de equilibrio.

Es muy importante no confundir FRUGALIDAD con AUSTERIDAD. Frugalidad es una decisión inteligente, racional, es opcional. Austeridad implica gastar menos necesariamente por estar pasando una mala racha, por no tener suficientes recursos. No confundir tampoco con el término "**CRUDA MORAL**" o "*BUYERS REMORSE*", esto sucede cuando al poco tiempo de adquirir algo, sobre todo si el precio lo consideramos hasta cierto punto alto, nos arrepentimos. A veces sucede tan pronto como hemos llegado a casa luego de una tarde por nuestro almacén o plaza comercial favorita.

Para un sinfín de ideas e inspiración sobre temas frugales, te sugiero seguir a mis amigos John and Nicole Schmoll, en su blog "Reglas Frugales" en www.frugalrules.com

La frugalidad es una filosofía de vida que defiende la idea de que se puede ser más feliz con menos. En el lado contrario de la balanza estaría el estilo de vida que promueve la sociedad de consumo, la cual centra la felicidad en la acumulación de bienes materiales. Esto necesariamente nos mete a todos en un nivel del síndrome del acumulamiento tarde o temprano. Consideremos lo siguiente: Cuando compras ropa nueva, ¿te deshaces de algo para hacer espacio en el armario?, tal vez ¿lo vendes o lo regalas o haces una venta de garage? ¿Cuánto es suficiente?, ¿cuántos pares de zapatos?, ¿cuántas camisas o pantalones?, luego de lavar tu ropa, ¿tienes un montón impresionante para doblar, planchar, separar, etc.?

La frugalidad fomenta el ahorro, el consumo responsable y la vida sencilla, y rechaza la deuda, el gasto innecesario y el despilfarro. Pero va a requerir de ti confrontar tu parte lógica con tu parte emocional como ninguna otra cosa lo hará.

Integrar la frugalidad en tu vida significa eliminar todo gasto superfluo y consumir tan solo aquello que necesitas o que te hace feliz. No te estoy pidiendo que adoptes este estilo de vida, por ahora solo quiero que sepas que existe este otro lado de la moneda, tal vez te gusten algunas de las cosas que practican.

La malentendida frugalidad. Creo que es importante dejar claro lo que NO es frugalidad, ya que es un término que su significado suele genera confusión y las personas suelen ponerse a la defensiva.

No es tacañería. Es probable que alguna vez hayas escuchado opiniones negativas sobre la frugalidad. Esto es debido a que la frugalidad es comúnmente aceptada como sinónimo de tacañería. Esta confusión de significado hace que la frugalidad sea una palabra socialmente menospreciada. Pero ser tacaño es muy distinto que ser frugal.

El tacaño es aquel que es capaz de privarse incluso de necesidades y comodidades básicas solo por el hecho de ver aumentada su cuenta corriente en el banco. El tacaño no saldrá de casa porque gasta dinero, no encenderá la calefacción de su vivienda en pleno invierno porque el gas está caro, no sé, irá de vacaciones porque cuesta dinero y un largo, etc.

Por decirlo de algún modo diríamos que el tacaño lleva a cabo el ahorro absurdo y la persona frugal el ahorro inteligente. El tacaño no es más que un avaro, el cual vive en la pobreza por miedo a la pobreza. Resulta víctima de sí mismo.

No es escasez. Por alguna extraña razón, la gente asocia frugalidad con escasez y privación. Creen que si practican la frugalidad tendrán que eliminar de sus vidas todas aquellas cosas con las que obtienen un placer personal y quedarse tan solo con lo justo para cubrir sus necesidades básicas. Pero la frugalidad tampoco es eso.

Una de las trampas de la sociedad de consumo es medir tu valía por la cantidad de bienes que posees: cuantas más posesiones tienes, más exitoso eres. Esta puede ser una de las "trampas del éxito" también, al momento de multiplicar el dinero que tienes de una manera importante, o generar varias fuentes de ingresos grandes, ¿qué te detiene de aumentar tu nivel de síndrome de acumulación? Entiendo que todos queremos más y mejores cosas, pero; ¿hasta dónde?, ¿tal vez debería existir un límite? Si no ponemos ese límite, romperemos la curva de la satisfacción, te la explico en breve.

¿Alguna vez has notado a un niño pequeño luego de sacar de su empaque un juguete, que se divierte más con la caja vacía que con el juguete mismo?, ¿tal vez deberíamos preguntarnos por qué?.

Como una persona frugal no basa su felicidad en acumular posesiones, es etiquetado cómo una persona pobre y escasa. Como lo dirían *"The Joneses: Whoever dies with the most toys, wins"*. Quien al final de su vida muera con la mayor cantidad de "juguetes" gana.

Sin embargo, vivir frugalmente no significa vivir en la escasez. No se trata de privarnos de todo. De hecho, la persona que adopta voluntariamente un estilo de vida frugal no nota que le falten cosas. La razón es porque siente que vive con lo suficiente. Esto es debido a que no se crea falsas necesidades, pero además tiene abundancia, podría comprar muchas más cosas si quisiera, lo que compra y lo que no compra, lo hace por elección. Ha logrado gestión emocional admirable. **Tiene cosas, las cosas no las tienen a él.** Su autoconcepto y sentido de autoestima no es con base a sus posesiones. Es libre.

Una persona que necesite conseguir un montón de cosas para ser feliz, se sentirá más escasa que otra que siente que ya tiene todo lo que necesita. Así que la frugalidad tiene más que ver con sentimientos de abundancia que de escasez.

Por tanto, grábate esto a fuego: las personas frugales ni son tacañas, ni viven en la escasez.

10 características de las personas que integran la frugalidad en sus vidas.
1.- Adoptan la frugalidad de manera voluntaria.
2.- No poseen ni consumen más de lo necesario.
3.- Evitan el desperdicio y el derroche de recursos.
4.- Gastan menos y mejor.
5.- No viven por encima de sus posibilidades.
6.- No se endeudan.
7.- No malgastan su tiempo.
8.- Valoran las relaciones interpersonales.
9.- Contribuyen a crear un mundo mejor.
10. Disfrutan de las pequeñas cosas.
11.- No se dejan manipular por la presión social.
12.- Se mantienen dentro de la curva de la satisfacción por decisión propia.
13.- Viven en abundancia, tienen ingresos suficientes para elevar si nivel de vida si lo quisieran, viven en paz.

Vivir frugalmente también significa disfrutar de los placeres sencillos de la vida. Como dice Elise Boulding: "Frugalidad" es una de las palabras más bellas y alegres del lenguaje, y, sin embargo, culturalmente la hemos apartado de nuestro entendimiento y disfrute. La sociedad de consumo nos ha hecho sentir que la felicidad radica en tener cosas, y no nos ha enseñado la felicidad de no tenerlas. De hecho, la palabra FRUGALIDAD es raramente usada en el lenguaje español.

"Sin frugalidad nadie puede ser rico, y con ella pocos serían pobres". Samuel Johnson.

La curva de la satisfacción. Joe Domínguez y Vicki Robin en su libro "La Bolsa o la Vida", explican este concepto por demás interesante. Explican en esencia de cómo todos los excesos son malos, definen la frugalidad con este concepto de la curva de la satisfacción. Explican como en un cuadrante X - Y en donde X = Dinero gastado(horizontal), versus Y = Satisfacción que se obtiene(vertical), llegará un momento en que el gasto siempre podrá seguir aumentando, pero así mismo llegará un momento en que la satisfacción empezará a bajar. Existe la una cima de esa curva, es el punto de nuestro equilibrio interno, y es un punto individual, es diferente para cada uno de nosotros. Si quieres profundizar en el tema no te puedes perder a Joe Domínguez.

La universidad de Harvard, a inicios de siglo, llevó a cabo una investigación para responder a la eterna pregunta: ¿El dinero compra la felicidad? Y tal como lo responde Roberto Moran en su libro "Maneja tu dinero para dummies", la investigación arrojó respuestas por demás interesantes. Arrojó que **EL DINERO SÍ PUEDE COMPRAR LA FELICIDAD**, pero tiene un límite, para el tiempo del estudio la cantidad era de aproximadamente $ 85,000 anuales para EE. UU., esta cantidad es diferente para cada país y habría que actualizarla por la inflación. ¿Qué significa esta cantidad? La respuesta es tan sencilla como impactante. Que cuando una persona gana, digamos $ 45,000 al año y al siguiente sube a $ 55,000, definitivamente su nivel de felicidad aumentará. Así mismo su posteriormente sube a $ 65,000, una vez más su nivel de felicidad aumentará nuevamente. Hasta llegar al tope de $ 85,000. Si luego de esto hace al siguiente año $ 110,000, aumenta su poder adquisitivo, sus inversiones, etc.; pero su nivel de felicidad ya no sigue aumentando.

¿Por qué? Porque tenemos una especie de sabiduría interna, ese número nos permite aumentar nuestro nivel de vida hasta la cima de la pirámide de Maslow de una manera cómoda y completa.

No te estoy diciendo que nos debemos conformar con eso o que debemos parar aquí. Los ingresos no los detengas jamás, esos continúa aumentándolas siempre, solo cuida tu nivel de consumo, cuida dónde pones cada dólar.

Por otro lado, el estudio de esta prestigiosa universidad, arrojó también que la población no solo busca felicidad, sino que hay otras dos cosas que son igual de importantes, estas otras dos cosas son: el éxito y la libertad. Nota como el tema de la libertad habla de manera indirecta del tiempo.

El tema del éxito se conecta de manera intrínseca con el propósito, y aunque todos podemos tener diferentes definiciones para el éxito, me atrevo a asumir que el máximo nivel de éxito lo alcanzamos al descubrir y asumir nuestro propósito(capítulo 2); ayudar al mundo a resolver al menos un problema y hacernos millonarios en el proceso.

En resumen, la frugalidad es un estilo de vida que se caracteriza por la moderación en el consumo y el gasto de recursos. Una persona frugal busca siempre maximizar el valor de su dinero y minimizar los gastos innecesarios. Esto no significa necesariamente vivir en la privación o la austeridad extrema, sino más bien, tener una actitud consciente y reflexiva hacia el consumo y el gasto de los recursos, buscando siempre la mejor relación entre el costo y el beneficio. La frugalidad puede ser una forma efectiva de ahorrar dinero y de tener un estilo de vida más sostenible y respetuoso con el medioambiente.

La frugalidad es la nueva moda. Ahorrar dinero nunca había sido tan elegante.

-"El secreto de la riqueza es simple:
gana más, gasta menos y
ten múltiples fuentes de ingresos". -

Dan Kennedy

Capítulo 25

Hábito #10 de la gente rica: Son expertos en multiplicar su dinero y tienen múltiples fuentes de ingresos

Tener múltiples fuentes de ingresos es como tejer una red de seguridad financiera. Las personas exitosas tienen múltiples fuentes de ingresos. Pensar en multiplicar el dinero se oye interesante, a la misma vez despierta el escéptico que llevamos dentro, es natural y hasta necesario. Este hábito es tal vez el primero de todos los que hemos visto hasta ahora, que reta de manera directa nuestro sistema de creencias, y por supuesto nuestros paradigmas. Reta también nuestro termostato financiero.

La sociedad, la familia y el sistema educativo no nos enseña mucho sobre dinero, pero, lo que si hace es insertar ideas, la mayoría erróneas de cómo funciona el dinero. En lo que la sociedad tiene un éxito innegable, es en enseñarnos desde muy temprana edad a gastar. Crecemos suponiendo y sintiendo que el dinero es casi exclusivamente para gastarse. Se siente bien gastar.

No podemos negarlo, gastar dinero es uno de los grandes placeres que podemos tener las personas, lo paradójico es que al hacerlo, sin plan, sin estrategia; irremediablemente nos veremos metidos en serios problemas.

Hay una frase que dice: **NO PONGAS TODOS LOS HUEVOS EN UNA SOLA CANASTA,** esta frase significa que debemos planear nuestros ingresos de tal manera que lleguen de distintas fuentes, de diferentes activos o negocios, de tal manera que si alguno de ellos se detiene, tenemos un gran colchón de otros ingresos para continuar.

Entonces el hábito #10 consiste en estar siempre pensando y creando, nuevas formas de ingreso, nuevos negocios, nuevas estrategias.

Para empezar te pido que hagas una lista, en una libreta, de al menos treinta formas en que sabes que podrías ganar más dinero, solo hazlo, escribe y verás. Al final te darás cuenta de que tienes un montón de ideas que pueden producir dinero, y mucho, pero la mayoría se han quedado en eso, solo en ideas, es tiempo de dar el siguiente paso y convertir, al menos las primeras tres, en acciones, esto es lo que harás:

1.- Escribe una lista de al menos treinta formas en que sabes que puedes ganar más dinero.

2.- Reescribe tu lista, esta vez en el orden en que te gustaría iniciar, la primera lista está en el orden en que te fuiste acordando, ahora, esa lista estará en orden de cuáles quieres hacer primero.

3.- Toma las primeras tres de esa lista.

4.- En otra hoja por separado, escribe los detalles de estas tres primeras metas, indica cuánto dinero extra te van a producir, en cuánto tiempo, la cantidad recurrente y los primeros pasos que necesitas tomar para que esta rueda empiece a dar vueltas. (Sistema -capítulo 3).

Nota: Elige algo a muy corto plazo, algo a mediano y algo a largo plazo (máximo 3 años), se vale soñar.

Sé que hacer esta primera lista de cuatro pasos, significará, para algunos, un shock emocional, te darás cuenta de cosas que has dejado pasar, que habrías podido hacer desde hace tiempo y que simplemente la procrastinación ha ganado la batalla. Tal vez algunas de las cosas de tu lista implican que debas aprender algo nuevo, si es el caso, entonces anota todo lo que tienes que aprender. Puede ser un oficio, cómo aplicar una tarea específica o incluso carrera universitaria completa, sea lo que sea empieza ya. Una caminata de mil millas inicia con el primer metro. No importa cuanto tiempo se requiera, el tiempo de todos modos va a pasar.

Hablemos de la multiplicación de tu dinero, seamos honestos, al pensar en esto lo primero es ponernos a la defensiva, es normal, tómate unos segundos, cuenta hasta 10... ¿Ya? Ahora piensa en romper este paradigma: El dinero es principalmente para multiplicarse, tu ingreso es tu principal herramienta para producir riqueza, imagina que una parte de ese dinero, al menos una parte, se multiplica, eso significa que no tendrás que empezar de cero nuevamente cada vez, sino que tendrás una especie de nido, en donde ese dinero que pones en ese nido, crece irremediablemente. Por ahora no te preocupes en encontrar "el cómo", lo que te pido simplemente es que estés dispuesto a crear este nuevo paradigma. Empezarás con los pasos del reto #10, en la página anterior, y al ir sumando cada uno de los hábitos de este material, verás que multiplicar el dinero es algo posible, y es algo en lo cual te puedes convertir en un experto. Como parte de la bibliografía que te prometí, aquí te dejo otra de las grandes obras de Brian Tracy, "CÓMO

MULTIPLICAR TU DINERO". Gurú financiero y de negocios.

El grueso de la población, NO se preparan para multiplicar su dinero y solo tienen una fuente de ingreso. Este es el inicio de algo muy peligroso, el conformismo y el estancamiento. El conformismo y el estancamiento son los primos hermanos del fracaso. A continuación listaré varias maneras para multiplicar tu dinero, las puedes aplicar todas, empezando por las que te sientas que ya estás listo, antes de hacerlo, quiero que recuerdes la regla de oro para multiplicar tu dinero:

NUNCA INVIERTAS EN ALGO QUE NO COMPRENDES AL 100 %. NO IMPORTA SI TIENES POCO O MUCHO PARA INVERTIR. Nota como esta regla de oro te está dando la pauta para multiplicar tu dinero y si lo apalancas con tu gestión emocional tienes las respuestas muy claras, veamos:

Premisas que implica esta regla.
1.- Que una de las mejores y más poderosas formas para multiplicar tu dinero es invirtiendo.

2.- Existen millones de formas para invertir, si te da miedo o inseguridad hacerlo, simplemente significa que no estás lo suficientemente preparado para ese tipo de inversión en particular.

3.- Si no estás suficientemente preparado, la solución es evidente: PREPÁRATE, estudia, ve a cursos, ve a conferencias, rodéate de otras personas que ya estén haciendo ese negocio, incluso me atrevo a sugerirte que entres como empleado o voluntario a ese negocio, para que puedas comprender total y absolutamente ese negocio desde dentro, conocerás las entrañas.

4.- Nunca inviertas solo porque todos los demás lo están haciendo, temas como "la flor de la abundancia", o los famosos bitcoins o "mercados" crypto, mercadeo en red, etc. Atención: No estoy diciendo que sean malas o que sean buenos, profundizaré en eso en otra sección, solo estoy diciendo que si no lo comprendes a fondo, no entres solo por la fiebre de ver como mucha gente entra, me lo agradecerás y te ahorrarás una pequeña fortuna. De nada.

5.- ¿Cómo saber cuándo ya estás listo? Muy sencillo, cuando el miedo se ha ido prácticamente del todo, esa seguridad llega por tu dominio en el tema, en la materia, pregúntate lo siguiente para que quede aún más claro:

a) Pedro y Juan planean abrir un restaurante en la misma ciudad, mismo tamaño y tipo de comida, todo muy parecido.

b) Pedro lleva diez años trabajando en restaurantes, ha sido desde lava platos, encargado de alimentos y bebidas, mesero, auxiliar de chef, jefe de compras, hostes y conoce los mejores proveedores de la industria restaurantera de la zona. Pedro apenas tiene el dinero justo para abrir.

c) Juan tiene dinero suficiente para abrir y un excedente saludable, nunca ha trabajado en ese giro, planea contratar a los mejores para que le manejen su restaurante.

¿Quién consideras que tendrá más éxito en su emprendimiento y en el menor tiempo? ¿Juan o Pedro?

El miedo y la avaricia. Este tema lo menciono varias veces en este libro porque es como un demonio que va a seguir apareciendo a la menor provocación, y 9 de cada 10 veces uno de los dos le va a ganar a tu parte lógica, a tu parte racional. Por eso decidí agregar una lista de cosas o tipos de negocios de los cuales debes mantenerte alerta y alejado, aunque ese monstruo avaricioso habrá despertado.
Lista de "oportunidades" de las cuales deberás mantenerte alejado.
1.- "Inversiones que ofrecen altos rendimientos, en corto plazo y con riesgo muy bajo". Estos conceptos se contraponen entre sí: si es rendimiento alto, el riesgo es alto y el tiempo tenderá a ser mayor.

Ten cuidado porque la forma en que este tipo de negocios "enganchan" a la gente es diciéndoles que empiecen con pequeñas cantidades, en el corto plazo les "pagan sus ganancias" tal como les prometieron, ¿qué crees que sucede en ese momento?, exacto. El interruptor interno, instintivo entre miedo y avaricia, ha sido presionado y ahora está en AVARICIA modo ON, querrás entrar otra y otra vez y cada vez con mayores cantidades. Así es como funcionan los esquemas Ponzi, pueden llegar a ser de miles de millones, investiga el tema Bernard Madoff, el esquema de este tipo más grande de la historia.

2.- Vendedores de humo que te prometen un curso o entrenamiento que te hará millonario en dos o tres fines de semana. El mundo de los entrenamientos presenciales y en línea están de moda, y seguirán creciendo. Verifica siempre LA OFERTA, ¿qué te ofrecen?, ¿qué garantías?, ¿en cuánto tiempo?.

Recuerda, no hay atajos para hacerte rico, si se puede, claro, todos podemos. Implica trabajo, trabajo inteligente, trabajo duro, preparación, estudio, dedicación. No es de la noche a la mañana. Además, no todos lo lograremos, solo un bajo porcentaje. Cualquiera que te diga algo diferente, aléjate.

Afortunadamente, también existen entrenadores o facilitadores responsables y serios que te diremos la verdad.

Tener varias fuentes de ingresos te permite obtener **seguridad financiera**. Te da paz y tranquilidad. El dinero sirve, entre otras muchas cosas, para tener opciones, para tener un ramillete de decisiones que puedas tomar. Para ampliar el menú de la vida. La diversificación de ingresos es esencial para mantener una estabilidad financiera a largo plazo.

-*"Si quieres ser rico, no te concentres
en ganar dinero, concéntrate
en crear varias fuentes de ingresos."*-

- John Paul Getty

Capítulo 26

Hábito #10 de gente quebrada: Tienen una sola fuente de ingresos de por vida

S i solo tienes una fuente de ingresos, estás a solo una crisis de ser pobre, es como confiar en una sola carta para ganar en el póker. Las probabilidades de que logres libertad financiera solamente con un empleo son CASI CERO, a menos que seas el CEO de una empresa trasnacional y cobres en dólares una cantidad anual de seis o siete cifras. Además, un empleo NO ES UN ACTIVO. Es simplemente cambiar TIEMPO por DINERO. Esto lo hace altamente peligroso, el objetivo principal de la libertad financiera, no es solo el tema dinero, supone también la libertad de tiempo.

Los ascensos tampoco te servirán de mucho, ya que papá estado estará ahí esperándote para subirte los impuestos y agradecerte tu contribución adicional, pero tal vez lo peor del caso, es que un puesto de mayor ingreso, supondrá por añadidura mayor responsabilidad, impactando potencialmente también de manera directa, tu tiempo. ¿Has conocido personas con empleos muy bien remunerados que tienen que contestar el teléfono por temas laborales en fines de semana, altas horas de la noche, días festivos e incluso cuando están de viaje en vacaciones?

Si eres un profesionista, tal vez, solo tal vez tengas cierta libertad de tiempo ejerciendo; sin embargo, tu tiempo siempre estará en la misma ecuación de tiempo por dinero.

¿Cuál es el primer paso para tener múltiples fuentes de ingresos?

Lo primero que debo decirte es que el nombre del juego es **APORTACIÓN DE VALOR**, debes sí o sí aportar valor al mercado, algo único. Y para aportar más valor al mercado debes autoformarte. Tu formación es 100 % tu responsabilidad, no la de tu empleador, ni la de tus padres, si es que fueron ellos quienes financiaron tu educación formal.

Deberás tomar cuanto antes los siguientes pasos:

1.- Determinar cuáles son tus dones y talentos, y lamento mucho decirte que tal vez no tengan nada que ver con tu educación formal.

2.- Leer, viajar, estudiar, investigar sobre el tema en que sabes que eres bueno, donde están esos dones y talentos. Tú decides si esto te toma un mes, un año o una década. Mientras tanto continuarás en ese empleo, o ejerciendo tu carrera dando lo mejor de ti, empleándote al 100 %. Quejarse no es una opción.

3.- Leer y asistir a seminarios sobre gestión emocional, lo más difícil que tendrás que hacer es ATREVERTE, es más, estoy seguro de que en este momento solo por leer lo anterior, ya sientes algo así como polillas en el estómago (polillas, las que yo llamo mariposas extraterrestres).

4.- Rodearte de personas que ya lo hicieron, que ya hicieron esa transición. Aquí debo hacerte una advertencia, no es lo mismo personas que por años tal vez desde siempre lo han hecho, que personas que tienen el reto de hacer la transición, lo expondré con dos ejemplos: **Ejemplo #1:** Imagina que vas al nutriólogo, es una mujer, con un cuerpo, digamos casi perfecto, casi de inmediato se genera algo así como inspiración, pensamos: "WOW, ella sí que sabe cómo hacerlo", pero qué tal si esa persona jamás ha tenido sobrepeso, o bajo peso, o algún desorden alimenticio, por razones que ni ella sabe tal vez, o tal vez genética, su cuerpo ha sido así toda la vida. Un día estudió nutrición y abrió su consultorio. **Ejemplo #2:** Ahora imagina el mismo caso, solo que esta persona ha resuelto en diferentes momentos de su vida temas de sobrepeso o algún desorden alimentación, y que finalmente tiene un cuerpo envidiable. Creo queda claro lo que quiero decir aquí, tú tienes que ser el ejemplo #2 y solo tomar consejo del ejemplo #2. No estoy menospreciando a los del ejemplo #1, pero hay altas posibilidades que ellos, ni siquiera saben bien, por qué hacen lo que hacen o cómo, solo sucede de forma natural, que bien por ellos, pero no son los mejores ejemplos para poder transmitir su conocimiento.

5.- Hacerte un experto en resolver problemas de otros, pero acotarlo, hasta que te enfoques en un únicamente problema que podrás resolver, mientras más específico mejor, eso te irá dando claridad por anticipado para cuando sea el momento de definir tu micro nicho de mercado. Tu mensaje, producto o servicio tendrá puntería láser.

6.- Estudiar modelos de negocio de todo tipo, no cerrarte a ninguno, leer, ir a congresos y ferias de negocios y de franquicias, aprender de negocios digitales, ir muchísimo más allá que solo redes sociales. Observar los cambios a nivel mundial en el mundo laboral y empresarial por temas geopolíticos, nuevas tendencias, etc. Aprenderás a descifrar negocios casi invisibles. Deberás mantenerte atento.

7.- Abrir tu mente para este nuevo paradigma, el cual consiste en una pregunta: ¿qué prefieres: a) Vender algo de $ 9,970 a 100 personas cada periodo de tiempo (mes, semestral, anual) o vender algo de $ 97 a 1,000 personas, igual cada periodo de tiempo de manera repetitiva?

No te preocupes, no la tienes que responder ahora. Por ahora solo te pido abras tu mente a esa posibilidad, y que sepas que hay personas que ya lo están haciendo, cualesquiera de los dos casos. El trabajo permanente, constante que hagas en ti mismo y también en tu empleo o ejerciendo tu profesión, sin quejarte, sin renegar, empleándote al 100 %, más temprano que tarde te abrirán las puertas de muchas oportunidades, las puertas de las bóvedas llenas de lingotes de oro, y lo más importante: tu mente estará creando nuevas y sabrá reconocerlas y aprovecharlas.

El origen de la riqueza de los individuos, de las ciudades, de los países y del mundo entero, inicia con el trabajo. Hagámoslo como estrategia y siempre aprendiendo. Hay "colegas" que dicen: Si trabajar muchas horas te hiciera rico, los taxistas serían millonarios todos, tal vez tengan razón, yo solo agregaría con todo respeto a los taxistas, que ellos hacen lo mismo, es un trabajo repetitivo. Mi invitación es a considerar el estudio, viajes, investigación, lecturas; también como trabajo activo.

Hay una frase que se le atribuye su autoría a diferentes personas, dice así: **"Tu salario es la droga que te han pegado para renunciar a tus sueños"**. El reto es no conformarse, el reto es no rendirse, ya lo hemos comentado antes. Y el peligro de un sueldo es que resuelve parcialmente el tema, continúa avanzando, ¿qué tal que vamos por todas las canicas? Por algo que lo resuelva al 100 %.

Tener una sola fuente de ingresos es un riesgo financiero que no puedes permitirte tomar, es tal vez el peor de todos. La diversificación de ingresos es esencial para sobrevivir en una economía en constante cambio.

*"La mejor manera de multiplicar
tu dinero es invertir en ti mismo."*

-T. Harv Eker

Capítulo 27

Tips para MULTIPLICAR tu dinero

El dinero nunca duerme, recuérdalo siempre. Desde muy temprana edad nos enseñan por simple imitación, que solo hay una manera de hacer dinero, mediante un empleo o mediante tener un negocio propio. Uno solamente. La gran mayoría elige por lo primero. En cuanto se obtiene el primer pago, o el primer ingreso por ventas del negocio, llega otro paradigma que está conectado directamente al primero: para tener otro ingreso requiero cumplir otro ciclo (semana, quincena, mes) en ese empleo o debo seguir obteniendo más ventas en ese negocio. Si tienes un negocio, el día uno de cada mes, tus ventas están en cero, inicias de nueva cuenta.

De entrada es correcto, pero... ¿Qué me dirías si yo te dijera que una de las cosas más poderosas que puedes hacer con tu dinero es multiplicarlo? Haz una pausa y anota esta frase: **El dinero puede multiplicarse de manera infinita, solo debo abrirme a la idea, aprender al respecto y permitirle que lo haga.** De hoy en adelante, cuando necesites dinero, o estés trazando tu estrategia financiera, solo pregúntale a tu cerebro: ¿Cómo puedo hacer para multiplicar este dinero? Poco a poco tu mente se irá acostumbrando a esta idea y empezarás a ver las oportunidades por todos lados. ¿Te ha pasado que estás planeando comprar un coche nuevo, y en esos días o semanas empiezas a ver la marca y modelo del auto que planeas comprar por todos lados? Esto sucede porque le has dado una poderosa orden a tu cerebro y lo has puesto a trabajar, nuestro cerebro es la computadora más poderosa que puede existir. Lo primero es abrirnos a la idea. ¿Cómo suena saber que tu dinero puede, y debe multiplicarse? Dicho lo anterior pasemos a tips, básicos, para multiplicar tu dinero. Más delante no te puedes perder el tema donde hablo del interés compuesto, con un enfoque que tal vez no has visto hasta ahora. (Capítulo 38).

ADVERTENCIAS:

Son varios puntos los que deseo queden como advertencia muy clara para ti querido lector:

1.- Distingue cómo antes de hablar de invertir tu dinero, uso las palabras: **multiplicar tu dinero**, ¿por qué? En este contexto estas palabras son sinónimo; sin embargo, la palabra invertir ha sido satanizada demasiado, con razón y sin razón. A veces como una manera de hacerse rico de la noche a la mañana, otras veces como casi una garantía de ser engañado. Entonces, dicho lo anterior, te pido que mientras no domines la regla de oro para multiplicar tu dinero, digas siempre, multiplicar.

2.- La regla de oro para multiplicar tu dinero deja muy claro también que hace falta prepararse, estudiar, prepararse de nuevo y volver a estudiar, hasta ser experto en la materia en que queremos incursionar. En este proceso te darás cuenta de que tal vez algunas ideas que por fuera parecían muy atractivas, al conocerlas a fondo no lo serán tanto para ti, y a la misma vez, en el proceso descubrirás oportunidades o ideas que no habías descubierto antes. Será como si tu mente se convirtiera en una especie de imán - filtro de oportunidades. Y si, claro, la gente dirá que buena suerte has tenido.

3.- NO EXISTEN LOS BOTONES MÁGICOS PARA HACERSE RICO, cualquier libro, curso, entrenamiento, taller o conferencia que te diga que vas a ganar cantidades impresionantes de dinero en poco tiempo, NO SON REALES, o no son legales. Deberás pagar el peaje, el pago de ese peaje inició cuando compraste tu primer libro sobre finanzas personales y familiares. ¿Cuánto vas a tardar? Dependerá de tu nivel de compromiso y de tu ¿por qué o para qué?, de tu propósito(Capítulo 2). Si tienes un porqué o un para qué lo suficientemente poderoso, aceptarás cualquier cómo y lo harás en tiempo récord. Víctor Frankl.

4.- Tu **FONDO PARA LIBERTAD FINANCIERA**, deberá permanecer intocable y creciendo, todo el tiempo que tardes en estar listo para multiplicarlo. Repito, ese dinero SOLO ES PARA MULTIPLICARSE, no es para gastarse y mucho menos para perderlo en malos negocios porque no supiste esperar a estar listo. **Nuevo paradigma-reto: Aprender a tener dinero líquido, con disponibilidad prácticamente inmediata, y no tocarlo, la paciencia es la prima hermana de las grandes fortunas.**

5.- Cualquier forma para multiplicar tu dinero, implica estudio y cuidado de emociones, deberás dedicarle el tiempo necesario hasta dominarlo, ya he hablado suficiente al respecto en diferentes partes de este material, es una regla que jamás deberás romper.

Recuerda, cuando te vaya mal, porque habrá veces que sucederá (aquí surgirá una nueva emoción: la frustración), tu parte emocional te "aconsejará" que te alejes lo más lejos posible y que jamás lo vuelvas a intentar. Cuando te vaya bien, de igual manera tu parte emocional te "aconsejará" que vayas por tu resto, como en el póker. Deberás equilibrar ambas emociones. ¿Ya notaste que hasta aquí no te he hablado de números ni de matemáticas en un libro que es fundamentalmente financiero? Pregúntate por qué. Sí, veremos algo de matemáticas financieras, pero no te preocupes, es muy poco y muy sencillo. Este equilibrio entre miedo y avaricia, deberás aprender a manejarlo, eso formará tu carácter.

Entonces repasemos: de todas las emociones humanas, algunas son aprendidas, la mayoría, las aprendemos de nuestro contexto mientras crecemos, las imitamos, las condicionamos y les creamos "reglas" para que sucedan. Es decir... para sentir o experimentar [emoción], debe suceder [suceso 1, 2 o 3]. Y así, sin darnos cuenta, vamos condicionando nuestras vidas y nuestras emociones.

Sin embargo, existen tres emociones humanas que son instintivas, que han existido en el humano por miles de años para activar los famosos: modo de pelea, o modo de vuelo (*fight or flight mode*), a estas alturas ya sabes cuáles son: El miedo, la avaricia y la frustración.

El miedo activará el modo vuelo o pelea.

La avaricia activará el modo vamos por todo, ya sin filtros y sin precauciones.

La frustración te jugará un truco; se conectará momentáneamente con tu parte lógica, tu parte racional para "recordarte" lo mal que te fue antes y por lo cual deberías evitar hacerlo de nuevo, se convierte en la prima hermana del miedo.

BOLSAS DE VALORES

Una manera de duplicar (el doble) tu dinero, es invertir en los mercados de valores a nivel internacional, siempre en el largo plazo, (busca mi material y entrenamiento sobre cómo invertir en las bolsas de valores del mundo). Existe el modelo del "*trader*" que trabaja a corto plazo, mi sugerencia es aprenderlo y aplicarlo siempre para el largo plazo, que es el modo del inversionista de valor; sin embargo, como en todo lo que enseño, tú tienes la última palabra siempre.

Hagamos un ejercicio, pensemos en un rendimiento del índice S&P 500 de EE. UU., el cual ha sido líder, ha tenido una tasa de rendimiento anual promedio de 8 % desde 1957. A esta tasa, duplicarías tu inversión en nueve años. Esto es, solo dejándola crecer con interés compuesto, sin tocarlo y sin aportar más.

Ahora hagamos otro ejercicio con el mismo rendimiento de 8 %. Veamos cuánto tiempo nos tomaría alcanzar un patrimonio neto de $ 1 millón. Para aplicar esta fórmula, solo requieres dos cosas: **1)** Aplicar el pagarte a ti mismo primero y, **2)** Aprender cómo y dónde obtener al menos ese 8 % de rendimiento anual. (Nota como no dije ahorrar, dije pagarte a ti mismo primero, la palabra ahorro también está demasiado contaminada). Nota también, cómo mientras más joven inicias es más fácil. Tomaremos en cuenta un periodo de 45 años, a partir de los 20, hasta los 65.

Nota en la tabla, lo siguiente, si empiezas a los 20 años y hasta los 65, habrás ahorrado en realidad $ 172,260, esto es multiplicar $ 319 x 12 x 45 años. ¿De dónde sale el resto? **De la magia del in**terés compuesto. Esto nos da que mientras más pronto comencemos, menor será la cantidad que necesitamos mensual.

Si inicias a los 20, el ahorro total que habrás hecho es de $ 172,260, a los 25 $ 211,200, a los 30 $ 257,460, a los 35 $ 311,040, a los 40 $ 372,000 y a los 45 $ 439,440. En todos los casos al final tendrás $ 1 millón.

Las palabras mágicas aquí son: Tiempo, largo plazo, disciplina, estrategia. Importante notar, como este cálculo, sucede con 8 % anual. ¿Qué pasaría si aprendes a obtener rendimientos del 10, 15, 20, 30 % o más? Una vez que entrenaste a tu cerebro para hacerlo, no cesara de buscar maneras y de aprender, y aprender y aprender. ¿Me sigues?

Eso no significa de ninguna manera que solo deberás aplicar esta estrategia, claro que no. ¿Recuerdas las partes donde menciono múltiples fuentes de ingresos? ¿Cómo suena... múltiples formas de multiplicación de tu dinero?

Esto te lo explico por motivos matemáticos, ahora imagina que aplicas cada una de las técnicas y hábitos aquí explicadas. ¿Ya sentiste el potencial?

Te invito a que una vez más vayas a Google y busques: "Calculadoras de interés compuesto", el resultado te dará varios cientos de miles, de todos colores y sabores, elige una y juega un rato, juega con aportaciones mensuales diferentes, diferentes plazos y diferentes tasas de rendimiento. Te volará la cabeza.

BIENES RAÍCES

Existen cientos de maneras diferentes en que se puede multiplicar el dinero por medio de bienes raíces, te recomiendo buscar mi material al respecto.

Hay personas que cuando tienen excedentes de capital compran terrenos como una simple estrategia para no gastarse esos recursos, aunque no es la mejor de las estrategias, al hacerlo, por lo menos están protegiendo su dinero del efecto de la inflación, siempre y cuando esos terrenos tengan una ubicación por lo menos decente.

Toma en cuenta que los bienes raíces, salvo muy raras excepciones por distancia o mala reputación, siempre subirán, por lo menos, de forma directamente proporcional a la inflación, -más delante tengo un capítulo completo donde hablaremos de la inflación- (capítulo 45). Esto significa que es una de las formas más sencillas y seguras de invertir. Solo toma en cuenta lo que te dije antes: existen cientos de maneras diferentes que se puede conservar y multiplicar el dinero por medio de los bienes raíces. Nota que con este ejemplo, tu dinero "crece" con el tiempo, pero no tienes rendimientos mensuales a menos que esos terrenos los rentes.

Edad	Cantidad en dólares mensuales para lograr $ 1 millón
20	$ 319
25	$ 440
30	$ 613
35	$ 864
40	$ 1,240
45	$ 1,831

LIQUIDA TUS DEUDAS

Conjugando el verbo "tarjetear". ¿Cómo se conjuga el verbo "tarjetear"? Se conjuga: Yo debo, tú debes, él debe.

Hablaremos en profundidad del concepto **DEUDA CERO** un poco más delante(capítulo 30), sin embargo, en esta sección donde estamos planteando ideas para multiplicar tu dinero, quiero que hagas un cambio de paradigma brutal, que veas el pago de deuda como una inversión, como una manera de multiplicar tu dinero.

Recuerda que tu ingreso es tu más poderosa herramienta para producir riqueza, acumulando ese ingreso y multiplicándolo. Si una parte de tu ingreso está comprometida en el pago de intereses, estás limitando seriamente tu poder multiplicador. No confundir con apalancamiento, insisto, lo veremos en la sección deuda cero.

Si vemos el pago de deudas como una forma de multiplicar nuestro dinero, al aplicarlo, estaremos jugando el mismo juego que "juegan" las financieras y los bancos, bajo sus mismas reglas, en las mismas canchas, 100 % legal; y lo más importante: Podemos ganar la partida.

INVIERTE EN UN NEGOCIO

Invertir en un negocio ya no es solo para los superricos. Puedes multiplicar tu dinero invirtiéndolo en un negocio local tradicional. Quiero que pongas especial atención al hecho de que estoy hablando de que inviertas en tu propio negocio en una sección donde estamos hablando de multiplicación de tu dinero, pues, tendrás que aplicar una serie de reglas para ti mismo y tu equipo, para que realmente sea multiplicación de tu dinero.

Estas reglas son las siguientes:
1.- Tu negocio deberás manejarlo bajo todas las reglas de la frugalidad (leer sección de frugalidad, capítulo 24), esto es no desperdicio, y hacer altamente eficientes todos los recursos.

2.- Asignarte un sueldo, tu sueldo no es lo que te sobra luego de pagar los gastos de operación e impuestos, deberás vivir con ese sueldo el tiempo necesario, hacer un plan a largo plazo, no te preocupes, en ese tiempo podrás aumentarte el sueldo pero solo con base al crecimiento de tu negocio.

3.- El objetivo de tu negocio deberá ser multiplicarse, por lo que todo excedente deberá destinarse para ello, esto hará que tu negocio se comporte matemáticamente de la misma manera que lo hace el interés compuesto.

El rendimiento de un negocio, puede llegar a ser de **miles por ciento**, ¿recuerdas el ejercicio del 8 %? Aquí hablaremos de miles por ciento. Vuelve a leer las advertencias, aplica también para los negocios. Busca mi material de cómo lanzar exitosamente tu emprendimiento digital, te apalancarás de la tecnología actual, o apalancar tus negocios tradicionales con tecnología digital. Hablar de solo redes sociales, es como hablar de lo que se enseña en kínder, ta va a volar la cabeza, garantizado.

Te regalo los 5 principales beneficios de abrir un negocio propio:

1.- Control y autonomía: Al abrir un negocio propio, tienes el control total sobre las decisiones y la dirección del negocio. Eres el jefe, y tienes la libertad de tomar las decisiones que consideres adecuadas sin depender de nadie más.

2.- Potencial de ingresos: Aunque no es garantizado, tener un negocio propio te da la oportunidad de generar ingresos significativos. Dependiendo del tipo de negocio que inicies, el potencial de ganancias puede ser de **miles por ciento**, ya lo dije antes. Este es mi favorito, los negocios son la forma más poderosa de multiplicar el dinero aquí, y en China; literal.

3.- Flexibilidad: Como dueño de un negocio, tienes la flexibilidad para establecer tus propios horarios y la capacidad de trabajar desde cualquier lugar.

4.- Realización personal: Para muchas personas, abrir un negocio propio es un logro significativo y una fuente de satisfacción personal. Puede ser emocionante construir algo desde cero y verlo crecer con el tiempo.

5.- Aprendizaje constante: Al ser dueño de un negocio, tendrás que aprender y desarrollar habilidades en áreas que antes no habías considerado, como la administración, marketing y ventas. Esto puede ser desafiante, pero también es una oportunidad para desarrollarte personal y profesionalmente.

Recuerda siempre: No te conformes con la tasa de interés que te ofrece el banco, busca alternativas de inversión más rentables. No ahorres para gastar, ahorra para invertir y multiplicar tu dinero. No inviertas en lo que no entiendes, educa tu mente financiera para tomar decisiones inteligentes, —ya lo dije —.

-*"Un objetivo sin un plan es solo un deseo".* -

Antoine de Saint-Exupéry

Capítulo 28

Hábito #11 de gente rica: Crean y mantienen un proyecto de vida familiar y financiero

Una familia que trabaja junta en su proyecto de vida financiero, permanece junta en todo lo demás. Nuestras investigaciones, entrevistas y estudios nos dan unos datos escalofriantes, más del 73 % de las familias nuevas que se forman, NO tienen un proyecto de vida familiar financiero, saben muy poco sobre inteligencia y cultura financiera, y creen en el "fueron felices para siempre".

Siento decepcionar a aquellos que viven en este paradigma, pero para "vivir felices, para siempre", se requieren muchas cosas, una de ellas es dinero y aunque al inicio pueden tener una idea de cómo empezar, dista mucho de ser un proyecto, una estrategia y mucho menos un plan a largo plazo.

Este libro completo y su cuadernillo de trabajo con todos sus ejercicios es tu primer gran paso rumbo a construir tu primer proyecto de vida familiar financiero.

Bastará que sigas al pie de la letra este proceso. Son hábitos y pasos muy precisos, y en el cuadernillo de trabajo vienen ejercicios y cuestionarios fundamentales. También es necesario considerar dos temas adicionales: La mentalidad de escasez y abundancia, y, por otro lado, el sistema de creencias.

Mentalidad de abundancia versus de escasez:

¿Te has preguntado alguna vez por qué algunas personas parecen atraer el éxito y la prosperidad mientras que otras parecen estar siempre luchando por sobrevivir? **La respuesta puede estar en su mentalidad.** La mentalidad de **escasez**, basada en el miedo y la limitación, puede limitar tu capacidad para alcanzar tus metas y vivir la vida que deseas. Por otro lado, la mentalidad de **abundancia,** basada en la confianza y la creatividad, puede ayudarte a desbloquear tu potencial y lograr el éxito en todas las áreas de tu vida.

En esta sección, te presentaré los pasos clave para dejar atrás la mentalidad de escasez y adoptar una mentalidad de abundancia en tiempo récord. Aprenderás cómo identificar las creencias limitantes que te impiden progresar, cómo cambiar tu diálogo interno y cómo enfocarte en las oportunidades en lugar de los problemas. Además, te enseñaré cómo practicar la gratitud, la generosidad y el pensamiento positivo para atraer la prosperidad y el éxito a tu vida.

En corto:
Abundancia = Éxito Financiero
Escasez = Fracaso Financiero

Mentalidad de escasez y de abundancia.
La mentalidad de escasez y de abundancia son dos conceptos que se utilizan en la psicología para describir diferentes formas de pensar acerca de la vida, los recursos, el dinero y las decisiones financieras que tomamos como individuos y como familias.

La mentalidad de escasez se caracteriza por un enfoque en la falta y la limitación. Las personas con esta mentalidad tienden a creer que los recursos son limitados y que deben proteger lo que tienen, lo que puede llevar a una mentalidad de avaricia o de competencia constante. En lugar de centrarse en el potencial de crecimiento y desarrollo, estas personas pueden enfocarse en la supervivencia y el control, lo que puede generar estrés, ansiedad y miedo al cambio. **Esto va a ser parte fundamental de las emociones que experimenten y por consiguiente de las decisiones que tomen.**

Por otro lado, la mentalidad de abundancia se enfoca en el potencial y la oportunidad. Las personas con esta mentalidad tienden a pensar que hay suficientes recursos para todos y que pueden ser compartidos y multiplicados. En lugar de competir, estas personas tienden a colaborar y trabajar juntas para crear un impacto positivo en su vida y en la de los demás. La mentalidad de abundancia se enfoca en el crecimiento y la transformación, lo que genera emociones positivas como la gratitud, la esperanza y la felicidad.

Es importante destacar que la mentalidad de escasez y de abundancia no son rasgos innatos, sino que son aprendidos y cultivados a través de la experiencia y la práctica y producen un impacto significativo en la calidad de vida de las personas, generando mayor satisfacción, éxito y bienestar emocional.

Te dejo 10 ejemplos de mentalidad de escasez:
1.- Creer que nunca hay suficiente dinero para hacer lo que se

quiere.

2.- Pensar que el tiempo es limitado y siempre se está en una carrera contra el reloj.

3.- Sentir que siempre hay alguien que tiene más éxito y que nunca se podrá alcanzar su nivel.

4.- Temer a los cambios y a lo desconocido.

5.- Sentir que nunca se tiene suficiente comida o que siempre se está a dieta.

6.- Temer que los demás puedan aprovecharse de uno o quitar lo que se tiene.

7.- Pensar que nunca se tendrá suficiente tiempo para descansar o cuidarse a uno mismo.

8.- Sentir que la vida es una lucha constante y que siempre hay que estar en guardia.

9.- Creer que nunca se tendrá suficiente atención o amor de los demás.

10.- Pensar que siempre hay algo que falta para alcanzar la felicidad.

Estas creencias simplemente nos hacen tomar decisiones, pareciera que "solito pasó eso", en realidad somos los causantes.

En términos psicológicos, la mentalidad de escasez se caracteriza por una sensación de falta y limitación, lo que puede generar emociones negativas como el miedo, la ansiedad y la frustración. Esta forma de pensar limita la capacidad de las personas para ver oportunidades y soluciones creativas, lo que afecta su bienestar emocional y su capacidad para lograr sus objetivos. **Por lo tanto, es importante tomar conciencia de los patrones de pensamiento de la mentalidad de escasez y aprender a cambiarlos hacia una mentalidad de abundancia, no es opcional. Debemos hacerlo.**
El primer paso para resolverlo es autoobservarnos con cada acción, incluso cada pensamiento, una vez descubierto el enemigo podremos trabajar en vencerlo.

Te daré un ejemplo de mentalidad de escasez aplicado a la vida cotidiana: Imagina que tienes una mentalidad de escasez con relación a tus finanzas personales. Cada vez que recibes tu salario, te enfocas en el dinero que falta en lugar de apreciar lo que tienes. Te sientes ansioso y preocupado por los recibos y los gastos que debes cubrir, y temes que nunca tendrás suficiente para ahorrar o invertir en tus objetivos financieros a largo plazo. Como resultado, te cuesta trabajo, disfrutar de las cosas que puedes hacer con el dinero que tienes y te sientes estresado todo el tiempo. **Esta mentalidad de escasez limita tu capacidad para ver oportunidades financieras y soluciones creativas para tus problemas económicos.** También te genera emociones negativas como el miedo, la ansiedad y la frustración, que afectan tu bienestar emocional y físico.

Ejemplo de mentalidad de escasez aplicado a los negocios: Imagina que eres dueño de un negocio y tienes una mentalidad de escasez. En lugar de enfocarte en las oportunidades de crecimiento y en la creación de valor para tus clientes, te enfocas en la competencia y en cómo puedes superar a tus competidores. Te sientes amenazado por la presencia de otros negocios similares al tuyo y te preocupa que puedan quitar clientes de tu negocio. Te enfocas en controlar tus costos y en maximizar tus ganancias a corto plazo, sin pensar en cómo puedes invertir en el crecimiento a largo plazo de tu negocio o en cómo mejorar en general la experiencia de tu cliente con tu producto o servicio.

Te dejo 10 ejemplos de mentalidad de abundancia:
1.- Creer que siempre hay oportunidades para aprender y crecer.
2.- Sentir que siempre hay suficiente para compartir y colaborar con los demás.
3.- Pensar que siempre se pueden crear nuevas oportunidades y soluciones creativas.
4.- Apreciar y valorar lo que se tiene en lugar de enfocarse en lo que falta.
5.- Sentir que siempre hay algo nuevo que experimentar y descubrir.
6.- Creer que el éxito y la felicidad son accesibles para todos.
7.- Sentir que siempre se puede aprender algo de los demás y de las situaciones.
8.- Pensar que los cambios y las nuevas experiencias son una oportunidad para crecer y evolucionar.
9.- Valorar la diversidad y las diferencias de los demás.
10.- Creer que la vida es un regalo y que siempre hay algo que agradecer.

En términos psicológicos, la mentalidad de abundancia se caracteriza por una sensación de plenitud y gratitud, lo que puede generar emociones positivas como la alegría, la esperanza y la satisfacción. Esta forma de pensar aumenta la capacidad de las personas para ver oportunidades y soluciones creativas, lo que afecta positivamente su bienestar emocional y su capacidad para lograr sus objetivos. **Por lo** tanto, es importante cultivar una mentalidad de abundancia a través de la práctica y la reflexión constante, para experimentar una vida más plena y satisfactoria.

Ejemplo de mentalidad de abundancia aplicado a la vida cotidiana: Imagina que tienes una mentalidad de abundancia en relación con tu vida social. Cada vez que sales con amigos o conoces a nuevas personas, te enfocas en lo que puedes aprender de ellos y en cómo puedes crecer a través de esas interacciones. Aprecias y valoras la diversidad de las personas y las experiencias que compartes con ellas, y te sientes agradecido por todas las oportunidades que tienes para expandir tus horizontes. Te sientes feliz y satisfecho con la vida social que tienes.

Esta mentalidad de abundancia te permite ver oportunidades donde otros pueden ver obstáculos o limitaciones, y te permite estar abierto a nuevas ideas y formas de pensar. Además, te permite experimentar emociones positivas como la alegría, el amor y la gratitud, lo que puede mejorar tu bienestar emocional y tu salud mental.

Ejemplo de mentalidad de abundancia aplicado a los negocios:
Imagina que eres dueño de un negocio y tienes una mentalidad de abundancia. En lugar de ver a tus competidores como una amenaza, los ves como una oportunidad para colaborar y crecer juntos. Te enfocas en crear alianzas estratégicas con ellos y en encontrar maneras de ofrecer un valor único y diferenciado a tus clientes. Te sientes confiado y seguro en la calidad de tus productos o servicios y en la capacidad de tu empresa para crecer y prosperar en el mercado.

Esta mentalidad de abundancia te permite estar más enfocado en la oportunidad de crecimiento en lugar de preocuparte por la competencia. Te permite ser más creativo y proactivo en la búsqueda de nuevas oportunidades de negocio. También te ayuda a construir relaciones más sólidas con tus clientes y proveedores, lo que hace que mejores la reputación de tu negocio y aumentes la lealtad de tus clientes.

Para cultivar una mentalidad de abundancia en los negocios, es importante enfocarse en la innovación y en la creación de valor para tus clientes en lugar de enfocarse únicamente en las ganancias. —¿Te recuerda algo esto del capítulo 2? — También es fundamental construir relaciones sólidas con tus clientes y proveedores, enfocándote en la colaboración y el crecimiento conjunto. Además, es relevante mantener una mente abierta a nuevas ideas y oportunidades de negocio, y estar dispuesto a tomar riesgos calculados para alcanzar tus objetivos. Con la práctica y la reflexión constante, puedes cultivar una mentalidad de abundancia que te permita llevar tu negocio al siguiente nivel.

Hasta este punto, supongo has comprendido la importancia de adquirir una mentalidad de abundancia. En caso de que no la tengas aún, te dejo un sistema en 10 pasos para hacerlo; sin embargo, lo más valioso es que sigas todo nuestro proceso. Hay cosas que aprenderás "desde dentro tuyo". Son cosas que descubrirás por ti mismo y que no pueden ser enseñadas. No te preocupes, el sistema está diseñado para detonar esas epifanías desde dentro de las personas. Te volará la cabeza.

Resuelve tu mentalidad de escasez en 10 pasos:
1.- Reconoce tu mentalidad actual: El primer paso para cambiar tu mentalidad de escasez es reconocer que la tienes. Identifica las creencias limitantes que tienes sobre el dinero y los recursos y cómo te afectan en tus decisiones. -Todo puede empezar a cambiar con un simple: —RECONOZCO QUE—.

2.- Practica la gratitud: La gratitud es una práctica poderosa para cambiar la mentalidad de escasez a mentalidad de abundancia. Enfócate en lo que tienes en lugar de lo que te falta y agradece por ello. Da gracias por cada cosa que tengas, sea material o de otra naturaleza. Agradece incluso los pagos que haces, como los recibos, no importa si era lo último que te quedaba, gracias a eso tienes electricidad, comida, agua, etc. Todo puede cambiar con un simple GRACIAS o un AGRADEZCO.

3.- Cambia tu lenguaje interno: Toma conciencia de tu diálogo interno y cambia tus pensamientos negativos sobre el dinero y los recursos por pensamientos positivos de abundancia. -Todo puede cambiar con el cambio de un simple PENSAMIENTO-.

4.- Enfócate en las posibilidades: En lugar de enfocarte en lo que te falta, enfócate en las oportunidades y posibilidades que tienes. Mantén tu mente abierta y busca nuevas oportunidades.

5.- Rodéate de personas con mentalidad de abundancia: Las personas con mentalidad de abundancia pueden inspirarte y motivarte a pensar de manera más positiva. Júntate con personas que pasan a la acción en grande y que ven las oportunidades en lugar de los problemas. (Capítulo 9).

6.- Aprende a tomar riesgos: La mentalidad de abundancia implica estar dispuesto a tomar riesgos y a salir de tu zona de confort. Aprende a tomar decisiones informadas y a asumir los riesgos necesarios para lograr tus objetivos.

7.- Desarrolla una mentalidad de crecimiento: La mentalidad de abundancia implica tener una mentalidad de crecimiento en lugar de una mentalidad fija. Cree en ti mismo y en tus capacidades para aprender y crecer a lo largo del tiempo.

8.- Practica la generosidad: La generosidad es una práctica poderosa para cultivar la mentalidad de abundancia. Comparte tus recursos y habilidades con los demás y enfócate en cómo puedes contribuir positivamente al mundo. La generosidad vibra a la misma intensidad que la apreciación.

9.- Crea un plan financiero: Elabora un plan financiero realista y sostenible que te permita ahorrar y utilizar tus recursos de manera inteligente. Aprende a hacer un presupuesto y a administrar tu dinero de manera efectiva. (Ya lo estás haciendo con este libro y el proceso completo).

10.- Celebra tus éxitos: Celebra tus éxitos y avances en el camino hacia la mentalidad de abundancia. Aprende a reconocer tus logros y a mantenerte motivado para seguir adelante.

Creencias limitantes:

Las creencias limitantes son ideas o pensamientos que una persona tiene sobre sí misma o sobre el mundo que la rodea, los cuales limitan su capacidad de crecer, cambiar y alcanzar sus metas. Estas creencias negativas pueden ser profundamente arraigadas en el subconsciente, lo que hace que sean difíciles de identificar y superar.

A menudo, estas creencias se originan en experiencias traumáticas o en la influencia de figuras autoritarias en la infancia, y pueden ser reforzadas por patrones de pensamiento negativos y experiencias negativas en la vida adulta.

Las creencias limitantes pueden tener un impacto significativo en la vida de una persona, incluyendo su autoestima, sus relaciones personales y profesionales, y su capacidad para alcanzar sus metas y sueños. Por lo tanto, es importante identificar y abordar estas creencias para superarlas y desarrollar una mentalidad más positiva y empoderante.

En el cuadernillo de trabajo complemento de este libro, te dejo ejercicios para a) Descubrir tus principales creencias limitantes y, b) Cómo erradicarlas o modificarlas por otras que te pondrán en una postura de poder.

Te dejo las 10 principales creencias limitantes más conocidas para el caso de México, algunas están incluso arraigadas en la cultura popular. (Con una breve explicación)

1.- "El dinero es la raíz de todo mal": Esta creencia limitante implica que el dinero es algo malo y que solo trae problemas y desgracias. *En realidad, el dinero es un medio para adquirir bienes y servicios que pueden mejorar la calidad de vida.*

2.- "No puedo ahorrar porque apenas tengo lo suficiente para sobrevivir": Esta creencia limitante implica que ahorrar es imposible debido a las circunstancias económicas actuales. *En realidad, cualquier cantidad de dinero puede ser ahorrada si se establecen metas claras y se hace un plan financiero.*

3.- "No soy lo suficientemente inteligente para manejar mi dinero": Esta creencia limitante implica que el manejo del dinero es algo que solo las personas con una educación financiera avanzada pueden hacer. *En realidad, el manejo del dinero es una habilidad que puede ser aprendida y mejorada con el tiempo.*

4.- "El dinero no crece en los árboles": Esta creencia limitante implica que el dinero es algo difícil de conseguir y que solo se puede obtener a través de un trabajo duro y sacrificio. *En realidad, hay muchas maneras de generar ingresos adicionales, como la inversión y el emprendimiento.*

5.- "No puedo gastar dinero en mí mismo porque es egoísta": Esta creencia limitante implica que el gasto en uno mismo es egoísta y mal visto por la sociedad. *En realidad, gastar dinero en uno mismo puede ser una forma de autocuidado y mejorar la calidad de vida.*

6.- "Los ricos son malos y deshonestos": Esta creencia limitante implica que el dinero solo es obtenido a través de medios deshonestos y corruptos. *En realidad, hay muchos ricos que han logrado su éxito* *a través del trabajo duro, la innovación y la creación de valor para la sociedad.*

7.- "Nunca podré salir de la pobreza": Esta creencia limitante implica que la pobreza es un destino inevitable y que nunca se puede escapar de ella. *En realidad, muchas personas han logrado salir de la pobreza a través de la educación, el trabajo duro y la planificación financiera.*

8.- "El dinero no puede comprar la felicidad": Esta creencia limitante implica que el dinero no tiene relación con la felicidad y que la felicidad solo puede ser encontrada en cosas no materiales. *En realidad, el dinero puede proporcionar ciertos recursos y oportunidades que pueden contribuir a la felicidad.*

9.- "No puedo invertir porque es demasiado arriesgado": Esta creencia limitante implica que la inversión es demasiado arriesgada y que es mejor guardar el dinero en el banco. *En realidad, la inversión puede ser una forma efectiva de generar riqueza a largo plazo si se hace de manera inteligente y consciente.*

10.- "El dinero es un tema tabú": Esta creencia limitante implica que hablar de dinero es mal visto por la sociedad y que es mejor mantenerlo en privado, -ya lo dije-. *En realidad, hablar de dinero puede ser una forma de aprender y mejorar en el manejo financiero.*

Pasos para eliminar las creencias limitantes, -ya te comenté que en el cuadernillo de trabajo te doy un método infalible, son ejercicios, por ahora te dejo esta lectura-.

1.- Identifica tus creencias limitantes: Lo primero que debes hacer es tomar conciencia de las creencias limitantes que tienes. Pregúntate qué es lo que te impide avanzar, qué te frena o qué te hace sentir que no puedes lograr algo. Cáchate.

2.- Cuestiona tus creencias: Una vez que hayas identificado tus creencias limitantes, cuestiónalas. Pregúntate si realmente son ciertas o si son solo una percepción que has creado. Busca evidencia que respalde o refute tus creencias.

3.- Encuentra alternativas: Después de cuestionar tus creencias, busca alternativas que te permitan pensar de manera diferente. Por ejemplo, si crees que no eres lo suficientemente inteligente para alcanzar tus metas, encuentra pruebas de que sí lo eres o busca ejemplos de personas que hayan logrado lo que tú quieres y que tengan habilidades y características similares a las tuyas.

4.- Practica la nueva creencia: Una vez que hayas encontrado una nueva creencia que te permita avanzar, aplícala muchas veces, reflexiona en ella y en cómo se siente tenerla. Trata de visualizarte logrando tus metas y sintiendo la seguridad de que eres capaz de hacerlo.

5.- Refuerza la nueva creencia: Finalmente, refuerza la nueva creencia a través de la repetición, estarás produciendo evidencia ante ti mismo. Cada vez que tengas un pensamiento negativo, recuerda la nueva creencia que has adoptado y cree en ella en lugar de la anterior, limitante. Con el tiempo, la nueva creencia se convertirá en un hábito y te permitirá avanzar hacia tus metas sin que las creencias limitantes te detengan.

Sobre los hijos:

Enseña a tus hijos a administrar el dinero bien, es parte de tu proyecto de vida familiar financiero. Los *millennials* están batallando mucho con su capacidad financiera e independencia. Para remediar esto necesitamos enseñar a nuestros hijos sobre finanzas no solo en escuelas sino en el hogar. Los niños aprenden más sobre las finanzas de sus padres que de escuela y trabajo combinados. Los *millennials* deberán enfrentar un mayor costo en vivienda y cosas de alto valor, tienen retos diferentes, es urgente, se preparen.

Para un joven o un niño que no tiene ingresos producto de un esfuerzo, no comprende el valor del dinero. Si todos los meses gasta su mesada, no le importará en qué lo hace; solo le dolerá si se termina. Total, al inicio del mes tiene dinero nuevo. **En cambio, si ese dinero tuvo que trabajar para obtenerlo, habrá aprendido el valor del esfuerzo y lo cuidará, la conexión emociones-dinero habrá comenzado.**

Enseña tus hijos el valor del dinero, sé creativo con tu pareja e inventen una manera en que tengan que ganarlo. Así estarás enseñándolos a administrarlo desde antes que produzcan el de ellos, insisto, antes de eso solo es dinero tuyo, que simplemente les das, no tendrá **el ingrediente emocional de haberlo ganado** y de que podría terminarse, y no lo sabrán administrar simplemente porque no les costó nada obtenerlo, no les importará.

Hasta este punto es solo gastar dinero ajeno. Muy importante: Si se les termina antes de tiempo, NO les des más.

Si tus hijos tienen buenas o excelentes calificaciones, y la escuela les da una beca de cierto porcentaje por su buen rendimiento académico, **dales el dinero completo, dales a ellos el 100 % de lo que cuesta la escuela, esa diferencia ese descuento o beca, es de ellos. Los estarás enseñando que ser dedicado y, responsable paga y paga bien.** Ese dinero, además, lo habrán ganado ellos. No es dinero que simplemente les diste.

Enseña a tus hijos a establecer y lograr metas, y deja que te vean haciendo lo mismo. Enséñeles los principios de la gestión financiera y muéstreles cómo aplicas esos principios en tu vida. Involucrarlos en la creación del proyecto de vida familiar financiero, que los incluye a ellos. Guíalos desde ahora en descubrir su propósito (capítulo 2).

Enséñales el VALOR de trabajo arduo y honesto, enséñales sobre frugalidad(capítulo 24) y ahorro, y enfatiza la importancia de obtener la mayor educación posible.

Un proyecto de vida financiero en familia es la mejor manera de garantizar un futuro próspero y seguro. Y recuerden siempre que el éxito financiero de una familia no se mide por la cantidad de dinero que tienen, sino por la forma en que lo administran como un equipo.

-"Si no trabajas por tus sueños, alguien te contratará para que trabajes por los suyos". -

Steve Jobs

Capítulo 29

Hábito #11 de gente quebrada: No tienen un proyecto financiero de ningún tipo

El proyecto de vida financiero de una familia debe estar alineado con sus valores y objetivos para ser verdaderamente efectivo. Se conoce con el nombre de "Finanzas Familiares" la gestión de todos los ingresos y gastos que una unidad familiar, con todos sus miembros incluidos, posee. Esta gestión está basada en pocos y, en un primer momento, sencillos principios, algunos ejemplos son bastante obvios, aunque no por serlo significa que las personas y las familias los llevan a cabo, los más relevantes podrían ser: (Algunos son "obvios"). Una familia que aprende a administrar el dinero, aprende a administrar su vida.

— Gastar menos de lo que se ingresa, para evitar el sobre endeudamiento. Una familia sin un plan financiero, se basa en percepciones, en lo que "cree" que sucede con sus finanzas, y como resultado gasta en promedio un 30 % más que sus ingresos, pues es lo que le dicta su percepción.

— Eliminar el gasto superfluo, o el que se destina a cosas que rara vez se utilizan. Me atrevo a decir que una familia puede resolver el 50 % de sus problemas financieros con el simple hecho de eliminar el gasto superfluo, entrar en la mecánica de la frugalidad. Claro que esto sucede bajo la sombra de la negación. De hecho, mi opinión como entrenador financiero me dice que a nivel sociedad, es otro de los grandes problemas que tiene esta generación, la enorme montaña de gasto en cosas innecesarias, una gran montaña que se acumula y que tarde o temprano termina en los basureros municipales.

¿Aceptas un reto? Voy a suponer que dijiste que si:

RETO:
1.- Busca un lugar en tu casa como una mesa, un cuarto, un mueble o simplemente un rincón. Ese sitio lo vas a usar para colocar una serie de artículos que te diré a continuación.

2.- Ahora ve a tu armario, saca cualquier pieza de ropa, de todo tipo, vestidos, sacos, camisas, zapatos, etc. que cumplan esta sencilla regla: Los compraste y nunca los estrenaste, o tal vez los empleaste solo una vez, en esa boda que te invitaron o ese evento social al que asististe. Si eres audaz, incluye en esta lista todas aquellas piezas que tal vez si utilizabas, pero que llevas por lo menos seis meses sin volver a usar, cosas que incluso ya no recordabas que tenías. Todas estas piezas llévalas a ese lugar que mencionamos en el punto #1. ¿Guardas ropa que no te queda esperando que algún día te queden nuevamente?, ja, ja, ja no eres el único, pero; ¿a quién engañas? Lleva esas piezas también.

3.- El turno de los libros. Ve a tu mueble donde tienes tus libros, y revistas. Toma todos aquellos libros que compraste, pero que jamás leíste, o que tuviste la intención de leer, no obstante, luego de unas pocas páginas, "se te olvidó", y han pasado meses y se quedaron inconclusos. Igual, tómalos y llévalos al lugar del punto #1 de este reto.

Tsundoku: Palabra japonesa para la persona que acumula libros sin leerlos nunca.

4.- Ahora ve a tu vieja colección de películas en DVD, esa larga lista que jamás pensaste sería un día obsoleta por la llegada, de todos los servicios de streaming actuales.

5.- Un artículo con valor de $ 300 o más. Ahora ve por tu casa y revisa cualquier objeto que pagaste por él un precio mayor al indicado, puede ser más de uno, y que rara vez lo has usado. Puede ser una caminadora, un aparato que pediste al ver ese infomercial a altas horas de la noche, o algo que trajiste de ese viaje. Ya sabes a dónde llevarlo.

Sí, ya sé lo que está pasando por tu mente en este momento, aún no ejecutas el reto y ya tu cabeza los está justificando o minimizando, lo sé, tú no eres esa persona. Calla tu mente por todo el tiempo que tardes haciendo este reto, tendrás una foto de ti mismo que jamás imaginaste, y lo más importante: Será el principio para salir de tu negación.

6.- Producto pirata. Ya te sabes la dinámica, ahora le toca el turno a productos pirata que tengas. Software, películas, bolsas de dama, ropa o tenis, libros, etc. Hoy en día casi cualquier cosa puede ser pirata. Ya sabes a dónde llevarlo. ¿Se va haciendo muy grande el montón?

Si eres muy joven y piensas algo así como: ¿quién compraría cosas así?, bueno, en ese caso haz el ejercicio junto con tus padres o hermanos. Te servirá para sacar tus conclusiones y curarte en salud. Realmente lo espero.

7.- Medicinas. Es el turno para ir a ese cajón lleno de medicinas, muchas de ellas caducas, algunas las compraste por indicación médica con receta y todo, pero no las consumiste en su totalidad y se quedaron guardadas. Otras las compraste porque se te atravesaron en una de tus idas al supermercado o tal vez porque un anuncio que viste o escuchaste te convenció. Necesitas de "eso" para tener más energía, más jovial, más atractivo, etc. En breve para elevar tu autoestima. Una vez más el tema emocional jodiendo la borrega, y por supuesto tu bolsillo.

Quiero que hagas una distinción muy importante: No se trata de limitar lo que compras, como tu entrenador, ya lo dije e insistiré en ese punto; tampoco se trata de "diferenciar una necesidad y un deseo", como si fuera tan fácil, la amígdala es cien veces más veloz que la parte racional de tu cerebro, y cien de cien veces te dirá que lo necesitas. ¿Voy bien o me regreso? Solo estamos haciendo este ejercicio para que te quites la venda de los ojos, y tengas total conciencia de tus hábitos de consumo. Lo que decidas a continuación, dependerá totalmente de ti. Sin embargo, ya no podrás justificarte por "no tener el dinero" para tal o cual cosa que habría catapultado al éxito tus proyectos financieros.

7.- Alacena. Ahora ve a tu alacena, donde guardas toda tu comida no perecedera, y haz una limpia a fondo. Saca esa vieja harina para "*hot cakes*" que caducó cuando tu abuelo aún tenía pelo y cualquier otro producto caduco, aprovecha para sacar productos que descubrirás en ese mismo lugar que llevan semanas o tal vez meses ahí sin consumirse, sé realista y saca todo eso que bien sabes ya a estas alturas que nadie comerá.

8.- Ahora toma una hoja y papel, y haz una lista aproximada de toda esa comida que tú y tu familia han tirado a la basura de manera consistente. Los desechos en los platos individuales, lo que quedó en el sartén, que luego pasó a un "*topper*", brincó al refrigerador y nadie jamás lo comió, agrega las frutas y verduras que jamás llegaron a un guisado o que nadie las comió y que con todo el dolor de tu corazón simplemente viste cómo dieron el salto a la basura.

No te sientas demasiado mal, si te sirve de consuelo, el desperdicio promedio de comida en una casa "normal" en EE. UU. y México, es de aproximadamente el 22 %. Si metemos a los restaurantes y tiendas de autoservicio a la ecuación, ese número crece hasta un 33 % aproximadamente. **Sí, leíste bien, vivimos en ciudades y países en donde hay gente que casi muere de hambre, y, por otro lado, un porcen-**

taje demasiado elevado de la comida se va a la basura.

9.- Tengo una lista de al menos diez cosas más para continuar con este reto, sin embargo, a estas alturas creo ya viste por dónde va el tema, ahora te lo dejo para que tú decidas qué más agregar a esta lista. Te daré algunos ejemplos: Enciclopedias que llevan décadas en algún mueble en tu sala. Televisiones extra en tu casa que no se usan. Teléfonos celulares que fuiste desechando con el paso de los años. Artículos raros que alguna vez te hicieron sentido. Colecciones de artículos como ranas, sillas en miniatura, carros réplica, etc., ¡No te imaginas cada colección exótica que algunas personas son capaces de tener!

10.- Ahora totaliza todo por concepto, algo aproximado: prendas de ropa, libros, DVD, productos piratas, etc. todo por separado. Saca un total total, la suma de todo. Antes de hacerlo te sugiero te sientes. Pausa tu lectura aquí, regresa cuando hagas el cálculo. Realmente te reto. No me digas que no te acuerdas de los precios, hazlo de todos modos con algo aproximado.

Como sociedad mantenemos millonarias a cientos de empresas que venden literalmente basura, o, compramos en exceso y ambos casos esas cosas ocupan un espacio en nuestras vidas y tarde o temprano van a ir a la basura. ¿Cómo es posible que seamos tan irresponsables a la vez que nos quejamos de que no nos alcanza el dinero?

Continuemos con las cosas que las familias "deberían hacer", solo es sentido común, no son finanzas, nivel universitario o física nuclear. (Tal vez no debí decir finanzas universitarias, porque son casi inexistentes, en su sentido práctico, más allá de que los estudiantes, memoricen algunos términos para el examen y las olviden unos días después para siempre).

— Redefinir el concepto, ahorrar a largo plazo, quebrar el paradigma y crear uno nuevo, desde hoy le llamaremos **FONDO PARA TU LIBERTAD FINANCIERA.**

— Redefinir el concepto, ahorrar a corto y mediano plazo, quebrar el paradigma y crear uno nuevo, desde hoy le llamaremos **FONDO PARA COMPRAS ORGANIZADAS Y PLANEADAS.**

— Redefinir el concepto general de deuda y tarjetas de crédito, y enfocarnos total y absolutamente en la **DEUDA CERO** (capítulo 30).

--- Reconsiderar tus patrones de consumo, por ahora solo abrir la mente a observar y aprender, para el final de este libro tendrás un panorama mucho más completo.

Recuerda siempre: La riqueza no es lo que tienes en el banco, sino lo que puedes hacer con ella para mejorar la vida de tu familia. No sigas el camino tradicional de trabajar duro y ahorrar, busca maneras creativas de generar ingresos y crecer financieramente. Esa es la invitación, ese es el sueño, ahí es donde estamos como tribu esperándote.

-"La deuda es el peor tipo de pobreza." -

Thomas Fuller

Capítulo 30

Hábito #12 de gente rica: Son expertos en DEUDA CERO

IMAGINA UNA VIDA DONDE EL PAGO MENSUAL DE TUS TARJETAS DE CRÉDITO ES CERO. HIPOTECA, CERO. PAGOS DE CARRO, CERO. La libertad financiera comienza con la eliminación de la deuda, es el primer paso para alcanzar tus objetivos. No hay mayor sentimiento de empoderamiento que ser dueño de tu dinero y no deberle nada a nadie.

En este hábito #12 quiero presentarte a Dave Ramsey, uno de mis mentores más importantes. Dave Ramsey es el creador del concepto DEUDA CERO, en el país del crédito. Muchísimos países tienen un sistema bancario financiero donde se usa el crédito por distintos motivos, sin embargo, todos sabemos que EE. UU. es el país donde prácticamente todo puede ser un crédito. Por eso, es tan impresionante el concepto DEUDA CERO, precisamente aquí, no solo es un cambio y rompimiento de paradigma, es creación de otro diametralmente opuesto, a 180 grados.

La idea de un instrumento que te permita comprar ahora, y, pagar después se escucha fascinante. Seamos honestos. Le quita totalmente "el sufrimiento", la parte emocional de desprenderte de una cantidad de dinero, en lo inmediato, lo lanza para "después". Emocionalmente, es un placer, no duele nadita.

Cuando tenía unos dieciocho años, llegó a mí la primera oferta para obtener una tarjeta de crédito, obviamente la tomé. Cuatro o cinco años después y seis o siete tarjetas después, con el "dolor" de hacer los pagos mensuales, empecé a sentir y comprender, que tal vez no había tomado decisiones inteligentes. Sé que muchos podrían decir: —es que las tarjetas no se manejan así—; y tendrían razón, el problema es que esa frase solo la comprende la parte racional de nuestro cerebro, ¿qué crees que hace la parte emocional? Exactamente. No le importa un comino lo que la parte racional considere "inteligente".

Vamos por partes: ¿Por qué alguien en sus cinco sentidos compraría algo ahora para pagar después? —Antes de enumerar los motivos, respondamos a esa voz interna que ahora mismo te está diciendo toda una serie de motivos por los cuales tener una tarjeta de crédito es una excelente idea, como los puntos, millas u otros muchos planes y beneficios—. Lo responderé con dos simples y brutales estadísticas: a) El 78 % de los usuarios de tarjetas de crédito utilizan mal esos instrumentos, lo hacen por motivos emocionales, b) El monto total de deuda por tarjetas de crédito en EE. UU. (Enero de 2023) es de $ 987 billones, esto con todos sus ceros es: $ 925,000,000,000. ¿Cuánto es digamos el 13 % de interés mensual de esa cantidad?

¿Cuánto se paga de interés? En EE. UU. una tarjeta con una tasa de 24 % o mayor es considerada alta, ¿y en latinoamericana? En México, por ejemplo, existen tarjetas con tasas de interés superiores al 100 % anual. Si tienes tarjetas de crédito, te sugiero ver inmediatamente en tus estados de cuenta, el CAT total que pagas.

¿Qué es el CAT? Es lo que realmente te cuesta el dinero prestado, incluye la tasa que te cobra el banco y habrá que sumarle el costo del dinero de acuerdo al banco central de tu país, en las diferentes fechas. Cuando la inflación aumenta, el costo del dinero aumenta también. Un crédito probablemente dice por ejemplo tasa 13 %, y en el contrato en otro lugar dirá CAT TOTAL 21 %. Pon mucha atención.

Regresemos a la pregunta, ¿Por qué alguien en sus cinco sentidos compraría algo ahora para pagar después?
1.- Se "siente" como que es dinero gratis.
2.- Suena bien disfrutar ahora y "preocuparme" después, ya veremos.
3.- El marketing ha hecho que te sientas un cliente superior al pagar con determinadas tarjetas, te vendieron estatus, solo que un falso estatus, además de demasiado caro.

Pero bueno, como te he comentado en varios de los hábitos de este texto, te pido una vez más que me sigas la corriente, acepta sin conceder, sigue leyendo, aplica todos y cada uno de los hábitos y sobre todo investiga, profundiza y ya veremos a qué conclusiones llegas por tu cuenta.

Ahora bien, el tema de los créditos no termina con las tarjetas de crédito, esa solo es la droga de entrada para crear nuevos adictos. El tema de deuda se extiende muy fácilmente a casas, carros, etc. **Y también existen deudas emocionales.** El objetivo es lograr DEUDA CERO, incluyendo tu casa y tu coche; y tus emociones, sin embargo, quiero resaltar aquí que las tarjetas de crédito, su uso principal, es para financiar consumo. Cosas que pierden su valor, cosas que "usas" y tiras a la basura, incluso puede ser que el día de hoy estés aún pagando algo que ya no tienes, que ya no existe. Algo que dejó de ser útil o que tal vez te comiste desde hace tiempo, o tal vez fue un viaje del cual ya regresaste.

Cómo salir de esa trampa llamada crédito: Te explico aquí un sistema para pago de deudas **"LA BOLA DE NIEVE"**, creado por Dave Ramsey, hoy es usado ampliamente en todo el mundo. Consiste en los siguientes pasos:

Nota: Antes de leer el paso #1 y los siguientes, deberás **realmente comprometerte**, estar decidido a ir por **DEUDA CERO**, si no lo haces, no pasará de solo "una buena idea".

Paso 1: Enlista todas tus deudas de la más chica a la más grande, sin importar cuál pague más o menos intereses. Haz el pago mínimo en todas, con excepción de la más pequeña, en la que debes menos. En esa aplicaremos algo más, sigue leyendo.

Paso 2: Ataca la deuda más pequeña fuertemente, sé agresivo, -obtén otro empleo de medio tiempo, vende todo lo que no necesites o incluso algunas cosas que sí necesitas, pero que pueden esperar, reduce tus gastos dramáticamente. Haz lo que tengas que hacer y ese dinero extra que tendrás por ese incremento en ingresos y ese decremento en egresos, lo destinarás totalmente para atacar esa deuda más pequeña.

Una vez que esa deuda se haya ido, utiliza todo ese dinero que estabas aplicando para pagarla y aplícala a la segunda deuda en tu lista, deberá ser la número dos en tu lista original, continúa haciendo pagos mínimos al resto.

Nota sobre el paso 2: Sé que te dije que crear un proyecto de vida familia-financiero tiene entre sus objetivos poder gastar más, aumentar tu poder adquisitivo y el de tu familia; y sigo en lo dicho, solo que primero debemos poner en orden la casa. Sígueme la corriente por ahora y sigue los pasos al pie de la letra, por favor.

> **Mientras más alto sea tu límite de crédito en una tarjeta, mayor es el riesgo de caer en endeudamiento excesivo.**

Paso #3: Una vez que esa deuda se haya ido (la #2), repite el proceso para la siguiente en la lista, sin alterar el orden inicial, que en ese momento la siguiente será, una vez más, la más pequeña en la lista. Mientras más cuentas vayas liquidando, tendrás más y más dinero, es tu "bola de nieve" de dinero para pagar más rápido la siguiente y la siguiente.

Paso #4: Repite los pasos anteriores hasta que estés en deuda cero.

Paso #5: No vuelvas a usar las tarjetas de crédito que ya fuiste dejando libres de deuda, que ya están en ceros. Estas tarjetas que ya irán quedando en ceros, mételas en un vaso de vidrio con agua y ponlas en el congelador.

Paso #6: Ser fuerte y mantener el control. A medida que tu nivel de deuda disminuya, la tentación para endeudarte de nuevo irá creciendo. Tendrás pensamientos del tipo: "Total, ya no debes tanto". No. La meta es **DEUDA CERO**. Mantente fuerte.

¿Y si yo te dijera que puedes lograr DEUDA CERO entre 2 a 5 años(-dependiendo de cada caso), en lugar de 25 o 30? Si alguna vez estás en mis entrenamientos presenciales, verás un ejercicio que hacemos, en donde demostramos como con este sistema puedes pagar una deuda que parecía impagable o que te tomaría 20 o 30 años. Lo harás en el 10 o 20 % del tiempo máximo. Además, tu sentido de empoderamiento se irá hasta las nubes. En parte la situación de las personas que se endeudan compulsivamente es porque han perdido la esperanza, con este sistema la recuperan. Garantizado. ¿Sabías que, por ejemplo, si haces un pago #13 de la hipoteca de tu casa en el año, es decir, que hagas 13 pagos en lugar de 12, ese simple hecho reducirá tu tiempo de pago hasta en 10 años? ¿Cómo es posible? Porque ahora estás comprendiendo las reglas del juego, ese interés compuesto que las financieras estaban obteniendo de ti y de tu muy pobre manejo emocional, se los estarás quitando y lo harás trabajar a tu favor, y todo 100 % legal. Les estarás jugando en su cancha, son sus reglas. Te toca ganar.

Sobra decir que no será miel sobre hojuelas, tu manejo emocional, disciplina y persistencia serán retados tal vez como nunca antes en tu vida. Tú puedes, hemos ayudado a salir de deudas a miles de familias. ¿Por qué tú tendrías que ser la excepción?

Deudas emocionales: Las deudas emocionales son sentimientos de obligación o responsabilidad que una persona siente hacia otra por haber recibido algo en el pasado, como ayuda, apoyo emocional o material, o por haber causado algún daño o error. Estas deudas emocionales pueden surgir en diversas relaciones interpersonales, como en la familia, en el trabajo, en la amistad o en la pareja, o incluso con parejas o amigos que ya no están en nuestras vidas, que son cosas del pasado.

Las deudas emocionales pueden ser explícitas o implícitas, y a menudo se manifiestan como una sensación de culpa o remordimiento cuando no se cumple con las expectativas o necesidades de la otra persona. Por ejemplo, alguien puede sentir una deuda emocional hacia un amigo que le brindó apoyo en momentos difíciles, y puede sentirse obligado a responder a sus llamadas o invitaciones, incluso si no tiene ganas o no puede hacerlo en ese momento.

En algunos casos las deudas emocionales, se convierten en deudas en dinero, no es magia o algo místico, nosotros las convertimos en dinero al pretender "pagar" esa culpa o cualesquiera que sea la emoción que no nos tiene tranquilos. Una vez más las emociones metiendo su mano en nuestro bolsillo.

Los 10 pasos para "pagar" las deudas emocionales sin dinero, y cerrar ese "boquete" en tu bolsillo:

1.- Reconocer la deuda, aceptarlo: Identifica las situaciones en las que sientes que debes algo a alguien y reconoce que esa sensación de deuda está presente.

2.- Examina tus emociones: Examina tus sentimientos respecto a la persona o situación que te hace sentir que tienes una deuda emocional. ¿Te sientes resentido, culpable, triste o enojado? Una manera de lograrlo es mediante el registro detallado de gastos, ¿qué crees?, saltará como conejo, lo verás más claro que el agua. **¿Qué tal si le agregamos a tu registro detallado de gastos, el motivo emocional que origina ese gasto?**

3.- Comunica tus sentimientos: Habla abiertamente y comunica tus sentimientos de manera respetuosa y clara. Explica cómo te sientes y escucha la perspectiva de la otra persona. Esto lo puedes hacer con la persona en cuestión, con alguien de mucha confianza o con un terapeuta. Incluso lo puedes hacer solo charlando contigo mismo en voz alta en privado.

4.- Establece límites: Si sientes que una persona está aprovechándose de ti o que estás comprometiendo demasiado, es importante establecer límites saludables para proteger tus necesidades y bienestar. No permitas que nadie saque provecho de esa "culpa" o cualesquiera que sea la emoción. Cuando a uno de los miembros de una familia, a alguien le está yendo "mejor" es probable que personas de la misma familia quieran sacar provecho. Establece límites.

5.- Aprende a perdonarte: Si sientes que debes algo a alguien por haber cometido un error en el pasado, trabaja en perdonarte a ti mismo y en liberarte de la culpa y la vergüenza. Si fue algo que pasó hace mucho tiempo, solo reflexiónalo en privado frente al espejo y di a ti mismo: "Esa factura ya la pagué".

6.- Acepta la ayuda: Si alguien te ofrece ayuda o apoyo, acepta la oferta si es algo que necesitas y te hace sentir bien.

7.- Aprende a decir "no": Aprende a decir "no" cuando necesites hacerlo, sin sentirte culpable o egoísta. Es importantísimo saber decir NO y simplemente alejarte, sin la mínima culpabilidad, esto es especialmente sensible con la familia. No necesitas justificarte. Este puede ser para algunas personas uno de los retos más grandes.

8.- Practica la gratitud: Practica la gratitud y la apreciación por las cosas positivas que la otra persona ha hecho por ti en el pasado, pero no te sientas obligado a corresponder con algo que no quieres dar. Esto nos mete un poco en uno tema de marketing: "persuasión", puedes leer el libro de Robert Cialdini, *The Psychology of Persuasion*, si te interesa profundizar en el tema.

9.- Busca ayuda profesional: Si te resulta difícil manejar tus sentimientos o tus deudas emocionales, busca ayuda profesional de un terapeuta o consejero. Hazlo principalmente si te das cuenta de que es demasiado intenso lo que estás viviendo con respecto a este tema.

10.- Permite tiempo para sanar: No esperes que la sanación ocurra de la noche a la mañana. Permite tiempo para procesar y sanar las emociones, y sé paciente contigo mismo durante el proceso. No está de más leer y documentarte al respecto. Todo suma.

Nota: El objetivo es, también, lograr **DEUDA CERO** en deudas emocionales. ¿Te imaginas el nivel de paz que tendrás?

Matemáticas torcidas, crédito hipotecario: ¿Sabías que un crédito hipotecario a 25 años, con una tasa de interés entre el 8 % al 14 % terminarás pagando casi tres veces el importe original? ¿Y a 20 años dos veces? No me creas a mí, ve a Internet y busca: "Simulador de crédito hipotecario", compara tasas, plazos, pagos mensuales, tiempos; no olvides sumar absolutamente todos los importes. Observa la suma de los pagos totales y súmale lo que darías de enganche, ese es el precio real de esa propiedad. Para ellos el juego se llama: Interés compuesto. **Recuerda que en el tema del interés compuesto, el que lo conoce, lo gana; el que no lo conoce, lo paga. ¿De qué lado prefieres estar?**

Crédito automotriz: Ahora le toca el turno a un crédito automotriz, ve a Internet y busca: "Simulador de crédito automotriz", selecciona de dos o tres bancos o financieras para que compares.

En este caso quiero que hagas los siguientes pasos:

1.- Verifica el precio total del coche que te gusta, el que te gustaría comprar en el simulador, anota ese precio.

2.- Indícale al simulador: el plazo, y el importe de enganche que deseas dar, el pago inicial. Algunas veces te pondrá un mínimo, pero no hay un máximo.

3.- Esto te arrojará el importe del plazo mensual, este número lo multiplicarás por el número de meses del plazo en cuestión.

4.- Suma cualquier importe que te indiquen por apertura de crédito y otros cargos no considerados.

5.- No permitas que te financien el importe del seguro del coche por todo el tiempo de duración del crédito, pide pagarlo anualmente o incluso mensualmente. Es un robo.

6.- Ahora suma el importe que diste de enganche y súmale el resultado que te dio multiplicar el pago mensual por el número de mensualidades.

7.- Compara este número que te resultó con el precio inicial que anotaste del precio total del coche.

No tengo que decirte cuáles son tus conclusiones, estoy seguro de que te fuiste de espaldas. Así me pasó a mí la primera vez que hice ese cálculo. Son matemáticas de primaria, las puede hacer un niño de 8 años. Sin embargo, en la vida real, pocas cosas mueven tanto las emociones como la compra de un carro nuevo, el grueso de la población jamás hace este simple cálculo, solo ven el importe que les tocará pagar, evalúan si está en su capacidad de pago, y listo.

El sistema funciona porque a las agencias automotrices, les conviene que compres el auto a crédito, más que si lo compras de contado. ¿Por qué? Porque la financiera les dará una comisión al momento de pagarles la unidad, le han dado un cliente para varios años. En EE. UU. esta comisión es de entre $ 700 a $ 1,500 para un auto de entre $ 30,000 a $ 45,000. Negocio redondo. No regales tu dinero.

Arrendamiento financiero (*leasing*). Si por tu cabeza está pasando que lo que tú haces es usar el sistema de arrendamiento financiero o *leasing*, entonces te sugiero que cambies de contador. Lo que está sucediendo, si ese es el caso, es que te está costando más caro el caldo que las albóndigas, como decimos en México. ¿Qué significa? Que para deducir digamos $ 35,000 tendrás que pagar $ 40,000 o más, es decir, te sale más barato NO deducirlo. No me creas a mí, pero al menos en los casos de México y EE. UU., este dato lo hemos investigado y documentado a fondo con especialistas fiscalistas. De todos modos, corre los números con tu contador y decide.

Por otro lado, si eres de ese pequeño grupo que opina: Lalo, yo ya sabía todo eso que dices y no me importa, así me gusta aunque me cueste más; en ese caso te diría que tienes todo el derecho de pensar así, te repito, como tu entrenador financiero jamás te diré en que gastar o en que no gastar, lo que no puedo permitir bajo ninguna circunstancia es, que me digas: "Lalo, es que yo gano muy bien, pero no sé a dónde se ha ido mi dinero todos estos años". El grueso de la población, se encuentra en esta situación. Ya lo sé, yo tampoco lo consideraba posible al inicio.

Cinco beneficios que trae para ti vivir en DEUDA CERO, una vida libre de deudas:

1.- Somos contraculturales. Lo cual significa que nos oponemos a la cultura dominante o hegemónica. No permitimos que la presión social nos haga hacer cosas que no queremos, el que dirán nos tiene sin cuidado y hemos dejado de ser "borregos" desde hace mucho. Retamos el statu quo.

2.- Sabemos que la deuda no es una herramienta que nos ayuda a ganar. La sociedad nos dice que debemos tener una tarjeta de crédito para sobrevivir, y que siempre tendremos un pago de automóvil. Estos son mitos directos. ¡Mentira!

3.- Tenemos autocontrol absoluto, somos adultos financieros, adultos reales, ¿me explico? Los adultos financieros hacemos un plan y lo seguimos. Los niños hacen lo que se siente bien, hacen su berrinche. Tenemos la fuerza de voluntad para pasar por la sección de zapatos (con la gran venta de liquidación) o el pasillo de televisores de pantalla plana sin hacer una compra impulsiva.

4.- Confiamos totalmente en nosotros mismos. No nos importa lo que los demás piensen. Nos parece bien conducir un automóvil menos nuevo porque **NO** tiene pagos mensuales. No necesitamos tomar vacaciones costosas solo para publicar una foto glamorosa en las redes sociales. En realidad, miramos las etiquetas de precios y no solo las marcas. ¿Por qué? Porque hemos renunciado a tratar de mantenernos al día con los vecinos de al lado (*"Keeping up with de Joneses"*). Es más, nos hemos convertido en el modelo a seguir, ahora todos quieren mantenerse al día con nosotros, somos los nuevos *"Joneses"*.

5.- Establecemos metas. Vivir sin deudas es un objetivo. Establecemos logros que son específicos, medibles, sensibles al tiempo y por escrito.

6.- Estamos dispuestos a hacer sacrificios. Salir a comer, ir al cine todas las semanas y obtener el paquete de cable Prémium, estos son los tipos de cosas que una persona podría tener que evitar mientras se libera de las deudas. Pero ten en cuenta, los recortes presupuestarios son solo temporales. Una vez que la deuda desaparece, hay más espacio en el presupuesto para esas cenas y películas. **El objetivo jamás será gastar menos, se trata de poner un freno a ese robo legal, normalizado; que nos cuesta miles de millones todos los meses como sociedad.**

7.- Somos generosos. Las personas libres de deudas sabemos que tenemos la libertad de vivir y dar generosamente. Ya sea que estemos ayudando a familiares, amigos, la iglesia o una misión en la que creemos, siempre es más divertido contribuir a una causa más grande que acumular ese dinero para nosotros mismos. En el tomo #2 de esta serie te hablaré del **DINERO FELIZ.**

DAR ES LO MÁS DIVERTIDO QUE JAMÁS HARÁS CON DINERO.
Dave Ramsey. El rey de la DEUDA CERO, en el país del crédito.

Recuerda siempre: La deuda es una carga que te detiene y te limita, libérate de ella y verás cómo tu vida cambia para mejor. No dejes que la deuda te defina, tú eres más fuerte que ella y puedes superarla.

-"La falta de disciplina financiera
lleva a la pobreza,
la deuda y la bancarrota". -

Orrin Woodward

Capítulo 31

Hábito #12 de la gente quebrada: Viven eternamente endeudados

Estar libre de deudas te da la flexibilidad para tomar decisiones financieras inteligentes y oportunidades de inversión que de otra manera no serían posibles.**El mundo vive de prestado.** Se puede simplemente resumir en esta simple frase: El mundo, literalmente, vive de prestado. Jamás en la historia de la humanidad los niveles de deuda habían estado en los niveles actuales. Es el cáncer de esta generación. Es urgente que enseñemos a los jóvenes y a los no tan jóvenes a despertar de la pesadilla del crédito, del crédito excesivo y de todos los tipos de crédito en general. (No confundir con apalancamiento, bien explicado está en este mismo material).

Dato de miedo: La suma global de deuda pública y privada pasará de 255 a 325 billones de dólares en 2025, según el Instituto de Finanzas Internacionales. (Recordemos que en español hablamos de miles de millones, en inglés mil millones se convierten en un billón) entonces este importe, 325 billones de dólares, se escribe así: 325,000,000,000; esto es, un 325 con nueve ceros. No estamos hablando de deuda pública, la de los gobiernos, estamos hablando ahora de deuda privada, la de los hogares, la de las personas comprando todo tipo de consumibles y cosas idiotas a crédito.

Pero, vamos por partes, según los expertos de los sistemas bancarios tanto de EE. UU. como de México, un nivel que ellos llaman aceptable de endeudamiento es como máximo 30 %. Entonces, por ejemplo, si solicitas un préstamo hipotecario o automotriz, ellos estudiarán entre otras cosas tu capacidad de pago, esto es el resultado de calcular tus ingresos totales, versus el total de tus obligaciones de pago actuales, y, sumando las que tendrías en caso de que ellos autoricen tu nueva línea de crédito. Si dicho cálculo es como máximo 30 %, tu crédito será aprobado.

El ciudadano no se detiene a estudiar que significa ese 30 %, solo se pone feliz y piensa: "Si ellos me lo autorizaron, ellos son los que saben, entonces si puedo".

El sistema no está del todo mal, por ejemplo en los EE. UU. se basan en tres historiales de crédito, son tres los burós que existen en este país, pero, también se maneja un indicador de qué tipo de deudor eres, se le llama el *"fico score"*, este *"score"* va del 300 (muy bajo), hasta 850 (extraordinario).

Si una persona tiene un "buen historial" crediticio, pero tiene digamos un alto nivel de endeudamiento, su *"fico score"* bajará. Digamos que tiene créditos revolventes por $ 50,000, y de los cuales debe $ 42,000 en un determinado momento, no tiene pagos atrasados, su nivel de ingreso es alto, de todos modos con ese porcentaje de endeudamiento versus su nivel total de posible deuda, lanzarán tu *"fico score"* por debajo de 500. Es un asunto temporal. Su récord de buenos pagos y no atrasos de todos modos sigue jugando en su favor, y ese récord, subirá en cuanto baje su radio de deuda. Digamos que baja su nivel de deuda de $ 42,000 a $ 18,000 a lo largo de doce o 18 meses, casi instantáneamente su récord se irá por arriba de 750 puntos. Entonces, ¿qué puntos son considerados por los burós de crédito para subir o bajar este récord?

1-- Tu historial de pago representa el **35 % de tu puntaje.** Cualquier atraso en pagos, lo impactará. Vale mencionar que el atraso de unos pocos días NO impactará tu récord, aunque sí será el pretexto perfecto para cobrarte *"late fees".*, —cargos por pagos tardíos—. 2-- La cantidad adeudada total, constituye el **30 % de tu puntaje.** Esto es lo que te decía antes, tu crédito total disponible versus cuánto de ese crédito estás utilizando en un determinado momento.

3--La duración de tu historial de crédito representa el 15 % de tu puntaje. Mientras más añejas tus cuentas, mejor; deberás tomar en cuenta que cancelar una, digamos vieja, reducirá tu antigüedad, pues se mide desde la de que tiene mayor historia en tiempo, pero que sigue vigente. **Nota importante: La palabra cancelar en México y Norteamérica significa diferente que en Sudamérica. En México cancelar significa: "Dejar sin efecto o valor una cosa, especialmente una obligación legal, un contrato, etc." Mientras en Colombia, Perú, etc. significa: "Pagar." Significan literalmente lo contrario. En Colombia en un restaurante te pueden preguntar si quieres "cancelar" tu cuenta, en realidad quieren saber si estás listo para pagar. En México, si te llegaran a preguntar si quieres cancelar tu cuenta, significaría que no la deseas pagar, o que la quieres dar de baja.**

4.-- Los tipos de cuentas que tienes constituyen el **10 % de tu puntuación.** Tener una combinación de cuentas, incluidos préstamos a plazos, préstamos hipotecarios y tarjetas de crédito y minoristas, puede ayudarte a mejorar tu puntaje.

5-- La actividad crediticia reciente **constituye el 10 % final**. Si abriste muchas cuentas recientemente o solicitaste abrir cuentas (*credit inquiries*), puede sugerir posibles problemas financieros y puede reducir tu puntaje.

Conclusiones en breve:
-- Un puntaje alto te garantiza tasas más bajas y autorización casi segura de nuevos créditos. Por ejemplo, una nueva tarjeta de crédito te puede costar arriba del 20 o 25 % de interés con un récord entre 600 a 690; de 700 a 750 13 a 18 %, y un récord de 800 o más puede darte una tasa por debajo del 10 %. Un *"fico score"* por arriba de 800, te dará una tasa de 3 % o menos para un crédito hipotecario en EE. UU.

-- Una deuda total de 10 % o menos versus tu capacidad de endeudamiento previamente aprobado, se toma como signo de alta salud financiera. Es decir, tienes capacidad de endeudamiento de $ 50,000 y debes por debajo de $ 5,000.00 dólares.

Si te das cuenta, esta última sección pareciera que tiene el paradigma de cabeza, parecerá que el sistema financiero está listo para prestarle más a quienes "NO lo necesitan", así lo entendí yo también al principio. En realidad el sistema está creado para pensar en el dinero como una herramienta, para multiplicarlo, para usarlo en emergencias exclusivamente, jamás como un salvavidas emocional. Si requieres soporte emocional, te sugiero te compres un perrito en lugar de dejar tus tarjetas al tope.
-- El sistema está diseñado para detectar saltos emocionales en el manejo financiero, y actúa en consecuencia cerrando los posibles problemas.

-- El problema no son las instituciones financieras, el problema somos los individuos y nuestra adicción a endeudamiento excesivo. Si no es tu caso, te felicito. Entérate entonces que la mayoría de la población sí vive en creditolandia, que es una ciudad hermana de Pendejolandia. Si sí es tu caso, prepárate para actuar en consecuencia y planear una estrategia que te saque de esa ciudad endiablada.

No puedo cerrar este capítulo sin antes hablar de las emergencias, y para eso tengo también dos definiciones diferentes:

1.- Para los habitantes de creditolandia, una emergencia puede ser cualquier cosa: una llanta ponchada de coche, una reparación inesperada de su automóvil, una enfermedad repentina de un familiar; también puede ser una venta de fin de temporada en su tienda Zara más cercana, o la llegada del famoso *Black Friday*.

2.- Para toda esa población que se ha mudado para siempre de creditolandia, una emergencia solo sucede bajo dos muy específicas circunstancias, las repito aquí nuevamente, son:

a) Un desastre natural. Huracán, terremoto, tsunami, pandemia, etc. en donde tu ciudad o país entero puede caer repentinamente en estado de reto; y, aun así, podemos estar preparados para ellos.

b) Cuando pierdes tu empleo (te despiden o renuncias), o cierras tu negocio, el cual puede ser el resultado del punto anterior. Solo en estos dos posibles casos, la situación requerirá de que te apliques al 100 %. De que demuestres de que estás hecho, que saques tu carácter, y te pongas en modo "apoyar a la mayor cantidad de gente posible".
Todas las otras "circunstancias" que hasta ahora tal vez habías considerado como emergencias, en realidad han sido pretextos. Si te toca en alguna ocasión vivir un desastre natural comprenderás lo que te digo cabalmente, durante uno de estos, suceden varias cosas casi instantáneamente:

-- Nuestro estilo de vida queda suspendido momentáneamente, tal vez días, semanas, meses o tal vez años.

-- Se interrumpen las comunicaciones, las cuales pueden ser desde carreteras, puentes, telefonía y por supuesto Internet.
-- Se interrumpe el abasto de energías, gas, gasolina, electricidad.

-- Sin todo lo anterior el dinero, momentáneamente pierde todo su valor, volvemos al truque, a la negociación. Una persona puede fácilmente cambiar un coche del año por una medicina que necesita para su hijo.

-- Si el dinero no pierde su valor, solo será el que tengas en efectivo y en la moneda local.

Creo con este último párrafo puede quedar bastante claro, cómo es que todo lo no incluido en esto dos puntos lo podemos descartar de la lista de posibles "emergencias" y reconocerlos como pretextos.

Estamos demasiado acostumbrados a nuestra comodidad y estilo de vida. Muchos problemas financieros "inesperados" que la gente normalmente cataloga como emergencias, son el resultado de no haber ahorrado con regularidad o de haber producido una estrategia acorde cuando los tiempos eran buenos. Si siembras despilfarro, cosecharás dolores de cabeza.

Una vez conocí a alguien que despilfarró $ 350,000 aproximadamente en menos de 24 meses, y finalmente no tenía ni para comer.

Recuerda siempre: Estar libre de deudas te da la libertad de usar tu dinero en las cosas que realmente importan, como viajar, invertir en tu futuro y darle más significado a tu vida. Y, la vida solo es rica en experiencias, las experiencias producen a su vez significados.

*-"El apalancamiento financiero
es una herramienta poderosa
para quienes saben cómo
usarla correctamente." -*

Warren Buffett

Capítulo 32

Hábito #13 de gente rica: Son expertos en APALANCAMIENTO FINANCIERO

El apalancamiento financiero es la herramienta más poderosa en las finanzas personales y de negocios. Pero viene con una serie de advertencias. Pon atención por favor. A mediados de los noventa, siglo pasado, tomó mucha relevancia un autor Robert Kiyosaki, y, aunque su mensaje permeó en muchas partes del mundo, también causó confusiones muy lamentables, con las cuales habrá que tener mucho cuidado. En este hábito #13 te hablaré de uno de los fundamentos de su enseñanza, la famosísima "DEUDA BUENA".

En realidad, a lo que se refería, es a un término financiero que se llama APALANCAMIENTO FINANCIERO. El apalancamiento financiero consiste en utilizar algún mecanismo para aumentar la cantidad de dinero que podemos destinar a una inversión.

La mecánica es prácticamente la misma que la deuda, un banco o ente financiero aporta fondos para inversión, el cual habrá que pagar con su respectivo costo, el interés correspondiente.

Vamos por partes, desde mi muy respetuoso punto de vista, Kiyosaki comete un error mayúsculo al llamarlo así, pues pareciera dar una especie de "permiso", —como "experto"—; para endeudarse.

Nada más alejado de la realidad. Ejemplo de **"DEUDA BUENA"** con números, por so el término es nuevo para ti:

1.- Obtienes de un banco o entidad financiera una cantidad para hacer un negocio.

2.- Este importe supone una cantidad mensual de pago de intereses.

3.- El negocio en cuestión, -dice Kiyosaki-; consiste en que las utilidades netas de ese negocio, sean mayores al pago que estás haciendo por concepto de intereses.

4.- Listo, tienes un "cash-flow" así le llama y es el fundamento de su famoso tablero titulado igual.

Digamos que el pago de intereses es de $ 500, y tu ganancia mensual es de $ 1,300, de acuerdo a Kiyosaki, tienes un "cash-flow" de $ 800.

El concepto suena sensacional de inicio, ¿verdad? Bajo este concepto entonces, -dice Kiyosaki-; la "libertad financiera" consiste en simplemente generar los suficientes como este ejemplo, hasta que ese "cash-flow" sea superior a tus gastos mensuales.

Listo. Acabo de resumir en un párrafo 27 libros de Kiyosaki y cientos de horas de jugar a su tablero.

Nuestra investigación arrojó más información, para empezar un modelo como este, supone un buró de crédito en excelencia, lo cual no es imposible, pero seamos realistas, no es la realidad de muchísima gente. A continuación te listaré una serie de pasos o condiciones para que esto suceda de la manera correcta, y en este digamos filtro, es donde surge la principal distinción, es que no es ni nunca será "DEUDA BUENA", deuda es deuda aquí y en China, este modelo se llama **APALANCAMIENTO FINANCIERO**, y es el hábito #13 utilizado por la gente rica.

Para tomar fondos prestados para un negocio, de un banco o un ente financiero; se deben cumplir puntualmente las siguientes reglas, no son negociables, si rompes alguna de ellas, se convierte en deuda, y deja de ser apalancamiento financiero automáticamente. Son reglas que debes aplicar tú y tus socios, no son cosas que el banco te pedirá.

1.- Tú y tus socios, en caso de que los tengas, deberán haber tenido al menos 24 meses en DEUDA CERO. ¿Por qué? Demuestra su carácter y dominio sobre sus emociones. DEUDA CERO en sus finanzas personales y familiares, y; también en las empresariales, si se trata de un negocio en operación.

2.- Nunca usar una tarjeta de crédito para obtener un "activo" que te produzca "cash-flow". (Ver hábito #12)

3.- Jamás pretender usar APALANCAMIENTO FINANCIERO para un negocio en gestación, un "activo" no probado, para una idea nueva, por muy revolucionaria que esta pudiera ser. Para eso existen los mercados de "start ups" donde un panel de expertos podrán medir el potencial de tu idea de negocio, e invertirán en tu idea de acuerdo al potencial que puedas transmitirles, no te cobrarán intereses y te ayudarán a formar un equipo de poder impresionante, tal vez imparable.

4.- Única y exclusivamente deberás buscar una estrategia de APALANCAMIENTO FINANCIERO, para un negocio probado, para una idea en funcionamiento. Un negocio que tiene DEUDA CERO. Un negocio que utilizará esos recursos exclusivamente para crecer, para multiplicar lo que ya existe, que tiene manuales, que tiene sistemas implementados por escrito. Que no existe la menor duda de que más recursos son inevitablemente más negocio.

5.- Única y exclusivamente deberás buscar una estrategia de APALANCAMIENTO FINANCIERO, en empresas con un equipo de poder funcionando, con un CFO que es responsable del uso y destino de los recursos, que un comité autoriza cada gasto, inversión o egreso. Debemos proteger a toda costa estos recursos, del ladrón siempre latente que son nuestras emociones.

6.- Este equipo de poder obviamente requiere los siguientes músculos, por así llamarlos:

a) Músculo logístico. Ese negocio ya exitoso y que solo se está preparando para crecer, debe tener un sistema logístico impecable, donde todo sea una gran maquinaria que funciona casi por si sola.

b) Músculo financiero. Ya lo mencionamos, sin embargo, es fundamental mencionarlo de nuevo. Este músculo financiero deberá encargarse de cuidar que los fondos solo y exclusivamente fluyan para alimentar el negocio y su crecimiento. Le podrá negar recursos al mismísimo dueño o director general si rompe con su cometido.

c) Músculo jurídico. Este músculo deberá estar al tanto de cada una de las operaciones del negocio están respaldados con los respectivos contratos, garantías cuando aplique, permisos; para que no exista nada que ponga en peligro el éxito de este crecimiento. Es expansión, no es un experimento. Este músculo a veces se da por sentado, como algo obvio, no lo es, créeme. Este músculo deberá ser capaz de ver "el *big picture*" para anticiparse a problemas potenciales.

d) Músculo administrativo, contable y fiscal. Este es otro que muchas veces se da por sentado, toda empresa tiene un contador, al igual que con el músculo jurídico, este contador o contralor deberá poder ver "el *big picture*" también, para anticiparse a los cambios en los mercados por motivos naturales o por cambios en las condiciones geopolíticas.

Si el destino de estos recursos no cumplen con esta lista, entonces es vil deuda, y estará expuesta a los riesgos emocionales de cualquier individuo, le habrás dado a tu empresa o negocio la capacidad de tomar decisiones financieras, con tus emociones. Las más grandes empresas que han cerrado en EE. UU. y en otros países en los últimos diez a quince años, me atrevería a afirmar que el motivo común más recurrente es porque su "APALANCAMIENTO FINANCIERO", mostró su verdadera cara, en realidad era DEUDA, siempre lo fue.

EL ENDEUDAMIENTO COMO ADICCIÓN. El endeudamiento compulsivo es una enfermedad, hemos encontrado que es una enfermedad que nunca se mejora, solo empeora a medida que pasa el tiempo. Es una enfermedad, progresiva por naturaleza, la cual nunca puede ser curada, pero puede ser controlada.

Antes de acudir a **DEUDORES ANÓNIMOS**, muchos deudores compulsivos se creían irresponsables o moralmente débiles, o simplemente "inservibles". Síntomas normales de los deudores compulsivos. (Capítulo 14).

Si tienes una idea de negocio, tal vez tu camino debería ser crear una "start-up".

Por definición, una start-up es una empresa de reciente creación, generalmente en una fase temprana de desarrollo, que busca ofrecer un producto o servicio innovador y escalable en un mercado de alto crecimiento. Estas empresas están diseñadas para crecer rápidamente y suelen estar formadas por un equipo pequeño de emprendedores y expertos en tecnología. El término "start-up" se utiliza comúnmente en la industria de la tecnología, pero también se puede aplicar a cualquier tipo de empresa que esté en sus primeras etapas de desarrollo. Las start-ups suelen buscar financiamiento externo, ya sea a través de inversores ángeles, capital de riesgo o "*crowdfunding*", para financiar su crecimiento y expandir su alcance en el mercado.

Lo más importante de una start-up es una idea, las nuevas start-ups serán los nuevos Google, Facebook, etc. Vale mencionar que el capital de inversión en una start-up es de riesgo altísimo y pueden pasar años antes de ver utilidades, en caso de que se logren. Lee el libro: "*Googled: The End of the World as We Know It*", de Ken Auletta. Para que veas todas las etapas que tuvo que pasar el gigante actual, y cuánto tiempo pasó antes de ver utilidades.

Los requisitos para siquiera pensar en crear una "*start-up*" son los siguientes:

1.- Plan de negocio sólido: Para solicitar fondeo para una start-up, es necesario tener un plan de negocio detallado que muestre una comprensión clara del mercado, los competidores, los clientes potenciales y las proyecciones financieras realistas.

2.- Equipo competente: Los inversionistas quieren ver que la start-up tiene un equipo sólido y competente que pueda ejecutar el plan de negocio. Esto incluye a los fundadores, los miembros del equipo y los asesores, que deben tener experiencia en el sector en el que se encuentra la start-up.

3.- Producto o servicio innovador: La start-up debe tener un producto o servicio innovador que resuelva un problema importante del mercado y que tenga un potencial de crecimiento significativo. Los inversionistas buscan empresas que tengan un diferenciador único en el mercado.

4.- Mercado grande: Los inversionistas también buscan empresas que estén enfocadas en un mercado grande y creciente. Cuanto más grande sea el mercado potencial, mayor será el potencial de crecimiento de la *start-up*.

5.- Estrategia de salida clara: Los inversionistas quieren saber cómo van a obtener un retorno de su inversión, por lo que es relevante tener una estrategia de salida clara en su plan de negocio. Esto puede ser a través de una adquisición, una oferta pública inicial o una venta de acciones a inversionistas privados.

Es fundamental aclarar que una start-up no es apalancamiento, tampoco es un crédito. Son inversionistas que digamos toman el riesgo porque ven el potencial. Son socios, pero normalmente de porcentajes menores, el potencial está en dejar crecer el negocio. **El poder se centra en la idea y en el equipo.** Ellos solo ponen el dinero y se hacen a un lado. Digamos que vigilan, pero dan todas las libertades. No es como los ejemplos que vemos en programas del tipo *"Shark Tank"*, aquí lo más probable es que el proyecto se encuentre en etapa de prototipo, incluso que no sea posible valuar con base a ventas porque tal vez sean cero. Google tardó más de tres años en tener ingresos, pero ve lo que sucedió después. Nota como en el punto #5 menciona una oferte pública inicial o como se llama en inglés una IPO. Esto es cuando una empresa hace su debut en la bolsa de valores, la más grande es la de New York. No voy a profundizar en la entrada de nuevas empresas a la bolsa, solo diré que cuando una *"start-up"* lograr debutar en la bolsa de valores es como sacarse la lotería diez o veinte veces el mismo día. Tu idea, tu emprendimiento, tu *"start-up"* ahora es pública.

Sobra decir que no todas las *"start-ups"* son exitosas, con una en diez que lo sean, basta para que recuperen su inversión multiplicada, y que se convierta en una nueva fuente de ingresos recurrente.

Los bancos de inversión evalúan cientos de posibles start-ups todos los años.

Una empresa tradicional que lleva décadas en el mercado y que ya tiene una estructura organizacional consolidada y estabilizada, con procesos definidos, una cartera de clientes fidelizados, productos o servicios maduros y una rentabilidad sostenida **no puede ser considerada una start-up**. Ejemplos de este tipo de empresas podrían ser grandes compañías en sectores consolidados como automotriz, alimenticio, banca o telecomunicaciones que **ya han superado la etapa de la innovación** y se dedican a la consolidación y a mantener su posición en el mercado. **Las start-ups son acerca de innovar.**

Recuerda siempre: No te preocupes por el fracaso, preocúpate por las oportunidades que pierdes al no intentarlo, todos tenemos siempre cientos de ideas de productos o negocios, nos hemos hecho millonarios en nuestras mentes miles de veces.

El éxito no se trata de la idea, se trata de hacer que la idea suceda. Haz lo que tengas que hacer, como lo tengas que hacer, tome las horas que tenga que tomar. Solo asegúrate de hacerlo.

---

*-"El apalancamiento financiero
es una estrategia para lograr
grandes resultados con una
pequeña cantidad de capital propio." -*

Brian Tracy

Capítulo 33

Hábito #13 de gente quebrada: Jamás en su vida han escuchado la palabra apalancamiento

En el mundo financiero en español, es común escuchar la palabra apalancamiento como sinónimo de la palabra crédito. En un sentido estricto es correcto. En un sentido bajado a la tierra dista mucho de serlo. Vamos por partes, en inglés la palabra apalancamiento es muy usada, es la palabra *leverage*; que significa: *"The exertion of force by means of a lever or an object used in the manner of a lever"*. En español: "El ejercicio de la fuerza por medio de una palanca o un objeto utilizado a la manera de una palanca".

Aquí lo que hice fue una traducción, si me voy simplemente al diccionario en español, encontramos que: "Acción de apalancar o apalancarse".

En este sentido, considero que es de suma importancia distinguir, diferenciar la palabra crédito de la palabra apalancamiento, eso es precisamente lo que hice en este libro, ya lo leíste en el capítulo anterior.

Entonces nos quedaremos con la siguiente definición: *"Use borrowed capital for (an investment), expecting the profits made to be greater than the interest payable"*. Que significa en español: "Usar capital prestado para (una inversión), esperando que las ganancias obtenidas sean mayores que el interés a pagar".

Creo sinceramente que hasta aquí, he probado ampliamente mi caso, de que debemos distinguir puntualmente y en todas las ocasiones, la palabra crédito de la palabra apalancamiento.

Las palabras inversión y riesgo, van de la mano. La inversión sin riesgo no existe.
1.- Crédito = Compra de productos de consumo principalmente.

2.- Apalancamiento = Dinero usado para una inversión, lo dice la definición antes explicada.

Entonces por definición podemos decir que el **endeudamiento** es básicamente comprar productos de consumo, aunque existan personas que ocasionalmente utilicen una tarjeta de crédito para hacer un negocio. Existen los casos, no es su objetivo. En la vida real sucede muy rara vez.

Apalancamiento es para hacer negocios. ¿Puede fallar un apalancamiento y convertirse en deuda mala(del único tipo que existe)? Por supuesto que sí. Como toda inversión el riesgo es parte de su definición, lo que cambia es el objetivo para el cual se están usando los recursos. En el capítulo anterior expliqué ampliamente los requisitos para que los fondos sean considerados apalancamiento.

"Deuda Buena" = Error en la Matrix.

-"El dinero que tienes se convierte en el medio por el cual alcanzas la libertad financiera. La clave está en gastar menos de lo que ganas y pagar tus deudas lo más rápido posible." -

Suze Orman

Capítulo 34

Hábito #14 de gente rica: Tienen un plan para el pago acelerado de deudas

Si no puedes pagar por algo en efectivo, no puedes pagarlo. Fin de la discusión. Para salir de un estado de endeudamiento, el primer paso es reconocerlo. Cuando reconocemos un problema, ya lo hemos resuelto al 50 %, sin reconocerlo seríamos simplemente como el rey desnudo. Este hábito se refiere a personas que cuando aprendieron sobre estos hábitos y estaban endeudados justo en ese momento, aplican de inmediato su plan para el pago acelerado de deudas. Regresemos al tema del rey desnudo, ¿recuerdas ese cuento? Por si no, aquí te la dejo, es bastante breve.

EL REY DESNUDO. Llegaron hasta la presencia de un rey, dos charlatanes que se decían a sí mismos, sastres. Afirmaban que eran capaces de elaborar los mejores trajes que ojos humanos pudieran haber visto, solo exigían que les pagaran el dinero necesario para comprar las telas, los bordados, los hilos de oro y todo lo necesario para su confección.

Dejaban muy claro desde el principio, que tales obras solo era posible verlo por aquellas personas que fueran realmente inteligentes, solamente ellos serían capaces de ver tan finas prendas.

Sorprendido el rey de tan maravillosa cualidad, otorgó a los charlatanes todo aquello que estos solicitaban y encerrados en una habitación bajo llave, simulaban trabajar en confeccionar ricas telas con las que hacer un traje para el rey, y que este pudiera lucirlo en las fiestas que se acercaban.

Curioso el rey de saber cómo iba su vestimenta, envió a dos de sus criados a comprobar cómo iban los trabajos; pero cuál fue la sorpresa de estos cuando a pesar de ver como los tramposos hacían como que trabajaban y se afanaban en su quehacer, estos no podían ver el traje ni las telas. Obviamente, supusieron ambos que no lo podían ver porque no eran suficientemente inteligentes, y, avergonzados de ello, ni el uno ni el otro comentaron nada al respecto y cuando fueron a dar explicaciones al rey se deshicieron en halagos y parabienes para con el trabajo de los pícaros.

Llegado el momento en que el vestido estuvo terminado, el rey fue a probárselo. Pero al igual que sus criados no conseguía ver el traje, por lo que obviamente cayó en el mismo error en que ya habían caído sus criados. Y a pesar de no ver vestido alguno, hizo como si se probara el traje alabando la delicadeza y belleza de tal creación. Los cortesanos que acompañaban al rey presa de la misma alucinación también se deshicieron en alabanzas con el vestido, a pesar de que ninguno de ellos era capaz de verlo. Y es que conocedores todos de la cualidad del mismo, de que solo aquellos que fueran realmente inteligentes podrían verlo, no queriendo nadie reconocer que no veían nada, pues eso implicaría reconocer también que no eran brillantes en lo absoluto. Todos callaron y todos afirmaron que la prenda era bellísima, desde el rey hasta el último de los criados.

Llegado el día de la fiesta, el rey se vistió con el supuesto traje y montado en su caballo salió en procesión por las calles de la villa. La gente, también conocedora de la rara cualidad que tenía el vestido, callaba y veía pasar a su rey, hasta que un pobre niño de corta edad, inocente, dijo en voz alta y clara "el rey va desnudo".

La moraleja de esta fábula es que hasta un niño es capaz de reconocer lo que los demás intentan ignorar.

La negación total, todos se dan cuenta de la realidad, pero nadie se atreve a confrontarlo. Se convierte en algo así como **el elefante en la habitación**. *"The elephant in the room: A major problem or controversial issue that is obviously present but avoided as a subject for discussion because it is more comfortable to do so"*. Modismo en inglés que dignifica: Un problema importante o tema controvertido que obviamente está presente, pero que se evita como tema de discusión porque es más cómodo hacerlo.

Por eso el primer paso es RECONOCERLO.
¿Cuál es tu nivel de endeudamiento actual?
a) Cero
b) Muy bajo
c) Bajo
d) Medio
e) Alto
f) Extremo

Si pensaste algo así como: "Si debo, pero lo puedo solucionar cuando quiera, o, lo tengo controlado", ¿te has convertido en el rey desnudo? Recuerda que hasta un niño podrá notarlo.

Reto #1. Reconoce tu nivel actual de deuda, pero más que nada reconoce tu comportamiento por los últimos meses y años con respecto al endeudamiento. ¿Qué significa para ti deber? Si eres muy joven y no tienes tarjetas de ningún tipo, habla con los adultos en tu vida y has una especie de encuesta/entrevista con respecto a sus hábitos de endeudamiento. Saca conclusiones.

Reto #2. Haz un listado de todas tus deudas. Incluye las que tal vez le debes a un amigo o a miembros de tu familia. Aplica el sistema "BOLA DE NIEVE" del que te hablé en el hábito #12". Haz una lista también de tus deudas emocionales(capítulo 30).

Si tú no tienes un tema de deuda, te felicito, te puedes tomar un par de días libres; sin embargo, de todos modos lee esta sección y busca una o dos personas en tu círculo cercano a quienes puedas apoyar. Te lo agradecerán de por vida.

En resumen: Elabora por escrito un plan para lograr DEUDA CERO, el promedio de la clase media, y clase media-alta de México y EE. UU., tienen en promedio:

a) Un crédito hipotecario.

b) Uno o dos créditos automotrices.

c) Al terminar de pagar el punto "b", empiezan de nuevo, es un ciclo sin fin.

d) Una o dos tarjetas de crédito de tiendas departamentales.

e) Dos o tres tarjetas de crédito bancarias.

f) Uno o dos deudas a familiares o amigos.

Este plan tal vez requiera de ti medidas drásticas por algún tiempo. Cambio de hábitos. Vender tu coche. Mudarte a un lugar menos costoso. Compartir con "roomies". Vender "eso" que le tienes alto apego emocional. Dejar de ir a restaurantes o conciertos por un tiempo. Tú solito te metiste a esa situación, tú puedes salir también. Mudarte de ciudad. Cancelar membresías del club. Liquidar tu negocio para iniciar otro. Sacar a los niños de la escuela privada.

Ese plan, por supuesto que también supone un aumento de ingresos, empieza por hacer una lista de 10 actividades que pueden poner en tu bolsillo al menos $ 300 extras al mes, los cuales irán directo a tu sistema "BOLA DE NIEVE". Es temporal, no te preocupes, y estarás ejerciendo un músculo muy poderoso para hacer más dinero, además estarás rompiendo paradigmas.

Los niveles de deuda, no es un tema menor, te pido lo tomes con total seriedad, tanto para ti como para tu familia nuclear y familia extendida.

La deuda privada mundial se incrementó en un 13 % del producto interno bruto mundial en 2020, es decir, un ritmo de aumento superior al registrado durante la crisis financiera mundial del 2008, y es casi igual al de la deuda pública en la mayoría de los países. Esto significa que el problema ya no es únicamente la forma en que se endeudan los gobiernos, sino la forma en que nos endeudamos como individuos y familias. Tampoco podemos pensar que fue por la pandemia y que se va a autocorregir. Eso sería, una vez más, caer en negación. Es un problema gordo y debemos confrontarlo con responsabilidad y resolverlo de raíz. Lo dije antes y lo digo nuevamente, es necesario.

En el mundo empresarial, podemos observar cómo grandes empresas en EE. UU. como *Sear's, Toys R Us, Sports Authority, A&P Supermarket, Lord & Taylor*; por mencionar solo algunas, han tenido que cerrar sus puertas debido a su modelo de negocio basado en lo que debía ser apalancamiento, pero que en realidad era deuda, eventualmente el modelo se hizo insostenible y murieron.

Recuerda siempre: El pago acelerado de deudas es una de las mejores inversiones que puedes hacer. Y no puedes obtener libertad financiera si estás atrapado en la esclavitud de las deudas.

-"El crédito no es dinero extra, es un préstamo que hay que pagar. Si no eres cuidadoso, puede convertirse en una carga financiera que te perseguirá durante años." -

Suze Orman

Capítulo 35

Hábito #14 de gente quebrada: Ven el crédito como dinero extra

El crédito es un privilegio, no un derecho. Debemos ganarnos el derecho de tener crédito al demostrar que somos responsables con nuestras finanzas. Para hacernos "merecedores" del uso del crédito, primero debemos dominar todos los temas de este libro y su cuadernillo de trabajo, debemos ser "el adulto en la habitación" y actuar con total responsabilidad.

Cuando cumplí mis tiernos 18 añitos, recibí mi primera tarjeta de crédito y me sentí como un rey de la selva financiera. ¡Ja! Me sentía tan importante, pensando "¡Este banco sabe que puede confiar en mí! ¡Aquí está mi tarjeta de crédito!" Claro, no voy a negar que sentía un poquito de ego y estatus, — en realidad era mi baja autoestima—; lo más peligroso era que, en mi inocencia juvenil, e ignorancia brutal; creía, —y sentía—; que era casi como dinero extra. Como si pudiera gastarlo sin preocupación ni planificación alguna para pagar después. ¡Ja, ja, ja! ¡Vaya ilusión la mía! Una voz muy lejana me decía: "Lalo, ese dinero lo tendrás que pagar después". Pero era tan lejana que, con toda honestidad, prefería callarla. Por supuesto, al llegar los estados de cuenta, me apresuraba a pagar el "mínimo".

¿Sabes cuántas personas piensan y sienten así como yo lo hacía? ¿Así, exactamente? Un porcentaje tal, que hace de este tema una emergencia social.

Para cuando tenía 27 años, ya manejaba cantidades importantes de dinero y tenía unas 29 tarjetas de crédito. Sí, ¡29! Vivía en San Diego, EE. UU., el país donde si no tienes crédito, ¡no eres nadie! A veces sentía presión porque alguna de mis tarjetas estaba casi al límite, pero me ponía las pilas unos meses, la liquidaba y volvía a sentirme tranquilo... solo para, en pocas semanas, volver a usarla de nuevo. Era un círculo vicioso del que tardé años en darme cuenta y aprender a resolver.

Tenía crédito automotriz y una hipoteca a 30 años. No ganaba mal, tenía suficiente para hacer todos los pagos y aún tener un excedente para vivir cómodamente. No sabía que estaba pagando un precio demasiado caro, y sobre todo, que estaba robándole a mi yo del futuro.

No comprendía el tremendo sobreprecio por intereses, los bancos tenían una relación amorosa conmigo, me amaban.

El círculo vicioso de usar una tarjeta de crédito y pagarla, solo para volver a usarla casi de inmediato, es algo muy común que les sucede a muchas personas. Básicamente, funciona así:

1.- Primero, la persona emplea su tarjeta de crédito para hacer una compra. Tal vez sea algo pequeño, como una cena en un restaurante, pero luego la persona no tiene suficiente dinero para pagar el saldo completo en su próxima fecha de vencimiento.

2.- Segundo, la persona paga el saldo mínimo o una cantidad menor, pero no logra pagar todo el saldo pendiente.

3.- Tercero, la tarjeta de crédito comienza a acumular intereses sobre el saldo no pagado, lo que hace que la deuda sea aún más grande.

4.- Cuarto, la persona sigue utilizando la tarjeta de crédito para nuevas compras, lo que significa que la deuda se sigue acumulando.

5.- Quinto, la persona paga el saldo mínimo de nuevo, pero como la deuda sigue creciendo, el interés también aumenta.

6.- Como es un "cliente excelente" y nunca se atrasa al menos en sus pagos mínimos, el banco decide aumentarle su límite de crédito.

7.- Finalmente, la persona se encuentra atrapada en un ciclo interminable de pagar intereses cada vez más altos, sin lograr reducir la deuda en su tarjeta de crédito.

Este círculo vicioso puede ser muy peligroso, porque la deuda puede crecer rápidamente y convertirse en algo inmanejable. ¿Has visto la listas de cartera vencida que ocasionalmente publican los bancos en periódicos por estrategias fiscales? Son interminables.

Existe un reducido grupo que son conocidos como los "totaleros", son personas que compran todo con sus tarjetas de crédito y al fin de mes pagan el 100 % de lo que deben, puntuales como un reloj suizo. No pagan un centavo de intereses. Esos no son los mejores clientes para los bancos, además representan menos del 9 % del universo de usuarios. Ellos son "el adulto en la habitación".

Repite conmigo: El crédito es una trampa.

No lo es per se, sino por el nulo conocimiento de los temas emocionales que convergen en las decisiones financieras. Es una bomba de tiempo. No sabes gestionar tus emociones y comportamiento. Los créditos a se va a convertir en una pistola cargada apuntando directamente a tus metas de dinero y familiares. ¿A quién quieres engañar? Tú no eres "el adulto en la habitación". Cuando termines de leer este libro, y hagas todos los ejercicios del cuadernillo de trabajo, estarás muy cerca de serlo.

¡Ay, la generación del "crédito fácil"! Los nacidos a mediados de los 80 y posterior. Creen que la única manera de conseguir algo en la vida es por medio de crédito. Se han convertido en el producto. Tienen pensamientos del tipo: "Es que si no, nunca voy a tener nada". Su mantra es: "El que nada debe nada tiene". Si es tu caso recuerda que esa casa es en realidad del banco, hasta que termines de hacer los 300 pagos mensuales que te comprometiste. Y ese carro pertenece al banco, hasta que hagas los 72 pagos a los que estás obligado. No te dejes engañar. El crédito NO es la solución.

Las buenas noticias son que hay otras maneras de lograr las cosas. Sigue leyendo. ¿Y si yo te dijera que se pueden comprar casas, carros, etc. sin endeudarse? Te lo dice alguien que fue "cerillo", lo sabrás en: acerca del autor(capítulo 49). Si yo lo pude hacer, ¡cualquiera puede! Ah, y ¿recuerdas todas las tarjetas que tenía? Bueno ahora he escrito todo un capítulo llamado DEUDA CERO, es el 30. Supongo ya lo leíste. Me convertí en un "totalero". Sé por dónde pasé, por eso tengo autoridad moral para ahora guiarte en este camino.

Hace algunas décadas, los créditos eran otorgados principalmente para adquirir bienes de alto valor, como automóviles o casas. En ese entonces, las personas consideraban la compra de ese tipo de cosas como una inversión a largo plazo que requería una planificación cuidadosa y un compromiso financiero a largo plazo. Los bancos y las instituciones financieras eran más estrictos en su evaluación del riesgo crediticio de los solicitantes y requerían una sólida evidencia de solvencia para conceder préstamos. Nuestros abuelos eran verdaderos adultos con el dinero. Y su palabra era la mejor garantía. Tenían menos tecnología, pero tenían un alto sentido del proyecto de vida familiar financiero.

Sin embargo, con el tiempo, los hábitos de consumo fueron cambiando y la facilidad de acceso al endeudamiento, aumentó significativamente. En la actualidad, las tarjetas de crédito y otros productos financieros son muy populares y se usan para comprar todo tipo de artículos, desde ropa y electrónicos hasta artículos de lujo, viajes, chingaderitas y hasta pendejadotas. Las nuevas generaciones se endeudan para comprar productos de consumo, cosas que pierden su valor en el muy corto plazo; todo mientras creen que el crédito es la única forma de "que algo sea de ellos algún día". ¿¡Qué tipo de mentalidad es esta por el amor de Dios!?

¡Si necesitas una tarjeta para comprar "eso" que deseas, entonces NO puedes pagarlo, punto! ¿Es muy difícil de comprender?

Este cambio en la cultura de consumo ha llevado a muchas personas a acumular deudas de manera imprudente, y escandalosa; y, sin una planificación financiera adecuada. Los niveles de deuda han aumentado a niveles de escándalo. ¡No seas parte de la estadística! Este nivel de endeudamiento, es el cáncer #2 de las generaciones actuales en temas de dinero.

Por si fuera poco, los bancos han desarrollado estrategias de marketing agresivas para persuadir a los consumidores a utilizar sus productos de crédito, —artimañas emocionales—, usan nuestras inseguridades en contra nuestra. Ni más ni menos. Pero no somos ningunas víctimas, bien nos lo merecemos por no aprender, por no prepararnos y no asumir responsabilidad.

Tengo varios mensajes para los jóvenes, para los _millennials_ y para las generaciones posteriores:
1.- Efectivamente muchas cosas son más difíciles que antes.
2.- Las buenas noticias es que también, hay otras que son mucho más fáciles. Si te mantienes el tiempo suficiente conmigo, con mi equipo, con mis materiales, tendrás las ideas principales, de cómo resolver tu tema financiero de una forma permanente. No estoy diciendo que será fácil, sin embargo, te garantizo que si te apegas a nuestro sistema y lo ejecutas al pie de la letra, tendrás más certidumbre de lo que puede darte una carrera universitaria, en el aspecto de resolver tu proyecto de vida y dinero. Quiero que pongas los pies muy fuertemente sobre la tierra, y que renuncies a las creencias mágicas. ¿Qué son? Te explico en breve.

Para esto, tomo prestado un fragmento de un ensayo de opinión de Mihir A. Desai, profesor de finanzas en la Universidad de Harvard, el cual hace un llamado a dejar atrás el pensamiento mágico en materia económica. La primera vez que leí esto me quedé frío, (Las creencias mágicas se definen como todas las explicaciones basadas en la magia y fantasía, que contradicen a las leyes naturales, carecen de sustento científico y cumplen la función de reducir la ansiedad asociada con los eventos impredecibles del mundo).

Entonces, escuchar a tal celebridad, conectando las creencias mágicas con el dinero, aplicado a las generaciones actuales, llamó poderosamente mi atención.

Desai escribe que el optimismo excesivo en las inversiones y la idea ingenua de que la prosperidad es inevitable ha hecho que muchas personas, especialmente los jóvenes, vayan tras los grandes unicornios con la promesa de enormes ganancias sin hacer muchos sacrificios. Su recomendación es poner los pies en la tierra, recordar que "el vínculo entre riesgo y rendimiento es inevitable" y alejarse de las criptomonedas.

Durante un discurso en una academia militar en una época en que el precio de un solo bitcoin era de alrededor de $ 60,000, me preguntaron —como nos ocurre con frecuencia a los profesores de finanzas— qué opinaba sobre las criptomonedas. En vez de responder con mi escepticismo usual, decidí hacer una encuesta entre los estudiantes. Resultó que más de la mitad de los asistentes habían realizado operaciones con criptomonedas, en general financiadas con préstamos, con deuda.

Quedé perplejo. ¿Cómo era posible que este grupo de jóvenes invirtiera tiempo y energía en algo así? Y esos estudiantes no eran los únicos. El interés en las criptomonedas ha sido más pronunciado entre los integrantes de la generación Z y los *millennials.*

He llegado a ver a las criptomonedas no solo como activos exóticos, sino como la manifestación de un **pensamiento mágico que ha infectado a, parte de la generación que creció tras la Gran Recesión y, de manera más amplia, al capitalismo estadounidense**.

Para estos efectos, cuando hablo de pensamiento mágico me refiero a la premisa de que las condiciones propicias continuarán para siempre sin tomar en cuenta la historia. Describe una postura en la que se minimiza el papel de las restricciones y los sacrificios en pro del tecno-utopismo, con un énfasis que se limita a los resultados positivos y la novedad. Es la confluencia de virtud y comercio.

¿De dónde salió esta ideología? Un periodo excepcional de tasas de interés bajas y liquidez excesiva crearon el ambiente perfecto para el florecimiento de sueños fantásticos. El uso generalizado de tecnología en las relaciones con los consumidores llevó a las personas a creer que la empresa detrás de la plataforma más nueva o el empresario arrogante de tecnología de más reciente aparición tienen el poder para cambiar todo. El enojo causado por la crisis financiera global de 2008 generó una atmósfera receptiva a soluciones económicas radicales y el decepcionante desempeño de la política tradicional trasladó las ambiciones sociales al mundo del comercio. El semillero de los peores periodos de la covid exacerbó tremendamente estos impulsos, cuando nos la pasábamos sentados frente a nuestras pantallas en total aburrimiento, activados por un flujo de dinero que parecía gratuito.

<<Hasta aquí fin del fragmento el profesor Desai.>>

Desai encaja en este capítulo, porque muchísima gente se ha endeudado para "invertir" en el mundo crypto. Luego, con ese dinero "ajeno" esperan convertirse en millonarios. ¿¡Cómo es posible carajo!?

Te contaré acerca de casos como el de Bernard Madoff, e incluso otros más recientes como el de Sam Bankman-Fried e incluso Barry Silbert. Todos estos maestros del engaño que defraudaron a cientos de miles de familias, con esquemas Ponzi, arropados por las creencias mágicas que menciona Desai. Muchísimas de estas familias perdieron los ahorros de toda su vida. Algunos otros eran fondos de ahorros para el retiro de grupos como sindicatos y uniones. Pero muchísimos otros, también, se endeudaron para "invertir".

Es fundamental recalcar, que estos ladrones de cuello blanco, necesitan dos cosas de sus "víctimas": Ignorancia y avaricia. Así que ya sabes cómo blindarte de estos *"con men"*.(maestros del engaño).

Conclusiones de este capítulo:

1.- Repite conmigo: El crédito es una trampa.

2.- El crédito, es el cáncer#2 de las generaciones actuales.

3.- Jamás te endeudes para "invertir". La palabra clave es apalancamiento(capítulo 32).

4.- Repite conmigo: Claro que puedo tener todo lo que quiera sin necesidad de endeudarme. Solo debo seguir leyendo. Seguir aprendiendo. Voy por el camino correcto.

5.- Repite conmigo: No debo comprar a crédito productos de consumo.

6.- Repite conmigo: Lograré DEUDA CERO, a como dé lugar, es una de mis prioridades a partir de hoy.

7.- ¡Si necesitas una tarjeta para comprar "eso" que deseas, entonces NO puedes pagarlo, punto!

Un día no muy lejano, leerás todo esto y te reirás a carcajadas por cómo veías la vida con respecto a las deudas. Ya verás.

-*"La falta de educación financiera es la razón principal por la que la gente lucha con el dinero. Debemos hablar más abiertamente sobre el dinero y la gestión financiera para que todos podamos aprender, y lo veamos como un tema normal y necesario."* -

Lalo Cortez

Capítulo 36

Hábito #15 de gente quebrada: No hablan de temas de dinero jamás

El dinero es un tema tabú para muchas personas, pero hablar de él es esencial para una buena salud financiera. Si no hablamos de dinero, nunca aprenderemos a manejarlo bien. En muchas familias, en pleno siglo XXI, los temas de dinero son considerados prohibidos, son temas tabú. Son familias con frases como: "no se habla de dinero en la mesa", o "es de mal gusto preguntarles a las personas cuanto ganan". Incluso en muchos matrimonios, es muy probable que no sepan con exactitud cuánto dinero gana su cónyuge, o que no sepa con exactitud sus deudas o inquietudes financieras, simplemente no se habla del tema y punto.

Cuando tenemos un dolor en las muelas, lo lógico es ir con el dentista. Si tenemos dolor en alguna parte del cuerpo, lo normal es ir al médico. Si tenemos algún tema como depresión o ansiedad, tal vez optemos por ir con un psicólogo o incluso psiquiatra. Y, sin embargo, ¿qué sucede cuando tenemos problemas de dinero? Nada. Las personas que viven con este anti-hábito simplemente se quedan callados. No piden ayuda. Pueden incluso llegar a experimentar situaciones emocionales muy complicadas y tener un temperamento alterado o con muy poca paciencia. La relación dinero - emociones para personas así es evidente, sin embargo, optan por seguir callados.

Para este grupo de personas existe la creencia de que las personas que se preocupan o hablan del dinero, son egoístas, materialistas, tacaños, poco sensibles. Los que tienen dinero o son ricos creemos que lo han conseguido con robos o engaños, no porque lo hayan gestionado bien o hayan invertido en buenos negocios. Aquí entramos en el terreno de las creencias, de los paradigmas, muchos de ellos limitantes.

A este grupo de personas les enseñaron desde pequeños que el dinero es uno de los pocos temas —como la política y la religión— que debes evitar en una conversación. Bajo la justificación de que es de "mala educación" pero primero habría que entender que lo que se considera "adecuado, apropiado y de buena educación" son una serie de reglas que están constantemente evolucionando de la mano con nuestra cultura.

En los círculos de estas personas no hay conversaciones sobre dinero, sobre su gestión y menos aún sobre cómo invertirlo, pero sí escuchamos constantemente comentarios del tipo: "gano poco, multa cara, precios altos", pero hacerlo para compartir experiencias positivas, salarios o rentas, no, porque es una falta de respeto.

¿De dónde vino este paradigma de que, colectivamente, no revelaríamos la cantidad de nuestros recursos, o cuántos de ellos intercambiamos por cierta compra? De acuerdo con la consultora de etiqueta Jodi RR Smith, nuestro tabú frente al dinero, viene desde Inglaterra, el siglo XV. Hay una guía de etiqueta que aún hoy lo señala. Smith dice que, como regla de oro con la plata, así como con la tierra, "la gente que la tiene no necesita hablar de ella".

Otra gran parte de la razón por la que no hablamos sobre dinero es que puede revelar algo sobre lo que estamos avergonzados, ya sea por cuánto gastamos en general o cuánta deuda hay en nuestras tarjetas de crédito. En muchos casos, el hecho de que la gran mayoría de la población no tengamos una buena educación financiera y vigilemos activamente nuestro flujo de dinero, hace que la sociedad sea peor, permitiendo los abusos de las personas (empresarios con poca ética, explotadores, políticos corruptos, falsos créditos, pensiones insostenibles, intereses elevados, etc.). No hablar de estos temas nos hace vulnerables a todos. Es hora de que todos cambiemos esta narrativa y seamos abiertos sobre el tema del dinero.

Rompe el silencio. Es difícil aprender sobre algo cuando te recomiendan no hablar al respecto. De esa manera, el silencio se vuelve una herramienta de opresión.

Creo que hablar con las amistades acerca de tu situación financiera, nuestros planes de dinero y nuestro proyecto de vida familiar y financiero, es esencial para romper el tabú en torno al dinero.

Cuanto más cómodo te sientas hablando abiertamente de temas como planes de retiro, préstamos y planeación de presupuestos con tus colegas, amigos, familia, mayor la oportunidad de aprendizajes mutuos.

Cuando empiezas a entender el valor de ser abierto y transparente acerca del dinero, comenzará a parecerte una prioridad. El cambio hacia un futuro financiero más seguro, para ti, para tus amigos, tu familia, y tu comunidad, está a unas conversaciones de distancia.

Mensaje para mujeres: El 90 % de las mujeres serán las únicas responsables de su economía en algún momento de sus vidas. No tenemos ningún problema en compartir el descuento que hemos obtenido al comprar, pero nos cuesta admitir cuánto ganamos o cuánto dinero ahorramos al mes. Es decir, somos capaces de hablar de temas como en qué trabajamos, en qué universidades hemos estudiado, pero somos más reticentes cuando se trata de abordar temas de dinero de forma explícita, como hablar de hábitos financieros. Es el tabú del dinero. Pero, ¿por qué ese rechazo a hablar de este tema, más aún, con amigos, familiares o nuestra pareja? ¿Y cómo nos afecta a nosotras?

"En nuestra sociedad, el dinero está comúnmente asociado con nuestra **autoestima, tendemos a valorarnos dependiendo de cuánto dinero tenemos en nuestra cuenta bancaria, qué coche conducimos y cuánto salario ganamos**. Es un pensamiento muy capitalista", explica Emilie Bellet, economista y fundadora de Vestop, una plataforma cuya misión es cambiar la conversación en torno a las mujeres y sus finanzas. "Vemos el dinero como una parte de nosotras mismas, pero en realidad, deberíamos ver el dinero como algo externo. Como una herramienta que te puede comprar libertad, que te puede comprar opciones, y que te permitirá vivir la vida que tú quieres".

Recuerda siempre: Es importante hablar de dinero con las personas que amamos. De lo contrario, podemos encontrarnos con problemas financieros que afectarán nuestra relación. Si quieres tener éxito financiero, debes estar dispuesto a hablar de dinero. ¿Qué decisión vas a tomar?

Reto de esta sección: Ten una conversación, larga y tendida, con tu familia sobre temas de dinero. Diles que te pregunten todo lo que quieran. Pregúntales tú también de todo. Luego hagan un plan preliminar de ideas y metas.

-*"El éxito financiero es la combinación de conocimiento, habilidad, acción y gestión emocional. Tienes que tener los cuatro para tener éxito."* -

Brian Tracy

Capítulo 37

TIPS BREVES DE DINERO

AUTOMATIZA TUS AHORROS

Si programas, transferencias automáticas de tus cuentas de pago, o cuentas de cheques, a tus cuentas de ahorros o cuentas de inversiones, te estarás pagando primero a ti, al mismo tiempo que estarás multiplicando las posibilidades de que tus ahorros e inversiones crezcan.

Consulta con tu banco en tu país cómo puedes conseguirlo, es posible que sea tan fácil que lo puedas hacer con una app en tu teléfono.

REVISA TU PLAN DE LLAMADAS Y DATOS

Haz una investigación con los diferentes proveedores de telefonía, para que veas ofertas o novedades, con el tiempo existen nuevos planes que se acomodan mejor a tus necesidades. En algunos países, los diferentes proveedores incluso ofrecen bonos de bienvenida o planes muy atractivos si te cambias con ellos o, tu actual proveedor podría ofrecerte un mejor plan si ve que estás planeando mudarte.

SACA LA BASURA DE LA CAJUELA DE TU CARRO Y MANTENLO LIMPIO SIEMPRE

Si te deshaces del peso extra en tu coche, esto significará mejor eficiencia en tu gasto de combustible, además de que servirá como limpieza mental, esa basura o acumulación excesiva en tu auto, crea cansancio mental. Tu carro no debe ser basurero ni almacén.

BLOQUEA TU TELÉFONO

Si tu teléfono no está bloqueado, no está protegido, hazlo ahora. Puedes usar un código de seguridad, patrón de desbloqueo, huella digital o reconocimiento facial. Puedes ir un poco más allá si le agregas una app especial que incluso se active en caso de robo o extravío. Algo que incluye la seguridad de tu teléfono es el respaldo de toda tu información, videos, fotos y las claves de acceso a todas las apps que tienes instaladas.

ACTIVA ALERTAS DE TUS CUENTAS BANCARIAS

Asegúrate que todas tus cuentas tengan configuradas alertas de movimientos, comprueba que estén funcionando, para que cada vez que exista actividad o algún cargo en alguna de tus cuentas, recibas un correo o alerta vía sms o incluso vía WhatsApp. De esta manera podrás actuar de inmediato en caso de algún cargo no reconocido. Cuidado: Comprueba que estas alertas realmente sean de tu banco, evita caer en engaños tipo *"phising"*, ¿cómo? Una alerta de un banco no te mandará un enlace al banco para que entres, en todo caso irás a la app o al banco físicamente, o tú teclearás el sitio manualmente. (Investiga más sobre phising).

REVISA TU PAQUETE ACTUAL DE TV POR CABLE O SATÉLITE

Dos o tres veces al año llama o ve al sitio de tu proveedor de TV por cable o satélite, ve promociones y opciones, incluso investiga qué te pueden ofrecer en caso de que quieras cancelar. Muchas empresas tienen paquetes de descuentos hasta 50 % por varios meses para clientes que desean irse, con tal de mantenerlos. Así mismo evalúa los paquetes existentes versus el que tienes, sé realista con los canales y las horas que realmente tu familia y tú ven televisión. Algunas empresas tienen paquetes de más de 200 canales, en serio ¿quién ve 200 canales? Háblalo seriamente con tu familia; esto no solo le pega a tu bolsillo, también a tu tiempo y productividad.

HAZ UNA CITA CON TU ENTRENADOR FINANCIERO

Un profesional te puede apoyar a navegar las entradas y salidas de tu vida financiera, puede evaluar el nivel de riesgo que tienes en general, saber cómo pinta tu plan para financiar tu edad avanzada, —nota como no le llamaremos retiro—; ten una charla informal con alguno antes de comprometerte o antes de pagarle nada para ver cómo te sientes al respecto con esa persona en especial.

Nota #1: Ten cuidado de un grupo de "profesionales" que se hacen llamar "asesores financieros", cuando en realidad solo venden seguros de varios tipos, y aunque los seguros obviamente son parte de la estrategia financiera de cualquiera, estos individuos no saben mucho sobre finanzas personales y familiares de una manera integral, solo se reducen a los productos que venden. Si ya tienes un agente de seguros, sabes que se manejan así como asesores financieros, si ya lo tienes, sigue con él solo mantenlo dentro de los límites de solo seguros.

Nota #2: Cuando compres un seguro de vida, toma en cuenta los siguientes puntos:

1.- Solo compra seguro de vida término, —cada compañía puede llamarle de diferente manera—. Es el tipo de seguro de vida donde pagas una cantidad fija, anual o mensual, que solo va a hacer el pago de la póliza en el caso de fallecimiento. El otro tipo de seguro es una especie de ahorro - inversión, en donde cada mes aportas una cantidad y luego de algunos años te la van a regresar con intereses. NO compres este tipo de seguro, solo el primero que menciono. ¿Por qué? Porque les estarás dando el control de tu dinero y rendimientos a terceros, es mejor que tú lo manejes, que tú seas el experto, para eso estás leyendo este texto y estudiando todos nuestros materiales y entrenamientos. Es muy probable que tu agente de seguros te quiera vender del otro, el que pagas una cantidad mensual a manera de ahorro, te dará todo tipo de explicaciones. No lo hagas.

Nota a agentes de seguros: ¡Escuchen! No den tantas opciones y palabrería y reglas a sus clientes, y no les vendan lo que más te convenga a ti como agente, vender es ayudar, véndeles lo que ellos quieren. No sabes la cantidad de agentes de seguros que he dado de baja de mis proveedores, porque simplemente ¡no se callan jamás, no escuchan!

2.- Tu seguro de vida solo es digamos obligatorio para ti si tienes hijos menores de edad o en caso de que tu pareja no tenga los medios para vivir en caso de tu fallecimiento, o viceversa.

AUDITA TUS SERVICIOS DE TV POR STREAMING

Mismo consejo que la TV de cable o por satélite. De acuerdo a las tendencias, lo más seguro es que tengas varias suscripciones a servicios de TV por streaming, -Netflix, Disney+, HboMax, Hulu, Apple+, etc-; y cada día habrá más y más. La ventaja de estos servicios es que NO tienen un plan obligatorio a 18, 24 o más meses, como los satelitales o cableras; puedes contratar por un mes y luego cancelar y volver a contratar dos meses después. Haz una junta con tu familia y hagan acuerdos, pagar uno o dos no suena tanto, sin embargo, pueden llegar a ser muchas.

TRAMPAS DE DINERO A EVITAR:
- Préstamos de nómina
- Seguro de vida entera del tipo ahorro mensual

- Préstamos de consolidación de deuda
- Hipotecas a tipo variable (tasa de interés)
- Alquiler de coches
- Tiempos compartidos
- Tarjetas de crédito de todo tipo
- Préstamos estudiantiles
- Financiamiento "igual que efectivo"
- Préstamos 401(k), de afores o de tu ahorro para el retiro.
- Acudir a casas de empeño, algunas tienen tasas de interés de 0.55 % diario, no suena mucho, ¿verdad?, en realidad es 200 % anual. Al anunciarlo como 0.55 % diario, es un caso de publicidad engañosa.
- En EE. UU. los préstamos de nómina, pueden llegar a tener tasas de interés de hasta **320 %. No es error de impresión, es más de 320 % anual.**

ASESORA Y AYUDA A LOS ADULTOS MAYORES DE TU FAMILIA, SOBRE TODOS ESTOS ASUNTOS.
- Ya te he hablado de esto mismo en otras secciones de este libro, quiero insistir nuevamente. Nuestros adultos mayores pueden ser susceptibles a engaños o errores. Ayúdales, asesóralos. Tenles paciencia.

Revisa "con lupa" tus estados de cuenta bancarios. Revisa a fondo todos tus estados de cuenta bancarios y de tarjetas de crédito, verifica cada cargo, mantente muy atento a lo siguiente:

1.- Cargos, aunque sean muy pequeños, no reconocidos hechos por el banco, les encanta cobrar "sorpresivamente" con cualquier pretexto.

2.- Si hiciste una compra con tu tarjeta de crédito o de débito, asegúrate de que no esté duplicada.

3.- A veces tienes alguna suscripción o domiciliación de algún servicio automatizado a tu cuenta, si lo cancelas, asegúrate que no lo sigan cobrando en fechas posteriores.

4.- Cualquier cargo no reconocido, por compras en establecimientos físicos o en línea que no reconoces.

5.- No permitas que personas de la tercera edad de tu familia, se hagan demasiado amigos de los empleados bancarios, tienen información muy sensible de ellos y es mejor protegerlos.

Familiarizarte con la app de tu banco, para que te sea fácil llevar a cabo incluso reclamaciones desde ella, actualmente el proceso se ha ido simplificando e incluso te harán un abono casi de inmediato durante el tiempo que llevan a cabo la reclamación.

-"El interés compuesto es como una bola de nieve. Comienza pequeña, pero con el tiempo se convierte en una gran masa de riqueza." -

Tony Robbins

Capítulo 38

Hábito #15 de gente rica: Son expertos en interés compuesto

El interés compuesto es la razón por la cual los intereses funcionan en el mundo. El interés compuesto es una fuerza increíblemente poderosa que puede hacer crecer tu riqueza de manera exponencial. Esta es una de las poquísimas partes de mis materiales en que hablaremos de matemáticas, no te preocupes, es muy poco y es demasiado sencillo, te pido que lo veas así: Estas matemáticas que te voy a explicar, cualquier persona interesada en su vida financiera, debe considerarlo como una especie de: "matemáticas mínimas viables"; para tener éxito con el dinero.

Empezaré contándote dos historias, dos hermanas, nacidas en una ciudad de mediano tamaño en cualquier país que capitalista que se permite el libre mercado. ¿Sus nombres? Raquel y Rocío. En una sección anterior, en este libro: "tips para multiplicar tu dinero(capítulo 27), ya hice una primera presentación del tema interés compuesto".

Si tú ya conoces el tema, entonces la pregunta para ti es: ¿ya lo estás utilizando a tu favor? ¿Qué rendimiento has conseguido en los últimos meses o años? ¿Qué porcentaje de tus ingresos nuevos los destinas a estrategias de interés compuesto? Creo te conviene de todos modos leer este capítulo. Nuestras investigaciones nos dieron el dato de que solo un 5 % de la población conoce el tema, pero menos del 1 % lo aplica de manera permanente, muchos menos lo hacen de manera consistente, nos quedamos atorados en la etapa del "conocimiento" sin atrevernos jamás a pasar a la fase de la VALIDACIÓN(Capítulo 2).

La historia cuenta que Albert Einstein dijo que el Interés Compuesto es "la fuerza más poderosa del universo". Y tenía razón porque gracias a él tu dinero puede aumentar a lo largo del tiempo, tú decides cuándo detenerte.

¿Estamos listos para volver a las aventuras de Raquel y Rocío? ¡Aplausos! Ambas chicas eran como tú y yo, jóvenes, con ambiciones y con la energía para comerse el mundo. Eran estudiantes, soñadoras y ¡querían ser unas triunfadoras en la vida! El nivel económico de las dos era similar, nacieron en esa época extraña que algunos llaman finales de la generación X, principios de la generación *millennial* —¡eso suena a personajes de Marvel!—. ¡Que empiece la acción!

¡La historia de Raquel y su negocio de joyería está que arde! Resulta que decidió meterse al mundo de las ventas y empezó a vender joyas de oro por catálogo. Pero aquí viene lo bueno, para iniciar su aventura, pidió prestado unos cuantos cientos de dólares a su novio y familia. ¡Unos verdaderos emprendedores! Con esa modesta cantidad de $850 hizo su primer pedido, y en cuanto lo recibió, empezó a ofrecer anillos, brazaletes, pulseras, aretes y todo lo que se le cruzaba por el camino a sus conocidos. Y no solo eso, sino que también les dio la oportunidad de pagar en dos o tres plazos (¡qué buena idea Raquel, por Dios!).

Después de hacer sus primeras ventas, Raquel guardó su dinero y cuando se completó el primer ciclo de cobros, ya tenía en su mano el capital inicial más su ganancia bruta. Sí, tal como lo oyes, los $850 que tenía el comenzar, se transformaron en ¡$1,950 en menos de dos meses! ¡Así es, 100 % de rendimiento en menos de sesenta días! ¿Qué opinas de eso? ¡Aplausos para Raquel!

Después de haber ganado $1,950 en menos de dos meses, decidió reinvertir todo el dinero y hacer otro pedido, ¡así es! ¡100 % de tasa de reinversión! Pero no creas que ahí se quedó la cosa, ¡no señor! Raquel repitió esta operación varias veces, sin gastar ni un centavo en su comida, ropa o necesidades personales. Para eso, ella tenía otras actividades que le proveían lo básico para vivir, porque la única función de su dinero era multiplicarse.

Pero no te preocupes, no pienses que Raquel se estaba muriendo de hambre o viviendo debajo de un puente, ¡no! Esta chica era muy humilde, pero funcional y suficiente, —era una maestra de lo frugal—. Tenía un plan, sabía lo que quería y no se detendría hasta conseguirlo. ¡Una verdadera emprendedora! Así que si supones que tus sueños son demasiado grandes, piénsalo dos veces y aprende de la historia de Raquel.

Raquel lo sabía muy bien: el secreto está en el mediano y largo plazo, —el interés compuesto—. Sabía que lo que podía ganar de un mes a otro era poco en comparación con lo que podría ganar si reinvertía todo su dinero. Y vaya que lo hizo bien, porque cuatro o cinco años después, ¡tenía la nada despreciable cantidad de $113,000 en su cuenta de banco! ¡Eso es mucho dinero!

Y no solo eso, sino que los bancos la reconocían por su disciplina financiera y estaba a punto de terminar su carrera. ¡Todo un éxito! Raquel es la prueba viviente de que con un poco de esfuerzo, determinación y disciplina financiera, ¡se pueden lograr grandes cosas! Por si fuera poco su contexto y termostato financiero se expandieron, ahora podía pensar y trabajar con números mucho más grandes que cuando todo comenzó, sin desmayarse, con la cabeza fría.

¿Qué decir de Rocío? Rocío era como la sombra de Raquel, seguía todos sus pasos, hacía lo mismo que ella, y también empezó a vender joyas de oro por catálogo. Cuando Rocío hizo sus primeras ventas, estaba tan emocionada que invitó a cenar a toda su familia y amigos. ¡Y quién no estaría feliz de convertir $850 en casi $2,000 en menos de dos meses!

Pero, aquí está el problema. Mientras que Raquel seguía reinvirtiendo todo su dinero para hacerlo crecer aún más, Rocío decidió adaptar su estilo de vida al nuevo nivel de ingresos que había logrado. Cuando Raquel le decía que reinvertir era clave para tener un mayor crecimiento a largo plazo, Rocío decía "sí, sí, más adelante, ahora solo quiero disfrutar un poquito este nuevo éxito que acabo de descubrir". ¡Ups! ¡Parece que Rocío se estaba divirtiendo demasiado con su nuevo dinero! —La ley de Parkinson en acción, Energía Vital, capítulo 29—.

Rocío era la reina del "vive el momento", del "no te preocupes por el futuro", del "el presente es lo que cuenta", al estilo de "para eso me mato trabajando". Con una actitud de *YOLO* *(You only live once)* expresión en inglés que significa que solo se vive una vez. Pero mientras ella gastaba su dinero en viajes, cenas lujosas y ropa costosa, Raquel seguía trabajando duro y reinvirtiendo todo lo que ganaba; el 100 %. Mientras Rocío pensaba que el éxito era tener una cuenta de Instagram llena de fotos en lugares exóticos, Raquel sabía que el éxito era tener una cuenta bancaria bien gorda.

Después de unos años, mientras Raquel se graduaba de su carrera y tenía más de $ 113,000 en su cuenta de banco, Rocío seguía con los mismos $ 1,000 que tenía al principio. Pero bueno, al menos tenía una tarjeta de crédito con buen límite, ¿no? Aunque claro, eso significaba que también tenía una deuda bastante grande. ¿Es malo? Por supuesto que no, multiplicó su inversión varias, muchas veces, sin embargo, no le dio la oportunidad de realmente multiplicarse. Le cortó las alas una y otra vez. Además, Rocío, tenía créditos en tarjetas de crédito por $ 5,000 aproximadamente y un crédito automotriz. Dejó su carrera desde el inicio porque prefirió vivir para disfrutar su "éxito".

Este es uno de los principales errores que cometemos las personas en nuestro paso por la clase media. Pareciera que en esta etapa surge un reto con el auto-sabotaje financiero. ¿Qué onda con eso? ¿Por qué nos encanta comer nuestras ganancias en lugar de dejar que crezcan y se multipliquen como conejos en primavera? No las dejamos crecer, les cortamos las alas una y otra vez. ¡No tiene sentido! Es como si tuviéramos prisa por desperdiciar todo lo que nos costó tanto conseguir. Y luego nos preguntamos por qué no tenemos suficiente dinero para comprar esa casa que siempre hemos querido o por qué seguimos endeudados tan horriblemente. En fin, parece que necesitamos cambiar uno que otro hábito, y romper cualquier cantidad de paradigmas, —con este material por fin vamos por el camino correcto—. Le pega directo al estilo de vivir que tenemos y por supuesto también a nuestro proyecto de vida familiar y financiero.

Parece que tenemos prisa por disfrutar todo aquello que la vida tardó tanto tiempo en finalmente darnos. Llegado el día, somos nosotros mismos los que le metemos zancadilla.

¿Conoces a alguien así? ¡Pues claro que conoces a alguien así! Todos tenemos un poquito de Rocío en nosotros, esa actitud de "vive la vida loca" que nos hace querer gastar nuestro dinero en todo lo que se nos atraviesa en el camino, y como si hubiera un tiempo límite para hacerlo. Habrá que recordar desde ahora, que el dinero tiene su propia personalidad, y si lo dejamos quietecito en el lugar correcto, ¡se va a poner a trabajar para nosotros!

El interés compuesto es como el fuego, si lo sabes manejar, te puede calentar y cocinar una deliciosa cena, pero si lo dejas fuera de control, ¡te puede quemar la casa entera! Raquel entendió esto a la perfección, y aplicó el interés compuesto en su pequeño emprendimiento, sin necesidad de ser una experta en finanzas. Al paso de esos años, su emprendimiento era todo; menos pequeño.

¡Parece que el dinero es como un Pokemon y Raquel lo atrapó y lo hizo evolucionar! Ella entendió que el secreto no era gastar, sino invertir. Y en lugar de solo acumular su dinero como si fuera una pila de hojas secas, lo hizo trabajar para ella. Como si fuera una especie de granjera de dinero, Raquel sembró sus ganancias y cosechó el fruto del interés compuesto, haciendo crecer su fortuna de una manera sorprendente. ¡No hay duda de que el dinero puede ser un amigo leal y generoso si sabes cómo tratarlo bien!

Es fundamental que hagas esta distinción, Raquel no ganaba intereses, tenía ganancias de capital por un negocio. Lo único que tenía que hacer era darle órdenes precisas a sus ganancias y al capital. El dinero es un animalito muy obediente, hay que enseñarle a comportarse bien. Y Raquel lo hizo a la perfección, ella le dijo: "Tú, mi querido dinero, te tienes que comportar como si fueras intereses, aunque técnicamente no lo seas". Y el dinero, como buen animalito obediente, hizo lo que se le ordenó y empezó a multiplicarse como si tuviera interés compuesto. ¡Qué maravilla!

¡Ay, Rocío! ¿Qué le pasó a su disciplina financiera? Como muchos de nosotros, cayó en la trampa de gastar todo su dinero como si hubiera un tsunami de compras a su alrededor. En cambio, Raquel, la mujer con la estrategia maestra, decidió darle órdenes específicas a su dinero. Le dijo: "Oye, dinero, quiero que te portes bien y te multipliques. No te quiero ver por ahí derrochando en cosas innecesarias". Y así fue, su dinero escuchó y comenzó a trabajar por ella como si fuera su asistente personal. ¿Quién necesita un mayordomo cuando tienes un dinero disciplinado y multiplicador como el de Raquel?

Nota como no te he hablado de matemáticas, aunque te dije que lo haría; no te he pedido que saques tu calculadora, y sé que ahora, tal vez como nunca te ha quedado superclaro en que consiste el no tan famoso INTERÉS COMPUESTO, y sé que en este momento sientes una especie de prisa combinada con frustración de saber que esto lo habrías podido haber hecho cientos de veces, desde hace muchísimo tiempo. No te preocupes, como dicen los sabios: El mejor momento para plantar un árbol es hace veinte años, el segundo mejor momento es ahora.

Nota también cómo con estas historias que iniciaron de manera paralela, hay varias preguntas que podemos hacer ahora:

1.- ¿Cuánto dinero tiene de capital para reinvertir Raquel, ahora luego de estos años? ¿Y Rocío?

2.- ¿Qué porcentaje puede tomar una y otra para GASTAR, sin afectar su negocio y que además su capital siga creciendo sin parar? Porque seamos honestos, un motivador muy poderoso para estudiar finanzas personales es para poder gastar más, y en parte esta definición es correcta, pero esto nos lleva a otra pregunta:

3.- ¿Un rico gasta simplemente por gastar?, o ¿Crea una estrategia parecida a la de Raquel y destina un porcentaje literalmente para despilfarrarlo sin culpa y sin afectaciones a su patrimonio, el cual puede llegar a ser de millones?

4.- Si le damos a Raquel otros cinco o diez años, ¿crees que tal vez pueda seguir creciendo su capital, incluso tal vez resolverá su tema financiero de por vida? El juego del dinero se juega siempre a largo plazo. ¿Cuál de las dos jugaba a corto plazo?

Las personas más ricas del mundo. Yo siempre quise saber acerca de las personas más adineradas del planeta, ¿qué tienen en común? Cada año la revista Forbes, nos da algo así como la danza de los millonarios, ¿qué tienen en común?

Son dos cosas principales las que tienen en común, tardé varios años en descifrarlo finalmente:
1.- Todos aplican en sus negocios la fórmula del interés compuesto, esto es, reinvertir la cantidad más grande posible. Pueden ser intereses o ganancias comportándose como intereses.

2.- Todos han tenido al menos una IPO (*Initial public offering*) que en español significa: oferta pública inicial, es cuando una empresa deja de ser privada y debuta en la bolsa de valores, la de cualquier país.

Queda claro que el punto #1 lo podemos aplicar absolutamente todos.

Si una persona vive con $ 500 al mes y gana $ 1,000, luego obtiene mayores ingresos, ahora ya gana $ 2,000. En lugar de gastarse ese excedente, ¿tendría algo de malo seguir viviendo con los mismos $ 500 manteniendo su mismo estilo de vida?, y mientras su FONDO PARA LIBERTAD FINANCIERA crece y crece y crece. A la misma vez la persona lee, y se prepara y va a cursos, etc.

Te pido ahora reflexiones en todo lo que hemos visto en este capítulo, y nos hagamos juntos la siguiente pregunta:
¿Cuánto de lo anterior tiene que ver con el simple tema matemático y cuánto con el tema emocional? La respuesta es aplastante, un 80 % es emocional y comportamiento, toma de decisiones; y solo un 20 % es información.

Ahora sí, hablemos un poco de la parte meramente matemática del interés compuesto. Te pido que notes, que si hubiera iniciado este capítulo con esto que sigue ahora, como lo hacen la mayoría de los libros que he leído sobre el tema, lo más probable es que te lo habrías saltado.

Para calcular el interés compuesto, necesitarás alguna de las siguientes: una calculadora financiera, una hoja de Excel, arrastrar el lápiz y calculadora o, simplemente, googlear "calculadoras de interés compuesto" y entrar a varias, hasta que encuentres la que mejor te parezca. En esencia son todas iguales, pero cambia la presentación y los gráficos.

Esta es la fórmula para calcular el interés compuesto. No te preocupes, no te la tienes que aprender, a menos que realmente lo quieras, este capítulo no podría quedar completo sin esta fórmula. ¿Cómo funciona? Básicamente, cada vez que ganas intereses, los sumas a tu capital y los reinviertes, lo que hace que tu dinero crezca y crezca como un árbol frondoso. Y si no me crees, mira el gráfico en la siguiente página, donde se ve cómo el interés compuesto pasa de ser un crecimiento lento a una explosión de riquezas. Lo mismito que hizo Raquel, la chica de nuestra historia.

Observa como las dos líneas se separan cada vez más, al principio inician casi iguales, pero poco a poco se van separando más y más, en ese momento es cuando tu dinero ha adquirido poderes de automultiplicarse exponencialmente. Lo que quieres y lo que queremos todos, es que nuestro dinero llegue a ese punto de quiebre lo más rápido posible. Nota en la parte final del gráfico, como la distancia, la diferencia entre una línea y la otra es gigante, cuando logras estar ahí, ya no hay punto de comparación, llega el momento en que, literalmente, tu dinero gana más que tú.

Cuando explico este tema ante públicos en vivo, al final hay dos preguntas que me hacen casi 100 % de las veces:

Pregunta 1.- ¿Quién me van a pagar una tasa de interés como la de los ejemplos?
Respuesta 1: Nadie, nadie te va a pagar los rendimientos que quisieras, mejor cambiemos la pregunta: ¿cómo hago para obtener POR MÍ MISMO esas tasas o incluso mayores? En ese momento tomas el control del timón, en ese momento asumes la responsabilidad, en ese momento las posibilidades se abren a diestra y siniestra para ti. Veamos, si Raquel convirtió $ 850, en $ 100,000 en cinco años, ¿qué porcentaje de rendimiento logró? Si el importe final hubiera sido $ 30,000, el porcentaje de rendimiento habría sido de 100 %, anual, todos los años, entonces, si fue más de $ 100,000, ¿cuál rendimiento logró? El

mundo está repleto de empresas e individuos que hacen las cosas bien, que aplican interés compuesto a sus negocios, crecen y se multiplican. Seamos uno de ellos. Y, te pido que recuerdes esto siempre: No hay inversión que te pague un rendimiento mayor, que tu negocio propio.

Otra cosa que debes observar, es que una vez que has pasado el punto de quiebre, cuando las líneas se despegan, el siguiente salto será

Fórmula de Interés Compuesto

$$A = P\left(1 + \frac{r}{n}\right)^{nt}$$

A = Inversión Final
P = Inversión Inicial
r = Interés Anual
n = Pagos Devengados
t = Periodo Total

---

cada vez mayor. El cielo es el límite.

Pregunta 2.- Se me hace mucho tiempo tener que esperar tanto tiempo. ¿Hay manera de acelerar el proceso?

Respuesta 2: El juego del dinero es un juego a largo plazo, lo hemos hecho por décadas, solo que sin darnos cuenta. Firmamos un contrato de una hipoteca a 20, 25, 30 o más años en algunos países, vamos a la escuela 15 o 20 años antes de tener nuestro primer retorno en dinero contante y sonante; pero hacer un plan a 5 o más años nos parece excesivo, tenemos prisa; mientras más pronto asumamos que es un juego a largo plazo, más pronto estaremos listos para ganar. (El tema del largo plazo, lo comento varias veces en diferentes lugares de este libro, me interesa que quede tatuado en tu cerebro).

El caso de OXXO.

Hagamos un ejercicio final con el tema del interés compuesto, imaginemos que queremos abrir una taquería en México, o una ce-bichería en El Perú, etc.; la inversión necesaria digamos que es de $ 10,000; entonces:

Taquería #1: Inversión inicial: $ 10,000
Utilidad mensual aproximada: $ 500
(Ya se pagaron costos, sueldos, impuestos, etc.)

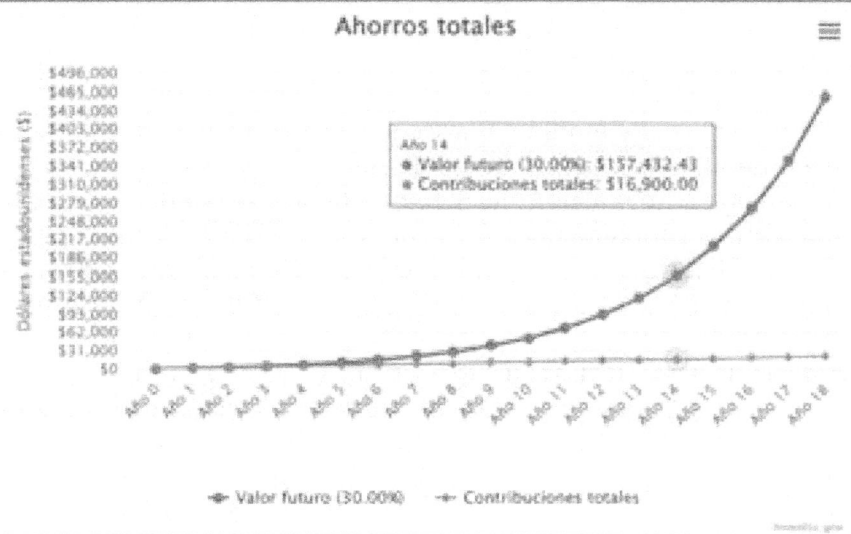

Ahorros totales

Año 14
Valor futuro (30.00%): $157,432.43
Contribuciones totales: $16,900.00

◆ Valor futuro (30.00%)   → Contribuciones totales

¿En cuánto tiempo se obtiene el dinero para abrir la taquería #2? 10,000 / 500 = 20 meses, en poco menos de dos años

Al abrir la taquería #2, los números serían más o menos así:
Utilidad mensual aproximada: $ 1,000 (dos taquerías)
En este momento, para abrir la 3ra taquería necesitamos solo 10 meses, con 3 taquerías los números sería estos:

Utilidad mensual aproximada: $ 1,500 (tres taquerías) ahora el tiempo necesario para abrir la 4ta taquería será de solo 6 meses. Cada vez es menos tiempo.

Ahora imagina que ya son 20 taquerías, los números serían más o menos así:
Utilidad mensual aproximada: $ 10,000 (500x20) aquí ya podremos abrir una nueva cada mes. Nota como lo que en el gráfico se ve como una línea que se va abriendo, al verlo como un ejemplo de las taquerías, el tiempo cada vez es menor, ahora imaginemos el mismo caso pero aplicado a la organización OXXO, que lleva más de cuarenta años aplicando este modelo: ¿sabes cuánto tiempo se tarda en generar la inversión para abrir uno nuevo? No me creas a mí, el dato lo tengo por un miembro del equipo interno, les toma menos de 3 minutos. Tiene mucho sentido, si tomamos en cuenta que tan solo en México son más de 20,000 unidades, a mediados de 2023.

Nota también como este modelo ganará 10 de 10 veces a temas de economía y macroeconomía como lo son el tipo de cambio y la inflación, es tener los negocios blindados.

Regresemos al ejemplo de las taquerías, y digamos que ya tenemos 100 de ellas, y 2 restaurantes de lujo, con utilidades mensuales combinadas cercanas a los $ 150,000, cuánto de este importe, ¿qué porcentaje usarías simplemente para gastar en lo que se te pegue la gana? ¿Cuánto en dejar que se siga multiplicando? Sin palabras. Exacto. Así mismo me quedé yo cuando aprendí y comprendí este tema desde esta perspectiva.

El diccionario dice de un capital que está colocado a **interés compuesto** cuando al final de cada unidad de tiempo se añaden los intereses (o ganancias) producidos al capital con el objeto de obtener nuevos intereses (o ganancias). En la medida que la tasa de interés (o rentabilidad del negocio) sea más alta, el beneficio sobre el capital original es más sorprendente en el tiempo.

Recuerda siempre: El interés compuesto es la octava maravilla del mundo financiero. No lo subestimes. Te ayudará a enfocarte en el largo plazo siempre. Pero, sobre todo, utilízalo. Si no lo usas es como si tuvieras un carro de lujo nuevecito en tu cochera y lo tienes estacionado todo el tiempo. En el cuadernillo de trabajo, en los ejercicios te hablo de cómo aplicarlo a otros ejemplos de negocios como bienes raíces.

---

*"Aprender matemáticas financieras
es como aprender un nuevo
idioma del dinero, que te
permitirá comunicarte mejor
con los expertos en la materia y
tomar decisiones más informadas." -*

T. Harv Eker

Capítulo 39

Hábito #16 de gente quebrada: No saben ni les interesa saber qué es el interés compuesto

Este es un contra-hábito, uno de los más importantes que suceden cuando la gente pasa toda una vida sin entender y por consiguiente sin aplicar, lo que es el interés compuesto. Están destinados a hacer dinero solo aritméticamente, si es un empleo obtendrán más dinero cada día de pago, si es un negocio cada vez que se lleve a cabo una transacción comercial del giro del negocio, y cada centavo permanecerá estático.

Pero eso no es lo más grave de no comprender el punto, anota la siguiente frase: **Todo aquel que comprende el tema interés compuesto, lo gana; todo aquel que no lo entiende, lo paga.**

Esto significa que el sistema financiero está diseñado para ganar dinero de muchas maneras, la más relevante es mediante la emisión de crédito, son entidades financieras que ganan intereses sobre dinero que no existe, dicho de otra manera ganan intereses sobre intereses, las ganancias son espectaculares.

Dato de miedo: Durante 2022, grupos financieros en México obtuvieron utilidades por 236,000 millones de pesos ($ 12,421,052,631 aproximadamente al tipo de cambio de segundo trimestre de 2023, doce mil millones de dólares o 12 billones en inglés). Si no sabemos las reglas del juego, no podremos jugarlo de la manera correcta. Imagina que entras a la cancha de cualquier deporte por primera vez, pero no sabes las reglas del juego. ¿Podrías jugarlo? Tal vez, pero sin saber lo que estás haciendo, así de grave es jugar en la vida el juego del dinero, sin conocer, aplicar y beneficiarse el interés compuesto.

Conocer y aplicar el interés compuesto, te permitirá jugar de tú a tú con quien sea, y ganarles en su cancha, en su mismo juego y sobre todo, 100 % legal.

5 datos sobre las personas que no conocen el tema del interés compuesto:

¿Por qué a algunas personas les cuesta entender el interés compuesto? Porque piensan que el interés es algo que solo se paga en las deudas, no en las inversiones.

¿Por qué a algunas personas les parece difícil entender el interés compuesto? Porque no saben que es una de las fuerzas más poderosas en las finanzas personales.

¿Cómo se llama una persona que no sabe qué es el interés compuesto? Un ahorrador sin visión de futuro.

¿Por qué a algunas personas les parece aburrido el interés compuesto? Porque no saben que es la clave para construir la riqueza a largo plazo.

¿Por qué algunas personas creen que el interés compuesto es solo para los expertos en finanzas? Porque no saben que cualquiera puede beneficiarse de él, independientemente de su nivel de conocimiento financiero.

"El dinero es una herramienta, no un objetivo en sí mismo. Es importante tener objetivos claros y priorizar en consecuencia para alcanzar la verdadera felicidad y satisfacción en la vida." -

David Bach.

Capítulo 40

Hábito #16 de gente rica: Conocen la pirámide de las prioridades del dinero

No puedes ser todo para todos. Decide primero lo que eres y lo que no eres. Decide lo que no es negociable. Y luego no lo negocies. En este capítulo te presento un tema fundamental, no podemos utilizar el dinero simplemente en lo primero que se nos antoje, debemos tener prioridades, recordemos que ante todo el dinero es cuestión de orden. Dos páginas adelante tengo para ti el gráfico: "Etapas y prioridades con el dinero". Creo firmemente, que si todos respetáramos esta estructura, llegaríamos mucho más rápido a la cima de la pirámide.

El primer tema de cualquier curso de economía y finanzas comienza siempre por la definición y objeto de la misma. Se nos dirá que la economía es una ciencia social ocupada en estudiar el modo de administrar los limitados recursos de los que dispone el ser humano a fin de satisfacer sus ilimitadas necesidades. Esta es la definición oficial, pero no me gusta, pues no estoy de acuerdo con ella.

La ciencia económica nos indica que mientras los recursos de los que disponemos son limitados, las necesidades que tenemos son infinitas. Necesitaremos, en consecuencia, priorizar entre las necesidades; decidir cuál de ellas intentamos satisfacer antes y a cuáles deberemos renunciar.

Yo lo llamo: La danza de la economía y las finanzas, es un ecosistema que debe sí o sí mantenerse en equilibrio, tanto en lo macro, como en lo micro. En lo macro aportamos nuestro granito de arena, en lo micro es totalmente nuestra responsabilidad lograr y mantener ese equilibrio. Cuando este equilibrio se rompe en el nivel macro, surgen temas como inflación, devaluación de las monedas, problemas en las vías de suministro y un largo etcétera en este mundo actual interconectado.

Cuando este equilibrio se rompe en el nivel micro, surgen tópicos como, deudas, estrés, ansiedad, y es posible se llegue a perder la esperanza. Si has leído hasta este punto, ya comprendes muchas de las cosas que se deben evitar en las finanzas personales y familiares, así como todas las que se deben obtener sí o sí. Es un ecosistema entre los que producimos, versus los que consumimos esos productos y servicios que se producen, versus los niveles de ingreso y deuda.

En este sentido, un famoso psicólogo, Maslow, propuso en 1943 en su obra *"A Theory of Human Motivation"* (Teoría de la motivación humana) una teoría en la que expresó una jerarquía de necesidades humanas que ilustró a través de su conocida "pirámide de necesidades de Maslow".

En este libro te traigo mi propia versión, una pirámide modificada y adaptada a los tiempos modernos, pero además no es una pirámide solo de necesidades, sino de estrategias financieras para los individuos y las familias. No pretendo saber más que un genio como Maslow, solo es una humilde aportación al cruce de los temas, que considero una de mis principales fortalezas. Dicho lo anterior, mi propuesta no supone desechar la famosa pirámide, el famoso psicólogo.

Al momento de que hagas tu planeación financiera, en el armado de tu proyecto familiar financiero, asegúrate de que lo hagas en este orden, aquí te lo expongo en orden invertido, la base de la pirámide es el inicio, la parte más ancha que es la base.

1.- Lo básico, nivel 1. En esta etapa debemos tener resuelto:
a) Donde vivir. (Techo sobre nuestras cabezas y de nuestra familia)
b) Que comer. Comida en la mesa.
c) Fondo de emergencia. (Seis meses por lo menos de los gastos totales del costo del tu estilo de vida y de tu familia)
d) Pago mínimo de deudas. (En este renglón se le debe dar prioridad al pago de deudas, en caso de tenerlas).
e) Transporte. (Coche, gasolina, metro, autobús, taxi, uber, etc. cualesquiera que sean nuestras formas de transportarnos)
f) Plan financiero mínimo viable.
No deberás brincarte este orden, de hacerlo correrás el riesgo de romper el equilibrio. Personas que lo rompen, hacen cosas como: No tienen un plan financiero mínimo viable ni tienen resuelto del todo el tema del transporte, pero tienen cuatro suscripciones a plataformas de streaming, o tienen un coche, el cual los pagos a veces se hacen a tiempo y a veces no.

2.- Estrategia, nivel 2. En esta etapa los retos a alcanzar en materia individual o familiar, financiera son:

a) Pago de deudas acelerado. Aquí te sugiero que apliques el **sistema "bola de nieve"**, ya te lo expliqué aquí mismo en este libro (capítulo 12). El fondo del tema deudas, es que en caso de tenerlas, porque cuando empezaste a leer y estudiar nuestros materiales ya tenías esas deudas, deberás crear una estrategia para pagarlas, para lograr la DEUDA CERO. Dependiendo de tu nivel de endeudamiento, esto puede llevarte unos cuantos meses o varios años, pero no te preocupes, como todo equilibrio, como resultado de todos los capítulos de este libro, también tus ingresos aumentarán, disminuirán tus fugas y tu comportamiento general con respecto al dinero cambiará. Garantizado. Síguete juntando con nosotros el tiempo necesario y verás.

b) Plan de ahorros. Este es el FONDO PARA TU LIBERTAD FINANCIERA. Este deberá crecer y crecer y crecer, y recuerda que no lo puedes gastar jamás, sus únicos objetivos son multiplicarse y aportarte paz interior.

c) Plan para inversiones y negocios. Este fondo será para oportu-

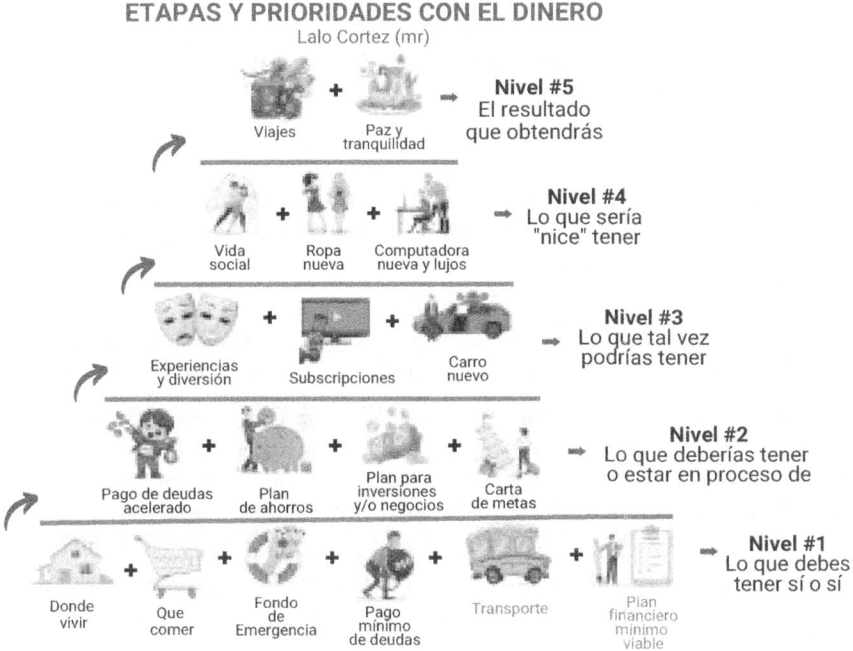

ETAPAS Y PRIORIDADES CON EL DINERO
Lalo Cortez (mr)

Viajes + Paz y tranquilidad → **Nivel #5**
El resultado que obtendrás

Vida social + Ropa nueva + Computadora nueva y lujos → **Nivel #4**
Lo que sería "nice" tener

Experiencias y diversión + Subscripciones + Carro nuevo → **Nivel #3**
Lo que tal vez podrías tener

Pago de deudas acelerado + Plan de ahorros + Plan para inversiones y/o negocios + Carta de metas → **Nivel #2**
Lo que deberías tener o estar en proceso de

Donde vivir + Que comer + Fondo de Emergencia + Pago mínimo de deudas + Transporte + Plan financiero mínimo viable → **Nivel #1**
Lo que debes tener sí o sí

nidades que te lleguen, conforme vayas avanzando, es una extensión del anterior, pero deberán estar separados. La única diferencia entre los dos es que el anterior jamás te lo puedes gastar ni arriesgar, este puedes darte el lujo de subir el nivel de riesgo un poco, pero sin dejar de aplicar las lecciones explicadas en este libro.

d) Carta de metas. La claridad es la llave que te permitirá abrir la puerta para pisar el acelerador, y sabrás qué quieres lograr, cómo, por qué y desde que emoción lo deseas. No es lo mismo que quieras un coche nuevo por mayor seguridad y comodidad para ti y tu familia, a que lo quieras para presumir con tus vecinos y amigos. **Las emociones más nobles son las que te darán mayor impuso y equilibrio.**

Nota como al avanzar en los primeros dos niveles de esta pirámide, ya tienes resuelto todo lo esencial o básico, y ya tienes el plan y la primera estrategia para saber que sigue. Recuerda que la claridad es la llave que abre el resto de las puertas. Además, en este punto se activarán la esperanza y la fe.

3.- Aspiracional. Nivel 3. Este nivel nos muestra cosas a las que normalmente deseamos acceder, deseamos tener, siempre y cuando ya tengamos completo el nivel 1 y 2 de nuestra pirámide, solo entonces, no antes.
a) Experiencias y diversión.
b) Suscripciones.
c) Coche nuevo.

Nota como la gran mayoría de la gente empieza por el carro, está saltándose dos etapas de la pirámide, presionando demasiado el equilibrio que debe prevalecer.

Si realmente estás comprometido, al estudiar esta pirámide, tal vez requieras tomar decisiones drásticas, como vender tu carro, mudarte a un lugar menos costoso, vender ciertas cosas de tus posesiones, etc. No te lo estoy aconsejando que lo hagas, las decisiones solo las puedes tomar tú. Solo es para que, tal vez, te abras a esa posibilidad. Esas decisiones que podrán ser consideradas como sacrificios, en caso de que las hagas, serán las llaves de la humildad que te abrirán las puertas de la riqueza de una vez por todas. Será como una especie de rearmar tu ejército para volver de nuevamente a la carga con mayor preparación y esta vez con estructura.

4.- Aspiracional #2. La vida es bella, pero no es gratis. Si ya estás llegando al nivel 4, ya estás listo para pagarte a ti y a tu familia un estilo de vida superior. Felicidades. Si aún no llegas, ya tienes perfectamente clara la ruta.

a) Vida social

b) Ropa nueva con mayor frecuencia

c) Computadora nueva y consolas de videojuegos

5. Resultado deseado. La cima de la pirámide.

a) Viajes

b) Paz y tranquilidad (significa que ya estás en deuda cero de manera permanente, y que tu fondo para libertad financiera está haciendo su trabajo, ya eres todo un experto)

Esta es la ruta hacia el tesoro, memorízala y síguela al pie de la letra.

Recuerda siempre: Si quieres cambiar tu vida, tienes que cambiar tus hábitos financieros. Esta pirámide que te presenté en esta sección es fundamental. Reflexiónala y haz los cambios correspondientes a tu estilo de vida y de tu familia. El dinero es una herramienta, no un fin en sí mismo. Úsalo sabiamente. Dale estructura, ponle orden.

Lista de prioridades (por si queda alguna duda):

1.- No deberías irte a ese concierto, o a ese partido en el estadio, mucho menos irte al mundial; si no tienes cubierto primero dónde vivir, tu fondo de emergencia, y un plan por escrito para lograr DEUDA CERO. ¿Tarjetazo? Hazlo bajo tu propio riesgo de regresarte a la negación o negligencia. ¿¡No sé cuál es peor!?

2.- No deberías comprar ese coche nuevo, ¡mucho menos a 72 meses! Si no tienes por escrito tu proyecto de vida familiar y financiero. ¿Eres soltero? Con mayor razón: ¿cuánto te cuesta tu vida social? ¿Cuánto gastas en "*dating*" o salir en citas? ¿Nada porque la otra parte paga todo? Aprovecha y haz más gordo tu fondo para tu libertad financiera.

3.- Prohibido "prestarte a ti mismo". ¿Sabes cuántas personas me han dicho: "Lalo, es que me lo presto a mí mismo, pero luego ya no me lo pago"? Los autopréstamos no existen, ¿a quién quieres engañar?

4.- ¿Ya tienes tu plan financiero mínimo viable? Es la antesala de tu proyecto de vida familiar y financiero, es un borrador.

Finalmente, estas son solo sugerencias, la última palabra, la decisión es tuya. ¿Cuál es la diferencia ahora? Que ya no te puedes engañar a ti mismo. Ya no puedes caer en negación tan fácilmente, solo te queda la opción de optar por negligencia. Sé que harás lo correcto.

-*"La cultura de los seguros es un estilo de vida que te permite vivir sin preocupaciones y con tranquilidad."* -

Bob Proctor

Capítulo 41

Hábito #17 de gente rica: Tienen una alta cultura en seguros

No te preocupes por los problemas futuros, asegúrate de tener el seguro adecuado. El seguro es la tranquilidad de saber que estarás protegido en caso de una emergencia; o más bien "las emergencias" dejan de existir desde el momento mismo en que adquieres cultura de seguros.

Un proyecto financiero familiar integral, no estaría completo sin tomar en cuenta el tema de los seguros. Los hispanos, no tenemos tanto la cultura de los seguros como los anglos, un seguro es algo que pagaremos, deseando jamás tener que usarlo.

Hace algunos años en un negocio que tuve, tenía un socio que tenía muy arraigada la cultura de los seguros, una vez se metieron a robar al negocio que teníamos en ese tiempo, unas seis a ocho semanas después de lo sucedido, cobramos un cheque de casi $ 100,000 de la compañía de seguros. Cubrió parte de los daños y todo el inventario que nos habían robado. Esa experiencia me hizo, de una manera muy favorable; comprender de tajo la importancia de los seguros.

Actualmente, la población mexicana, y la hispana en general, carece de una cultura de seguros, o es muy baja, esto puede concluirse por datos aportados por la Comisión Nacional para la Protección y Defensa de los Usuarios de Servicios Financieros (Condusef).

Los seguros tienen como finalidad resarcir parte del patrimonio de las personas que se hayan visto afectadas en sus bienes o en su persona por un evento inesperado. La función económica de los seguros elimina la incertidumbre sobre el futuro logrando equilibrar el ahorro.

Al día de hoy, del total de la población adulta en México, solo el 22 % cuenta con algún tipo de seguro, de estos, el 79 % cuenta los seguros de vida, 33 % tiene seguros de autos, 30 % cuenta con un seguro de gastos médicos mayores, 3 % tiene seguro para el retiro y tan solo el 1 % contrata un seguro educativo.

Te voy a explicar en este capítulo cuáles debes tener, que no son opcionales, cuáles son opcionales y también cuáles de plano no convienen o no son necesarios. Tampoco se trata de comprar cada tipo de seguro que nos ofrecen.

1.- Seguros "obligatorios".

a) Seguro de vida. Si tienes hijos menores de edad, o tu pareja no tiene una manera de subsistir en caso de que faltes. Si armas una estrategia financiera familiar como la que explicamos en este libro, tu pareja podrá perfectamente hacerse cargo de todo en caso de que faltes, y viceversa. Si tus hijos son mayores de edad, ya deberán haber iniciado su propio proyecto de vida financiero individual que en su momento lo unirán al de su pareja.

Los seguros de vida existen de varios tipos, dependiendo de la aseguradora tienen diferente nombre, en esencia son de estos dos tipos: 1) Un solo pago anual, un importe anual que el seguro paga en caso de fallecimiento. 2) Un tipo de seguro que también es un ahorro, y además de contemplar el pago en caso de muerte del titular como el tipo anterior, al término de cierto tiempo regresa el importe ahorrado más intereses, es un seguro tipo ahorro. **No compres de ese, no lo necesitas, ellos están invirtiendo tu dinero por ti.**

b) Seguro de coche, cobertura amplia, sobre todo por responsabilidad civil. Jamás deberás manejar rompiendo las reglas del contrato como consumir bebidas alcohólicas o prestarle el carro a alguien sin licencia. Te sugiero elegir un deducible amplio, no es necesario que el seguro te cubra por daños menores, esos los puedes cubrir perfectamente de tu bolsa, los seguros de este tipo deben usarse para gastos que pudieran romper el balance, el equilibrio de tu proyecto financiero. Además, recuerda que ya tienes un fondo de emergencia para al menos seis meses; de 12 a 24, idealmente posterior a la pandemia.

c) Seguro de gastos médicos mayores. Este tiene su truco, porque al principio hay tiempo de espera para ciertas enfermedades que no cubre, y posteriormente conforme pasan los años y la persona pasa a la tercera edad, los precios pueden llegar a ser ridículos. Mi consejo sobre este para ti es que lo mantengas para ti y tu familia e hijos menores de edad, y que a la misma vez hagas un fondo aparte de salud, que formes un fondo de entre $ 75,000 a $ 100,000 para cuando tengas 65 años aproximadamente, y otro igual para tu pareja, para el caso de México. Si lo consideras de esta manera, mucho antes ya no tendrás que pagar seguro de gastos médicos mayores y tendrás dinero para afrontar una emergencia. También aquí te sugiero contrates deducibles altos, el precio de la póliza será menor. Si vives en EE. UU. de todos modos te recomiendo contratar tu seguro en México, en EE. UU. el tema de los seguros de gastos médicos mayores es de los grandes temas pendientes, el sistema médico y de seguros pareciera estar roto aquí.

Haz una cita con tu agente de seguros, si no tienes, investiga y consigue uno. Debe ser de confianza y no le compres todo lo que te quiera vender. Pídele que no te eche un rollo gigante, la mayoría de los agentes de seguros jamás dejan de hablar, (ja, ja, ja ya lo había dicho) aturden y confunden más que ayudar. Si te pasa eso con el que conseguiste, dale las gracias y busca otro.

Documéntate sobre la manera de reportar un siniestro, qué número de teléfono es, qué datos te van a pedir y que los tengas a la mano siempre.

Jamás manejes tu coche sin seguro, no caigas en cosas como solo por el fin de semana, compro el seguro el lunes, o pago la renovación la próxima semana. Dale su debida importancia.

Ojalá nunca tengas que cobrar un seguro, significará que no tuviste incidentes que lo requirieran nunca, pero, si lo llegas a necesitar, conocerás el placer de recibir un cheque y simplemente te irás a estrenar.

Sobre los seguros de gastos médicos, recuerda que es para gastos médicos **MAYORES**, considera un deducible de al menos $ 1,000, no pretendas que el seguro te pague incluso consultas rutinarias, eso, págalo de tus fondos normales y las medicinas que te receten. Este tipo de seguros es para gastos realmente extraordinarios que pueden ser de varias decenas de miles de dólares.

2.- Seguros opcionales.

a) Dependiendo en la zona donde vivas, necesitarás un seguro para tu casa contra incendios, huracán, terremoto, tsunami, etc. Lo mismo tu negocio, en cuyo caso requerirás asegurar tu inventario y los meses de renta, en caso de que por un desastre natural tu negocio esté cerrado y la renta siga corriendo.

b) El seguro de casa para contenidos es casi obligatorio, te cubrirá en caso de robo al interior de tu hogar, son los casos en los que te digo, te irás simplemente a estrenar.

7 principales motivos para fomentar la cultura de los seguros:

1.- Protección financiera: Los seguros son una forma de proteger los bienes y activos financieros de una persona o empresa. En caso de algún siniestro o pérdida, el seguro puede cubrir los costos y evitar una gran carga económica.

2.- Tranquilidad y seguridad: Tener un seguro da tranquilidad y seguridad a las personas y empresas, ya que saben que están protegidos ante situaciones imprevistas que puedan poner en riesgo sus activos.

3.- Prevención de riesgos: La cultura de los seguros fomenta la prevención de riesgos, porque las compañías de seguros incentivan a sus clientes a tomar medidas preventivas para evitar situaciones de riesgo. **Un seguro contratado a tiempo te puede salvar de una quiebra o endeudamiento repentino.**

4.- Estabilidad financiera: Los seguros son una forma de asegurar la estabilidad financiera de una persona o empresa, ya que en caso de un siniestro o pérdida, la compañía de seguros cubrirá los costos y evitará una gran carga económica.

5.- Protección de la salud: Los seguros de salud son una forma de proteger la salud de las personas, porque les permiten acceder a servicios médicos de calidad sin tener que preocuparse por los costos. Ya hablamos de los seguros de gastos médicos mayores, aquí me refiero a poder ir a las mejores clínicas y hospitales y con los mejores especialistas.

6.- Protección del patrimonio: Los seguros pueden proteger el patrimonio de una persona o empresa en caso de pérdidas o daños. Esto puede incluir el hogar, los bienes personales, los vehículos y los activos empresariales, incluyendo instalaciones e inventario.

7.- Fomento de la responsabilidad personal: Los seguros pueden fomentar la responsabilidad personal al hacer que las personas asuman la responsabilidad de protegerse a sí mismos y a sus bienes. Al tomar medidas de precaución y obtener un seguro, se puede evitar la necesidad de depender de otros para ayudar en caso de emergencia.

Para tomar en cuenta al momento de renovar tus seguros:
a) Siempre compara precios de tus renovaciones versus comprar uno nuevo con otra aseguradora, en el caso de que decidas cambiarte a otra, confirma que te van a respetar la antigüedad, no en todos los

casos sucede sobre todo si ni siquiera lo solicitas.

b) Si tienes un crédito hipotecario, la financiera va a intentar venderte el seguro que ellos decidan e incluirlo en el financiamiento, esto jamás lo permitas, no tienes por qué pagar intereses sobre algo que no requiere pago anticipado. Adicionalmente, compara los precios con otras aseguradoras y si la opción que tú tienes te conviene más, exígeles que tú manejarás el seguro por tu cuenta. Finalmente, se darán por vencidos y solo te solicitarán que compruebes la existencia de un seguro vigente.

Siempre recuerda: La cultura de seguros es la cultura de la previsión y la responsabilidad. El seguro es como un paracaídas. Si no lo tienes cuando lo necesitas, no lo tendrás nunca más, y, paradójicamente; el mejor seguro es aquel que no necesitarás nunca. Murphy se habrá mudado de tu sala de estar.

Conclusiones de esta sección:

1.- ¿No tienes seguro de tu coche? No lo muevas. Nada de: "solo voy aquí a la vuelta".

2.- ¿No tienes seguro de gastos médicos mayores para ti y tu pareja por lo menos? Elimina por el tiempo que sea necesario otros gastos o genera un ingreso nuevo urgente, y compra por lo menos el que te cubre $ 50,000, te costará máximo $ 50 al mes; dependiendo de tu edad.

3.- ¿Tienes seguro de casa que cubra los interiores? Asegúrate de que su valor sea máximo 40 % de lo que vale la casa, es lo máximo que te pagará el seguro.

4.- No le mientas a la aseguradora. No nacieron ayer y todos los días se enfrentan a alguien que se quiere pasar de vivo.

5.- Uno de los días más felices de tu vida, será el día que te entreguen el pago de un seguro. Sin embargo, todos los días pueden ser igual de felices porque no necesitaste cobrar ninguno.

6.- ¿Tienes un negocio? Asegura tu inversión. Tus inventarios. Edificios. Interiores. A prueba de huracanes, terremotos, robo, etc. Depende de tu zona y país.

-"Las finanzas personales son más psicológicas que matemáticas. Tienes que lidiar con tus emociones si quieres manejar bien el dinero." -

Ramit Sethi

Capítulo 42

Hábito #18 de gente rica: Comprenden que las finanzas son emocionales

¿Compras por impulso?, ¿Tener o no tener dinero te afecta tu estado emocional, como tu seguridad, tu paz mental o tu tranquilidad?, ¿Gastas emocionalmente? —como comprar un coche de lujo (o simplemente pensar comprarlo) para sentirte poderoso, o productos "de marca" para sentirte valioso—. ¿Al momento de pensar en invertir, abrir un negocio o simplemente pensar en tu futuro financiero te causa estrés o ansiedad? ¿Has hecho compras con base a cómo quieres que sea tu estilo de vida, por cómo va a hacerte sentir?, —exitoso, poderoso, mejor estatus social, etc.—. ¿Has hecho compras para aumentar tu autoestima?, —cosas, productos, que te hagan sentir importante o valioso—. Todos estos son ejemplos de cómo las emociones juegan un papel fundamental al momento de que tomamos decisiones financieras. Las finanzas son más emocionales que matemáticas.

Este tema nos mete de lleno en: "La inteligencia emocional y las finanzas", mi favorito. ¡Esperaba con ansia que llegaras a este capítulo! Es común oír hablar a las personas sobre sus deseos de hacer compras. Se conoce que ellas han asociado ciertos sentimientos cuando deciden adquirir algo. Esto mismo ocurre con la administración de nuestro dinero.

Ya te lo mencioné en otro capítulo de este libro que la mayoría de las emociones humanas son aprendidas; sin embargo, hay dos que son instintivas, que han servido para mantenernos vivos como especie humana por miles de años, estas son: miedo y avaricia. La primera, una vez experimentada en el ramo financiero o empresarial, generará una tercera emoción: la frustración. El plan es lograr un equilibrio entre las dos primeras, no es posible deshacernos de ellas, son parte de nosotros.

Los principales miedos financieros generalizados. Una de las cosas que más disfruto de mi trabajo como entrenador financiero, es los viajes que hago por la gente que conozco. No importa a que ciudad vaya, veo personas con los mismos miedos sobre el dinero.

1.- Si algo malo sucede, no sobreviviré financieramente. Este miedo es el principal que te puede lanzar a un estado permanente de ansiedad. Tu mente estará inundada de pensamientos del tipo: ¿Qué tal si pierdo mi empleo mañana? ¿Qué tal si se enferma uno de mis hijos y termino con una deuda enorme o en bancarrota por las cuentas médicas? ¿Qué tal si se me descompone el aire acondicionado en mitad del verano y la reparación cuesta varios miles de dólares? ¿Qué tal si llega otra pandemia mundial con otro virus y la economía se vuelve a cerrar por meses? ¿Qué tal sí...?, es una pregunta terrorífica.

Si tienes miedo que tal vez no tendrías el dinero para sobrevivir algo inesperado, no estás solo, no eres el único. Este es un miedo legítimo para mucha gente. Tal vez el más grande miedo en temas relacionados con dinero. Sin embargo, esto es un problema hasta cierto punto autocausado, debido a no tomar responsabilidad, a no actuar. De acuerdo con una encuesta en los EE. UU. llevada a cabo por CareerBuilder, 78 % de los ciudadanos, tanto de EE. UU. como de México y de Latinoamérica, están a un cheque de pago de la bancarrota. Son personas que jamás han siquiera intentado tomar responsabilidad en su vida financiera, mucho menos crear un proyecto de vida familiar-financiero. El primero paso es asumir la responsabilidad al 100 %.

Un día llevé a mis hijos pequeños a hacer algunos pagos rutinarios, abrir la llave y que salga agua caliente implica muchas cosas, para un niño es fácil darlo por sentado. Pagamos el recibo del agua; con varios meses por anticipado, lo mismo con el recibo de la electricidad, teléfono e Internet, el gas. Uno de ellos me dijo: "¿Papá, cómo tienes tanto dinero para hacer todos estos pagos?, es mucho". Hijo, voltea, -Le respondí-, ve cuanta gente está haciendo los mismos pagos que nosotros, es parte de la vida, es parte del proyecto de vida familiar-financiero que necesitamos tener todos. Es parte de vivir en responsabilidad.

Si eres mujer quiero que te preguntes si ya tienes por lo menos la intención de crear un proyecto de vida familiar-financiero. ¿Podrás resolver lo que sea en caso de que algo malo suceda? Te hablo a ti mujer porque hoy en día, ustedes están tomando un lugar en la sociedad que jamás habían tenido y lo celebro, solo que viene con su debida dosis de responsabilidad y empoderamiento. Mujer, asume tu lugar en la historia, tú puedes ser independiente y autosuficiente, es tu momento. Palabras clave (repite conmigo): "**ASUMO MI EMPODERAMIENTO**"

La liberación femenina inició apenas hasta el siglo XX, hace de 100 años aproximadamente.

Dato histórico: La única manera en que una mujer podía sobrevivir y mantenerse a sí misma era a través del matrimonio. El concepto de tener un trabajo, poseer una propiedad, una profesión, tener derechos legales es un concepto muy reciente. Las damas no casadas se quedaban con sus padres y se consideraban una "carga", algunas se iban a vivir con familiares que podían permitirse el lujo de alimentarlas y sostenerlas y otras eran obligadas a recluirse en conventos. El matrimonio por amor era un tema de ficción y poesía, pero no fue una realidad hasta la revolución industrial, cuando las mujeres podían trabajar y mantenerse, y así poder finalmente ser libres para elegir a su esposo.

Sin embargo, las mujeres de clase media y alta no tenían ese derecho a casarse por amor hasta el siglo XX.

Ve a Google y escribe: "**La boda desigual Vasily Pukirev 1862**", ve las imágenes.

Punto de quiebre: (del miedo #1) Este miedo puede ser muy real para muchas personas; sin embargo, también puede ser totalmente irracional. Puede dominarte incluso si tienes inversiones y dinero en el banco o en una caja fuerte o caja de seguridad en un banco. Aun así, la ansiedad pasará factura, y aunque en papel todo sea seguridad y garantía, el ego (tema de otro de mis libros); se encargará de activar el miedo, es parte de su trabajo. Lo hará en excelencia.

En nuestros entrenamientos presenciales, te daremos herramientas para solucionarlo, son herramientas que no pueden ser compartidas en un medio escrito. Por ahora recuerda que asumir tu responsabilidad al 100 %, y crear tu proyecto de vida familiar-financiero será el antídoto perfecto. Otro punto, por supuesto, es tu fondo para emergencias, el cual debe ser de 6 a 12 meses del costo de tu estilo de vida, y recuerda también que ya definimos en un capítulo anterior, con total claridad, la palabra emergencia. ¿No tienes aún tu fondo de emergencia? Oh, lo entiendo, recién te enteras en este libro, pues es momento de empezar.

2.- Se me termina el tiempo, ya no tengo veinte años. Ahora será imposible que haga lo que siempre quise hacer. ¿Tienes algo importante pendiente por lograr? Tal vez regresar a la escuela a titularte en esa carrera que te apasiona, pero ya te sientes que ya estás demasiado viejo para ello. Tal vez estás muy lejos de la casa de tus sueños, y de igual manera te sientes demasiado viejo y que ya no tienes tiempo para conseguirlo. El miedo de no conseguir tus sueños es peligrosa porque puede lentamente drenar tu vida. El simple pensamiento de que ya has perdido la oportunidad de lograr tus sueños, causará tristeza y depresión, y es alimento para la ansiedad.

Punto de quiebre: (del miedo #2)

El primer gran paso para lograr todos tus sueños por grandes que sean, es tener tus finanzas en orden, es cuestión de orden. Asume tu responsabilidad al 100 % cuanto antes.

3.- Es imposible que tenga éxito financiero porque no soy lo suficientemente inteligente, eso es para los "cerebritos".

En este punto te daré una herramienta para confrontar tus miedos, todos, los pasos son:

a) Ponle un nombre

b) Enfócate en la verdad

c) Pide ayuda. (Este libro es una primera muy poderosa llamada de ayuda).

Este miedo #3, habla no ser suficiente, este miedo tiene un nombre que suena fuerte y claro, se llama **"síndrome del impostor"**.

El síndrome del impostor es, básicamente, como dudar de tus habilidades y sentirte como un fraude. Afecta desproporcionadamente a las personas de alto rendimiento, a quienes les resulta difícil aceptar sus logros. ¿Leíste bien? Les sucede incluso a personas de altísimo rendimiento.

Punto de quiebre: (del miedo #3) Repite conmigo: "Las finanzas personales son personales, y las familiares son familiares, no necesito grandes títulos universitarios para tener éxito en los temas financieros". Está totalmente bajo tu control porque solo depende de ti.

Los temas de dinero son 80 % comportamiento, y solo 20 % conocimiento. Si te das cuenta en este libro, incluso cuando te he hablado de temas que deberían ser meramente matemáticos, lo he logrado con prácticamente cero números; sin embargo, los temas han sido más claros que nunca. ¿Me equivoco?

Atención mujeres: El síndrome de la impostora, es un fenómeno que padecen especialmente las mujeres, pero, ¿por qué este fenómeno psicológico parece afectar más a las mujeres? Las autoras Élisabeth Cadoche y Anne de Montarlot, en su libro "**El síndrome de la impostora**", explican que el actual contexto social puede hallarse entre los motivos fundamentales por los que el síndrome de la impostora campa a sus anchas entre mujeres de éxito. Las autoras señalan los siguientes aspectos clave para el aumento del síndrome de la impostora:

-- **Presión elevada** y constante de rendimiento e imagen. Esta presión incrementa la falta de confianza en uno mismo y genera dudas constantes.

-- **La menor representación de mujeres** en puestos directivos también puede influir en que aquellas que están en estos puestos se sientan más solas y expuestas.

-- **Los estereotipos** que puedan estar todavía instaurados en la sociedad.

Un mensaje para ti, aquí de las autoras: No eres ningún fraude y no has tenido un golpe de suerte. Empieza a creer en ti y en tu talento. Si tú también sientes que eres un fraude, tranquila, no eres la única.

4.- Es imposible que tenga éxito debido a la forma en que funciona el mundo financiero. (Este miedo entra en el mundo de los conspiracionistas). Este miedo tiene su fondo en el sistema de creencias, y en especial en una creencia demasiado arraigada: **LOS RICOS SON MALOS.** Esta creencia juega en nuestra contra de dos formas: No creemos que los ricos podrían ayudarnos porque son malos, y; no queremos convertirnos en ricos porque significaría que somos malos.

Esto lanza un poderoso mensaje a nuestro subconsciente de que no podemos lograrlo, simplemente porque hay factores fuera de nuestro control. En ese momento empezamos a culpar al gobierno, a los ricos, a otras personas o a circunstancias, al hacerlo hemos renunciado a nuestra responsabilidad y nos paramos en una postura en donde aparentemente no hay forma de que nadie se haga responsable (*lack of accountability*).

5.- Jamás podré conseguir éxito financiero debido a los terribles errores que he cometido con el dinero en el pasado, pude lograrlo a lo grande, ahora es demasiado tarde. Este miedo se fortalece con su base en una emoción muy poderosa: **La culpa o vergüenza.**

La culpa nos puede llevar a auto castigarnos. La vergüenza puede ser debilitante, la autora Brené Brown define la vergüenza como "un dolor intenso, debilitante o llegar a la creencia de que tenemos algún defecto, y, que, por lo tanto, no merecemos amor ni sentido de pertenencia".

Conforme avances con este libro y con nuestros materiales en general, comprenderás cada vez más todos los conceptos y emociones, sin embargo; también serás capaz de reconocer todos tus errores del pasado, sobre todo en temas financieros, esto te generará emociones encontradas. Por un lado, el saber que ahora tienes soluciones, pero también, por otro lado, angustia y culpa, el ver en el pasado todos esos errores que has cometido una y otra vez. Tendrás ganas de salir corriendo a poner en orden todo.

Todos los que empezamos en el camino de las finanzas personales y familiares, hemos tenido en algún momento u otro que limpiar nuestro pasado primero, para poder avanzar.

Punto de quiebre: (Del miedo #5) Todo se puede resolver desde el momento que reconoces quien eres, ¿recuerdas lo que hablamos sobre trabajar en el ser? Nos convertimos en eso que hacemos repetidamente, con disciplina, ininterrumpidamente por un tiempo determinado. **Hay una enorme diferencia entre "me he equivocado" y "soy un fracaso".** En cuanto te muevas en el camino correcto las suficientes veces, estarás creando evidencia de esa nueva persona en que te estás convirtiendo, y lo harás.

6.- Tengo miedo de terminar como mis padres. (Esto sucede sin importar si tus padres tuvieron éxito financiero o no, impactará tu sistema de creencias si repruebas ciertas acciones o actitudes de ellos con respecto a decisiones financieras que toman en general y que tal vez han tomado por años).

Nuestros padres son nuestros primeros modelos a seguir. Al crecer aprendimos de ellos muchísimas cosas basadas en su ejemplo. Esto implica también la manera de manejar el dinero, como nos sentimos con respecto al dinero, las decisiones financieras que tomamos, etc. En la adolescencia vamos tomando distancia y al ser adultos ya incluso podemos saber en qué se equivocaron. Muchas veces es en ese momento cuando llegamos a esta "terrible" conclusión: "No quiero que mi vida sea como la de ellos". Para agregarle más leña al fuego, algunos padres que tienen tan poco dinero que se ven obligados a mudarse con sus hijos adultos porque ellos, literalmente, no pueden hacerse cargo de sí mismos financieramente. Ver y vivir esta película puede ser especialmente duro. Es duro porque amas a tus padres, quieres honrarlos. Esto también abre una gran pregunta para ti y para mí: ¿En tu edad avanzada quieres que tus hijos se hagan cargo de ti o prefieres estar listo para cuando ese momento llegue, el tuyo y de tu pareja?

Punto de quiebre: (Del miedo #6) Si te resuena este miedo en especial, no tiene nada de malo reconocer que la perspectiva que tenían tus padres sobre el dinero no era muy saludable. No tiene nada de malo reconocer que tal vez tomaron decisiones con las que tal vez no estabas y sigues sin estar de acuerdo. Solo date cuenta de que tú no tienes por qué cometer los mismos errores que tus padres. Es muy probable que a partir de ahora tu manejo de tu dinero sea con mucha sabiduría, construyas riqueza, tengas una visión saludable del dinero y seas capaz de usarlo solo como una herramienta.

Sugerencias adicionales:
- Busca nuevos modelos a seguir.
- Busca a alguien que ya vive el tipo de vida que tú quisieras vivir.

Al momento de escribir estas líneas llega a mí un recuerdo, algo que me dijo mi hija alguna vez que le mostré un borrador de este libro, algo de los capítulos y cómo estaba organizado. Me dijo: "Papá, estás escribiendo el libro que te hubiera gustado leer cuando iniciaste tu camino en las finanzas personales y familiares". Me llegó al alma ese comentario de mi hijita hermosa. Eso mismo harás tú ahora con tu vida financiera, con tu proyecto de vida familiar-financiero, crearás el plan, las decisiones, las experiencias que te hubiera gustado tener desde que eras chico. Hazlo y compártelo con el mundo.

¿Para qué nos sirve el miedo? Todas las emociones son como sensores de una máquina perfecta, una emoción es, en primer lugar, una función fisiológica que dispara una serie de respuestas en el organismo. Se estimula el nervio vago -cosquilleo en el estómago-, las glándulas suprarrenales liberan hormonas como la adrenalina o el cortisol, y la musculatura se tensa. Tiene una función protectora. Entonces voy a regresar a la pregunta: ¿Para qué nos sirve el miedo y en especial estos que he listado en este capítulo?

1.- El miedo de no tener suficiente lo podemos convertir en una pregunta: **¿Estoy a salvo?**

2.- El miedo de no lograr mis sueños, lo podemos convertir en una pregunta: **¿Mi vida tiene significado y propósito?**

3.- El miedo de no ser capaz y ser detenido por fuerzas externas, lo podemos convertir en una pregunta: **¿Creo en mí?**

4.- El miedo de los errores del pasado, lo podemos convertir en una pregunta: **¿Puedo ser perdonado?**

5.- El miedo de repetir los errores que cometieron nuestros padres, se puede convertir en una pregunta: **¿Soy un fracaso?**

6.- El miedo de terminar como mis padres, se puede convertir en una pregunta: **¿Me avergüenzo de mis padres?**

Siempre nos han hecho creer que la planeación financiera tiene poco que ver con nuestras emociones, que es pura lógica, números, disciplina y principios a seguir. Esa es la razón por la que muchas personas fallan en la organización de sus finanzas personales. Luego de leer este capítulo estoy seguro de que tienes una idea mucho más clara, de la forma en que se relacionan las emociones y el dinero. Y de cómo nos pueden boicotear o impulsar hacia delante.

Tener dinero en nuestras manos es una experiencia emocional de la que no siempre somos conscientes.

Transformar nuestra situación financiera y encaminarla hacia una mejor calidad de vida es mucho más fácil de lo que pensamos. Poner orden en nuestras finanzas personales comienza con entender nuestras emociones y tener presente la raíz de nuestros conflictos económicos. Todo comienza cuando entendemos por qué nos relacionamos de tal o cual manera. Todo comienza cuando tenemos clara la raíz de nuestro aprendizaje financiero.

Daniel Kahneman (premio Nobel de economía 2002), en su libro "Pensar rápido, pensar despacio" habla de cómo el cerebro procesa mucho más rápido las emociones, es el sistema límbico. El sistema límbico, también llamado cerebro medio, es la porción del cerebro situada inmediatamente debajo de la corteza cerebral, y que comprende centros importantes como el tálamo, hipotálamo, el hipocampo, la amígdala cerebral (no debemos confundirlas con las de la garganta).

En la primera parte del libro, Kahneman describe las dos formas diferentes en que la mente crea el pensamiento:

Sistema 1: es rápido, automático, frecuente, emocional, estereotipado y subconsciente; su función es generar intuiciones que con frecuencia nos sirven adecuadamente, pero no siempre.

Sistema 2: es lento, requiere esfuerzo, poco frecuente, lógico, calculador y consciente; su función es tomar las decisiones finales tras observar y controlar las intuiciones del Sistema 1.

Kahneman detalla una serie de experimentos que arrojan luz sobre áreas en las que el Sistema 1 parece dominar frente a un Sistema 2 que tiende a ser perezoso. Estudia en particular sesgos cognitivos tales como confundir causalidad con casualidad, llegar a conclusiones precipitadas, exagerar el efecto de las primeras impresiones, confiar en exceso en los datos conocidos sin tomar en cuenta otros datos también disponibles, y otros.

La segunda parte del libro explica por qué cuesta tanto a los humanos pensar estadísticamente. Kahneman lo explica usando la teoría prospectiva que él mismo desarrolló. Según Kahneman, la teoría de la utilidad de Daniel Bernoulli, hasta entonces dominante y que asume que el agente en teoría económica es racional y egoísta, no refle-

Los 6 miedos más comunes con respecto a Dinero	
Miedo	Pregunta que responde
1.- Si algo malo sucede, no sobreviviré financieramente.	**¿Estoy a salvo?**
2.- Se me termina el tiempo, ya no tengo veinte años. Ahora será imposible que haga lo que siempre quise hacer.	**¿Mi vida tiene significado y propósito?**
3.- Es imposible que tenga éxito financiero porque no soy lo suficientemente inteligente, eso es para los "cerebritos".	**¿Creo en mí?**
4.- Es imposible que tenga éxito debido a la forma en que funciona el mundo financiero.	**¿Puedo ser perdonado?**
5.- Jamás podré conseguir éxito financiero debido a los terribles errores que he cometido con el dinero en el pasado, pude lograrlo a lo grande, ahora es demasiado tarde.	**¿Soy un fracaso?**
6.- Tengo miedo de terminar como mis padres.	**¿Me avergüenzo de mis padres?**

ja el comportamiento real de la gente porque no tiene en cuenta los sesgos cognitivos. Cuando nuestro comportamiento refleja la teoría de la utilidad, actuamos como "*Econs*"; en la vida normal, sin embargo, actuamos simplemente como Humanos. Kahneman explica en detalle en su libro, todos los sesgos en la toma de decisiones que ha estudiado y documentado por más de 40 años, verdaderamente imperdible.

"*Econs*" o "*Economic man*" es el término con el que la economía del comportamiento denomina a los inversores cuyo comportamiento coincide con el descrito en los modelos económicos. Economista especialista en economía cuantitativa y finanzas, cada día más entusiasta de la "*behavioral economics*".

El cerebro izquierdo es el racional, intelectual, es el hemisferio que se especializa en el procesamiento de la información verbal y numérica de una manera deductiva o lógica.

Kahneman asume el pensar rápido, al sistema límbico, y a pensar despacio al cerebro izquierdo. En resumen, cuando estás en el almacén considerando si compras esa pantalla de 60", tu cerebro límbico ya fue y vino 100 veces, en lo que la parte izquierda del cerebro está considerando las opciones lógicas o racionales como por ejemplo; ¿cómo lo vas a pagar?.

Richard Thaler (premio nobel de economía 2017), y profesor de la universidad de Chicago, Asesor de cabecera financiero y sobre economía del presidente Barak Obama, en su libro **"Portarse mal"** explica el comportamiento irracional de la economía y las finanzas, El libro de Thaler presenta la historia de la economía conductual, desde sus orígenes en la década de 1970. Originalmente, era un planteamiento heterodoxo admitir que los humanos no siempre toman decisiones (económicas) racionales. No fue sencillo para la comunidad científica, reconocer la presencia e influencia de las emociones en temas relacionados con dinero, que en teoría, hasta ese entonces, solo eran basadas en la razón y en la lógica.

Thaler expresa en el libro que la economía conductual puede ayudar a entender el comportamiento de los agentes en las finanzas, los espectáculos, la economía familiar y hasta los partidos de fútbol.

Los deseos, valores, miedos, prejuicios o afectos influyen claramente en nuestra valoración y juicio de las cosas, así como en nuestra toma de decisiones. Ya sea al comprar un despertador o solicitar una hipoteca, todos nos desviamos de los estándares de racionalidad asumidos por los economistas y ese es el objeto de estudio de la psicología económica.

Para Thaler, "portarse mal", es todas esas veces que se toman decisiones por sesgos cognitivos, emociones, deseos, valores, etc. en resumen basado en todo aquello que no es racional y lógico. Querido lector, creo que tú y yo nos hemos portado bastante mal.

Espíritus animales. "Espíritus animales" (en inglés *Animal spirits*) es un término que John Maynard Keynes utilizó en su libro de 1936 "Teoría general de la ocupación, el interés y el dinero", para describir las emociones que influyen en el comportamiento humano y que se puede medir en términos de la confianza de los consumidores.

La confianza también está incluida o es producida por los "espíritus animales". Cabe mencionar que Keynes publicó su libro en 1936, pero no comprendía la parte en donde la economía y las finanzas perdían toda lógica, por eso lo llamó "Espíritus Animales", y fue hasta décadas después que investigadores como Kahneman y Thaler, entre otros; le pudieron poner nombre y apellido a estos fenómenos, y no solo eso, sino documentar los sesgos y acotar el nacimiento de la economía del comportamiento o **economía conductual;** *"behavioral economics", en* inglés.

Definición técnica de espíritus animales. Es la relación existente entre el comportamiento humano, así como el componente emocional de este, la economía y las finanzas.

El enfoque principal de Keynes, era la macroeconomía y decía que había ciertas acciones en la que el individuo actuaba de forma imprecisa, emocional e intuitiva, influyendo en la evolución de la economía. En resumen, la existencia de un factor psicológico del ser humano que, a través de acciones de alto componente emocional, provocan variaciones en la economía. Como era de esperarse, muchos economistas y psicólogos contemporáneos, lo interpretaban como locuras. Nota como Keynes fue el primero en "diagnosticar" vagamente, pero lo descubrió, la relación entre la economía y las emociones.

En las finanzas de hoy, el término espíritus animales se originó en la psicología del mercado y la economía del comportamiento. Los espíritus animales representan las **emociones de confianza, esperanza, miedo y pesimismo que pueden influir en la toma de decisiones financieras, lo que a su vez puede impulsar o dificultar el crecimiento económico.** Si la moral es baja, los niveles de confianza serán bajos, lo que provocará la caída de un mercado prometedor, incluso si los fundamentos del mercado o la economía son sólidos. De manera similar, si la moral es alta, la confianza entre los participantes en la economía será alta y los precios del mercado se dispararán. Esto ocurre tanto en lo colectivo como en lo individual.

Puntos clave:

1.- Los espíritus animales provienen del latín. Espíritu animal: «el aliento que despierta la mente humana». Fue acuñado por el economista británico John Maynard Keynes en 1936.

2.- Los espíritus animales se refieren a las formas en que las emociones humanas pueden guiar la toma de decisiones financieras en entornos inciertos y tiempos inestables.

3.- Los espíritus animales representan esencialmente la psicología del mercado y especialmente el papel de la emoción y la mentalidad de rebaño en la inversión.

4.- Los espíritus animales se utilizan para ayudar a explicar por qué las personas se comportan de manera irracional y son los precursores de la economía conductual moderna.

5.- Podemos observar el concepto de espíritus animales en acción durante las crisis financieras, incluida la crisis de 2008.

El papel de la emoción en las decisiones empresariales. De acuerdo con la teoría detrás de los espíritus animales, las decisiones de los líderes empresariales se basan en la intuición y el comportamiento de sus competidores en lugar de un análisis sólido. Keynes entendió que en tiempos de agitación económica, los pensamientos irracionales pueden influir en las personas en la búsqueda de sus intereses financieros. Pon atención en la mentalidad de rebaño en la inversión, ¡para Ripley caray!.

Tómate tu tiempo para todo tipo de decisiones financieras, mientras más grande el importe o cantidad involucrada, aumenta el tiempo en tomar la decisión final, te estarás blindando de ti mismo. En 2009, el término espíritu animal volvió a ser popular cuando dos economistas, George A. Akerlof (premio Nobel y profesor de economía en la Universidad de California) y Robert J. Shiller (profesor de economía en la Universidad de Yale), publicaron su libro, "Espíritus animales": cómo la psicología humana impulsa la economía y por qué es importante para el capitalismo global.

¿Qué es la economía conductual? La economía conductual se enfoca en el estudio de cómo las emociones, las percepciones y los sesgos cognitivos afectan el comportamiento financiero y económico de las personas. Podemos decir que la economía del comportamiento, es el siguiente paso de espíritus animales, en donde ya podemos saber en detalle, cómo, por qué y qué sesgos cognitivos van a entrar en función dependiendo de una serie de circunstancias.

La economía del comportamiento tiene como objetivo describir el comportamiento óptimo y predecir el comportamiento real. Así, se pueden desarrollar modelos de comportamiento económico que resulten aplicables a situaciones reales.

Estos son algunos de los sesgos cognitivos que explica la economía conductual:

1.- **Avalancha de información.** Cuando los consumidores tienen que comparar muchas opciones, a veces la saturación de información les lleva a elegir al azar o no decantarse por ninguna opción.

2.- Heurística. Los usuarios muchas veces toman atajos para tomar decisiones, como comprar los mismos productos que sus amigos o familiares.

3.- Inercia. Muchos consumidores no cambian de proveedor cuando tienen que hacer algún esfuerzo, como desactivar una cláusula de renovación automática.

4.- Miopía. Algunos compradores tienen una visión de corto plazo, priorizando el momento actual en lugar de valorar sus necesidades futuras.

5.- Marco. Muchos consumidores se ven influenciados por la manera en que la información es presentada. Por eso, la misma información transmitida en distintas formas puede provocar decisiones diferentes.

6.- Aversión al riesgo. La preocupación por evitar una pérdida puede ser mayor que el interés por obtener una ganancia.

7.- Aversión a los extremos: Esta valoración diferente que hace el ser humano de un mismo dato dependiendo de la información que nos hayan suministrado antes tiene muchas lecturas aplicables a los mercados financieros.

Supongamos que un restaurante ofrece tres tipos de vinos. Uno de $50, otro de $75 y uno de $100. En caso de agregar una cuarta botella de $125, consecuentemente aumentarían las ventas de los vinos de $100.

El efecto Tom Sawyer.

El término proviene del personaje Tom Sawyer de la novela "Las aventuras de Tom Sawyer" de Mark Twain, en la que el protagonista persuade a sus amigos de que pintar una cerca es un trabajo divertido y valioso para que ellos lo hagan por él. Tom Sawyer presenta la tarea como un desafío emocionante, y los demás ven la oportunidad de demostrar sus habilidades y competir por el reconocimiento y la aprobación de los demás.

Al final muchos acaban pintando la valla e incluso pagando a Tom porque les haya dejado hacerlo. **De este modo, un mismo acto, dependiendo de cómo se venda, puede provocar tristeza o alegría, perjuicio o beneficio.**

En resumen, el efecto Tom Sawyer es un fenómeno psicológico que se refiere a la tendencia de las personas a valorar más las tareas que realizan cuando se les presenta como un desafío o como una actividad voluntaria y gratificante, en lugar de algo impuesto o forzado.

Este efecto puede aplicarse en diversos ámbitos, como la educación, el trabajo, el deporte, la vida cotidiana y por supuesto al marketing. Se ha demostrado que las personas se involucran más en una tarea y rinden mejor cuando perciben que tienen control y elección sobre ella, y cuando se les da la oportunidad de sentirse valorados y reconocidos por su trabajo. Por tanto, el efecto Tom Sawyer se utiliza a menudo como una estrategia motivacional para aumentar el compromiso y la productividad en diferentes contextos.

Te invito a que profundices en estos temas, te ayudará a conocerte a ti mismo y a tu familia, y a comprender a fondo el porqué de sus decisiones financieras. Te reto a que lo apliques a tu proyecto de vida familiar financiero. No es por molestar, pero muchos estudiantes antes que tú ya lo han logrado con mucho éxito.

La economía conductual recibió un espaldarazo "oficial" en 2017, de la mano del Premio Nobel a Richard H. Thaler, quien recibió el premio, precisamente por sus estudios sobre el tema.

Otros sesgos cognitivos de la economía conductual que se han descubierto más recientemente:
1.- Sesgo de confirmación: la tendencia de las personas a buscar, interpretar y recordar información de manera selectiva que confirma sus creencias y expectativas previas, y a descartar o minimizar la información que contradice sus puntos de vista.
2.- Sesgo de anclaje: la tendencia de las personas a confiar demasiado en la primera información que reciben al tomar una decisión, y a ajustar insuficientemente su evaluación posteriormente.
3.- Sesgo de disponibilidad: la tendencia de las personas a evaluar la probabilidad de un evento en función de lo fácil que es recordarlo o imaginarse, en lugar de con base en su verdadera frecuencia o probabilidad.

4.- Sesgo de retrospectiva: la tendencia de las personas a creer que después del hecho, un resultado era más previsible de lo que realmente era.

5.- Sesgo de exceso de confianza: la tendencia de las personas a sobreestimar su propia habilidad o conocimiento, y a subestimar la incertidumbre o la posibilidad de equivocarse.

6.- Sesgo de marco de referencia: la tendencia de las personas a cambiar su preferencia según cómo se presenta la información (por ejemplo, en términos de ganancias o pérdidas relativas), en lugar de evaluando la información en sí misma.

7.- Sesgo de pensamiento grupal: la tendencia de las personas a conformarse con las opiniones o decisiones del grupo, y a evitar cuestionarlas o expresar opiniones diferentes por temor a ser excluidos o ridiculizados.

Te invito a que profundices en todos estos sesgos, te dejo un ejemplo del **sesgo marco de referencia** en la economía conductual para mayor claridad:

Supongamos que una empresa está considerando la introducción de un nuevo producto en el mercado. La empresa puede decidir presentar el producto de dos maneras diferentes, ya sea enfatizando los **beneficios** del producto o destacando sus **características**.

Si la empresa enfatiza los beneficios del producto, como su capacidad para mejorar la vida de los consumidores o resolver un problema específico, es más probable que los consumidores estén dispuestos a comprarlo. Sin embargo, si la empresa destaca las características del producto, como sus especificaciones técnicas o su tamaño, los consumidores pueden no estar tan interesados en comprarlo.

Este sesgo también puede afectar la toma de decisiones financieras. Por ejemplo, los inversores pueden estar más dispuestos a comprar una acción si se les presenta información sobre los rendimientos pasados de la empresa, en lugar de información sobre su desempeño actual o futuro.

En resumen, **el sesgo de marco de referencia se refiere a la tendencia de las personas a ser influenciadas por la forma en que se presenta la información, en lugar de la información en sí misma.** La presentación de la información puede afectar significativamente la forma en que se toman las decisiones y puede influir en la percepción de las personas sobre el valor o la utilidad de un producto o inversión.

Índice de Miedo y Avaricia. (Finanzas CNN) El índice de Miedo y Avaricia hace una evaluación del estado de ánimo dominante en el mercado, en tiempo real, por lo que también se tiene en cuenta el factor psicológico. El clima del miedo, por ejemplo, lleva a muchos inversores a entrar en pánico y vender, el clima de avaricia a comprar.

Cuando evalúes cualquier acción en las bolsas de valores del mundo, de antemano puedes saber lo siguiente: Si el precio de la acción va hacia arriba, mercado alcista (*Bull Market*), significa aumento de la avaricia, disminución de miedo, ¿de quiénes?, de todo el mundo inversionista interactuando en tiempo real en todo el mundo. Y; viceversa, mercado bajista (*Bear Market*). Todo esto pasa miles de veces en segundos, por eso los gráficos que muestran el comportamiento de los precios de las acciones sube muchas veces y baja otras tantas. Podemos interpretarlo como el nerviosismo colectivo del mundo inversionista en tiempo real. Cuando más personas tienen miedo, el precio baja y viceversa. Pero una vez más estas tendencias cambian en cualquier dirección en cualquier momento.

Recordemos la famosa frase de Warren Buffett: "Comprar cuando todos venden y vender cuando todos compran". Ahora puedes observar que en esta frase compacta, está hablado de la gestión emocional al momento de invertir, aunque aplica en el mundo de los negocios en general, y en las finanzas personales y familiares también. Analicemos la frase un poco más:

1.- Comprar cuando todos venden, ¿qué significa? Si todos están vendiendo, mercado bajista; significa que la emoción dominante es el miedo, y que el precio bajará, y seguirá bajando. ¿Has escuchado inversionistas que cuando escuchan que los precios bajaron, en lugar de asustarse lo que dicen es que es tiempo de comprar?

2.- Vender cuando todos compran, ¿qué significa? Si todos están comprando, mercado alcista; significa que la emoción dominante es la avaricia, y que el precio seguirá subiendo.

Todo es cuestión de saber esperar, para eso se necesita estar en paz, en calma; en pocas palabras: gestión emocional. Simplemente, recuerda por ahora, al sentir cualquiera de las dos, reconocerlas y pausar, no tomar decisiones precipitadas. ¿Recuerdas la historia que te conté que abrí varias sucursales de mi tienda simultáneamente? ¿Cuál emoción crees que era la que tenía el control: el miedo o la avaricia? Exacto.

Efecto Diderot. No puedo cerrar el tema emocional o irracional al momento de tomar decisiones de financieras, en este caso en las orientadas específicamente hacia el consumo, sin hablar de mi "querido amigo" el filósofo compatriota de Descartes: Denis Diderot.

En los patrones de consumo humano, existe algo conocido como efecto Diderot; el efecto Diderot se refiere a la tendencia de las personas a **cambiar sus patrones de consumo después de adquirir un nuevo bien o producto de alta calidad.** Esta idea fue propuesta por el filósofo francés, -ya mencionado-; Denis Diderot en un ensayo que escribió en el siglo XVIII.

Según Diderot, cuando una persona adquiere un nuevo objeto de alta calidad, este objeto tiende a destacarse sobre sus otros objetos y hacer que se sienta insatisfecha con los bienes que poseía anteriormente. Como resultado, la persona puede sentir la necesidad de comprar nuevos objetos de alta calidad para igualar la calidad del nuevo objeto que ha adquirido.

Este efecto puede llevar a un aumento en el consumo y gasto excesivo, ya que la persona puede sentir la necesidad de comprar nuevos productos para mantener un cierto nivel de coherencia en su estilo de vida. También puede llevar a la acumulación de bienes innecesarios y al desperdicio de recursos.

En resumen, el efecto Diderot puede tener un impacto significativo en los patrones de consumo de las personas al influir en sus decisiones de compra y fomentar el consumo excesivo y la acumulación de bienes innecesarios.

Cuando aprendí sobre Diderot, empecé a sospechar que todos estábamos totalmente locos.

Te comparto 10 ejemplos de consumo que pueden ser el resultado del efecto Diderot:

1.- Una persona compra un nuevo teléfono móvil de alta gama y decide cambiar su plan de datos para poder usarlo al máximo, da como resultado un aumento en su factura mensual.

2.- Una persona compra un televisor de alta definición y decide actualizar su sistema de sonido para mejorar la experiencia de visualización, lo que ocasiona en un gasto adicional en altavoces y otros equipos de audio. Adicionalmente, hace un "**upgrade**" -actualización- de su plan de Internet por otro de más ancho de banda, para poder "ver mejor" los servicios de streaming en su flamante nueva TV.

3.- Una persona compra un coche nuevo y decide comprar accesorios adicionales para personalizarlo y hacerlo más exclusivo, lo que provoca un aumento en el gasto en mejoras para el vehículo. Así mismo compra ropa nueva que este más "a modo" al nuevo coche.

4.- Una persona compra una chaqueta de cuero de alta calidad y decide comprar un bolso y zapatos a juego para complementar su nueva adquisición, por lo que aumenta en el gasto en ropa y accesorios. Si es un nuevo traje de vestir para caballero, requerirá nueva camisa o camisas y corbatas, de una vez zapatos; aunque se tengan en el closet docenas.

5.- Una persona compra un nuevo equipo de cocina de alta calidad y decide comprar utensilios de cocina adicionales y accesorios para mejorar su experiencia culinaria, en el gasto en artículos de cocina, aumenta. Nueva licuadora, tal vez una nueva estufa y ese refrigerador ya no hace "juego" con el resto de las cosas.

6.- Una persona compra un nuevo par de zapatos de diseño y decide comprar nuevos pantalones y camisas para crear un atuendo que combine, termina gastando más en ropa.

7.- Una persona compra una cámara de alta calidad y decide comprar lentes adicionales y otros accesorios para mejorar la calidad de sus fotografías, el gasto en equipos fotográficos se eleva. Memorias USB adicionales, mochilas para el traslado, tripiés, etc.

8.- Una persona compra una casa nueva y decide comprar muebles y decoraciones a juego para complementar su nuevo hogar, el gasto en muebles y decoración para el hogar es más de lo que se tenía planeado.

9.- Una persona compra un nuevo juego de golf y decide comprar nuevos palos y accesorios para mejorar su juego, el gasto en equipos de golf, no presupuestado, se va para arriba. De una vez se compra uno o dos libros sobre el tema y se suscribe a una o dos revistas, hay que mantenerse informado.

10.- Una persona compra una bicicleta de alta calidad y decide comprar nuevos accesorios para mejorar su experiencia de ciclismo. Nuevos tenis, guantes, cascos, etc.

¿Alguna vez has estado en alguna de las siguientes situacio-

nes?, o tal vez **¿conoces a alguien que lo haya estado?,** le agregué al final el nombre Diderot, desde hoy, cuando te suceda, lo verás venir a 100 kilómetros.

1.- Compré un par de zapatos nuevos y ahora necesito un bolso, un cinturón, y una tienda para guardarlos, ¡el efecto Diderot es una plaga!

2.- Después de comprar un nuevo televisor de alta definición, ahora mi antigua consola de videojuegos se ve terrible, ¡el efecto Diderot me está arruinando!

3.- Compré una camisa de diseñador y ahora mi vieja ropa parece inadecuada, ¡el efecto Diderot me está haciendo gastar más de lo que debería!

4.- Compré un nuevo teléfono celular y ahora mi antiguo cargador parece un dinosaurio, ¡el efecto Diderot me está convirtiendo en un tecnófobo!

Y mi favorito, puede ser un *"rabbit hole"* **interminable:**
5.- Compras un abrigo nuevo: Has comprado un abrigo nuevo que te hace sentir muy bien contigo mismo. Pero ahora, te das cuenta de que tus zapatos no combinan bien con el abrigo, así que compras un par de zapatos nuevos. Después de eso, te das cuenta de que tu bolso también se ve un poco anticuado, así que lo reemplazas. Y así sucesivamente, en una lista sin fin.

¿Diderot se ha mudado a tu sala y vive como tu *rommie*?
6.- Compras una nueva herramienta: Si eres un *"handyman"* (te gustan labores de reparación domésticas), quizás te haya sucedido que compras una nueva herramienta, pero luego te das cuenta de que necesitas un accesorio especial para usarla. Así que lo compras, pero luego necesitas otra herramienta para hacer el trabajo completo. Y así sucesivamente, al final terminas con un taller especializado en todo tipo de herramientas que tal vez usarás una vez al año.

¿De vez en cuando encuentras entre tus cosas, "cosas" que no te acordabas, que tenías y que llevan meses o años ahí? Ese es Diderot, instalado en tu casa.

Nota de suma importancia: No es necesario que te hagas experto en todas estas filosofías y tendencias, aunque si es tu intención, adelante. Lo incluí en este libro como fundamento para establecer las bases de la fuerte relación entre las emociones, la psicología y las finanzas. Solo sigue los hábitos que aquí hablamos y acciona con los ejercicios en el cuaderno de trabajo, eso bastará para que descubras en ti patrones de conductas financieras y emocionales, y de manera consciente tomes decisiones diferentes. Es un viaje hacia dentro de uno mismo.

VIX: El indicador de miedo de Wall Street. El Índice de volatilidad CBOE (CBOE Volatility Index) conocido como VIX.

Puedes tener doctorado en finanzas en la mejor universidad del planeta, y, aun así, el mundo financiero seguirá siendo emocional. De hecho, si lo pensamos un momento, es un dato preocupante. Significa que "las grandes mentes" que manejan el sistema financiero mundial(banqueros, financieras, aseguradoras, bancos centrales, etc.), y que son gente que se supone tiene una preparación extraordinaria en economía y finanzas, incluso ellos van a caer en temas como miedo y avaricia(y otras emociones). No van a poder evitar que en el mundo financiero en su conjunto cunda el pánico o el optimismo excesivo sin "razón" de vez en cuando. En la clase política se cruzarán dos indicadores lamentablemente: IGNORANCIA(de temas financieros) + EMOCIONES(nula gestión emocional en general). ¿La tormenta perfecta?

En este gráfico de la página anterior, puedes ver un ejemplo del nerviosismo del mundo financiero, para uno actualizado en tiempo real ve a Google y escribe: Gráficos del Índice VIX. Este corresponde al periodo abril 22 a marzo 23. Consulta uno interanual, podrás ver el pico que dio a inicios del 2020 por la pandemia.

Por eso es que *Ellen Brown*, en su libro "Telaraña de Deuda", nos hace ver cómo el sistema financiero no es otra cosa que la parodia del el Mago de Oz, donde el hombre de hojalata busca un corazón, metáfora de las emociones.

«Cuando un hombre es una tetera vacía, debería estar con ánimo; y, sin embargo, estoy destrozado... Simplemente, porque intuyo que podría ser algo parecido a un humano, si simplemente tuviera un corazón...»
El Hombre de Hojalata, El Mago de Oz

Si te das cuenta, Brown lo hace con sarcasmo, en realidad los humanos si tenemos un corazón, si tenemos emociones, solo que al momento de cruzarlo con el mundo financiero, puede hacer corto circuito.

Bueno, pero sigamos con el **índice VIX,** y te pido agregues esta palabra a tu vocabulario financiero: **VOLATILIDAD = ALTO NERVIOSISMO EN EL MUNDO INVERSIONISTA.** (Emociones)

Cuando dicen los noticieros: **"Hay alta volatilidad en los merca-dos"** lo que en realidad quieren decir es que la cosa está de la chingada y que los inversionistas están temblando de miedo.

El índice VIX, también conocido como el "índice de volatilidad" o el "índice del miedo", es una medida de la volatilidad esperada del mercado de valores de EE. UU. en el corto plazo y que puede contagiar al mundo entero; poner nerviosos a todos. Se calcula a partir de las opciones de venta y compra de los índices S&P 500 y refleja las expectativas de los inversores sobre las fluctuaciones del mercado en los próximos 30 días.

Cuando el VIX es alto, se considera que hay un alto nivel de incertidumbre y nerviosismo en el mercado, lo que puede indicar que los inversores están preocupados por una posible caída en los precios de las acciones. Por lo tanto, se lo conoce como el "índice del miedo" de *"Wall Street"*.

En resumen, el VIX es una medida de la volatilidad(miedo y avaricia) esperada del mercado de valores de EE. UU. en el corto plazo y se considera un indicador del nivel de incertidumbre y nerviosismo en el mercado.

Algunos inversionistas se refieren al índice VIX como:

"El VIX es como una alarma de incendio: nadie quiere escucharla, pero cuando suena, sabes que algo está ardiendo en Wall Street". "El VIX es como un termómetro: mide la fiebre del mercado y, a veces, nos hace desear tener una píldora para bajar la temperatura".

Es en estos casos cuando es común ver al *POTUS*, al presidente de los EE. UU., o al secretario del Tesoro, o al presidente de la poderosa FED, dando declaraciones a los medios. En realidad hay acciones que pueden tomar y lo hacen; sin embargo, de nada sirven si no logran tranquilizar los mercados. ¿Quiénes son los mercados? Principalmente el mundo inversionista y a bajito de ellos el resto de la población.

El mundo financiero en su totalidad se pone de rodillas ante un embiste emocional.

Eso es lo que simbolizan la fuerza de estas dos bestias en el mercado de valores de NY, el toro y el oso. El poder de las pasiones (emociones) humanas enfrentándose.

Dato para reír o llorar: ¿Sabías que en EE. UU. el gobierno comprende el nivel emocional que tiene el dinero, por lo que si te ganas la lotería, te hará firmar un papel donde los exines de todas las probables consecuencias que te sucedan como resultado de ese dinero?

Obviamente, no es porque el dinero sea malo, sino porque conocen de antemano la nula o muy pobre educación emocional del grueso de la población.

Para cerrar este capítulo, te dejo **15 datos divertidos acerca de la relación entre las finanzas personales y las emociones**, que demuestran que, de alguna manera, todos estamos totalmente locos. O dime tus conclusiones al final.

1.- Las personas tienden a gastar más dinero cuando están tristes. Un estudio realizado por la Universidad de Harvard encontró que las personas que estaban tristes tendían a gastar más dinero en comparación con aquellas que estaban felices.

2.- Los consumidores son más propensos a comprar productos caros cuando están enojados. Un estudio publicado en el *"Journal of Consumer Research"* encontró que los consumidores que se sentían enojados eran más propensos a comprar productos costosos en comparación con aquellos que se sentían felices.

3.- La ansiedad puede llevar a las personas a tomar decisiones

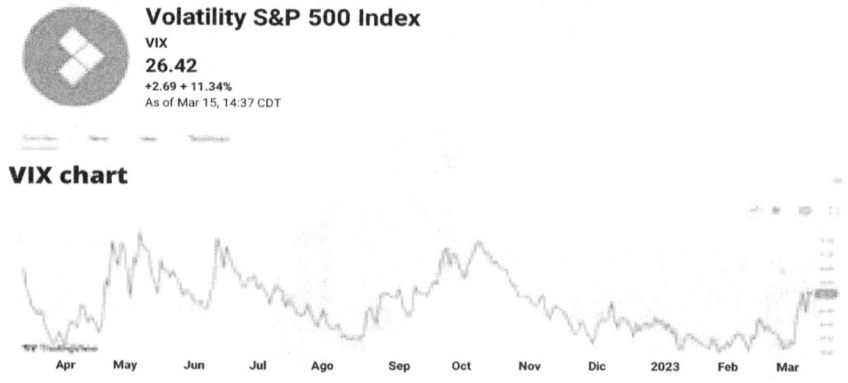

financieras arriesgadas. Un estudio publicado en el *"Journal of Behavioral Finance"* encontró que las personas que se sentían ansiosas eran más propensas a tomar decisiones financieras arriesgadas en comparación con aquellas que estaban relajadas.

4.- La envidia puede llevar a las personas a gastar más dinero en bienes materiales. Un estudio publicado en la revista *"Psychological Science"* encontró que las personas que se sentían envidiosas eran más propensas a gastar más dinero en bienes materiales, como ropa y joyas.

5.- Las personas son más propensas a tomar decisiones financieras impulsivas cuando tienen hambre. Un estudio realizado por la Universidad de *Dundee* encontró que las personas que tenían hambre eran más propensas a tomar decisiones financieras impulsivas y arriesgadas en comparación con aquellas que habían comido recientemente.

6.- Las personas que compran productos de lujo tienen más probabilidades de experimentar sentimientos de vergüenza y culpa. Un estudio realizado por la Universidad de *"British Columbia"* encontró que las personas que compran productos de lujo a menudo experimentan sentimientos de vergüenza y culpa debido a su elección de compra.

7.- Las personas con una mayor inteligencia emocional tienden a tomar mejores decisiones financieras. Un estudio publicado en la revista *"Personality and Individual Differences"* encontró que las personas con una mayor inteligencia emocional eran más propensas a tomar decisiones financieras informadas y a largo plazo.

8.- Los hombres son más propensos a asumir riesgos financieros que las mujeres. Un estudio publicado en la revista *"Journal of Economic Behavior & Organization"* encontró que los hombres son más propensos a asumir riesgos financieros en comparación con las mujeres.

9.- El estrés financiero puede afectar la salud mental. Un estudio realizado por la *"American Psychological Association"*, encontró que el estrés financiero puede llevar a problemas de salud mental, como ansiedad y depresión.

10.- Las personas que ahorran dinero a menudo experimentan una sensación de logro y felicidad. Según un estudio publicado en la revista *"Journal of Consumer Research"*, las personas que ahorran dinero a menudo experimentan una sensación de logro y felicidad debido a su capacidad para alcanzar sus objetivos financieros.

11.- Las personas tienden a gastar más dinero en regalos cuando se sienten emocionalmente cercanas a la persona que recibe el regalo. Un estudio publicado en la revista *"Journal of Consumer Research"* encontró que las personas tienden a gastar más dinero en regalos cuando se sienten emocionalmente cercanas a la persona que recibe el regalo.

12.- Las personas que gastan dinero en experiencias tienden a ser más felices que las que gastan dinero en bienes materiales. Un estudio publicado en la revista *"Psychological Science"* encontró que las personas que gastan dinero en experiencias, como viajes o conciertos, tienden a ser más felices a largo plazo que las que gastan dinero en bienes materiales.

13.- Las personas que invierten en el mercado de valores a menudo experimentan una emoción similar a la de los jugadores de azar. Según un estudio publicado en la revista *"Journal of Behavioral Finance"*, las personas que invierten en el mercado de valores a menudo experimentan una emoción similar a la de los jugadores de azar debido a la naturaleza impredecible del mercado.

14.- Las personas que tienen deudas pueden sentir una sensación de vergüenza y ansiedad. Según un estudio realizado por la empresa de servicios financieros *"Northwestern Mutual"*, las personas que tienen deudas pueden sentir una sensación de vergüenza y ansiedad debido a su situación financiera.

Datos duros para **México:**
1.- Según una encuesta de la Asociación de Bancos de México, el 53 % de los mexicanos siente estrés financiero.

2.- En México, la falta de educación financiera es un factor importante en la mala gestión del dinero. Un estudio realizado por la Comisión Nacional para la Protección y Defensa de los Usuarios de Servicios Financieros (CONDUSEF) encontró que solo el 15 % de los mexicanos ha recibido educación financiera.

3.- Los mexicanos tienden a gastar más dinero en alimentos que en cualquier otra categoría. Según un estudio de la empresa de investigación de mercado Kantar Worldpanel, los mexicanos gastan en promedio el 41 % de su presupuesto en alimentos.

4.- Las compras emocionales son comunes en México. Un estudio realizado por la empresa de investigación de mercado GfK encontró que el **39 %** de los mexicanos hizo una compra **impulsiva** en el último mes.

5.- La preocupación por la deuda es común en México. Según un estudio de la empresa de servicios financieros BBVA, el **64 %** de los mexicanos está preocupado por la **deuda**.

6.- Las emociones pueden influir en la forma en que los mexicanos gastan su dinero. Según un estudio de la empresa de servicios financieros Mastercard, el **72 %** de los mexicanos hace **compras emocionales**.

7.- La falta de ahorro es un problema para muchos mexicanos. Según un estudio de la empresa de servicios financieros ING, solo el **15 %** de los mexicanos **ahorra regularmente**.

Datos duros para el mundo hispano:
1.- Las personas en los países hispanohablantes tienen una mayor propensión a ahorrar en efectivo en comparación con otras formas de ahorro. Según un estudio de la firma de servicios financieros Visa, las personas en países como México, España y Argentina tienden a ahorrar en efectivo en lugar de utilizar cuentas bancarias o tarjetas de crédito.

2.- Las personas en los países hispanohablantes a menudo experimentan una sensación de logro y orgullo cuando compran una propiedad. Según un estudio realizado por el sitio web de bienes raíces *"Properati"*, las personas en países como México, Colombia, Perú y Argentina sienten una gran satisfacción personal cuando compran su primera propiedad.

3.- Las personas en los países hispanohablantes tienden a ser más conservadoras en sus inversiones. Según un estudio realizado por la compañía de inversiones *"Fidelity"*, las personas en países como España y México tienden a tener una actitud más conservadora hacia las inversiones, prefiriendo opciones más seguras en lugar de inversiones de alto riesgo.

4.- Las personas en los países hispanohablantes tienden a pedir prestado dinero a familiares y amigos en lugar de utilizar préstamos bancarios. Según un estudio realizado por la firma de servicios financieros BBVA, las personas en países como México y Colombia tienden a pedir prestado dinero a amigos y familiares en lugar de utilizar préstamos bancarios.

5.- Las personas en los países hispanohablantes a menudo sienten una gran presión social para demostrar su éxito financiero. Según un estudio realizado por la firma de investigación de mercado Kantar, las personas en países como México, Colombia, Chile y Argentina a menudo sienten la necesidad de demostrar su éxito financiero a través de compras ostentosas y lujosas.

6.- Las personas en los países hispanohablantes a menudo experimentan una sensación de liberación cuando pagan sus deudas. Según un estudio realizado por la firma de servicios financieros Mastercard, las personas en países como México, Argentina y Chile a menudo experimentan una sensación de liberación.

Datos duros comparativos entre el mundo hispano y el anglosajón:
1.- Mientras que en el mundo anglosajón se habla mucho sobre finanzas personales y se promueve el ahorro y la inversión, en el mundo hispano se tiende a ser más reservado y se habla menos de estos temas.

2.- Según un estudio de la empresa de servicios financieros Fidelity, los inversores latinos tienden a ser más emocionales en sus decisiones de inversión que los inversores anglosajones.

3.- En el mundo anglosajón se promueve mucho el autocontrol y la disciplina financiera, mientras que en el mundo hispano se enfatiza más la importancia de las relaciones personales y de la familia en la toma de decisiones financieras.

4.- Según un estudio de la firma de investigación de mercado Ipsos, los hispanos en EE. UU. son más propensos a buscar el consejo de amigos y familiares en cuestiones financieras, mientras que los anglosajones tienden a buscar consejo de profesionales financieros.

5.- En el mundo anglosajón se promueve mucho la educación financiera desde temprana edad, mientras que en el mundo hispano esta no es una práctica tan común.

Datos duros comparativos entre mujeres y hombres:
1.- Según un estudio del sitio web de finanzas personales *"Nerd-Wallet"*, las mujeres son más propensas a preocuparse por su situación

financiera que los hombres.

2.- Las mujeres tienden a ser más conservadoras en sus decisiones financieras y a asumir menos riesgos que los hombres, según un estudio de la empresa de investigación de mercado *"Northwestern Mutual"*.

3.- Las mujeres tienden a ser más organizadas en cuanto a la gestión de sus finanzas personales, según un estudio de la empresa de asesoría financiera *"Ellevest"*.

4.- Los hombres tienden a ser más propensos a gastar dinero en cosas materiales como electrónicos y vehículos, mientras que las mujeres tienden a gastar más en experiencias y en el cuidado personal, según un estudio de la empresa de investigación de mercado *"YouGov"*.

Recuerda siempre: Cuando se trata de decisiones financieras, es importante mantener la calma y no dejarse llevar por las emociones del momento. Antes de tomar una decisión financiera relevante, tómate un momento para reflexionar sobre tus emociones y considera cómo podrían estar influyendo en tu toma de decisiones. Investiga a mayor profundidad sobre el tema.

Conclusiones de esta sección, ten cuidado con los siguientes puntos en momentos que te encuentres emocional:

1.- No gastes en exceso: Si te sientes triste, enojado o frustrado, es mejor esperar a que te calmes antes de hacer una compra importante, qué date en casa.
2.- No tomes decisiones importantes: Si necesitas hacer una inversión o tomar una decisión financiera relevante, es mejor esperar a que estés en un estado emocional más equilibrado y puedas pensar con claridad. Tómate 72 horas.

3.- No pidas prestado: Cuando estás emocional, puede ser tentador pedir prestado dinero para hacer frente a una situación difícil o para comprar algo que quieres. No lo hagas. Espera al menos una semana, evalúa todas las opciones.

4.- No inviertas impulsivamente: Cuando estás emocional, también debes evitar hacer inversiones impulsivas. Tomarse el tiempo para investigar y analizar cualquier inversión antes de hacerla es esencial para asegurarse de que sea la decisión correcta para tus finanzas a largo plazo. Aléjate del mundo crypto. ¿Puedes ganar? Si puedes. ¿Puedes perder? Claro que sí. El juego del dinero es a largo plazo. Ganar dinero rápido, estimulará la parte de tu cerebro que maneja la avaricia, no podrás pensar con claridad. Ese es tu momento más vulnerable con tu dinero. Aléjate y tómate 30 días.

5.- Atiende tus sentimientos: Finalmente, cuando estás emocional, no ignores tus sentimientos. A veces, la razón por la que estás emocional puede estar relacionada con tus finanzas. Se vale pedir ayuda. Se vale simplemente hablarlo con alguien de confianza. Llama a tu compañero de rendición de cuentas(*accountability partner*).

Las decisiones al final del día son tuyas solamente.

"No necesitas tener dinero para tener espiritualidad, pero necesitas espiritualidad para tener dinero." - ➡

Radhanath Swami

Capítulo 43

Hábito #19 de gente rica: Aplican los principios espirituales del dinero

La parte espiritual del dinero se refiere a cómo el dinero puede converger con nuestra vida emocional, psicológica y espiritual. Algunos ejemplos de la parte espiritual son:

Generosidad: Usar el dinero para ayudar a los demás y contribuir a la comunidad brinda una sensación de satisfacción y propósito. Sé generoso.

Gratitud: Ser agradecido por lo que se tiene en lugar de enfocarse en lo que falta, o en lo que NO nos gusta; ayuda a mantener una actitud positiva y saludable, y a recibir mucho más. Imagina que tienes dos hijos pequeños, y que todo el tiempo los escucharas decir frases como: "¡Qué jodidos juguetes tenemos!", o, "¡Estos juguetes son basura!". Versus frases como: "¡Qué hermosos juguetes tenemos!", o, "¡Qué hermosos juguetes nos compra papá!". Tú, como papá de estos peques, ¿en cuál de los dos ejemplos estarías feliz de comprarles más?. Exacto. Ese es un sencillo ejemplo del principio de la gratitud.

Abundancia: Creer que hay suficiente dinero y recursos para todos, en lugar de enfocarse en la escasez, ayuda a atraer más abundancia en la vida.

Responsabilidad: Ser responsable y consciente del manejo del dinero genera una sensación de control y empoderamiento en la vida financiera. Imagina mismo ejemplo que hicimos con los dos hijos pequeños. Sé responsable.

Propósito: Tener un propósito claro en cómo se quiere usar el dinero, como apoyar una causa o lograr una meta personal, brinda un sentido de dirección y significado.

Gratificación retrasada: Aprender a posponer la gratificación y ahorrar para metas a largo plazo, ayuda a desarrollar la paciencia y la disciplina. Ambos dos valores fundamentales para nuestro desarrollo como seres humanos y como miembros de una familia.

Desapego: Practicar el desapego emocional del dinero y reconocer que NO define nuestra identidad o valor como personas ayuda a reducir el estrés y la ansiedad asociados con él. Esto crea el efecto correcto para atraer a las personas y los medios correctos para formar equipos de poder. La abundancia no es "algo" que logramos, es "algo" a lo que nos "sintonizamos".

En general, la parte espiritual del dinero se trata de encontrar un equilibrio y una armonía entre el dinero y nuestra vida emocional, psicológica y espiritual.

Parte de mi investigación me llevó a estudiar diversas religiones, sacerdotes, pastores de varias líneas del cristianismo, rabinos, y una larga serie de líderes de otras corrientes religiosas. Esta sección está basado en este grupo de especialistas, algunos líderes religiosos en activo. Descubrí grandes contrastes y algo que me sorprendió, muchísimo, cambios en la simple traducción entre el inglés y el español. Te dejo en esta sección, distintas voces y opiniones, al final, como siempre lo digo, las decisiones las tomas tú. Solo recuerda que todo esto está impreso en tu sistema de creencias profundo, hazte la pregunta si deseas cambiar algo, aprovechando este recorrido.

En el cuadernillo de trabajo, te regalo un sistema para la modificación de creencias. Cambio, creación y destrucción.

Descubrí verdades impresionantes en voz de grandes exponentes del mundo cristiano, por ejemplo esta cita de **Andrés Panasiuk** (Fundador, "El Instituto para la Cultura Financiera"): **"Las cuestiones financieras, son una demostración externa, de qué es lo que está pasando internamente en nuestra vida personal, en nuestra vida espiritual. Es un importantísimo indicador espiritual".**

Y continúa Panasiuk: "Y entonces una y otra vez Jesucristo dijo que si somos fieles en las cosas pequeñas como el dinero, también seremos fieles en las cosas grandes. El dinero no es un problema, sino que es un indicador externo de una situación espiritual interna".

Para serte sincero me sorprendió mucho descubrir tanta información cristiana y religiosa donde se habla bien y se fundamentan los temas de dinero, mi creencia desde niño había sido siempre, que los pobres son los que van al cielo. ¡Vaya descubrimiento! Me fui de espaldas.

Continúa Panasiuk: "Imagina, si cuando llegaras al cielo, el Señor Jesucristo te mirara y te dijera: Muéstrame tu cuenta de cheques; a ver, ¿cómo gastaste tu dinero cuando estabas en vida?". ¿Qué harías? Muchos seguramente nos moriríamos de vergüenza.

En el libro de San Mateo, capítulo 25, el Señor hace exactamente eso: está al frente de un grupo de personas que creen que van al cielo. La gente que sabía que iría al infierno, ya se había ido. Aquí Dios está frente a un grupo de personas básicamente buenas, que creen que van al cielo.

Entonces empieza a separar a las ovejas de los cabritos. Y la pregunta que Dios les hace para darles acceso al reino de los cielos, ¿sabes cuál es?. ¡Es una pregunta financiera! Una serie de preguntas que tienen que ver con la forma en que manejaron las finanzas.

El Señor Jesucristo les pregunta: "Cuando estuve hambriento, ¿me diste de comer?. Cuando tuve sed, ¿me diste de beber?. Cuando fui forastero, ¿me aceptaste en tu hogar?. Cuando estuve desnudo, ¿me cubriste?". Todas estas preguntas "escondidas" detrás de las afirmaciones que encontramos en el pasaje tienen que ver con la forma en que nosotros manejamos nuestra billetera. Nos guste o no nos guste. Aquellos que no lo hicieron correctamente, los puso a un lado y no los dejó entrar al cielo.

Citaré solo un poco más a Panasiuk en este capítulo, si tienes mayor curiosidad o quieres mayor información, lee su libro completo, se llama "Finanzas Familiares: Mayordomía Integral", de Andrés Panasiuk.

Por el bien de la humanidad. (Por Dave Ramsey)

Como cristiano, me sorprende cómo grupos políticos y religiosos han decidido que la riqueza es mala. Muchos de los héroes de la fe bíblica, de la historia universal y de nuestra nación han sido muy ricos, incluso el Rey David, Salomón y Job. Existe una mentalidad negativa que justifica la mediocridad del dinero que es locura. La riqueza no es un mal, y la persona que la posee no es un mal por virtud de la riqueza. No hay rico estúpido ni pobre estúpido. Dallas Willard, en su libro Spirit of the Disciples (El espíritu de los discípulos), dice que usar la riqueza es causar que se consuman, confiar en las riquezas es contar con ellas para cosas que no puede suministrar, pero poseer riqueza es tener el derecho de decir cómo serán o no usadas.

Si eres una buena persona, es tu deber espiritual poseer riqueza para el bien de la humanidad. Con riqueza es mucho lo que podrás hacer por otros, sin ella, tu influencia será muy limitada.

Pasajes bíblicos terriblemente malinterpretados: (tal vez este es el más famoso y polémico). — Según Ramsey —. **Lucas 18:24-25:** 24 Y viendo a Jesús que se había entristecido mucho, dijo: ¡Cuán difícilmente entrarán en el reino de Dios los que tienen riquezas! 25 Porque es más fácil que pase un camello por el ojo de una aguja que un rico entre en el reino de Dios.

Mucha gente utiliza este pasaje para hacer que los ricos se sientan culpables por su éxito financiero. Supongo que eso significa que todos deberíamos aspirar a ser pobres, ¿no?

La realidad de este versículo es que Jesús está haciendo un llamado de atención a para cualquiera que piense que puede llegar al cielo por sus propias obras: su riqueza. Si dejamos de leer ahí, perdemos todo el punto. Pero si continuamos con los versículos 26 y 27, entendemos: "Los que lo oyeron dijeron: '¿Entonces quién podrá salvarse?' Pero Él dijo: 'Lo que es imposible para los hombres es posible para Dios'".

Este pasaje no condena la riqueza en absoluto. Es la forma en que Jesús le hace saber a la multitud que ninguno de ellos puede llegar al cielo por su propio esfuerzo, sino solo por la gracia. Y no olvidemos que solo unos pocos versículos después, Zaqueo, un rico estafador recaudador de impuestos, aceptó a Cristo y heredó el reino de Dios por la gracia de Jesús. Dios verdaderamente hace posible lo imposible.

Lucas 12:34: Porque donde está vuestro tesoro, allí estará también vuestro corazón. — Según Ramsey —. Muy a menudo ese verso se cita incorrectamente al revés, pero el significado sigue siendo prácticamente el mismo. Nos dice que cuando miramos nuestro presupuesto y nuestro extracto bancario, podemos ver dónde está nuestro corazón. Entonces, ¿el gran porcentaje de nuestro dinero se destina a asuntos terrenales, o va a cumplir los propósitos de Dios para ello? Nuestros gastos (o ahorros o donaciones) son todos buenos indicadores de si estamos entregando nuestro corazón a Dios o a las cosas materiales. La billetera es una gran ventana al alma.

Espero que estas explicaciones aclaren algunos errores de percepción comunes cuando se trata de la Biblia y el dinero. Citado textual de líderes religiosos. Querido lector, saca tus propias conclusiones.

MENTALIDAD DE ABUNDANCIA, PERSPECTIVA CRISTIANA -- pequeño fragmento. (Pastor Joel Osteen)

El sueño de Dios para tu vida es que seas bendecido de tal manera que puedas ser una bendición para los demás. David dijo: "Mi copa está rebosando". Dios es un Dios desbordante.

Pero aquí está la clave: no puedes andar pensando en carencia, no lo suficiente, luchar y esperar, tener abundancia. Si has estado bajo presión durante mucho tiempo y tienes dificultades para llegar a fin de mes, es fácil desarrollar una mentalidad limitada. Pensamientos del tipo: Nunca saldré de este vecindario. O nunca tendré suficiente para enviar a mis hijos a la universidad.

Puede que sea ahí donde estás ahora, pero no es ahí donde tienes que quedarte. Dios se llama El Shaddai, el Dios de más que suficiente. No el Dios de apenas lo suficiente o el Dios de solo ayúdame a salir adelante. Él es el Dios del Desbordamiento. El Dios de la Abundancia. El Salmo 35 dice: "Que digan continuamente: 'Engrandecido sea el Señor que se complace en la prosperidad de sus hijos'". Se suponía que debían andar constantemente diciendo: **"Dios se complace en prosperarme"**, fue para ayudarlos a desarrollar esta mentalidad abundante.

Tu vida se está moviendo hacia lo que estás pensando constantemente. Si siempre tienes pensamientos de carencia, insuficiencia y lucha, te estás moviendo hacia las cosas equivocadas. A lo largo del día, medita en estos pensamientos: sobreabundancia, abundancia, **Dios se complace en prosperarme**.

APENAS SUFICIENTE, SOLO SUFICIENTE Y MÁS QUE SUFICIENTE. En la Escritura, los israelitas habían estado en esclavitud durante muchos años. Esa era la tierra de **apenas lo suficiente**. Solo estaban soportando, apenas sobreviviendo. Un día Dios los sacó de la esclavitud y los llevó al desierto. Esa era la tierra de **solo suficiente**. Sus necesidades fueron suplidas, pero nada extra. Dice que su ropa no se gastó durante cuarenta años. Estoy seguro de que estaban agradecidos. No sé ustedes, pero yo particularmente no quiero usar esta misma ropa durante los próximos cuarenta años. Si tengo que hacerlo, no me voy a quejar, pero esa no es mi idea de la abundancia. Tampoco era de Dios. Dios eventualmente los llevó a la **Tierra Prometida**.

Esa era la tierra de **Más que Suficiente**. La comida y los suministros eran abundantes. Los racimos de uvas eran tan grandes que dos hombres adultos tenían que cargarlos. Se llama "la tierra que mana leche y miel". Fluir significa que no se detuvo. Nunca se agotó. Continuó teniendo abundancia. Ahí es donde Dios te está llevando. Es posible que estés en la tierra de **apenitas suficiente** en este momento. No sabes cómo vas a pasar la próxima semana. No te preocupes. Dios no se ha olvidado de ti. Dios viste los lirios del campo. Él alimenta a las aves del cielo. Él va a cuidar de ti. Puede que estés en la tierra de **solo lo suficiente**.

Tus necesidades son suplidas. Estás agradecido, pero no hay nada extra, nada para lograr tus sueños. Dios está diciendo: "No respiré Mi vida en ti para vivir en la tierra de **Apenas Suficiente**. No te creé para vivir en la tierra de **apenas suficiente**". Esas son las estaciones. Esas son pruebas. Pero no son permanentes. No bajes tus apuestas. Estás de paso. Es solo temporal. **Dios tiene una Tierra Prometida para ti.** Él tiene un lugar de abundancia, de **más que suficiente**, donde está fluyendo con provisión, no solo una vez, sino que continuará aumentando. **Seguirás teniendo mucho.**

Si estás en la tierra de apenitas lo suficiente, no te atrevas a establecerte allí. Ahí es donde estás; no es quien eres. Esa es su ubicación; no es tu identidad. Eres un hijo del Dios Altísimo. No importa lo que parezca, ten esta mentalidad abundante. Sigue recordándote: "**Dios se complace en prosperarme.** Soy la cabeza y nunca la cola". **La Escritura dice que Dios suplirá nuestras necesidades "conforme a sus riquezas".** Muy a menudo miramos nuestras situaciones y pensamos, nunca saldré adelante. El negocio es lento, o en estos proyectos. Nunca saldré. **Pero no es conforme a lo que tienes; es conforme a lo que él tiene.** La buena noticia es que Dios es dueño de todo. Un toque del favor de Dios puede sacarte de **Apenas Suficiente y ponerte en Más que Suficiente.** Dios tiene formas de incrementarte más allá de tus ingresos normales, más allá de tu salario, más allá de lo predecible. Deja de decirte a ti mismo: "Esto es todo lo que tendré. El abuelo estaba arruinado. Mamá y papá no tenían nada. Mi perro está en bienestar. Mi gato no tiene hogar". **Deja ir todo eso y ten una mentalidad abundante.** "Aquí no es donde me voy a quedar. **Estoy bendecido. Soy próspero.** Me dirijo al desbordamiento, a la tierra de **Más que Suficiente**".

Pastor Joel Scott Osteen es un predicador y escritor estadounidense, reconocido por ser el pastor general de la Iglesia Lakewood, en Houston, donde predica la teología de la prosperidad. (Si quieres continuar la lectura, leer el libro completo se llama *The Abundance Mind-Set*).

El judaísmo. El judaísmo no enseña que ser rico es necesariamente algo bueno o deseable en sí mismo. Sin embargo, sí hay ciertos valores y principios que se asocian con la riqueza y que son parte de la tradición judía, para ello existen una lista de mandamientos relacionados con el dinero.

Los mandamientos de la iglesia judía para hacer dinero. (Rabino Daniel Lapin)

1.- Primer mandamiento: **Cree en la dignidad y moral de los negocios.** Hacer dinero es mucho más difícil si, muy en el fondo, crees o sospechas que es una actividad moralmente cuestionable.

2.- Segundo mandamiento: **Extiende tu red de contactos a la mayor cantidad de personas posible.** Hazte amigo de personas que están uno o dos peldaños arriba y debajo de tu nivel financiero, busca maneras de ayudarles a que alcancen un deseo. Habrás descubierto el poder de la creación de sociedades.

3.- Tercer mandamiento: **Conócete a ti mismo fondo.** Para cambiar la forma en que otras personas te ven y perciben, primero debes aprender a verte a ti mismo como otras personas te ven y te perciben.

4.- Cuarto mandamiento: **No busques la perfección.** No descuides lo imperfecto ni te gastes en la búsqueda inútil de la perfección, mientras no aproveches al máximo las circunstancias menos perfectas.

5.- Quinto mandamiento: **Sé un líder consistente y persistente.** Aprender a ser un líder es importante, pero tal vez no sea lo que tú crees que es ser un líder. El liderazgo no es un sustantivo; es un verbo No es una identidad; es una acción. No intentes convertirte en un líder, solo hazlo. Lidera.

6.- Sexto mandamiento: **Constantemente cambia lo cambiable, aferrándote firmemente a lo inmutable, a lo que no se puede cambiar.** Con el cambio puedes convertir el enemigo en aliado al comprender cuándo disfrutar de la euforia del cambio y cuándo luchar contra él y defender con firmeza lo inmutable.

7.- Séptimo mandamiento: **Aprende de predecir el futuro.** ¿Quién es sabio?, uno que puede decir qué saldrá del cascarón del huevo que ha sido puesto. No el que puede ver el futuro que es un profeta. Sabiduría es ver las consecuencias de mañana de los eventos de hoy.

8.- Octavo mandamiento: **Conoce tu dinero.** Tu dinero es un análogo cuantificable de su fuerza vital, la suma de su tiempo, habilidades, experiencia, persistencia y relaciones.

9.- Noveno mandamiento: **Compórtate como rico. Dona consistentemente el 10 % de tus ingresos después de impuestos.** A través de la alquimia mística del dinero, la caridad impulsa como un salto la creación de riqueza.

10.- Décimo mandamiento: **No te retires jamás.** Integra tu vocación y tu identidad pensando en la vida como un viaje en lugar de un destino.

Te dejo una serie de explicaciones sociológicas e históricas que pueden contribuir a comprender por qué hay una presencia significativa de judíos en las listas de personas más ricas del mundo, esto es lo que arrojaron mis investigaciones:

1.- Hacen énfasis en la educación: La educación es una prioridad en la cultura judía y esto puede conducir a la adquisición de habilidades y conocimientos valiosos que se traducen en trabajos mejor remunerados.

2.- Hacen énfasis en emprender: La tradición empresarial judía es fuerte, con una larga historia de participación en negocios y finanzas.

3.- Redes sociales(no digitales) y empresariales: La cultura judía es fuerte en la cooperación y la ayuda mutua, y esto puede ayudar a construir redes empresariales sólidas y sostenibles.

4.- Historia de persecución: A lo largo de la historia, los judíos han sufrido muchas formas de persecución y discriminación, lo que a menudo les ha obligado a emigrar y buscar oportunidades económicas en otros lugares. Durante la 2da guerra mundial, literalmente la diferencia entre la vida y la muerte, o salvar a una persona amada, era el hecho de tener una pieza de oro para comprar su vida. En su sistema de creencias, está muy arraigado por este motivo el pensamiento de que el dinero pude salvarte la vida, durante la pandemia, ya lo vivimos todos, tener dinero era la diferencia entre poder quedarse en casa y tener que salir a arriesgar la vida para ser capaz de proveer.

5.- Inversión en la comunidad: La tradición judía de la caridad y la ayuda a los demás también puede tener un impacto económico, al contribuir a la construcción de comunidades más fuertes y autosuficientes.

Cuatro teorías falsas acerca del éxito de los judíos en los negocios.

Teoría falsa #1: Los judíos aprendieron a hacer dinero, debido a una selección natural, son el pueblo elegido de Dios.

Teoría falsa #2: Los judíos hacen trampa para avanzar en los negocios.

Teoría falsa #3: Todos los judíos pertenecen a una sociedad secreta.

Teoría falsa #4: Los judíos son más inteligentes que el resto del mundo.

Breve anécdota personal: No puedo cerrar este capítulo sin contarte antes una anécdota brutal que mi familia y yo vivimos hace unos pocos años, mis hijos estaban pequeños aún.

Era el mes de septiembre de ese año, a mediados, en el Pacífico Mexicano se empezó a formar una depresión tropical, —la antesala de una tormenta y un posible huracán—; una semana después teníamos a ese enorme monstruo encima de nosotros, venía directo, su trayectoria era exacta, en línea recta hacia nuestra ciudad. Un poderoso huracán categoría 5. Toda la ciudad se preparó para tan tremendo fenómeno, el estado completo en alerta. Finalmente, un domingo por la noche, llegó, con vientos sostenidos de 205 km/hr y rachas de hasta 260. La destrucción fue impresionante, el 92 % del estado sin electricidad. Casas destruidas. Coches arriba de techos de casas. Embarcaciones en tierra a kilómetros del agua. Cientos de miles de damnificados.

El huracán estuvo sobre nuestras cabezas unas 10 horas, pero parecieron 40. Ha sido la experiencia más aterradora que me ha tocado vivir, junto con mi familia. Gracias a Dios nuestra casa aguantó perfectamente, y al menos, dentro de casa solo fue miedo y agua por todos lados. (Si alguna vez vives un huracán, conocerás lo que es la lluvia horizontal). Mi esposa y yo enfocados en que nuestros hijos estuvieran tranquilos.

El lunes por la mañana: Al amanecer, al día siguiente, me dispuse a ir a ver los negocios que tenía en ese tiempo, había que revisar si había daños, —hasta ese momento aún no sabíamos del nivel de devastación que había sucedido en la ciudad—. Me subí a mi carro, manejé entre carros dañados por objetos que los golpearon, o postes de electricidad caídos, cables por doquier, era incluso casi imposible avanzar.

Finalmente, llegué a la plaza comercial donde tenía mis negocios. El daño era como de un 80 % aproximadamente, incluyendo instalaciones e inventario. No pude evitar que unas lágrimas salieran de mis ojos, el trabajo de muchos años reducido a escombros. Regresé a mi casa, mis hijos y mi esposa vieron mi cara, me abrazaron todos y les dije: Hemos perdido todo, tendremos que empezar desde cero prácticamente. Hubo silencio, mis hijos lloraron por sentir mi dolor, no alcanzaban a dimensionar lo que estaba sucediendo, eran pequeños aún. Lloramos todos.

Unas horas después, decidí volver a los negocios, para por lo menos recoger, de entre los escombros, cosas que se pudieran rescatar. Pensé en mis computadoras, tal vez algo del inventario, y pues tomar decisiones. En mi oficina tenía siempre algunos libros, mi biblioteca personal la tengo en casa, pero en mi oficina tenía los libros que estaban en su turno de leer. Llegué a mi oficina, empecé a revisar, había peligro de que escombros adicionales cayeran del techo de la plaza comercial, no se permitía el acceso a las personas, solamente a los dueños de negocios para que hicieran una revisión preliminar de daños.

Llegué hasta mi escritorio, mi computadora había volado a 20 metros y estaba bajo el agua, documentos, equipo de oficina, todo patas pa' arriba, si volteaba hacia lo que antes era el techo veía partes del cielo y partes de escombros a punto de caer, no podía creer lo que había sucedido.

En eso, me doy cuenta de que en mi escritorio, de pie, sí, así como lo leíste, en forma vertical estaba uno de mis libros, totalmente seco. Nada lo detenía, era como si tuviera sujetalibros, de esos que se ponen en los extremos de los libreros para que no se caigan. No había de esos. No había nada. Solo estaba el libro y estaba totalmente seco. Vertical. Ligeramente abierto y eso hacía que mantuviera la vertical. ¿Qué libro era? El título del libro: "**EL HOMBRE MÁS RICO QUE JAMÁS EXISTIÓ**", y el subtítulo: "**Los secretos del éxito, la riqueza y la felicidad del rey Salomón**". Del autor Steve Scott.

¿Habría entrado alguien antes que yo y me lo había dejado en ese estado? ¿Por qué estaba seco? Tenía mil y una preguntas.

Abrí el libro, precisamente en la hoja que estaba semiabierto, y empecé a leer:

Proverbios 24:33-34
Duerme un rato, descansa un poco, cruza los brazos, toma una siesta y te sorprenderá la pobreza como un ladrón, y la miseria como un atraco a mano armada.

Abrí los ojos como pelota de billar, no podía creer el mensaje tan claro: En lugar de tirarme a lamentarme, solo requería hacer lo que siempre había hecho: Ponerme a trabajar. Salí corriendo a contarles a mi esposa y a mis hijos. No lo podíamos creer, nuestra moral y esperanza se fue hasta los cielos.

Ya te contaré en una sobremesa detalles de lo que siguió sucediendo, en 6 meses después, aproximadamente, estábamos de nuevo de pie, con negocios abiertos, con todo funcionando casi como antes y sin deuda.

Por este impactante testimonio, no puedo cerrar este capítulo sin hablarte, al menos un poco, sobre la gran sabiduría del rey Salomón.

10 lecciones Financieras Del Hombre Más Rico Que Jamás haya Existido. La Sabiduría de Salomón debe ser estudiada por todos los que deseen una vida financiera próspera.

1.– El momento perfecto no existe, ¡hazlo hoy!
"El que mira el viento nunca sembrará, y el que mira las nubes nunca cosechará. Como no sabes el camino del viento, ni cómo se forman los huesos en el vientre de una mujer encinta, así tampoco conoces las obras de Dios, que hace todas las cosas. "Eclesiastés 11:4,5

2.- La pereza causa hambre y pobreza. "Las manos perezosas empobrecen al hombre, pero las manos diligentes lo enriquecen". Proverbios 10:4 Déjame preguntarte: ¿alguna vez has visto a un holgazán exitoso? Nunca lo he visto y probablemente nunca lo haré. "La pereza es compañera de la pobreza".

3.- La diligencia genera prosperidad. Las manos diligentes gobernarán, pero los perezosos terminarán esclavos. Proverbios 12:24.
Definición de diligencia: La diligencia es la virtud cardinal con la que se combate la pereza. La diligencia procede del latín *diligere* que significa cuidar. Forma parte de la virtud de la caridad, ya que está motivada por el amor. La diligencia, es el esmero y el cuidado en ejecutar algo. Como toda virtud se trabaja poniéndola en práctica. Significa trabajar, es lo contrario a la pereza.

Hay varios pasajes escritos por Salomón que nos animan a vivir diligentemente. Después de todo, como dijo el mismo Salomón, La diligencia conduce a la riqueza Proverbios 13:14.

4.– Todo el trabajo duro tiene su recompensa. Todo el trabajo duro vale la pena, pero solo hablar lleva a la pobreza. Proverbios 14:23 De una forma u otra, siempre habrá beneficio en todo trabajo duro. Incluso si hay pérdidas financieras, incluso si tu negocio no va bien, incluso si tu trabajo no está generando los mejores resultados... ¡Siempre habrá ganancias en el trabajo duro!

5.- El trabajo duro por sí solo no es suficiente, el trabajo inteligente genera éxito. Si el hacha está desafilada y su hoja no ha sido afilada, es necesario golpear más fuerte; actuar sabiamente asegura el éxito. Eclesiastés 10:10

Esta fue una de las verdades bíblicas sobre el dinero y el trabajo que más impactó mi vida. Después de todo, siempre le di importancia al trabajo duro, pero al principio descuidé el trabajo inteligente. Por lo tanto, necesitaba grandes esfuerzos para lograr ciertas metas financieras, tales como: comprar un vehículo, obtener un ingreso satisfactorio, un trabajo satisfactorio.

Además, si te das cuenta, este #5 se alinea, yo diría demasiado con muchísima de la enseñanza en este libro. ¿Es solo mi impresión? ¿Qué opinas tú? "Afilar la hoja", no es otra cosa que aplicar los hábitos descritos con detalle en este libro.

6.- Tener múltiples fuentes de ingresos. "Por la mañana siembra tu semilla, y aun por la tarde no dejes que tus manos estén ociosas, porque no sabes lo que sucederá, si este o aquel producirá, o si los dos serán igualmente buenos."Eclesiastés 11:6.

¿Así? ¿O más claro? Hablamos ampliamente sobre tener varias fuentes de ingreso.

7.- Tener motivos extremadamente fuertes. "El apetito del trabajador lo obliga a trabajar; su hambre lo impulsa."Proverbios 16:26.

Pregunta para ti: ¿Qué te hace trabajar todos los días? ¿Qué te hace saltar de tu cama por las mañanas como impulsado por un resorte? ¿Cuál es tu razón? ¿Cuál es tu propósito? Desde el momento en que tenemos propósitos realmente dignos y emocionalmente fuertes, todo se vuelve más fácil. Una cosa es trabajar por el estatus, y otra es trabajar por un propósito más grande que tu propia vida. Hablamos ampliamente sobre el tema "propósito" en el capítulo 2.

8.- No te desvíes de tu propósito. "El que ara su tierra tendrá comida en abundancia, pero el que persigue fantasías tendrá mucha miseria." Proverbios 28:19.

¿Alguna vez te has parado a pensar en la cantidad de "oportunidades" que surgen a diario? Todo el tiempo escuchamos cosas como: esto está ganando mucho dinero; este es el negocio en auge; o bien, no pierdas esta oportunidad de ganar mucho dinero. Salomón nos advierte que tengamos y trabajemos con nuestro propósito bien definido. Nos advierte que no caigamos en el error de vivir persiguiendo ilusiones, porque el camino de quien así obra es la miseria.

9.- Evitar la deuda. "Los ricos dominan a los pobres; el prestatario es esclavo del prestamista." Proverbios 22:7. ¿El Rey Salomón hablando de deuda cero? Continúa Salomón: Tienes que recordar que la deuda limita tu libertad y tu potencial financiero.

10.- Diversifica tus inversiones. Echa tu pan sobre las aguas, y después de muchos días lo volverás a encontrar. Comparte lo que tienes con siete, incluso con ocho, porque no sabes qué desgracia puede acontecer a la tierra. Eclesiastés 11:1-2

Salomón estaba involucrado en el comercio internacional con muchos mercaderes (1 Reyes 9:26) y una de las mayores mercancías de la época era el grano, que se usaba para hacer pan. El significado de este versículo es, no pongas todo tu grano en un recipiente. Porque si algo le sucede a este, lo perderás todo.

Bono: Nunca dejes de aprender. ¡Es mejor adquirir sabiduría que oro! ¡Mejor adquirir entendimiento que plata! Proverbios 16:16

Salomón, el hombre más rico que jamás haya existido, dijo que la sabiduría es más valiosa que el oro. ¿De qué sirve el dinero en manos de un necio, si no quiere adquirir sabiduría? Proverbios 17:16

¿En cuántos capítulos hablamos de mantenernos en constante aprendizaje? Creo es tiempo de crear nuestro plan (SISTEMAS) y ponernos a trabajar.

Durante las investigaciones y lecturas que llevé a cabo para escribir este libro, jamás imaginé que coincidiera de tal manera, con las enseñanzas del Rey Salomón, lo veo como un mensaje de que vamos bien, de que las indicaciones son las correctas. Sin embargo, como todo, tú tienes la última palabra y te invito a que hagas tus propias investigaciones para que llegues a tus propias conclusiones.

A continuación hago un resumen de las formas de ganar dinero que podrían considerarse alineados con las enseñanzas del Rey Salomón, en una sola frase:

Invertir sabiamente(aquí habla de no entrar en negocios que no conoces perfectamente, mi regla de oro #1), Ayudar a otros (activar nuestra parte compasiva), Aprender continuamente(convertirte en un eterno aprendiz, en un investigador apasionado que ama aprender), Ser honesto y justo(además de lo obvio habla de la responsabilidad social de los negocios en los que participemos, incluyendo la ecología, lo ético y lo legal), Ser humilde y agradecido(habla de doblegar al EGO y la arrogancia, los dos principales enemigos de la abundancia). Amo las enseñanzas del Rey Salomón. El hombre más rico, y sabio; que jamás existió.

CÁBALA PARA PRINCIPIANTES - El concepto del PAN de la VERGÜENZA. (Enseñanza Judía)

Para entender el concepto de pan de la vergüenza debemos empezar con comprender dos conceptos, 1) Recibir en tu vida luz directa, y, 2) Luz indirecta.

Imagina un escenario en donde tu vecino el día 1 toca a tu puerta y te dice que tiene para ti un pastel, que es un regalo. Lo agradeces y, nada, pues, te pones feliz. Al día siguiente regresa y te regala otro pastel, pero en esta ocasión te regala también la cena de toda tu familia, son 7 en total. Esto se repite por 3, 4, o 5 días y cada día regresa con un regalo adicional, incluso te dice, si necesitas ir a algún lado aquí tienes las llaves de mi coche. ¿En qué momento empiezas a sentir que algo anda raro, porque no entiendes por qué te está regalando tantas cosas "sin motivo"? Tal vez con una especie de incomodidad en porque "no has hecho nada para merecerlo", ¿empiezas a pensar tal vez que hay un motivo oculto?, ¿empiezas tal vez incluso a desconfiar? Este es un ejemplo, es un ejercicio. Continuemos. En ese momento dejas de recibir, algo sospechas, ya no te fías de ese vecino porque en el fondo sientes que "algo trama", que "algo no anda bien". Notemos que la confianza desaparece solo por el motivo de estar recibiendo de forma directa sin dar nada a cambio. La situación ha llegado al grado de abrumarnos, incluso a sacarle la vuelta a ese vecino.

Esto en las enseñanzas místicas se dice que los seres humanos no estamos listos para recibir la luz directa, entra el EGO, y abre la puerta de la desconfianza. Entonces lo que tú necesitas, —en nuestro ejemplo—; es que entre tú y el vecino, recibas luz indirecta, en lugar de directa. ¿Qué es esa luz indirecta? En términos digamos "comunes" le llamaremos **MERECIMIENTO**. No hemos hecho nada para merecer todos esos regalos de nuestro vecino.

¿Cómo sería para nuestro ejemplo recibir esa luz indirecta y darle gusto a nuestro EGO? Pues que todo eso que te da tu vecino estaría bien, siempre y cuando tú le dieras algo a cambio. Como buscando un equilibrio. Se trata de un intercambio. Un *"Quid Pro Quo"*. Que no te caigan las cosas simplemente por "gracia divina". Que hagas algo por el lado tuyo que te sientas merecedor. En esto consiste la diferencia entre la luz directa y la luz indirecta. Dicen los maestros que en parte por eso si entramos a una habitación donde la luz está apagada y la encendemos, si la luz es muy fuerte, demasiado intensa nos causa cierta incomodidad y tendemos a cerrar los ojos, si hay manera tendemos a atenuar la intensidad de esa luz.

Esta teoría de los maestros de la **CÁBALA,** nos dice que tal vez ya hicimos nuestro trabajo interno bajo todas las teorías existentes. Hemos trabajado con nuestra mentalidad de abundancia, con nuestras creencias limitantes, hemos seguido los mandamientos del Rey Salomón, hemos creado nuestro plan de vida familiar y financiero, nos hemos hecho expertos en la ley de la atracción, etc., de repente empezamos a recibir por todos lados, en abundancia como si viniera directo de Dios, —para efecto de nuestro ejemplo—; y resulta que es algo que no soportamos. Es algo que nos ciega.

Simplemente, empezamos a sentirnos NO merecedores de lo que nos están dando. Suena bastante absurdo, ¿no te parece?, bueno veamos que más tienen que decirnos los maestros de la **CÁBALA,** a este respecto. Ellos nos enseñan que por eso el mecanismo necesariamente aquí en la tierra implica acción, porque esa acción es lo que va a hacer que se active esa parte del "merecimiento" y que a su vez significa luz indirecta. Ahora, si te consideras merecedor de esa luz que te llega, consideras que hay un justo equilibrio entre tus actos versus tu recibimiento.

¿Cómo se llama cuando yo recibo esa luz directa y empiezo a experimentar esa sensación de no merecimiento?, a ese concepto se le llama **PAN DE LA VERGÜENZA**, el tema de esta sección de este capítulo. **Literalmente yo, recibo pan, y me da vergüenza.** ¿Por qué?, porque mi levedad como ser humano se siente indignada. El EGO ha tomado el control (tengo que escribir un libro completo sobre el EGO).

Veamos entonces, "el pan de la vergüenza" es lo que nos impide a nosotros estar en comunión directa con la creación, con el "meditar y recibir", **CÁBALA** por sí misma es una palabra que su traducción del hebreo al español es RECEPCIÓN. ¿Qué tal que aprendemos las reglas de recibir?, y una de ellas es meritorio.

¿Se puede ser rico simplemente por merecimiento sin hacer nada? ¿Se puede ser pobre simplemente por no sentirnos merecedores? Son las preguntas que nos hacen los maestros expertos de la **CÁBALA.** ¿Se puede ser rico simplemente por merecimiento, pero haciendo muchas cosas, como resultado de haber dominado al EGO y entonces pensar y sentir ahora si me lo merezco? ¿Cuántas cosas rechaza durante toda su vida una persona que "no ha pagado el peaje" y, por lo tanto, siente que no lo merece? ¿A cuántas personas hemos rechazado tal vez en nuestra vida porque tampoco podemos sentirnos merecedores de que otras personas nos dediquen su tiempo? Sin embargo, no tenemos problema con manejar autos alemanes, tener casas totalmente pagadas, un guardarropa espectacular. Pero que para obtener todo eso hemos hecho "algo para merecerlo", hemos pagado el precio del merecimiento en el mundo terrenal. Todo eso material no nos lo cuestionamos. Solo aquello que no nos ha costado "nada". ¡Increíble! ¿No te parece?

Continúan los maestros de la **CÁBALA,** que por nuestras vidas pasaran innumerables maestros de luz directa y de luz indirecta, y, que lamentablemente rechazaremos incontablemente a los de luz directa. Pareciera que nos gusta el camino difícil. ¿Está deteniendo la abundancia en nuestras vidas ese pan de la vergüenza?, ¿creer que no somos meritorios? El pan de la vergüenza se deshace con actos, tenemos que deshacerlo.

Recapitulemos: Para recibir la luz indirecta, damos algo, hacemos algo, es un quid pro quo. En algunas prácticas antiguas que aún siguen vigentes en la actualidad en algunas partes del mundo, se usaba el diezmo, como una parte de activar el merecimiento.

Por eso la gratitud y el ser generoso deshace el pan de la vergüenza, hemos activado la parte en donde somos merecedores, hemos activado el *"quid pro quo"*, eso abre el grifo de la luz indirecta que es la única forma que sabemos hasta ahora de traer cosas a nuestras vidas.

Deshaz ese pan de la vergüenza rompiendo los apegos a cosas materiales e incluso dinero, sé bondadoso. Por lo pronto activarás la luz indirecta.

Bueno querido lector, cerramos en esta parte la sección de la **CÁBALA,** como te dije desde el principio, he estudiado e investigado múltiples doctrinas y religiones, en esta sección de espiritualidad te estoy compartiendo las que considero las más relevantes, ya será tu responsabilidad creer, aplicar e incluso profundizar en las que consideres que van más contigo. Te reto a que sigas rompiendo paradigmas e investigues más allá de lo que te has dejado enseñar desde tu niñez, llega a tus propias conclusiones y al final, decide. Si te quedas con lo que estabas desde el principio. Vale. Habrás ganado que ahora ya piensas por ti mismo y no ha sido solo adoctrinamiento. Felicidades.

La Ley de la Atracción. Mucho se ha hablado de la ley de la atracción desde que en 2006 la película, y el libro "El Secreto" rompió todos los récords. La ley de la atracción es un principio metafísico que sostiene que los pensamientos y las emociones positivas atraen circunstancias y experiencias positivas en nuestras vidas. Si se aplica correctamente, puede ayudarte a atraer más dinero y abundancia. Aquí hay algunos pasos que puedes seguir para utilizar la ley de la atracción para atraer más dinero:

1.- Enfócate en lo que quieres: en lugar de centrarte en la falta de dinero o en la preocupación por no tener suficiente, enfoca tu atención en lo que quieres en términos de abundancia y riqueza. Esta parte tiene su "truco", solo lee con atención, mira, no es lo mismo desear un auto nuevo aunque amas el actual y lo disfrutas, a querer un coche nuevo porque estás harto del pedazo de basura que manejas actualmente. El primer deseo y emoción está enfocado en lo que deseas, el segundo en lo que no deseas. Lo primero funciona, lo segundo no, —de acuerdo con los grandes expertos en ley de la atracción como John Assaraf, y todo el conocimiento de Abraham Hicks—.

2.- Siente gratitud: expresa gratitud por las cosas que ya tienes en tu vida, como tu salud, tu hogar, tus relaciones y cualquier cantidad de dinero que ya tengas. La gratitud te ayuda a atraer más cosas positivas a tu vida. Si te das cuenta este punto #2 es una repetición del #1, si sentimos gratitud, sigamos con el ejemplo del coche, estaremos agradecidos porque nos transporta de una manera segura a donde queremos ir, y podemos hacer una lista de todas las cosas buenas que tiene ese carro y agradecerlas, una vez más nuestro enfoque estará en lo que sí queremos.

3.- Cree que puedes recibir: la creencia en ti mismo y en tu capacidad para atraer el dinero es importante para lograr el éxito. Si tienes dudas o creencias limitantes sobre el dinero, intenta trabajar en cambiarlas y reemplazarlas con pensamientos positivos y afirmaciones. Es interesante como este punto #3 se alinea con muchos de los hábitos y ejercicios que te recomiendo en este libro, pero también le hace un guiño al pan de la vergüenza, de otra corriente totalmente diferente. Cuando dos corrientes convergen, es cuando llaman poderosamente mi atención y mi curiosidad científica se agudiza.

4.- Pasa a la acción: aunque la ley de la atracción puede ayudarte a atraer dinero, también es relevante tomar medidas para lograr tus objetivos financieros. Trabaja duro, busca oportunidades y toma decisiones inteligentes en tus finanzas. Nota como este punto #4 también se alinea con activar un *"quid pro quo"* de alguna manera, en deshacer el pan de la vergüenza y sentirnos merecedores. Pero el punto que más quiero que notes aquí, es uno de los más grandes conceptos que más comúnmente se comprenden erróneamente de la ley de la atracción. No se trata de visualizar y desear algo y ya, irnos a sentar al sillón a esperar que suceda. Nos habla de tomar medidas, de tomar ese trasero nuestro y ponerlo a trabajar. En este punto no importa cuál doctrina espiritual o terrenal estemos estudiando, todas coinciden en este punto #4.

5.- Mantén una mentalidad positiva: mantén una actitud positiva y confiada en tus capacidades y en el poder de la ley de la atracción. La negatividad y el miedo pueden sabotear tus esfuerzos para atraer dinero y abundancia. Ya lo dice Joel Osteen en el fragmento de su libro que te puse unas páginas atrás, no podemos salir a buscar trabajo deseando no encontrarlo, o pensando que la economía está tan en mal estado que no conseguiremos nada. Lo mismo aplica para los negocios.

Recuerda que la ley de la atracción no es una solución mágica o instantánea para la riqueza, pero si se aplica de manera consistente y positiva, puede ayudarte a cambiar tu mentalidad y atraer más prosperidad a tu vida.

El ISLAM y el dinero. 10 principales puntos:

1.- El dinero es un medio de intercambio y una herramienta para satisfacer las necesidades humanas básicas, pero no es un fin en sí mismo.

2.- Se fomenta la generosidad y la caridad, y se anima a los creyentes a compartir su riqueza con los menos afortunados a través de la práctica de la "Zakat".

3.- La caridad es uno de los cinco pilares del Islam y se requiere que los musulmanes donen una parte de su riqueza anualmente a los necesitados.

4.- El interés excesivo y la usura en las transacciones financieras están prohibidos en el Islam.

5.- Se alienta a los creyentes a tratar a los demás con equidad y justicia en los asuntos financieros.

6.- Las transacciones comerciales deben ser transparentes y justas, y se desalienta la explotación o el engaño en las relaciones comerciales.

7.- Se cree que el trabajo duro y la búsqueda honesta del sustento son una forma de adoración y una obligación religiosa.

8.- El derroche y el exceso en el uso del dinero son desalentados en el Islam, y se anima a los creyentes a ser frugales y ahorrativos.

9.- Los musulmanes se animan a buscar conocimiento y educación financiera para administrar su riqueza de manera sabia y efectiva.

10.- El dinero no es considerado como una fuente de poder o estatus social en el Islam, y se valora más la integridad, la bondad y la honestidad que la riqueza material.

El BUDISMO y el dinero. 10 principales puntos: (nota las semejanzas con el ISLAM).

1.- El dinero es una herramienta que puede ser utilizada para satisfacer las necesidades humanas básicas, pero no es un fin en sí mismo.

2.- El apego al dinero y a la riqueza material es considerado como una fuente de sufrimiento y estrés emocional en el budismo.

3.- Se enfatiza la importancia de vivir una vida sencilla y moderada, y se desalienta el exceso en el uso del dinero.

4.- Se fomenta la generosidad y la caridad, y se anima a los budistas a compartir su riqueza con los menos afortunados.

5.- La práctica de la "dana" o la caridad es considerada como una forma de acumular méritos en el budismo.

6.- La búsqueda de la riqueza material no es vista como un camino hacia la felicidad verdadera en el budismo, sino que se anima a los budistas a buscar la felicidad y la paz interior a través de la práctica espiritual y la meditación.

7.- Se desalienta la utilización del dinero de manera inmoral o ilegal, y se anima a los budistas a tratar a los demás con equidad y justicia en los asuntos financieros.

8.- Se cree que la avaricia y el egoísmo en la búsqueda del dinero pueden llevar a la injusticia y a la opresión, y se anima a los budistas a tratar a los demás con compasión y respeto.

9.- La práctica del "ahimsa" o la no violencia en el budismo incluye la no explotación o el abuso en las relaciones comerciales.

10.- El dinero no es considerado como una fuente de poder o estatus social en el budismo, y se valora más la sabiduría, la compasión y la moralidad que la riqueza material.

El mapa de la conciencia y su relación con las emociones y la espiritualidad humana.

El Dr. David Hawkins fue un psiquiatra, investigador y escritor estadounidense conocido por su trabajo en el campo de la conciencia y la espiritualidad. Su obra más famosa es *"Power vs. Force"* (El poder versus a la fuerza), en la que presenta su sistema de medición de la conciencia humana, conocido como la Escala de Conciencia de Hawkins.

Esta escala se basa en la medición de la frecuencia vibratoria de la conciencia humana, que se correlaciona con diferentes niveles de conciencia, desde el miedo y la apatía hasta el amor incondicional y la iluminación espiritual.

Además de la Escala de Conciencia, Hawkins también desarrolló un mapa de la conciencia que representa visualmente los diferentes niveles de conciencia según su frecuencia vibratoria. Este mapa se divide en tres secciones principales: niveles de conciencia por debajo de 200, niveles de conciencia entre 200 y 500, y niveles de conciencia por encima de 500. (Ver gráfico un par de páginas más delante).

La primera sección representa niveles de conciencia por debajo de 200, que incluyen emociones negativas como la culpa, el miedo, la vergüenza y la apatía. La segunda sección representa niveles de conciencia entre 200 y 500, que incluyen emociones como la razón, el amor, la alegría y la paz. Y la tercera sección representa niveles de conciencia por encima de 500, que se asocian con la iluminación espiritual y la conexión con lo divino, es decir; con Dios.

Según Hawkins, la conciencia humana puede elevarse a niveles más altos a través de la práctica de la meditación, la compasión y la conexión con una fuente divina. Su enfoque en la importancia de elevar la conciencia humana sigue siendo relevante hoy en día.

Según las investigaciones de Hawkins, la única forma de alcanzar una vida espiritual, es elevando nuestro nivel vibratorio, que no es otra cosa que la gestión emocional avanzada. Mientras más alto seamos capaces de "vibrar", estaremos experimentando una emoción correspondiente, una "mejor emoción".

Si te das cuenta, es "tan sencillo" como estar dispuestos a poner de nuestra parte cuando experimentemos emociones de baja vibración; lo fácil es cerrarse e incluso bajarla aún más.

Según el Dr. David Hawkins, para elevar tu nivel vibratorio en el mapa de la conciencia, puedes practicar lo siguiente:

1.- Meditación: La meditación es una práctica poderosa para calmar la mente y elevar la conciencia. Dedica un tiempo cada día para meditar, enfocándote en la respiración y dejando que los pensamientos fluyan sin juzgarlos. Empieza con al menos 5 minutos diarios, pon tu mente en blanco y enfócate en tu respiración.

2.- Cultiva emociones positivas: Las emociones positivas como el amor, la gratitud y la compasión se correlacionan con niveles de conciencia más altos. Practica la gratitud escribiendo en un diario todas las cosas por las que estás agradecido, y enfócate en cultivar emociones positivas en tu día a día. Esto implica una autoobservación constante para "cachar" los momentos en que experimentemos emociones "negativas" como el enojo o la tristeza, y frenarlas de manera deliberada, con técnicas de inteligencia emocional.

3.- Aprende de tus experiencias: Aprender de tus experiencias y errores te ayudará a evolucionar y crecer. En lugar de juzgarte a ti mismo, pregúntate qué lección puedes aprender de la situación y cómo puedes aplicar esa lección en el futuro, para usarla como palanca para elevar tu vibración.

4.- Conecta con la naturaleza: La naturaleza tiene una energía curativa que puede ayudarte a conectarte con tu yo interior. Dedica tiempo para caminar al aire libre(en lugar de gimnasio ve a la unidad deportiva), pasa tiempo en el parque o en un jardín, y conecta con la belleza de la naturaleza. Ve a la playa. Contempla la luna.

5.- Practica la autenticidad: Ser auténtico contigo mismo y con los demás te ayudará a conectarte con tu verdadero yo y elevar tu nivel vibratorio. Practica la honestidad, la transparencia y la autenticidad en tus relaciones y en tu vida diaria.

Haz la siguiente distinción, el MIEDO, vibra a solo 100. Observa con detenimiento el gráfico de la página anterior. ¡La vergüenza solo a 20! ¿Qué nivel te parece "lógico" o necesario vibrar para hacer negocios y generar dinero? ¿Se puede hacer negocios estando todo el día encabronado y que "nos valga"?

Recuerda que elevar tu nivel vibratorio en el mapa de la conciencia es un proceso continuo que requiere práctica y paciencia. Con el tiempo, puedes notar cambios positivos en tu vida y en tu forma de ser.

Según el Dr. Hawkins, tiene más mérito desde el punto de vista espiritual, alguien que cuida su estado emocional y hace trabajo interno en mejorarlo, y que, por lo tanto, experimenta emociones "negativas" cada vez más esporádicamente. Que además practica la compasión por medio de algún tipo de obra social. Lo que significa, en su vocabulario; que se mantiene mayor parte del tiempo, en emociones que vibran por arriba de 200. Versus alguien que asiste a su iglesia de la religión, que sea, todas las semanas, pero que el resto de la semana vive con mal humor y experimentando todo tipo de emociones, ahora sí que valga la expresión: de los mil demonios. Vibrando tal vez a 150 o incluso más abajo.

¿Quieres trabajar en tu vida espiritual? Enfócate en tu área emocional a fondo. Estudia el mapa de la conciencia y vibra cada vez más alto. Aprende lo más que puedas sobre inteligencia emocional.

Haz la distinción también de cómo se llama "EL MAPA DE LA CONCIENCIA", no "El mapa de las emociones", lo que significa que según el nivel vibratorio en que estemos, por la emoción que seamos capaces de experimentar voluntariamente, ese es nuestro nivel de conciencia. Cualquier vibración(oportunidad) por arriba de la nuestra, nos es invisible.

MAPA DE LA CONCIENCIA.   Dr. David Hawkins

EMOCIÓN	FRECUENCIA
Iluminación	700+
Paz	600
Alegría	540
Amor	500
Raciocinio	400
Aceptación	350
Voluntad	310
Neutralidad	250
Coraje	200
Orgullo	175
Enojo	150
Deseo	125
Miedo	100
Afición	75
Apatía	50
Culpabilidad	30
Vergüenza	20

*-"El dinero puede comprar la felicidad,
pero no la paz interior". -*

Brendon Burchard

Capítulo 44

Niveles de CONCIENCIA de la Riqueza by Lalo Cortez (adaptación)

Niveles de CONCIENCIA de la Riqueza.
1.- Negación o negligencia.
En esta etapa la persona o familia, no sabe que tiene un problema, simplemente considera que así son las cosas, que así es la vida y punto. Que esa es la vida que le tocó vivir. Lo que hace o deja de hacer por negligencia es porque simplemente piensa que no tiene sentido cambiar nada. Piensa que todo el mundo está igual y que los ricos son malos o que hicieron algo ilegal para serlo.

Emoción dominante en que viven: Arrepentimiento, ansiedad, desesperación y culpa.

Acción/valor: Prisa, desorden, víctima.

Son todas esas cosas que sabes que deberías hacer, pero que no las haces; y también todas las que sabes que NO deberías hacer, pero que las haces de todos modos. La negligencia es peor que la negación, aunque en ambas solo es un autoengaño. "Miopía", ves obstáculos en lugar de oportunidades.

Visión de la vida: El mundo es malo, no hay esperanza. Actitud de: ¿qué sentido tiene nada?

Situación financiera: Escasez, deuda, montaña rusa financiera.

Llave de paso a nivel 2: Crisis, reconocer, aceptar.

Miedos financieros: Todos. (Ver capítulo 42)

2.- Despertar.
En esta etapa el individuo o familia ya se ha abierto a la posibilidad de que tiene un problema, pero no sabe si existe una solución. No había reflexionado que muchas otras personas están viviendo lo mismo, y que debe haber expertos o simples personas que tengan soluciones. Está mucho más abierto a observar y a observarse.

Emoción dominante en que viven: Miedo, ansiedad y arrepentimiento.

Acción/valor: Precaución, observación y autoobservación. Una pisca de compasión, una pisca de altruismo. Una pisca de responsabilidad.

Ya has salido de la **negación**, ya aceptas lo actual y el pasado. Ya has salido de la **negligencia**, y has empezado a tomar responsabilidad. Has comprendido que el camino es asumir la responsabilidad.

Visión de la vida: El mundo es atemorizante y decepcionante.

Situación financiera: Etapas entre la escasez y la abundancia, es intermitente. Montaña rusa financiera atenuada.

Llave de paso a nivel 3: Aplicar todos los hábitos.

Miedos financieros: El miedo de no tener suficiente se ha ido. La pregunta ¿estoy seguro?, la has respondido, la respuesta es "sí".

3.- Frugalidad.

En este nivel el individuo o familia, ya sabe cuáles son sus problemas, sabe que existen soluciones y ha empezado a trabajar en resolverlas, ha dado los primeros pasos.

Emoción dominante en que viven: Orgullo, enojo y anhelo. Crisis mental.

Acción/valor: Responsabilidad, una pisca de esperanza.

Visión de la vida: El mundo es demandante y antagonista. Prisa por corregir el camino.

Situación financiera: Una pisca de abundancia pero intermitente, inicio de excedentes, inicio de capacidad de ahorro. La montaña rusa financiera sucede solo si se descuida, pero ya sabe cómo corregir.

Llave de paso a nivel 4: Gestión emocional, ayuno financiero.

Miedos financieros: El miedo de no alcanzar tus sueños se ha ido. La pregunta ¿Mi vida tiene sentido y propósito?, la has respondido, la respuesta es: "sí, estoy en el camino a descubrirlos".

4.- Estabilidad.

En esta etapa el individuo o familia, ya sabe cuál es su problema, ya lo ha estado resolviendo por algún tiempo y ha logrado enderezar el rumbo cuando ha recaído.

Emoción dominante en que viven: Afirmación y valentía.

Acción/valor: Agradecimiento y empatía. Esperanza. Compasión. Alto sentido ecológico.

Visión de la vida: El mundo es satisfactorio y puede ser agradable. Actitud de: ¿Qué más puedo aportar a mi familia?

Situación financiera: La montaña rusa financiera ha desaparecido. Ingresos y egresos en equilibrio. Miedo y avaricia en equilibrio. Trabajo en equipo. Con un plan real rumbo a la deuda cero. Ocasionalmente, las emociones toman el control de las decisiones financieras de nuevo, pero se pueden controlar y volver al buen camino.

Llave de paso a nivel 5: Riesgo, pasar a la acción masiva.

Miedos financieros: El miedo de no ser capaz o ser retenido por fuerzas externas o ajenas se ha ido. La pregunta de ¿soy capaz de creer en mí mismo?, la has respondido, la respuesta es: "por supuesto que sí, mira cómo lo hago".

5.- Crecimiento.

En esta etapa el individuo o familia, ya resolvió todos los problemas que tenía desde que estaba en la etapa #1, ha entrado en un nivel creativo, ya está listo para escalar.

Emoción dominante en que viven: Optimismo y confianza.

Acción/valor: En busca de tu propósito.

Visión de la vida: El mundo es armonioso y tiene significado. Actitud de: ¿Qué más puedo aportar a mi familia, a mi país y al mundo?

Situación financiera: La montaña rusa financiera es un recuerdo lejano. Claridad visual, las oportunidades son claras y llegan solas, deuda cero, todos quieren aprender de ti o ser parte de tu equipo. Puedes comprar todo lo que deseas, tus emociones ya no dominan el escenario de dinero. Ahora tienes cosas, las cosas no te tienen a ti.

Llave de paso a nivel 6: Validación, resultados financieros y emocionales.

Miedos financieros: Todos los miedos financieros se han ido, ocasionalmente regresan pero solo momentáneamente.

Niveles de CONSCIENCIA de la Riqueza

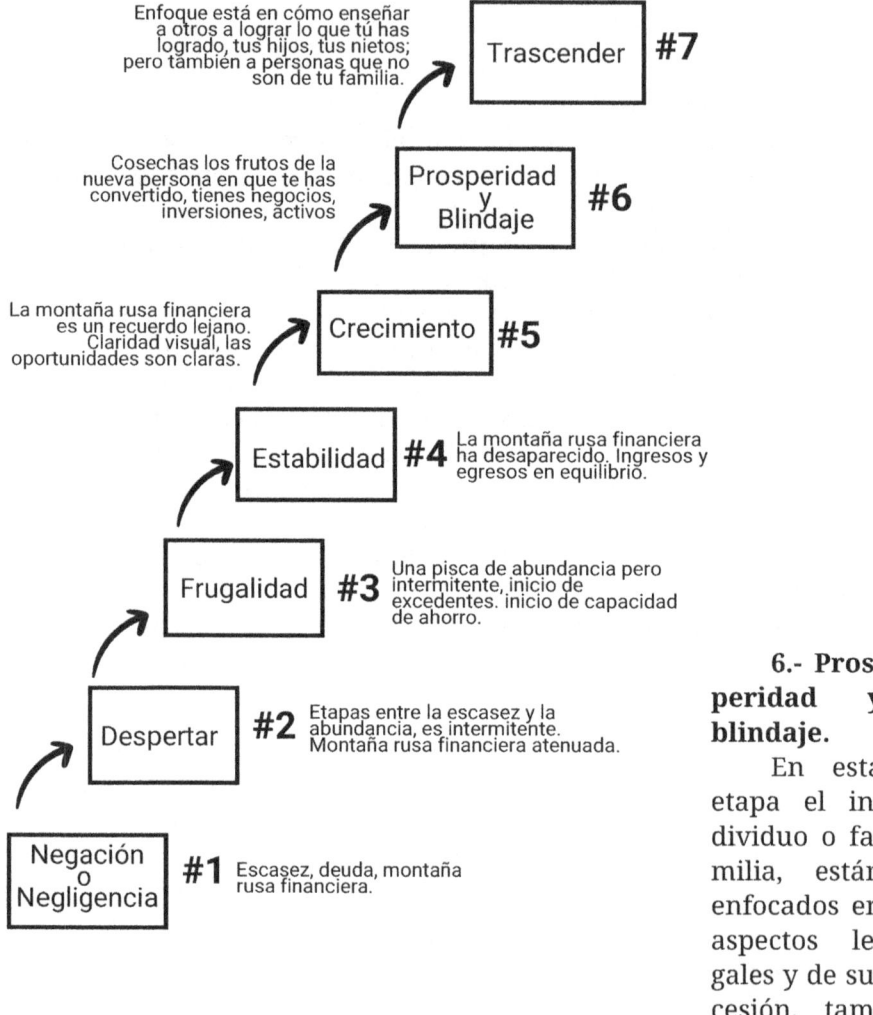

Enfoque está en cómo enseñar a otros a lograr lo que tú has logrado, tus hijos, tus nietos; pero también a personas que no son de tu familia.

Trascender **#7**

Cosechas los frutos de la nueva persona en que te has convertido, tienes negocios, inversiones, activos

Prosperidad y Blindaje **#6**

La montaña rusa financiera es un recuerdo lejano. Claridad visual, las oportunidades son claras.

Crecimiento **#5**

Estabilidad **#4** La montaña rusa financiera ha desaparecido. Ingresos y egresos en equilibrio.

Frugalidad **#3** Una pisca de abundancia pero intermitente, inicio de excedentes. inicio de capacidad de ahorro.

Despertar **#2** Etapas entre la escasez y la abundancia, es intermitente. Montaña rusa financiera atenuada.

Negación o Negligencia **#1** Escasez, deuda, montaña rusa financiera.

6.- Prosperidad y blindaje.

En esta etapa el individuo o familia, están enfocados en aspectos legales y de sucesión, también para prevenir temas como demandas o cambios importantes en la geopolítica. Fuerte enfoque en el largo plazo.

Emoción dominante en que viven: Comprensión, aceptación y perdón.

Acción/valor: Propósito.

Visión de la vida: El mundo es bueno, el mundo está completo. Actitud de: ¿Qué otros problemas puedo resolver al mundo?

Situación financiera: Cosechas los frutos de la nueva persona en que te has convertido, tienes negocios, inversiones, activos, y mucho más de lo que jamás soñaste. Tu mente está en un estado permanente de abundancia.

Llave de paso a nivel 7: Estado absoluto de generosidad y agradecimiento, cero apegos.

Miedos financieros: Todos los miedos financieros se han ido, no volverán.

7.- Trascender.

En esta etapa el individuo o familia, ha superado todas ya, sin embargo, se mantiene estudiando y aprendiendo cada vez más. Te has convertido en un investigador.

Emoción dominante en que viven: Amor, serenidad, apreciación, alegría y paz.

Acción/valor: Ayudando a otros a encontrar su propósito.

Visión de la vida: El mundo es amor, el mundo está lleno de dicha por todas partes. Actitud de: ¿Qué puedo hacer para dejar este mundo mejor de lo que lo encontré y que perdure por muchas generaciones?

Situación financiera: Ahora tu enfoque está en cómo enseñar a otros a lograr lo que tú has logrado, tus hijos, tus nietos; pero también a personas que no son de tu familia. Te has convertido en tu propósito viviente.

Miedos financieros: ¿Miedo financieros?, ¿qué es eso?.

(Autora de la versión original de las Etapas de la Ruta de la Riqueza: Sofía Macias, en su libro: "Pequeño Cerdo Capitalista") Esta versión y su *"upgrade"* autoría de tu servidor.

Hasta este punto, espero haber despertado en ti una inquietud y curiosidad importante en muchos otros temas y subtemas, y también espero haberte inspirado a unirte al muy selecto grupo de lectores, hispanos, que amamos leer y que vivimos leyendo. Aprender es como nuestra forma de vida.

Recuerda que el analfabeto del siglo XXI no es aquel que no sabe leer, sino aquel que sabiendo leer, no lee.

Para cerrar el capítulo quiero hablarte de la forma en que emociones como la felicidad, la ira, el estrés o la ansiedad; por mencionar algunas solamente, afectan tus finanzas personales.

Felicidad.

Obtener un nuevo trabajo, perder unos kilitos de más, este tipo de sensaciones nos hacen sentir en los cuernos de la luna y eso, a su vez, nos hace creer que podemos con todo. Tal exceso de confianza nos lleva a asumir riesgos que, de otro modo, no correríamos. Y sí... nos lleva a gastar más dinero. Digamos que **la felicidad nos lleva a elevar nuestro umbral de riesgo** y potencialmente aumenta la avaricia. ¿Qué hacer? Tómate tu tiempo para decidir temas financieros cuando estés feliz. Piensa lento, como lo diría Kahneman.

Si rompes la regla de tomarte un tiempito para decidir, tal vez, perderás de vista cómo y en qué estás gastando, ocasionando que una vez que pasó la emoción, sientas remordimiento o arrepentimiento. Cruda moral o *"buyers remorse"*. Ah, y por supuesto, tómate aún más tiempo **si esa decisión financiera implica un compromiso a largo plazo**, como casarte, tener un hijo, comprar una casa, iniciar una sociedad, la firma de cualquier contrato, etc. Si luego de tomarte ese tiempo sigues pensando igual, significará que tu cerebro racional tuvo tiempo de participar en el debate. No te dejes presionar por la amígdala, recuérdalo.

Ira. Este es uno de los sentimientos más poderosos y potencialmente destructivos, sobre todo, cuando le das el permiso de intervenir en tus decisiones. Cuando el enojo está en su máximo, es más probable que actúes de forma precipitada. El peligro también es que la ira te ciegue tanto, que justifiques tus elecciones financieras. Te sugiero NO traer contigo todas tus tarjetas de crédito o débito, ni mucho dinero en efectivo, ni las tarjetas con mayor límite o mayor dinero disponible, guárdalas en un lugar de difícil acceso, una caja fuerte, caja bancaria, sé creativo, la idea es que te pongas a ti mismo, uno o dos trabas para poder acceder a ellas. Es protegerte de ti mismo.

Durante estos periodos de ira, se activará muy poderosamente esta palabra: **¡Tarjetazo!** Mucho cuidado.

Mi consejo final es que simplemente cuando te des cuenta de que estás en este estado de ira, simplemente no compres absolutamente nada, espera al menos 72 horas. El dicho de la abuela: "no tomes decisiones cuando estés enojado" se aplica a muchos aspectos de la vida, incluido el dinero.

Si llegan a ti pensamientos del tipo ¡ah, me lo merecía!, adivina que; te estás justificando, una vez más tu cerebro reptil. El tema no es si te lo mereces o no, el tema es NO dejar que sean las emociones quienes tomen las decisiones. Insisto, si con la cabeza fría varias horas o días después aún lo deseas, no tengo objeción alguna. Es tu dinero. Es tu tiempo. Es tu trabajo.

Lástima. (Margarito)

Cuando una persona no se siente valiosa y siente lástima por sí misma(síndrome de la autoconmiseración), puede comenzar a comprar como una forma de compensar sus "deficiencias". Una baja autoestima es el detonante de compras compulsivas para lograr ese sentimiento de pertenencia. Los grandes corporativos publicitarios son expertos en explotar esas debilidades e inseguridades en todos nosotros. En poner el dedo en la llaga. Necesitarás ser consciente de tus fortalezas y canalizarlas de forma positiva para ti. La parte interesante será descubrir que la vida es para disfrutarla tú, no para tener la aprobación del mundo. Lee libros, ve a seminarios, terapia o lo que sea necesario para que eleves tu autoconcepto hasta los cielos. Viaja por motivo de entrenarte a otras ciudades y otros países, crecerás como no te imaginas.

Ansiedad. (En EE. UU. el 57 % de la población sufre algún nivel de ansiedad) Esta es una de las emociones más arraigadas en la población mundial en la actualidad, la pandemia lo vino a agravar. El miedo y la incertidumbre nos hacen sentir incómodos y preocupados acerca del futuro. Abusar del crédito o hacer inversiones con mayor riesgo del que podemos sobrellevar son algunas de las consecuencias.

Consecuencias financieras que han sido relacionadas con trastornos de la ansiedad:

1.- Problemas para mantener el trabajo: Las personas con ansiedad tienen dificultades para mantener un trabajo debido a problemas de concentración, absentismo o bajo rendimiento.

2.- Gastos médicos: Las personas con ansiedad requieren tratamiento médico o psicológico, lo que puede aumentar los gastos en atención médica y medicamentos.

3.- Pérdida de ingresos: Si la ansiedad causa problemas en el trabajo, esto ocasiona una pérdida de ingresos debido a una reducción en las horas, la incapacidad para mantener un empleo o una reducción en el salario.

4.- Deudas: La ansiedad lleva a gastos excesivos y compras compulsivas como una forma de aliviar la ansiedad. Esto lleva a la acumulación de deudas y problemas financieros.

5.- Reducción de la capacidad para tomar decisiones financieras racionales: La ansiedad influye en la toma de decisiones financieras, da como resultado decisiones impulsivas o irracionales.

6.- Problemas para establecer metas financieras a largo plazo: Las personas con ansiedad tienen dificultades para establecer y lograr metas financieras a largo plazo debido a la falta de confianza y la tendencia a centrarse en los riesgos y las preocupaciones.

En resumen, la ansiedad la debemos tomar en serio todos, no es podemos darnos el lujo de no darle la importancia que tiene. La hemos adaptado como un sinónimo del estrés, NO lo es, ponle atención, es muy peligrosa y te hará vivir infiernos imaginarios en tu cabeza. (No hablo de alucinaciones ni nada de eso, pero se sentirá como simples pensamientos tuyos, simples pero horripilantes).

La ansiedad puede ser tratada por medios psicológicos, psiquiátricos o por un profundo viaje espiritual. Antes de aceptar medicarte con un "profesional", te recomiendo leas estos dos libros: *"Redefining anxiety"*, de John Delony; miembro del equipo de Dave Ramsey, y *"Get Out of Your Head: Stopping the Spiral of Toxic Thoughts"*, de Jennie Allen.

Recuerda siempre: El dinero es una herramienta, no un propósito. No hay nada malo en tener una gran cantidad de dinero, siempre y cuando lo usemos para fines positivos, alineado con nuestros valores y principios. Si lo usamos para crear un fuerte proyecto de vida familiar y financiero; será uno de los usos más nobles que pueden existir. Si eres creyente, continúa con tus prácticas de siempre, pero cuestiona todo y nunca dejes de aprender.

-"La inflación es un monstruo que se alimenta de sí mismo. Cuanto más crece, más hambre tiene." -

Paul Volcker

Capítulo 45

Cómo protegerte de la inflación

La inflación es una enfermedad crónica en la que el dinero pierde gradualmente su poder adquisitivo, pero que nos podemos y debemos vacunar. La inflación es el resultado de demasiado dinero persiguiendo muy pocos bienes, que no se nos olvide aumentar esos "pocos" bienes y producir más, para mantener el equilibrio y frenar las tendencias "alcistas".

El tema de la inflación es un tema que escuchamos en los noticieros casi a diario, es un concepto que causa miedo y hasta pánico. No te daré una definición demasiado técnica porque no es necesario, lo que sí haré es darte la información necesaria y pasos a seguir para que siempre estés atento a ella y no la pierdas de vista.

Para comprenderla mejor, debemos partir desde la definición de la escasez desde el punto de vista de la economía.

En economía, "escasez" no significa que no haya, sino que hay poco en comparación a las necesidades y deseos que las personas tienen. Satisfacer muchas necesidades y deseos con pocos recursos, nos obliga a elegir la mejor forma de usar nuestros recursos disponibles. Si te das cuenta, una de las formas de regresar el equilibrio a esta ecuación es aumentando la producción. Es un equilibrio. Si se rompe, descomponemos el ecosistema sin darnos cuenta. Esto nos pone en una especie de paradoja:

1.- Por un lado, todos queremos tener más recursos para comprar más, si muchos lo logramos, más rápido que aumentamos la producción, empujaremos la inflación. Mismos productos para más cantidad de personas.

2.- Por otro, lado los bancos centrales y gobiernos, aumentan el costo del dinero, para que gastemos menos. Pero si todos de golpe gastamos menos, entonces se produce una recesión, la cual tiene un impacto emocional mucho mayor que el real en el terreno financiero.

3.- La solución es mantener el equilibrio entre ambos. No es un tema sencillo. Todos queremos ganar más y comprar más. ¿No? Aquí es donde entra el tema de la frugalidad a nivel colectivo. Tenemos que desarrollar una especie de conciencia social del consumo, lo cual impacta directamente al tema ecológico. A este ecosistema, Adam Smith lo llamó: "La mano invisible".

La inflación es "algo" que hace que los precios suban todos los años, en etapas tranquilas del mundo financiero, las tasas están, dependiendo del país, por debajo del 3 %. Puedes googlear "historial de inflación en [MI PAÍS]", para que sepas cómo se ha comportado en los últimos 10, 20, 30 o más años, esto te pondrá en perspectiva. Nota: Países como Venezuela y Argentina, tienen las tasas de inflación más altas del mundo, googlea y compara con otros países, no queda de más.

Imagina que en tu país la tasa de inflación ha sido de 3 % durante los últimos 10 años, se oye bajo, ¿verdad?, en realidad si lo es; sin embargo, debes aprender a medir su impacto en el valor del dinero en el tiempo. ¿Has visto alguna película en donde alguien compra un coche y cuesta una fracción de lo que cuestan ahora? Se oye como si fuera un error. Esa es la importancia de comprender el impacto de la inflación en el valor del dinero, aplicado al tiempo.

Hagamos el siguiente ejercicio: Digamos que en enero de cualquier año compras productos con $ 100, pasa un año y la inflación fue de 3 %. Significa que para enero del siguiente año, con esos mismos dólares, solo podrás comprar el equivalente a $ 97. Si lo vemos a lo largo de 10 años, ya sería por lo menos 30 %, 3 % anual multiplicado por 10. ¿Voy bien? Entonces en ese ejemplo, luego de 10 años, con los mismos $ 100, solo podrías comprar $ 70 de productos, los mismos productos, solo que se fueron encareciendo en el tiempo. Otra manera de decirlo es que para poder comprar lo mismo, en el ejemplo de un año, en lugar de $ 100, necesitaremos $ 103; y en el ejemplo de los 10 años, para comprar los mismos productos necesitaremos $ 130.

Esto no es del todo correcto, porque la inflación funciona, en su parte matemática, de la misma manera que el interés compuesto, se autosuma. Observa lo que pasará si hacemos el estudio detallado año por año durante este ejemplo de 10 años:

Iniciamos con $ 100 y con un poder de compra de $ 100

1.- Año uno, inflación 3 %. $ 100 x 3 % = $ 103. El siguiente año necesitaré $ 103 para comprar lo mismo, ya lo mencioné arriba.

2.- Año dos, inicio con $ 103 x 3 % = $ 106.09

3.- Año tres, inicio con $ 106.09 x 3 % = $ 109.27

4.- Año cuatro, inicio con $ 109.27 x 3 % = $ 112.55

5.- Año cinco, inicio con $ 112.55 x 3 % = $ 115.93

6.- Año seis, inicio con $ 115.93 x 3 % = $ 119.41

7.- Año siete, inicio con $ 119.41 x 3 % = $ 122.03

8.- Año ocho, inicio con $ 122.03 x 3 % = $ 126.68
9.- Año nueve, inicio con 126.68 x 3 % = $ 130.48
10.- Año diez, inicio con $ 130.48 x 3 % = $ 134.39

Nota como no fue 30 %, sino 34.39 % por efecto matemático del tipo interés compuesto.

Durante los años de la pandemia que inició en 2020, y que se prologó por casi tres años, los temas financieros se salieron de control y la inflación no fue la excepción, en países como EE. UU. y México, estuvo cerca del 8 %, redondeando. Digamos que el descontrol duró 5 años, para efectos del ejemplo, a 7 %, lo bajaremos un puntito, veamos el impacto en el valor del dinero que representa.

1.- Año 2020, inflación 7 % $ 100 x 7 % = $ 107
2.- Año 2021, inflación 7 % $ 107 x 7 % = $ 114.49
3.- Año 2022, inflación 7 % $ 114.49 x 7 % = $ 122.50
4.- Año 2023, inflación 7 % $ 122.50 x 7 % = $ 131.08
5.- Año 2024, inflación 7 % $ 131.08 x 7 % = $ 140.26

Para 2024, necesitarás $ 140.26 para comprar lo mismo que en 2020, comprabas con $ 100.

Posteriormente, ya en niveles de 3 % de nuevo, su aumento seguirá otra vez, más lento, pero no se detendrá jamás. Ahora imagina que hacemos un ejercicio como este pero tomando en cuenta 15, 20, 30 o más años.

Te regalo los 10 mandamientos para LA PROTECCIÓN DE TU DINERO, de un demonio llamado inflación:

1.- Si tienes dinero en el banco o en efectivo en una caja fuerte o debajo del colchón, deberás asegurarte que crezca por lo menos en un porcentaje igual que el de la inflación. Digamos que en 2020 tenías $ 100, y tu dinero ganó por lo menos 7 % igual que la inflación, para 2024, necesitarás $ 140.26 para comprar lo mismo, pero tú habrás convertido tus $ 100, en $ 140.26.

2.- Deberás considerar un rendimiento un poco por arriba de la inflación por tema de impuestos, el SAT o el IRS, dependiendo del país donde te encuentres, pues ellos querrán su parte. Tu meta es que al final, luego de impuestos tengas al menos $ 140.26. Solo te cobrarán impuestos sobre los intereses, no sobre tu capital que ya tenías. De todos modos, según la cantidad de recursos que tengas, consulta a tu contador.

3.- Si me vas a preguntar dónde te pagan ese rendimiento, bueno, la manera más "segura" y que implica el mínimo esfuerzo, es comprar bonos de deuda del gobierno, que para el caso de México se llaman CETES (Certificados de la Federación), y Bonos del Tesoro de Estados Unidos (*U.S. savings bonds*). Ambos te pagarán ligeramente arriba de la inflación. Recuerda, el objetivo aquí es cuidar el valor de tu dinero en el tiempo. En realidad no estás ganando. Aunque dará la ilusión que sí. Ya en un capítulo anterior te expliqué que un negocio bien manejado y organizado, es la mejor inversión y que te puede dar prácticamente rendimientos infinitos.

4.- Independientemente si tienes un negocio o un empleo, deberás asegurarte de que tus utilidades, tus ganancias netas aumenten cada año, por lo menos en un porcentaje igual que la inflación, de esa manera no te afectarán los aumentos de precios, simplemente habrás producido el dinero correspondiente adicional, y para ti será como si el precio siguiera siendo el mismo. Si tienes un sueldo, pide aumento. Si tienes propiedades en renta, súbeles el importe de la inflación cada año.

5.- Deberás reunirte con amigos que entiendan el tema, para actualizarse en los números, es decir; no es lo mismo, por ejemplo, decir de la nada: ¿Sabías que ese carro que en 2020 costaba $ 35,000 ya cuesta ahora en 2024 $ 49,000? Si no estás actualizado con todo lo que he explicado en esta sección cualquiera se desmaya. Si haces el cálculo, en realidad solo hice el cálculo de 7 % compuesto durante 5 años al importe inicial de $ 35,000.

6.- Si tienes un carro, un coche de modelo reciente, tendrás el espejismo de que subió de precio, que ganaste dinero, y de alguna manera tendrías razón, solo recuerda que si lo vendes para comprar otro, el que decidas comprar también ya costará más, entonces no habrás ganado valor en realidad. Puede suceder, pero dependerá de la marca, modelo, kilometraje, etc.

7.- Deberás observar y documentar todos los aumentos debido a la inflación en todos los rubros: comida, ropa, entretenimiento, servicios de streaming, etc.

8.- La inflación se anuncia y se maneja en términos anuales; sin embargo, no significa que va a subir de golpe de enero a enero, como el ejemplo que dimos, en realidad subirá proporcionalmente casi a diario, y las autoridades o instituciones que se encargan de medirlas la anunciarán a veces cada 2 semanas, aunque casi siempre será cada mes. El anuncio será anualizado, es decir; imaginemos que estamos en marzo, el anuncio dirá algo así como: "La tasa de inflación para este año [XXXX] se pronostica será del 7 %". Aunque hasta marzo apenas haya subido 1.74 %, que es el 7 % anual, pero lo correspondiente a 3 meses (7 %/12) x 3 = 1.74 %. Este punto deberás tomarlo en cuenta y en tu negocio o en tu empleo, tal vez te quieras anticipar y no esperarte a que termine el año.

Recuerda que si manejas negocios apalancados con la fórmula del interés compuesto, estarás blindado sobre la inflación, es decir, si tu negocio crece 40 o 50 %, o incluso mucho más, cada año, 7 % no te hace ni cosquillas. (Repasa el capítulo de interés compuesto, el 38).

9.- Si tienes un crédito automotriz o hipotecario, este incremento te hará sentir que tu pago mensual es muy bajo, y claro que lo será comparado con los nuevos; sin embargo, solo será real aritméticamente si aplicaste los puntos que expliqué antes. Que tu salario haya subido al menos al ritmo de la inflación. O que tu negocio haya subido sus rendimientos igualmente por arriba de la inflación.

10.- Otra manera de blindarte contra la inflación es aumentar tus ventas, no importa si no aplicas la estrategia de interés compuesto en tu negocio. Es decir, digamos que en enero del 2020 tienes $ 100 para comprar productos, en 2024 necesitarás $ 140.26 para comprar los mismos productos, pero en 2020 tenías $ 1,000 de excedente, en 2024 tienes $ 3,000 de excedente, podrás pagar los $ 140.26 y para ti significará menos dinero.

Límites del libre mercado, regresando a las teorías de Adam Smith, reconoció que había instancias en que el concepto de la mano invisible no era apropiado, por ejemplo en dinámicas conocidas como **tragedia de los comunes**, donde ciertos recursos son limitados y su consumo perjudica al conjunto. Este argumento ha tenido mucho peso en años recientes al analizar las consecuencias medioambientales de algunas acciones económicas. Aquí Smith habla indirectamente y por primera vez del tema ecológico. Sin embargo, creo debemos ir mucho más allá, y retomar el tema del consumo consciente, el gasto equilibrado, creo es tiempo de abrir el debate, de cuánto es suficiente. La filosofía de la curva de la satisfacción de Joe Domínguez (capítulo 24) toma mucha mayor relevancia.

Aumento de los salarios versus aumento de la inflación como dato histórico para tomarlo como base: Los salarios y la inflación han variado significativamente según el país y la región del mundo. Sin embargo, a continuación te presento algunos datos generales en los últimos 30 a 50 años a nivel mundial:

a) Según la Organización Internacional del Trabajo (OIT), los salarios reales (ajustados por la inflación) en todo el mundo aumentaron un promedio del 2,5 % anual entre 2000 y 2017. Sin embargo, hubo variaciones significativas entre países y regiones.

b) En términos de inflación, el Banco Mundial informa que la tasa de inflación promedio anual en todo el mundo fue del 3,7 % entre 1970 y 2019. Sin embargo, al igual que con los salarios, las tasas de inflación varían ampliamente según el país y la región.

c) En algunos países, la inflación ha superado significativamente el aumento de los salarios en las últimas décadas, lo que ha llevado a una disminución en el poder adquisitivo de los trabajadores. Por ejemplo, en Argentina, la inflación promedio anual fue del 287, % entre 1970 y 2020, mientras que los salarios reales cayeron un 17 % entre 2015 y 2019, según la OIT.

d) Por otro lado, en algunos países como Alemania y Japón, los salarios reales han aumentado más rápido que la inflación en las últimas décadas, lo que ha mejorado el poder adquisitivo de los trabajadores.

En resumen, los datos indican que ha habido variaciones significativas en los aumentos salariales y las tasas de inflación en todo el mundo en las últimas décadas, lo que ha afectado el poder adquisitivo de los trabajadores de manera diferente en diferentes países y regiones.

Dicho lo anterior, sé que este libro te da las herramientas, o por lo menos la curiosidad para investigar más a fondo. Te aporta datos potencialmente muy poderosos, todos en su conjunto son infinitamente más fuertes y si los usas como las herramientas que son, puedes vencer fácilmente cualquier nivel de inflación y de devaluación sin importar el país donde vivas o donde decidas vivir en el futuro. Empezando ahora con los datos actuales. **Solo tienes que hacer tu proyecto de vida familiar y financiero.**

Por otro lado, con las consideraciones que vimos juntos en la sección en donde me dirijo a jóvenes, tienes las ideas suficientes para ser creativo y considerar incluso mudarte de país.

Te invito a ser ciudadano del mundo.

Dato sobre los bancos centrales y la inflación. Una de las principales funciones de los bancos centrales, es determinar el costo del dinero, esto es, "la famosa tasa de referencia" (la tasa de referencia es la tasa de interés que establece la Reserva Federal de EE. UU., la famosa FED, o el banco central de cada país, para controlar la política monetaria interna). Es la tasa de interés a la que los bancos pueden tomar prestado dinero de los bancos centrales, es el costo del dinero. Históricamente, cuando quieren "enfriar" la economía, suelen subir las tasas de referencia para frenarla, o al menos intentarlo, esto implica inducir una reducción del consumo. Esto inevitablemente va a producir un aumento en el desempleo. Suena a locos, ¿no te parece? Como un balazo en el zapato.

Lo voy a decir en otras palabras: La inflación nace cuando se rompe el equilibrio entre el dinero circulante y los bienes de consumo existentes. Simple oferta versus demanda. Hay más dinero que bienes para comprar. Ergo, los precios suben. Entonces, para bajarla se tiene que hacer el efecto contrario, reducir la cantidad de dinero circulante, lo cual se hace o se intenta hacer, encareciendo el precio del dinero, la tasa de referencia. Las empresas venden menos y por eso aumentan las tasas de desempleo. Lo que parece olvidárseles a todos los bancos centrales que he investigado y seguido por años, es que ese mismo efecto se podría lograr aumentando la producción, todo el tema es regresar el equilibrio, el balance. Me queda claro que no es función de los bancos centrales incrementar la producción de nada, eso le corresponde a la iniciativa privada; pero me inquieta que ni siquiera es tomado en cuenta el factor, ni se hacen regulaciones al respecto.

Nota como para lograr que la gente, y las empresas gasten menos se aumenta el costo del dinero, lo que significa que endeudarse cuesta más caro, entonces sucede. ¿Qué pasaría si todos viviéramos con DEUDA CERO(capítulo 30) y fuéramos genios de temas como el interés compuesto(capítulo 38) y el apalancamiento(capítulo 32), y todos tuviéremos nuestro proyecto de vida familiar y financiero(todo este libro)? Tal vez le devolveríamos el poder a la gente, o, ¿tal vez son solo loqueras de tu servidor? (Mi comentario es económico y financiero, jamás político).

Recuerda siempre: La inflación es solo una amenaza si no sabemos cómo proteger nuestro poder adquisitivo. Si invertimos en activos reales y aprendemos a manejar nuestro dinero de manera inteligente, podemos ganarle la inflación. Es su juego, sus reglas. Nos hemos hecho expertos. ¿Y sabes qué? Podemos ganar la partida una y otra vez.

-"La libertad financiera es el resultado de tomar decisiones financieras inteligentes, planificar para el futuro y trabajar duro para lograr tus objetivos" -

Suze Orman

Capítulo 46

¿Qué es Libertad Financiera?

Siempre he creído que si trabajas lo suficientemente duro, puedes lograr cualquier cosa, por lo que es importante establecer tus metas y no detenerte hasta que las alcances. Con este libro has iniciado un recorrido, ahora estás en una misión, grado militar para crear tu proyecto de vida familiar y financiero.

Desde el inicio de este libro te comenté que el concepto **Libertad Financiera** ha sido malinterpretado demasiadas veces, y también se ha abusado de su uso. Muchos la usan en el sentido Haz [acción o compra] y logra LIBERTAD FINANCIERA en [periodo de tiempo récord]. Esto es falso. No es algo que se logra con una barita mágica, y tampoco es algo que se logra sin esfuerzo. Todo lo contrario. Tomará de ti principalmente que asumas total y absoluta responsabilidad. ¿Estás listo?

Empecemos por definirla, además podemos encontrar varias definiciones, te diré mi versión, y quiero que notes como con este libro y con todo mi proceso, mi promesa no es libertad financiera, mi promesa es paz y equilibrio emocional y financiero para ti y tu familia, ¿incluye esto Libertad Financiera? Va a depender de ti, de la definición que hagas tuya, y de los nuevos comportamientos con respecto al dinero que adoptes a partir de ahora y de aquí en adelante, es un proceso continuo.

Libertad Financiera de acuerdo a Dave Ramsey: La libertad financiera significa que puedes tomar decisiones de vida sin estar estresado por las consecuencias financieras de esas decisiones. Eso se debe a que está preparado financieramente para cualquier cosa que la vida te depare: no tienes deudas, tienes dinero en el banco y estás invirtiendo para el futuro.

—Como puedes ver, Ramsey se enfoca en la parte emocional, pero también asume ciertas cosas como la deuda cero—. Supone que tienes dinero en el banco, lo cual implica que tienes excedentes, es decir; que ingresas más consistentemente, de lo que egresas.

Libertad Financiera de acuerdo a Robert Kiyosaki: La libertad financiera significa que tienes ingresos pasivos, creados principalmente con "deuda buena", superiores a tus gastos.

--Esta definición no me desagrada del todo, sin embargo, si tengo serios retos con varias de las cosas que supone, veamos:

a) Kiyosaki es un fuerte impulsor de la "deuda buena", ya lo expliqué ampliamente en este libro y la deuda "buena" no existe, existe el apalancamiento. Además, no se pueden comparar las tasas de intereses bancarias de los bancos de EE. UU. versus los de México u otros países.

b) En el tema gastos dice simplemente: "Superiores a tus gastos", pero, si ese tema no se estudia a fondo, puede ser simplemente un barril sin fondo. Debe haber una estrategia y se debe conocer perfectamente el asunto "la curva de la satisfacción", el nombre del juego no es *whoever dies with the most toys wins* — el que al final de su vida tenga más juguetes gana —. El enfoque debe ser la paz, la calma, la estrategia y sobre todo el equilibrio. Con este concepto de Kiyosaki, alguien que ya tiene "libertad financiera", la perderá en cuanto aumente su nivel de gasto y deberá repetir el patrón de "deuda buena" una y otra vez. Lo he visto mil veces. Es una trampa, si no se ponen los filtros y límites ampliamente explicados en este libro.

Libertad Financiera de acuerdo a catedráticos universitarios en temas financieros o de negocios: La libertad financiera es tener suficientes ingresos residuales para cubrir tus gastos de manutención. No se trata de ser rico y tener toneladas de dinero, sino de tener lo suficiente para cubrir tus gastos para que puedas pasar tu precioso tiempo haciendo lo que te gusta en lugar de hacer cosas solo para ganar dinero. Esto se puede lograr solo cuando estás preparado para ello. Todo lo que necesita es un poco de planificación financiera.

Libertad Financiera de acuerdo con Tony Robbins: La libertad financiera es un plan a largo plazo para construir la vida de tus sueños. "El éxito es hacer lo que quieras hacer, cuando quieras, donde quieras, con quien quieras, todo lo que quieras". Eso también es libertad financiera.

Libertad Financiera de acuerdo a Lalo Cortez: Mi definición personal tiene un poco de todas las anteriores, pero hay cosas no negociables para poder considerarse libre financieramente. Los puntos son:

1.- Tener deuda cero (no confundir con apalancamiento).

2.- Tener varias fuentes de ingreso (negocios, inversiones, regalías), que no requieran de más allá que máximo 20 % de tu tiempo. No significa que no debas dedicarle más, pero debe ser una decisión y no algo que no puede evitarse. Por lo tanto, implica libertad de tiempo.

3.- Si se es un gran generador de ingresos, pero no tiene libertad de tiempo, entonces es solo un gran generador de ingresos, no tiene libertad financiera.

4.- Tener un fondo de emergencias suficiente para mantener tu nivel de vida y el de tu familia, por al menos 48 meses, con nada, o, mínimo esfuerzo, lo aumenté después de la pandemia. Empezar con 6 a 12 meses es un excelente paso.

5.- Que tu nivel de vida, sea acorde a tu curva de la satisfacción, no todo necesitamos mega mansiones, ni yates gigantes, conócete a ti mismo y a tu familia a fondo.

6.- Que tu tema financiero esté totalmente resuelto.

7.- Tener un amplio dominio y gestión emocional, no significa que jamás volverás a tener ansiedad, o enojo, o tristeza. Significa que los sabrás gestionar y no dejarás que intervengan en tus decisiones financieras. En pocas palabras: Libertad financiera para mí es simplemente tener dinero en tu bolsillo y paz en tu corazón. Has dominado los dos monstruos y les has cortado cada una de sus múltiples cabezas.

8.- Tener resuelto el tema del retiro para ti y tu pareja.

9.- Tener resuelto el asunto médico, un plan médico avanzado, ya sea mediante un seguro o fondos suficientes para hacerle frente.
¿Por qué algunos dicen que la libertad financiera es como un viaje en coche? Porque aunque puede haber algunos baches en el camino, al final, si llegamos a nuestro destino, el viaje habrá valido la pena.

Recuerda siempre que: El dinero no es la meta, sino la libertad que te da para vivir tu vida a tu manera. Y recuerda también que: El dinero no es la clave para la felicidad, pero hace que la vida sea mucho más fácil y te da opciones de todo tipo para tomar mejores decisiones.

-*"El ingreso pasivo es la forma más inteligente de crear riqueza y asegurarte un futuro financiero estable."* -

Robert G. Allen. ➡

Capítulo 47

Ingresos residuales y pasivos

Este tópico es de fundamental importancia para abrir la mente a todos los tipos de ingresos existentes. Normalmente, aprendemos desde temprana edad que solo hay un tipo de ingreso; el sueldo, que es el resultado de un empleo. Millones de personas llegan así a la edad adulta y luego se pasan toda una vida quejándose del gobierno y de los ricos que son unos "desgraciados y explotadores todos". Han quedado atrapados en la *"hamster race"*, —rueda interminable del hámster—. Demasiado trabajo, pero sin avanzar, siempre en el mismo lugar. Estancamiento total y absoluto.

De los anteriores, un grupo reducido logra hacer el salto a emprendedor, sabemos perfectamente que tal vez no es fácil dar el salto. La gran mayoría se convierte en una especie de "Han Solo", y no me refiero a que se vuelvan pilotos galácticos, sino a que se convierten en todólogos, por aquello de lo de "Solo". Este reducido grupo de héroes, hacen de todo. Diseñar su logotipo, llevar la contabilidad y hacer las ventas. Son un equipo completo, ¡ellos solitos! Y aunque suene loco, muchos lo hacen de manera espectacular. Si es tu caso, recuerda que incluso Han Solo tuvo a *"Chewbacca"* a su lado. Se vale buscar ayuda, delega tareas y sigue adelante con tu negocio. Palabras clave: Formar tu equipo de poder. ¡Que la fuerza te acompañe!

Hay otro grupo de héroes, que son los expertos en oficios, como plomeros, electricistas, carpinteros, etc. Su conocimiento no lo aprendieron en la escuela formal, y, sin embargo; su labor es fundamental para que funcionemos como sociedad. Imagínate lo que sucedería si no tuviéramos a estos expertos.

Los que ejercen el liderazgo; hay otro grupo de héroes, que son los líderes natos, nacen con el don, y uno de los mejores ejemplos son los contratistas. ¿Has visto alguna vez una obra en donde el contratista gana más dinero que los ingenieros o arquitectos? ¡Eso es liderazgo en acción! A veces, no tienen una educación formal, pero eso no los detiene. Son expertos en liderar equipos y hacer que las cosas se hagan de manera efectiva.

Lo que he venido a decirte aquí es que para ganar dinero la

regla más crucial es que no hay reglas. Que todos podemos ganar dinero de infinidad de maneras y de múltiples fuentes. Mientras sea ético, y, legal; el cielo es el límite.

No solo es mediante un empleo. ¿Has visto alguna empresa que le cuenta los centavos a los sueldos, pero le suelta los dólares a los proveedores? Yo sí. ¿Qué tal que te conviertes en un proveedor del que ahora es tu empleador? En una ocasión tuve un cliente al que le vendía rollos de papel para la impresora de recibos de venta, hice una investigación, encontré proveedores extraordinarios y podía venderle cada rollo un 20 % más barato que el proveedor que él tenía. Los compraba conmigo y ahorraba 20 %, y, aun así; yo ganaba un 20 % aproximadamente. Lo más genial era que vendía muchísimo, y tenía muchas sucursales, lo que significaba que necesitaba cientos de rollos todos los meses. ¡Ese solo cliente me significaba $ 2,350 mensuales de ganancia netos!, solo por venderle un producto único, lo cual era mucho más que cualquier sueldo. ¿Cuánta energía vital me significaba? Me tomaba un promedio de 3 horas al mes atenderlo y cobrar. Las empresas "les cuentan los centavos" a los empleados, porque representan un COSTO, un GASTO; por otro lado, pagarles a los proveedores representa una INVERSIÓN. Es un sesgo cognitivo, ambos son inversiones, colócate de lado que te conviene de la ecuación.

Si pones atención a partir de ahora, te darás cuenta de que para ganar dinero no hay reglas. Y que por todos lados hay personas que han sido creativas, no le han tenido miedo al trabajo duro y han pasado a la acción. Ganan cantidades estratosféricas.

¿Conoces un puesto en una esquina de una ciudad mediana que vende "*hot dogs*" con un toque "secreto", que está abierto hasta altas horas de la madrugada, sin local comercial, con 4 o 5 empleados, y que vende más que la flamante sucursal de un "*Subway*" que está a menos de 100 metros? Yo sí. Considera la diferencia en inversión para abrir una y la otra.

¿Conoces a una persona que vende perfumes y ropa de vestir para caballero desde la cajuela de su carro, sin un lugar fijo y en pagos? ¿Y qué tiene sus días para vender y otros para cobrar y que tiene utilidades mensuales por $ 8,000 o más? Sin pagar renta de un local comercial. Yo sí.

Estoy seguro de que en este momento se vinieron a tu mente, muchos de esos casos "raros". Son héroes que rompen paradigmas y que conocen el valor del trabajo.

Hay una frase en inglés que dice: *"if it ain't broke don't fix it"*, que significa algo así como: "Si no está descompuesto, no lo arregles". ¿Cuántas críticas crees que recibía mi amigo que vendía desde la cajuela de su carro?, ¿Los que tienen un puesto exitoso de *"hot dogs"* en miles de esquinas de casi cualquier ciudad del mundo? Si a ellos les funciona, nos callan a todos la bocota. De hecho, para ganarnos el derecho a criticar, primero debemos tener el resultado. Si criticamos sin el resultado, tal vez solo es envidia.

¿Qué es la envidia? Es eso que nos pone en zona de reto al ver que otras personas ya han logrado, o tienen lo que nosotros también deseamos, peeero; que no estamos dispuestos a hacer lo que ellos hacen, ¡no queremos pagar el precio! ¿Por qué?, por ego, imagen, —¿qué van a decir de mí?—; o por simple, ¡flojera! O mi preferida: Porque nos consideramos mejores que ellos, ¡yo lo podría hacer mil veces mejor! Tal vez si, sin embargo; recuerda, sin el resultado, NO te has ganado el derecho de criticar. ¿Te has puesto a pensar que la mayor parte del tiempo las personas que más nos critican, son aquellas que han hecho mucho menos que nosotros? Ahora pregúntate a quiénes criticas tú más comúnmente como deporte. Exacto.

En mi etapa como programador de computadoras, tenía una larga lista de empresas que todos los meses me pagaban una iguala, una mensualidad por mis servicios. Tenía contacto con dueños, contadores, contralores, directores operativos, etc. todos explicándome las entrañas de sus negocios para que yo pudiera crear los programas correspondientes. Trabajaba desde mi oficina, la cual era solo un lujo, solo para presumir y para darle "comidita" a mi ego. En realidad podía hacerlo perfectamente desde mi casa, o incluso desde un hotel vacacionando; —lo llegué a hacer—, y todo eso mucho tiempo antes de la llegada de los nómadas digitales que se han puesto de moda sobre todo desde finales de la segunda década del siglo XXI. ¿Cuánto ganaba? Mucho más que cualquier gerente o ejecutivo del más alto rango con quienes tenía contacto. Solo los dueños ganaban más. Lo cual era una lección de vida fundamental.

Tipos de ingresos que existen:
1.- Ingresos pasivos: son esos ingresos que recibes mientras te relajas en la playa o mientras duermes. Sí, lo sé, suena a sueño hecho realidad. Pero en serio, son los ingresos que recibes sin tener que trabajar activamente para ganarlos. Por ejemplo, si tienes una propiedad

que rentas, los ingresos que recibes de esa renta son ingresos pasivos. ¡Es como tener un robot trabajando para ti!

2.- Ingresos residuales: son los ingresos que recibes una y otra vez, incluso después de haber hecho el trabajo una sola vez. Piensa en un escritor que escribe un libro y lo vende. Los ingresos que recibe de las ventas son ingresos residuales. Digamos que son el pago por derechos de autor. Una vez que el trabajo está hecho, sigue recibiendo dinero. Trabajas una vez, cobras muchas; por el mismo trabajo. ¡Es como si el dinero te siguiera persiguiendo!

Así que ahí lo tienes, ingresos pasivos y residuales. ¡Es como tener una fuente mágica de dinero! Ahora manos a la obra y, trabajemos duro para lograr estos tipos de ingresos.

3.- Ganancias de capital: Es cuando compras algo a un precio, y lo vendes a otro más alto. El ingreso sucede cada vez que sucede una venta. Se tiene que hacer la labor de venta.

4.- Ingresos de intereses: Los ingresos por intereses son los ingresos que se generan por prestar dinero a alguien, o que el banco te paga por invertir con ellos. Suceden cada mes o cada año según sean los términos del contrato. De alguna manera son una especie de ingresos pasivos, aunque tienen una fecha de terminación, la cual puedes volver a comenzar.

5.- Ingresos por alquiler: Es el sueño de muchísima gente, es, literalmente: "vivir de tus rentas". Cada mes vas a cobrar la renta de tus propiedades. Te conviertes en el Sr. Barriga de la vecindad. Este es un buen ejemplo de ingresos pasivos.

6.- Ingresos empresariales: Si eres dueño de un negocio, puedes generar ingresos al vender productos o servicios a tus clientes. Si eres organizado y tienes un buen equipo de trabajo, podrán considerarse ingresos pasivos en la medida en que sea necesaria tu presencia y el negocio de todos modos genere utilidades netas, las cuales son tuyas porque eres el dueño.

7.- Ingresos por comisiones: Los ingresos por comisiones son los ingresos que se generan al vender productos o servicios de otras personas o empresas a cambio de una comisión. Por ejemplo, si trabajas en una agencia de bienes raíces, o una agencia de autos, puedes recibir una comisión por vender una propiedad o cada vez que vendas un coche. En esta era de internet esta muy de moda el concepto: AFILIADO. Es lo mismo que un comisionista, lo que vende son productos digitales y los porcentajes de comisión suelen ser mucho más altos que un comisionista normal. Este no es considerado un ingreso pasivo.

8.- Ingresos por trabajo(tener un empleo): Los ingresos por trabajo son los ingresos que se generan al trabajar para alguien, como un salario o un pago por hora. Si tienes un trabajo remunerado, recibirás ingresos a cambio de tu trabajo.

Ejemplos de ingresos pasivos o residuales:
a) Eres profesionista y tienes una cartera de clientes como un contador o un abogado: Les cobras una cantidad mensual por tus servicios, cada mes creces tu base de clientes. Cada mes, te pagan por tus servicios. Puedes llegar a tener cientos o incluso miles.

b) Red de mercadeo o de multi nivel: Existen de todos tipos y comercializan todo tipo de productos. La mayoría de estos negocios se pueden hacer creciendo la red, comercializando los productos, o incluso ambas cosas. Yo no recomiendo ni dejo de recomendar este tipo de giros. Eso sí, te pido apliques mi regla de oro de NO invertir en nada que no comprendes al 100 %, sin importar quien te haya invitado, o que tan "caliente" este el tema. Ten cuidado con empresas engañosas en este giro, investígalos a fondo, busca reseñas en internet, asegúrate que tengan todos los permisos y que funcionen en legalidad. Comprueba que los sellos, galardones y premios que les han entregado en organizaciones internacionales, sean reales.

c) Ingresos por publicidad en línea: Si tienes un blog, un canal de YouTube o una cuenta en redes sociales, puedes generar ingresos pasivos a través de la publicidad en línea. Los anunciantes pueden pagar por publicar anuncios en tu contenido, y tú puedes generar ingresos cada vez que alguien hace clic en ellos.

d) Ingresos por afiliación: Si tienes un blog o una cuenta en redes sociales, puedes generar ingresos pasivos a través de programas de afiliados. Los programas de afiliados te pagan una comisión cada vez que alguien hace una compra, a través de un enlace de afiliado en tu sitio.

e) Ingresos por franquicias: Si posees una franquicia, puedes generar ingresos residuales a través de las regalías que paguen tus franquiciados cada mes.

El propósito de este capítulo es que abras tu mente a la posibilidad de tener ingresos pasivos, aquí te puse algunos ejemplos, pero tú puedes pensar e inventar otros más. Es un objetivo importante, tener fondos que entren solitos a tu cartera.

10 razones por las cuales conviene crear estrategias para generar ingresos pasivos:

1.- Libertad financiera: Para generar libertad financiera, desde la definición de *"Bob Kiyosaki"*.

2.- Diversificación de ingresos: Diversificarás tus ingresos, —suena como a mandamiento bíblico, ja, ja, ja—; y reducirás el riesgo de depender de una sola fuente de ingresos. Estarás aplicando lo aprendido en el capítulo 25, tener múltiples fuentes de ingresos.

3.- Ahorro de tiempo: Requieren una inversión de tiempo y esfuerzo inicial, pero una vez que se establecen, puedes reducir la cantidad de tiempo que necesitas dedicar para ganar dinero.

4.- Escalabilidad: La venta de productos digitales o el marketing de afiliación, son escalables, lo que significa que puedes aumentar tus ingresos sin aumentar proporcionalmente tu tiempo y esfuerzo. Los negocios digitales son el único modelo de negocio, en el cual puedes duplicar, triplicar, cuadruplicar tu negocio o incluso más, sin que tu estructura(empleados, oficinas, etc.) tenga que crecer proporcionalmente.

5.- Flexibilidad: Tendrás la flexibilidad de trabajar desde cualquier lugar y en cualquier momento, lo que te permitirá tener un estilo de vida más flexible. Este punto se aplica mucho también en todos los modelos de negocio digitales.

6.- Potencial de crecimiento: Las fuentes de ingresos pasivos tienen un potencial de crecimiento ilimitado, lo que significa que seguirás aumentando tus ingresos con el tiempo.

7.- Generar ingresos adicionales: Las fuentes de ingresos pasivos pueden ser una excelente manera de generar ingresos adicionales sin tener que sacrificar tu tiempo y energía en tu actividad principal. ¡Imagina apalancar uno o dos negocios que te den ingresos pasivos, con interés compuesto(capítulo 38)!

8.- Aprender nuevas habilidades: Al crear fuentes de ingresos pasivos, puedes aprender nuevas habilidades que pueden ser útiles en otros aspectos de tu vida.

9.- Seguridad financiera: Al tener varias fuentes de ingresos pasivos, estás aumentando tu seguridad financiera y reduciendo el riesgo de enfrentar dificultades financieras en el futuro. ¡Aguas! Deberás mantener a Parkinson a raya, no importa cuánto dinero genes, si te descuidas, te lo gastarás todo. A estas alturas del libro, lo debes tener más que claro.

-*"No te preocupes por el fracaso, preocúpate por las oportunidades que pierdes al no intentarlo"* -

Jack Canfield

Capítulo 48

Conclusiones

1.- Lo que HACES con el dinero que ganas es más importante que cuánto dinero que ganas.

2.- Nunca conocí a un millonario que me dijera: "Gané todo mi dinero con puntos de tarjetas de crédito y millas aéreas".

3.- No ahorrarás dinero cuando obtengas un aumento.
No ahorrarás dinero cuando el auto esté pagado.
No ahorrarás dinero cuando los niños crezcan.
Solo ahorrarás dinero cuando se convierta en una **PRIORIDAD EMOCIONAL**. Se trata de prioridades. ¡Una vez que los tienes claros, serás imparable!

4.- Los adultos elaboran un plan y lo siguen. Los niños hacen lo que quieren, lo que es fácil. Es tiempo de ser un adulto con tu dinero y dejarlo "crecer", toma el control.

5.- Comida es una categoría en la que la mayoría de las personas y familia gastan de más, si estás en tu proceso rumbo a deuda cero, olvida los restaurantes y comer fuera. Tu dinero rendirá más, sentirás como que obtuviste un aumento.

6.- Trabajo es hacerlo. Disciplina es hacerlo todos los días. Ser diligente es hacerlo en excelencia todos los días. ¿En cuál nivel estás desde hoy?

7.- Cuando inicias un negocio, debes dejarlo respirar, sobre todo los primeros 1 a 5 años, para que lo dejes crecer, y no le estés exigiendo cuestiones personales. Es decir; no te comas tus utilidades, asígnate un sueldo y tu negocio abrirá las alas y volará. Luego de esos 1 a 5 años, tu negocio habrá adquirido una especie de inmunidad, podrá vivir a pesar de ti, se habrá convertido en una especie de "ente viviente" y sabrá exigir lo que necesite. De todos modos siempre recuerda que tu negocio no es, ni será nunca, un cajero automático; en este punto es cuando más importante se hace la gestión emocional. Crea un plan de contingencia emocional para momentos extremos como la muerte de un ser querido o un divorcio, es cuando tu negocio estará más vulnerable que nunca.

8.- Cuando inicias un negocio, deberás aprender a delegar, sin embargo, esto es en la fase 2, cuando el negocio ya corre; en la etapa en que gatea y camina, deberás atender personalmente las cuestiones más relevantes. Temas como marketing, por ejemplo, deberás ser un experto antes de poder delegar. Si no lo haces así, no podrías saber ni medir si las personas con quienes delegaste lo están haciendo bien o tal vez ni siquiera comprenderás a fondo qué es lo que se supone deben hacer.

Es evidente e indiscutible que todo material, programa, libro, curso, entrenamiento o carrera que trate el tema financiero, debe incluir formas de ganar más dinero, formas de incrementar los ingresos.

Sin embargo, también es innegable que esos recursos deben saber administrarse con sabiduría y con cabeza fría. Por eso el enfoque de todo este libro es principalmente en estudiar y reflexionar todos esos errores que comete la mayor parte de la gente que vive en PENDEJOLANDIA. Yo vivía en esa ciudad, y lo hice por mucho tiempo, más del que me gustaría reconocer.

Si tú ya tienes un negocio o varios, o si eres un gran generador de ingresos sigue adelante, las lecciones de este libro te habrán servido para potenciar lo que ya sabes, te invito a compartir con el mundo ese talento, esa experiencia, ese aprendizaje, no cualquiera lo puede hacer de manera digamos, natural; y aunque ese sea tu caso sé que ocasionalmente pasas unos días en PENDEJOLANDIA, este libro te servirá para cada vez visitar menos esa ciudad maldita.

Para los jóvenes que piensan que ahora es más difícil que antes, les puedo responder que tal vez tengan razón, los paradigmas cambian de generación en generación, pero también les puedo decir que es más fácil que nunca. Todo evoluciona, y las formas para generación de riqueza son como la energía y la materia, no se crean ni se destruyen, solo se transforman.

En el tomo #2 de esta saga, me enfoco en algunos hábitos que quedaron fuera, y también en modelos de negocios acordes a las tendencias que veo para el resto del siglo XXI, síguenos acompañando en este fascinante viaje.

Me considero un visionario por varios motivos, he predicho muchos eventos financieros en lo local, estatal, nacional e internacional. Es una especie de don que Dios me dio, no tengo una bola de cristal, lo que tengo es hambre de leer, de seguir aprendiendo y mi mente junta toda la información y saca conclusiones. Mucho de lo que comparto en el tomo 2 de esta saga habla precisamente de eso, de hacia donde vamos, hacia donde se dirige el mundo empresarial, financiero, los negocios y el marketing en el resto del siglo XXI y las formas más poderosas para hacer dinero en los tiempos que vienen.

A continuación te dejo una especie de plan de acción, un resumen de los pasos a seguir a partir de ahora, aunque recuerda regresar a este libro y leer nuevamente las secciones que consideres. Te recuerdo que los temas fueron seleccionados muy cuidadosamente para cambiar el nivel de conciencia del lector, que es parte del verdadero aprendizaje. También para lograr diferentes momentos ¡WOW!, momentos de epifanías que te cambiarán para siempre, cambiarán tu conducta y decisiones y, por lo tanto, tu futuro será mucho más brillante y esperanzador.

Esta lista de acciones no necesariamente tiene que ser en este orden, haz primero lo que consideres, al final, de todos modos, asegúrate de sí o sí hacerlos todos.

1.- De vez en cuando haz el ejercicio de ayuno financiero, no gastes nada, con excepción de lo altamente esencial. Observa tus emociones, observa los contratos sociales invisibles que tienes, observa las responsabilidades que no son tuyas que saltarán a la vista. Observa la presión social. Obsérvate. Hazlo por al menos una semana, intenta hacerlo cada vez por más tiempo.

2.- Haz un presupuesto de tus gastos, anual, dividido por mes; tu primera versión será racional, lo que consideras que es correcto y justo. Hazlo en una hoja de Excel. Anota conceptos que tendemos a hacer invisibles como, cuánto gastamos en regalos de cumpleaños para (familia, compañeros de escuela de tus hijos, mamá, esposa, suegra, etc.); Navidad, día del amor y la amistad, ahorro, fondo para tu libertad financiera, recibos de luz, agua, etc.; Coche, ten en cuenta mantenimiento, gasolina mensual y anual, permisos, licencia, reparaciones, seguro. ¿Cuánto vas a presupuestar para pornografía?, ¿en pintarte el pelo o en salón de belleza en general?, ¿tienes ayuda doméstica?, ¿cuánto gastas en chatarra?, ¿cuánto presupuestarás para cosas que no utilizas? Si eres muy joven de todos modos hazlo, de todos modos este es solo un ejercicio, está muy lejos de la realidad, te explico por qué en breve. ¿Cuánto presupuestarás para vacaciones? Si eres un gran generador de ingresos de todos modos hazlo, el ganar mucho dinero no te justifica para gastarlo indiscriminadamente, a menos que tomes conciencia de ello y sea una decisión razonada y no solamente un impulso emocional. Agrega a este borrador de presupuesto todo lo raro que aplique par ti, lo obvio es fácil. Si tienes pareja, toma en cuenta los gastos de él o ella; háganlo juntos. ¿Están de acuerdo en los conceptos e importes?, ¿cuáles temas no son negociables?, ¿cuánto presupuestarás por cada hijo o mascota que tienes?

3.- Lleva un registro detallado de gastos, crea un grupo familiar de WhatsApp y comparte una foto de cada recibo, de cada ticket. ¿Hay recibos que no quieres compartir?, obsérvate, cáchate. Todos esos recibos pásalos a otra hoja de Excel.

4.- Luego de un periodo de 3 a 6 meses máximo, compara, confronta ambos datos de Excel. La hoja con lo que planeaste hacer con tu dinero, versus, lo que realmente sucedió, que es tu registro detallado de gastos. ¿No coinciden lo planeado con lo real?, ¿qué quedó fuera?. Recuerda que un presupuesto es a dónde planeas que vaya tu dinero, tu registro detallado de gastos, es un mapa de a dónde realmente fue. **Tu registro detallado de gastos es una radiografía de tus emociones, las cuales les pegan de rebote a tu dinero.** ¿Lograste que sean casi idénticas? Te felicito, ya estás en el 1 % de quienes lo logran. Te lo diré una vez más, las finanzas personales y familiares son fundamentalmente: emociones.

5.- Ahora que ya tienes una radiografía de tus deseos, del destino que quieres darle a tu dinero, y tienes otra de a dónde realmente se va, ¿qué decisiones vas a tomar?, ¿qué cambios harás para que empaten?, ¿para que sean iguales?. Me explico: Muchísimos asesores financieros te van a pedir que hagas un presupuesto, incluso algunas personas lo hacen por sentido común, el problema no es hacerlo, el reto es que empate con tus gastos, que lo respetes y que se cumpla. Si no hacemos un comparativo primero, solo se podría lograr si es vigilado por un general. Solo un muy reducido número de personas lo consiguen sin asesoría, que empaten, que sean básicamente iguales o muy parecidos; el resto aún no se mudan de PENDEJOLANDIA. ¿Ajustarás tu presupuesto "racional" para que empate con el emocional?, o, ¿ajustarás tu presupuesto emocional para que empate con el "racional"?. Sea lo que sea que decidas solo te pido que seas honesto contigo, por lo que más quieras no te regreses a la negación. El emocional tenderá a ganar.

6.- Generación de ingresos. Si haces esto en pareja, ¿ambos aportarán de manera igual sus ingresos?, ¿cada quien manejará los suyos de manera independiente?, ¿qué sucede si uno de los dos hace más dinero que el otro?, ¿qué sucede si solo uno de los dos genera el dinero?, solo te hago preguntas, no hay respuestas absolutas, lo que si debe haber son acuerdos.

7.- Deudas. Si ya estás en deuda cero te felicito, perteneces también en este rubro al 1 % de la población mundial. Si no lo estás, haz un plan detallado, aplica el sistema "BOLA DE NIEVE" (Capítulo 12). ¿Eres un caso extremo y has descubierto que eres adicto a las deudas?, contáctame, te diré cómo manejarlo. Por favor, no me digas por favor que si debes, pero que lo puedes corregir cuando quieras, es una navaja de dos filos. Sí, por el contrario, eres totalero y ves estas líneas como que no tienen sentido, tienes razón, no tienen sentido, pero solo para ti, ¿aconsejarías a tu gente cercana a que haga lo mismo?, considera compañeros de trabajo, amigos, socios, etc. El problema del endeudamiento, el endeudamiento excesivo es real y es un problema que debemos arreglar como sociedad. Le pega durísimo a la parte emocional y nos deja en un estado casi de indefensión. Las deudas familiares y personales son muchas veces el resultado de haber sembrado el desorden y la impaciencia en nuestra vida económica. Eso no podrá convertirse en paz jamás.

8.- ¿Cuál es tu nivel en el síndrome de acumulación compulsiva? Nota como hasta ahora lo llamo por su nombre, antes solo decía: ¿compras cosas que no necesitas?, la verdad es que todos lo hacemos, en mayor o menor medida, durante mis entrenamientos presenciales en vivo, hago un ejercicio que queda de manifiesto de manera visual el resultado es abrumador, es de no creerse. Puede que las personas que acumulan se refieran a ellas mismas como 'ahorrativas'. Puede que también crean que su comportamiento se deba a haber atravesado un período de pobreza o adversidad durante sus vidas, las investigaciones continúan, por ahora solo te pido observarte y a tu familia y determinar tu nivel del síndrome, del 1 al 10. Mientras más alto el número, más severo. ¿Y tus padres?, ¿Y tus abuelos?, ¿Y tu familia completa extendida?.

9.- Haz una lista de decisiones que tomarás, me queda claro, y por experiencia, que esto no es una montaña rusa, es un huracán categoría 6 a nivel mental y emocional, en parte por no querer confrontarlo. Es el motivo por el que la mayoría de las personas a nivel mundial viven en su versión de PENDEJOLANDIA, en parte es miedo, todos los miedos aquí explicados, pero en parte es simplemente no asumir la responsabilidad y confrontar cada peso, cada dólar, cada euro, cada sol. Pídele cuentas a cada centavo que pase por ti. No digo que va a ser fácil, pero como decimos en México, al mal paso darle prisa; mientras más tiempo te tardes en confrontar estas dos realidades de tu dinero, más tiempo seguirás esa crisis mental y emocional. Esta lista de decisiones debe tener dos columnas, decisiones racionales que tengan que ver con dinero, con importes; y otra columna que tenga que ver con emociones, con decisiones y con avances que negociarás contigo o con tu pareja para evolucionar y avanzar. Palabras clave: Toma de decisiones.

10.- Cuestiona todos los condicionamientos sociales a los que hemos sido sometidos, que hemos sido adoctrinados, que hemos asumido casi como leyes. Cuestiona Navidad (el tema gasto con todo lo que implica), Año Nuevo, cumpleaños, día de las madres, día del amor y la amistad. No te estoy diciendo que los ignores o lo canceles. Estoy diciendo que los cuestiones. Por ejemplo, el día del amor y la amistad, ¿solo ese día le regalarás flores a tu pareja?, o, ¿prefieres hacerlo cada vez que se te plazca?, sé que entiendes por dónde va mi pregunta. Con el tiempo, todos estos acondicionamientos, podrás decidir romper con los que decidas romper, cambiar o adaptar otros y crear otros nuevos, otros muchos más empoderantes. Incluye a tu familia y amigos hasta donde puedas a ser parte de este cambio, muchos no lo entenderán, la presión social aumentará y el reto será mayor. Busca y ve con tu familia una película que se llama: "*The Joneses*", en español: "Amor por contrato", veamos que veintes te caen, como decimos en México. Si ya la viste, vela de nuevo, la verás con "nuevos ojos ahora".

11.- Generación de más dinero. Es obvio que en cualquier libro, curso, entrenamiento o lo que sea que tenga que ver con creación de un proyecto de vida familiar y financiero, el tema de ganar más dinero tiene que estar incluido. Sin embargo, no es por ese tema por el que se debe iniciar. Todos los grandes marketeros actuales, líderes de mercadeo en red o cualquier tipo de experto que invita a otras personas a un esquema de ganar mucho dinero en determinado tiempo, no los juzgo, algunos son reales. Todos los que son reales y honestos, desde mi perspectiva cometen un error, si les enseñan a las personas simplemente a ganar más dinero, -eso hacía yo al principio-; solo harán que toda la confusión que queda demostrada en todos estos capítulos de este libro sea mayor, por eso, entre otros motivos; es bien sabido que muchas personas que logran grandes sumas de dinero, terminan igual o peor en poco tiempo. Necesitamos conocernos primero, sanar lo más posible, y seguir sanando a la vez que multiplicamos nuestro dinero.

Dicho lo anterior, nuestras investigaciones me han hecho descubrir, que con solo trabajar en todos los puntos que vemos en este primer libro tomo #1, quienes se apliquen, verán mejoradas sus condiciones de ingresos. Estarán totalmente en modo responsable, en modo agradecimiento, atentos a nuevas oportunidades, aprovechando al máximo lo que ya ingresan, priorizando lo correcto, rodeándose de las personas correctas, sanando su contexto en general, estarán leyendo, entrenándose, aprendiendo constantemente, que a su vez producirá una especie de interés compuesto del conocimiento. Las posibilidades serán sencillamente infinitas.

12.- Nota, como te hablo ahora, lee varias veces esta sección de conclusiones. Ahora imagina que hubiera iniciado el libro hablándote así. Aparentemente, no habrá tenido mucho sentido. ¿Me explico?. Si ahora ya hace algo o mucho de sentido, significa que has abierto tu mente, has abierto tus emociones y has logrado aprender mucho. Tienes nuevos conceptos y hemos roto, juntos, muchos paradigmas. Sigue pasando a la acción, tomar cada una de las decisiones e indicaciones que te sugiero, pero, ¿qué crees que va a pasar?, que esto va a generar un efecto mariposa interno tuyo y hacia tu familia, tu familia nuclear y extendida. Y ahora tomarás decisiones de otra manera muy diferente, cosas que ni siquiera fueron tocadas en este libro, es el efecto mariposa haciendo su trabajo interno, dentro tuyo. Disfrútalo.

13.- Atiende siempre lo importante, de esa manera jamás existirá nada urgente. Stephen Covey, en su libro "Los siete hábitos de la gente altamente efectiva", nos habla de la administración del tiempo, y nos enseña a atender lo importante. Te propongo, hagas casi una obsesión este consejo, nada te ahorrará más tiempo que el hecho que jamás tengas emergencias, nada urgente. Aplícalo para tus negocios, para tu casa, para temas con tu familia. En el tema ingresos, anticípate mentalmente dos, tres o más años en el futuro. No esperes a que algo esté a la vuelta de la esquina, en ese momento ya será una emergencia y te costará demasiado caro, incluyendo potencialmente, tener que volver a empezar de cero.

14.- Ten mucho cuidado con el cuadrante, el flujo del dinero, de Kiyosaki, hace pedazos al empleado. En realidad no tiene nada de malo ser empleado ni "Hans Solo", —por aquello de lo de Solo—; si aplicas tu propósito y logras todo lo que hemos descubierto juntos en este libro, incluyendo por supuesto dinero en tu bolsillo y paz mental. Si no has leído el libro, no es necesario que lo hagas.

¡Advertencia! Solo deberás ser empleado si es lo que realmente deseas, si tienes espíritu emprendedor entonces tu etapa de empleado deberá ser temporal. Esto es otra de las reglas de oro. Recuérdalo en todo momento. Ve por todas las canicas.

15.- El mundo crypto no es un mundo para inversionistas, los que entran a él con ese fin, en realidad solo son especuladores; el mundo crypto ofrece oportunidades espectaculares que están aún en desarrollo y sabremos mucho de eso en los próximos años, tal vez como plataforma de pagos, tal como plataforma des regularizada. Pero, por ahora, solo quiero que entiendas, dame el beneficio de la duda, el mundo crypto no es para invertir. Recuerda una de mis reglas de oro: jamás invertir o emprender en algo que no comprendes al 100 %. Si eres de los fieles creyentes en el mundo crypto y crees que no se nada del tema, recuerda que yo solo doy sugerencias, las decisiones son solo tuyas.

16.- Paciencia, disciplina y estrategia. Una buena cantidad de "negocios increíbles y que no pueden fallar", fallan por falta de paciencia, o por falta de disciplina, o por simplemente no aplicar muchos de los temas que hablo en este libro. Las personas quieren hacer la mayor cantidad de dinero en el menor tiempo posible y, eso no es un buen consejero para las emociones que a su vez tomarán decisiones apresuradas o equivocadas.

17.- Antes de comenzar cualquier emprendimiento, haz un plan de negocio. Si no sabes cómo hacer uno, síguete juntando conmigo y te voy a enseñar. Mientras tanto cuida una regla de oro al abrir un negocio nuevo: Planea la inversión inicial por escrito, escribe cada concepto que vas a necesitar invertir para iniciar, tal vez pintura, tal vez escritorios y computadoras, etc. haz una lista exhaustiva, incluye costos de permisos municipales o de gobierno. Una vez que lo tengas listo, esta es la regla de oro: **NO LA CAMBIES NI HACIA ARRIBA NI HACIA ABAJO BAJO NINGUNA CIRCUNSTANCIA,** escribo esto como una regla, porque es en esta parte, y es desde el inicio donde he visto más personas equivocarse, y eso que es el principio. Hazte esta pegunta: ¿si alguien invierte más de lo planeado?, ¿fue un error de cálculo o fueron las emociones entrometiéndose? Y claro, al desconocer el poder que tienen, en la parte racional del cerebro las justificará de mil maneras.

18.- Tiempo. No desperdicies tu tiempo, es el único recurso que tenemos todos por igual. Como mínimo considera que debes dedicar idealmente entre el 10 al 30 % de tu tiempo, para producir, estar en modo de producción. ¿Producir qué? Escribe un libro o revista, escribe un artículo para un blog, graba un video, haz sesiones live en redes sociales con un tema de interés general y grábalos. Graba un curso en video. Aprende a usar un programa de edición de video. En resumen: sé creativo. Un porcentaje de tu tiempo debes usarlo para producir. Imagina un fin de mes o un fin de año, volteas y puedes ver y medir cuál fue tu producción, si solo "trabajas" o "estudias" es muy bueno también, pero incompleto, debes PRODUCIR. Si llegas a fin de año y no puedes, literalmente tocar tu producción significa que parte de tu tiempo se ha ido por la ventana.

19.- En el capítulo para jóvenes, te sugerí no comprar casa hasta que tuvieras deuda cero. En este punto, en las conclusiones, te invito a que te hagas la siguiente pregunta: Y si lo que cuesta una casa lo tengo varias veces en inversiones y eso me genera ingresos todos los meses... ¿De todos modos quiero comprar una casa? Solo es una pregunta y una reflexión. Comprar casa es uno de los grandes paradigmas. Apoyo ambas respuestas.

20.- Dale el valor máximo a tu palabra. Con el paso de las generaciones el valor de la palabra se ha ido devaluando. Cuenta mi abuelo que antes con un apretón de manos era suficiente, hoy en día se requieren veinte mil firmas, la confianza se ha ido extinguiendo. Te invito a que le des el más alto valor a tu palabra, si te pregunto por ejemplo: ¿cuánto vale tu palabra? Seguro me responderías: -Muchísimo-. Ahora quiero que le des un valor en dólares y centavos, ¿cuánto vale? ¿$ 10, $20, $ 1,000, $ 10,000, $ 1,000,000? Cualesquiera que sea tu respuesta, asegúrate de crear la evidencia que la acompañe. Te daré una lista de acciones que puedes empezar hoy mismo para que tu palabra valga cada vez más:

a) Jamás llegues tarde, si se da una situación realmente extraordinaria, llama desde antes, discúlpate y cumple. Recuerda, cualquiera podemos llegar tarde una vez, si lo hacemos con frecuencia no son las circunstancias, es que no nos importa la otra parte lo suficiente y estarás devaluando tu palabra.

b) Jamás les falles a tus hijos: lo que les digas que harás, a la hora y fecha, ¡hazlo! No pueden existir "para la otra si llego campeón" o "para tu próximo cumpleaños, ahora si, ya verás", mejor di que NO, desde antes. Tus hijos deben saber que lo que tú les dices es ley y que jamás les mentirías.

c) Cumple con tus compromisos: Si has prometido hacer algo, es importante cumplir con tu compromiso. Si no puedes hacerlo, comunica de manera clara y honesta para renegociar, si le dijiste al cliente te llamo el martes, llámale el martes; si le dijiste a tu proveedor, te mando la transferencia el jueves, ¡mándale la transferencia el jueves!. ¿Es muy difícil cumplir?

d) Sé honesto: Mantén la honestidad en tus interacciones con los demás. No prometas algo que no puedas cumplir o engañes a las personas para obtener una ventaja. Mantén tu nivel de ética en los más altos estándares. Si eres marketero, ¡cumple la promesa, la oferta a tus clientes!

e) Evita las exageraciones: No exageres o distorsiones la verdad para impresionar a los demás o hacer que te vean de una manera diferente.

f) Se responsable: Asume la responsabilidad de tus acciones y palabras. Esto en inglés de llama *"accountability"*; significa asumir las consecuencias de tus actos. No culpes a otros por tus errores o incumplimientos. Tienes que rendir cuentas.

g) Se coherente: Mantén coherencia entre tus palabras y acciones. No digas una cosa y hagas otra diferente.

h) Escucha atentamente: Escucha atentamente a los demás y demuestra que estás prestando atención a sus necesidades y preocupaciones. Al hacerlo, habrás creado un lazo invisible llamado comprensión. Las personas que escuches, se sentirán comprendidas por ti y habrá una conexión brutal.

i) Trata a los demás con respeto: Trata a los demás con respeto y consideración, sin importar quiénes sean o cómo te sientas respecto a ellos.

j) Mantén la confidencialidad: Respeta la privacidad de los demás y no compartas información confidencial sin su consentimiento.

k) Pide disculpas: Si te equivocas o lastimas a alguien, pide disculpas y trata de enmendar la situación. Hazlo de corazón.

l) Se consistente y congruente: Mantén la consistencia en tus palabras y acciones a lo largo del tiempo. No prometas algo hoy y cambies de opinión mañana.

21.- Enfócate en tu familia nuclear. Algunas veces habrá casos en que miembros de tu familia extendida, hermanos, tíos, primos o incluso tu familia política estén tomando decisiones financieras erróneas. A medida que avances en tu nivel de conciencia con el dinero, los verás más fácil, serán muy evidentes para ti. Irremediablemente, sentirás el deseo de ayudarles, de explicarles. Siento decirte que la mayor parte de las veces no te harán caso, no pueden verlo, su nivel de conciencia no se ha movido ni un milímetro. Suéltalos, déjalos vivir su propio proceso. Ofrece enseñarles, invítalos a leer y a recorrer el mismo camino que ya has recorrido tú, pero no les resuelvas sus problemas ni trates de tomar decisiones por ellos. Suéltalos. Enfócate en tu familia nuclear, tu esposa e hijos solamente, de otra manera podrían distraerte y afectarte emocionalmente.

22.- Nunca utilices el dinero como un arma para vengarte por emociones lastimadas. Si lo haces puedes perjudicar a gente muy querida por ti. Y estarías creando un tipo de deuda culposa y emocional. El costo sería mayúsculo.

23.- Envejecer requiere dinero. Un día despertaremos y seremos una de esas personas de la tercera edad. Para ese entonces, el costo de la vida y nuestros gastos "normales" tendrán que salir de algún lado. Es otro de "los elefantes en la habitación". Pensar "soy muy joven, ya lo pensaré más delante"; es negación, es meter la cabeza en un hoyo. En el tomo #2 hablo a profundidad sobre este "elefantito". Por ahora, crear tu proyecto de vida familiar y financiero; te dará los cimientos para que, llegado el momento, estés listo. ¿¡Que viva México!?; — La película, Luis Estrada, 2023 —.

24.- La negación seguirá tocando a tu puerta de por vida: No importa cuantos libros leas, qué tan avanzado sea tu nivel de conocimiento en economía en finanzas; tu mente siempre va a intentar regresarse a negar el gasto. Deberás mantenerte atento y no bajar la guardia. Muchas de las herramientas que estás adquiriendo mediante la lectura de este libro, y su cuadernillo de trabajo; deberás practicarlas, usarlas y re-practicarlas de vez en cuando. Es como ir al gimnasio o entrenarse para un maratón. Luego de unos días de "saltarse el entrenamiento" irremediablemente habrá un retroceso.

25.- Educación continua y permanente. Con todos los temas aquí vistos estamos listos para pasar a los temas de los adultos. Sí, consideremos este primer tomo como la primaria, la secundaria y parte de la preparatoria. Ahora estamos listos para terminar la preparatoria y entrar a la universidad, a la educación avanzada. En los siguientes tomos, así como en todo mi proceso de materiales y entrenamientos en vivo, materiales grabados e híbridos, abriremos la caja de Pandora para la producción y generación de riqueza.

¡Nunca ha sido tan fácil como ahora! No estoy diciendo que es como tener una barita mágica, sin embargo, para el que haga el trabajo, el resultado estará garantizado, te lo explico en una breve anécdota: Por años había tenido un tema de sobrepeso, un desorden alimenticio que no había sabido manejar, no lo comprendía. Un día conocí a un nutriólogo, el #1001 en mi lista, tal vez, esta vez algo fue diferente, me explicó el sistema y me dijo: ¿Tienes alguna pregunta?, le hice varias preguntas, luego me dijo, y toma nota porque estas son las palabras clave: "Si haces todo lo que te estoy explicando al pie de la letra, bajarás entre 6 y 8 kilos en los primeros 30 días", esa promesa me voló la cabeza, no tengo que decirte lo que pasó, el resto es historia. **Con esta anécdota como base, me atrevo a decirte lo siguiente: Si aplicas mi proceso al pie de la letra, si haces todo lo que seguiré enseñando**

junto con mi equipo, lograrás los ingresos que quieras, y tendrás todas las diferentes versiones de Libertad Financiera que hemos discutido en este libro. Garantizado.

Consideremos algo, el sistema educativo jamás nos garantiza éxito financiero. La promesa del sistema educativo se reduce al gran sueño del espantapájaros, en la historia del Mago de Oz, ¿recuerdas?. El espantapájaros estaba en busca de un cerebro, metáfora de inteligencia y preparación; Dorothy anima al espantapájaros a unirse a ellos para pedirle al mago que le conceda un cerebro. Al final de la historia y tras pasar por muchas aventuras consigue lo que quería y se convierte en uno de los personajes más inteligentes de todo Oz. Pero, ¿cómo sabe que ya es inteligente? Porque recibe un documento que dice que lo es. ¿Metáfora de un certificado de primaria, secundaria, preparatoria o incluso un título universitario? Preguntémosle a Ellen Brown en su libro "Telaraña de Deuda", en ese sentido el sistema educativo cumple su promesa. Otorga "algo" que dice que "sabes" [CONOCIMIENTO]. No es garantía de éxito financiero, insisto. También quiero insistir en que tampoco estoy aconsejándote que no lo hagas, pero si debes saber que NO garantiza el éxito financiero.

¿Qué tal que existiera un proceso, un modelo, que si garantice el éxito financiero?, y ¿sin tener que estudiar un promedio de 15 años para iniciar, reducirlo al 10 o 13 % de ese tiempo? Ah, ¿y por una fracción de la inversión? Recuerda que tenemos que pasar la etapa de la VALIDACIÓN.

26.- VENTAS, sí, otra vez el tema de ventas. Las ventas son la sangre que llega al corazón de cualquier negocio y son esenciales para mantener y aumentar las ganancias. —Incluso para mantener vivo cualquier negocio—. Las ventas efectivas permiten a una empresa aumentar sus ingresos, mejorar su reputación y expandir su presencia en el mercado. En este sentido, todas las personas que forman parte de una empresa, desde los ejecutivos hasta los empleados de nivel de entrada, deben estar familiarizados con las técnicas y estrategias de ventas.

El conocimiento en ventas también es importante para aquellos que trabajan fuera del ámbito empresarial. En cualquier situación en la que se deba persuadir a alguien para que acepte una idea, producto o servicio, las habilidades en ventas pueden ser muy útiles. Por ejemplo, los políticos, los líderes de organizaciones sin fines de lucro y los profesionales de la salud pueden beneficiarse de una sólida base en ventas para comunicar de manera efectiva sus mensajes y convencer a las personas de que adopten ciertas acciones. ¡Todos somos vendedores! —Ya lo dije—.

Además, las habilidades en ventas son cada vez más importantes en el mundo digital. Con el creciente uso de la tecnología, el comercio electrónico y las redes sociales, es vital que los individuos y las empresas entiendan cómo utilizar estas herramientas para vender productos y servicios de manera efectiva. La capacidad de generar tráfico en línea, capturar y mantener la atención del consumidor, y cerrar ventas en línea, se han convertido en habilidades imprescindibles para el éxito en cualquier negocio.

27.- Nunca tomes decisiones basadas en la prisa o en que alguien o algo te presione. En una ocasión que me estaban entrevistando vía Zoom para un noticiero de la ciudad de Los Ángeles, cuando la FED estaba anunciando las alzas en las tazas de referencia, lo que significaba un alza en también en los intereses; la entrevistadora me preguntó: "¿Usted cree que las personas deberían apresurarse a comprar su casa, para que congelen la taza de interés antes de que siga subiendo?" Le respondí: "No, al contrario. Es momento de esperar, a que sigan subiendo y que vuelvan a bajar, eventualmente estarán donde deben estar, y si se toma la decisión ahora, será un potencial problema en un futuro cercano".

28.- No gastes dinero antes de haberlo ganado. Muchísimas personas en nuestras investigaciones, cuando hacen una venta, —aún no cobran la comisión—, o van a recibir el aguinaldo o un dinero próximamente: Se lo gastan. Cuando lo reciben, ya lo deben. No lo hagas nunca como regla. Algunas veces sucederá que, ese dinero no llegará, algo pasará en el camino y solo te quedarás con la deuda. Mejor considera por adelantado, destinarlo totalmente a tu fondo para tu libertad financiera. Una vez que inicies, créeme, no querrás parar.

29.- ¡Advertencia! ¡Nos hemos echado un clavado tremendo en estos temas de finanzas! Desde la deuda cero, hasta hábitos financieros y el interés compuesto; entre otros. Hemos hablado de todo. Pero no te vayas a confundir, no puedes usar lo que aprendiste aquí para justificar tus malas decisiones financieras. No puedes decir "Ay, es que no me endeudé a 25 años como me dijeron en aquellos libros, por eso no tengo casa y ahora tengo 70 años". ¡Eso no vale! Si no vas a ponerte las pilas y tomar control de tus finanzas, —y asumir responsabilidad absoluta—; entonces más te vale endeudarte hasta por mil años, porque de nada sirve saber todo esto si no lo aplicas responsablemente. Así que, si quieres cumplir tus metas financieras, vas a tener que ser responsable con cada centavo que pase por tus manos y respaldarlo con hábitos financieros poderosos. Si no, estarás en un autoengaño más grande que la deuda nacional. ¡Atrévete a pasar a la acción, y a hacer que tus finanzas trabajen para ti! Mantente honesto contigo mismo. Este sistema funciona, y lo hace de maravilla, pero no es magia, tú tienes que hacer tu parte, te lo dije desde el principio.

Imagina que pasaron algunos años y el pago de una renta de una casa igualita a la de "tus sueños", equivale a solo el 5 % o menos de tus ingresos de ese momento. Podrías pasar un año en diferente ciudad o país sin comprar nunca casa. O, de plano, te enamoras de una ciudad y quieres quedarte por mucho tiempo y entonces compras esa casa de contado. Eso es lo que buscamos, resultados, opciones. Eso solo llega de la mano de la responsabilidad y pasar a la acción. Te habrás convertido en una persona distinta por motivo de la repetición y la práctica. Serás un maestro. ¿Lo recuerdas? Serás un ciudadano del mundo.

30.- Recuerda trabajar en todos los temas de mentalidad, en el cuadernillo de trabajo tienes varios ejercicios al respecto. Si una "mente pobre" recibe dinero por cualquier medio, querrá deshacerse de ese dinero, lo consumirá lo más rápido posible, comprará cosas inútiles e innecesarias. Su mente seguirá estancada en Pendejolandia. La gente con mentalidad pobre solo sabe consumir y gastar, además vive en negación. ¡Vaya coctel!

31.- La pregunta del millón de dólares, literal. Te voy a pedir que te hagas una pregunta todos los lunes por la mañana a partir de hoy. La pregunta es la siguiente: ¿Qué harías si el día de hoy recibiera un millón de dólares en mi cuenta bancaria? —libre de impuestos, 100 % legal—. Para la respuesta te voy a pedir seas específico. No puedes responder cosas como: "Invertiría y viajaría". Debes especificar invertir en qué y viajar a dónde. Tampoco puedes responder algo así como: "Le daría una parte a mis padres, compraría una casa y pondría un negocio". Si ese fuera el caso, tendrás que especificar, cuánto les darías a tus padres, qué casa comprarías y cuánto cuesta y finalmente, tienes que especificar qué negocio pondrías, cuánto implica de inversión, cuál sería el rendimiento mensual y anual y cuántos y qué tipo de empleados necesitarías. ¿Soy claro? La respuesta debe ser lo más específica posible.

Ahora bien. Quiero que hagas la distinción, de esa lista de cosas que harías, cuántas cosas son gasto, y cuántas son "inversión", inversión entre comillas porque la palabra implica riesgo, ¿cuánto riesgo estás dispuesto a asumir?, y, ¿qué porcentaje de certeza tienes de que ese negocio va a funcionar? Finalmente, escribirás qué emoción estás buscando con cada una de las cosas que indicaste en esta lista, qué valor y qué emoción, lo puedes consultar de la página 87, que corresponde al capítulo 4.

Finalmente, podrás calcular y determinar, de ese millón de dólares, qué cantidades e importes gastarías de inmediato, y cuáles invertirías. Sé muy honesto con este ejercicio, te podrás ar cuenta si ya estás listo para recibir ese millón. O si tal vez no ha llegado porque ya te lo habrías gastado varias veces. Mándame tus resultados si gustas, o lo que aprendiste sobre ti en este ejercicio a info@lalocortezoficial.com

32.- ¡Qué viva México! Película de Luis Estrada. A medida que ganes más dinero, aumente tu poder adquisitivo, mejores tu estilo de vida y empieces a hacer "magia" con el dinero. Muchas personas vendrán a pedirte algo. Son de esas extrañas cosas que tiene la vida con respecto al dinero. De repente sentirán algo así como que "les debes algo", como si fuera tu obligación ayudarles, darles una "rebanada" de tu éxito. A veces, estas personas van a ser amigos, o miembros de tu propia familia, a veces tu familia nuclear, otras tu familia extendida, e incluso tu familia política. Eso te aumentará la presión social a niveles insospechados. ¿Qué vas a hacer al respecto? ¿Es tu obligación ayudarlos solo porque asumiste responsabilidad y pasaste a la acción en serio? ¿Mejor les enseñarás a pescar tal cual recién has aprendido tú? ¿Podrás manejar la culpa de ir en tu flamante coche del año, y vivir en tu hermosa casa; mientras tal vez tus hermanos ni carro tienen?

Si les das lo que les pides, eres lo máximo. Si no lo haces, eres un desgraciado. ¿Es justa esa aseveración? Le pasa todo el tiempo a atletas o artistas que triunfan con contratos millonarios. ¿Estás boicoteando tu éxito para no caer en esa situación de tener que romper potencialmente con tu familia?, o, ¿tener que compartir con todos que pueden ser docenas o cientos?

Así son los temas financieros, desde el principio te dije que el dinero, toca de rozón todas las otras áreas de nuestras vidas. Tienes mucho que pensar con respecto a este asunto, vete preparando. Este punto 32, en especial, toca algo llamado "lealtades familiares".

¿Tal vez lo mejor es quedarte calladito?

33.- Para mí la Agenda 2030, es una forma de pasarle la factura a las nuevas generaciones por los errores cometidos por las anteriores, incluida la mía(soy generación X, lo siento). No lo permitas.

Costo de vida: Las nuevas generaciones también enfrentan un más alto costo de vida debido a factores como la inflación, el aumento de los precios de la vivienda y los costos de la atención médica. No permitas que esto te detenga, lee con mucha atención la lección donde te hablo de cómo protegerte de la inflación(capítulo 45), nunca te resignes, y mantén tus ingresos siempre en crecimiento. Un negocio propio te puede dar miles por ciento de rendimiento anual, y si lo apalancas con interés compuesto(capítulo 38) las posibilidades son infinitas. También puedes lanzar una "*start-up*"(empresa emergente). Estoy por terminar de escribir otro libro, en donde hablo solamente de modelos de negocio, planes de negocio y cómo hacer negocios exitosos. ¡No te conformes por lo que más quieras, el cielo es el límite!

Desempleo y subempleo: Miembros de las nuevas generaciones han enfrentado dificultades para encontrar empleo o se han visto obligados a aceptar trabajos sub remunerados o de baja calidad. Esto limita su capacidad para contribuir a la economía sostenible y para lograr los objetivos de desarrollo sostenible. Y qué decir de los personales y familiares. Repito e insisto en mi consejo del punto anterior. Algunas cosas son más difíciles que antes, otras son más fáciles que nunca. ¡Cómete el mundo!

"La plenitud del individuo, es el sustento de la pareja. La plenitud de la pareja, es el sustento de la familia. La plenitud de la familia, es el sustento de la sociedad. La plenitud de la sociedad, es el sustento del individuo". Dr. Alfonso Ruiz Soto

--> Es un círculo virtuoso, por eso mi enfoque es en el individuo y en la familia. No puedes "salvar" a nadie, sino te "salvas" primero a ti mismo.

En resumen, las nuevas generaciones enfrentan varios desafíos financieros. Sin embargo, al mismo tiempo, esta generación también está en una posición única para liderar la innovación y el cambio en la consecución de un futuro más justo para todos.

Conclusiones adicionales:
1.- Las finanzas familiares no son solo sobre el dinero, sino sobre la calidad de vida que queremos para nuestra familia y las oportunidades que deseamos brindarles. Y nuestra propia, individual calidad de vida. Yo, por ejemplo, tengo bien claras las cosas que son para mí exclusivamente.

2.- Los hábitos financieros se pueden aprender y mejorar con el tiempo. No importa en qué punto te encuentres actualmente, siempre hay tiempo para empezar a trabajar en unas finanzas familiares inteligentes.

3.- Los conflictos financieros son normales en las relaciones familiares, pero es importante manejarlos de manera adecuada y buscar soluciones juntos.

4.- La planificación financiera a **largo plazo** es esencial para asegurar un futuro próspero para nuestra familia.

5.- La educación financiera es un aspecto relevante de las finanzas familiares. Debemos enseñar a nuestros hijos desde temprana edad sobre la importancia del manejo adecuado del dinero.

6.- Debemos aprender a diferenciar entre necesidades y deseos para poder tomar decisiones financieras adecuadas y evitar deudas innecesarias.

7.- Finalmente, la clave para unas finanzas familiares inteligentes es ser conscientes, estar abiertos al cambio y trabajar juntos para crear una vida financiera próspera y satisfactoria para nuestra familia.

8.- No solo te enfoques en lograr Libertad Financiera, también Libertad de Estilo de Vida, Libertad Creativa, Libertad de Tiempo, etc. Siempre la palabra Libertad por delante.

Estoy en una misión, buscando hombres y mujeres que tengan una capacidad infinita para no saber lo que no se puede hacer. Todo el mundo sabe lo que no se puede hacer, ¡pero son solo aquellos que no quieren saber lo que no se puede hacer los que finalmente logran lo imposible! **Henry Ford**

*-"No importa cuánto dinero
ganes, sino cuánto dinero
conserves y cómo
lo haces crecer."-*

John Assaraf

Capítulo 49

Acerca del autor

Mi nombre es Lalo Cortez, me dedico a ayudar a las parejas y familias, a aumentar su poder adquisitivo, mejorar su estilo de vida y a que aprendan a hacer "magia" con su dinero.

¡Aquí es donde otros autores te darían una lista interminable de sus credenciales, títulos y logros financieros! Pero, amigo, déjame decirte que no voy a seguir esa moda por varias razones: 1) No me gusta presumir de esa manera, 2) No quiero impresionarte con mis datos, mi objetivo es inspirarte a que logres tus metas más allá de lo que yo he conseguido, 3) La red está llena de "expertos" que dicen tener ventas millonarias, pero eso no es necesariamente verdad, y si lo es, muchas veces sus finanzas son un desorden total. Yo lo demuestro en mi libro, ¡palabra!, y, 4) No podemos basar nuestra estrategia financiera en las ganancias o la vida de los demás, ¡eso es comparar! Además, siempre habrá alguien con más dinero, más sabiduría o más fama que uno mismo. ¡Mejor mantengamos la humildad y la autenticidad siempre presentes!

Déjame contarte algo, soy un hombre que pasó de ser un cerillo cuando niño a los 9 años, a dueño de negocios en la actualidad, ahora manejo autos alemanes sin deberle un ojo de la cara a nadie. De hecho, este libro iba a llamarse "De Cerillo a Empresario", ¡no te miento! He mandado a mis hijos a competencias de idiomas internacionales, y lo que más me pone contento es que he alcanzado lo que siempre he querido: tener paz y equilibrio financiero. Uno puede pasar de ser un cerillo a ser un empresario, ¡con esfuerzo y perseverancia todo se puede!

En cuestiones de dinero, todo se reduce a cuatro posibles aspectos:

1.- Ganar dinero, lo cual implica descubrir consistentemente nuevas formas de hacerlo.

2.- Retener la mayor cantidad de ese dinero que pasa por tus manos.

3.- Multiplicar es dinero. No es posible multiplicar algo que no logró el punto #2. Si la retención fue cero. Si todo lo que pasa, se va.

4.- Blindar ese dinero a largo plazo; convertirlo en patrimonio.

Todas las anteriores suponen una muy amplia gestión y comprensión emocional(capítulo 42), como ya hemos visto a nivel avanzado en este libro.

Aunque hoy en día soy un empresario, la verdad es que me considero un eterno estudiante, investigador y lector de tópicos interesantes. Me fascinan todos los temas que tengan que ver con negocios, el marketing digital y tradicional, las inversiones y todo lo que tenga que ver con manejar el dinero con sabiduría. Pero no siempre fue así, Me tomó años descubrir mi propósito de vida, ¿sabes? Al principio solo trataba de entender qué era eso de "propósito", luego tuve que definirlo a detalle y al final, ¡asumirlo sin temor! ¿Y sabes qué? Te lo dije al principio de este capítulo: mi propósito es ayudar a parejas y familias a que aumenten su poder adquisitivo, que mejoraren su estilo de vida, ¡y que hagan magia con su dinero! Si has leído hasta esta parte, ya me conoces mucho más de lo que parecería.

Todo lo que enseño en este libro, lo he aprendido desde dentro, lo he vivido, lo he "sufrido" y lo he superado. Por eso tengo ahora el atrevimiento de plasmarlo todo en un libro. Me dice uno de mis hermanos: "Lalo, cómo es posible que tú quieras enseñar acerca de deudas, si por mucho tiempo las tuviste". Le respondí: "Exactamente. Precisamente por eso puedo hacerlo, porque soy un sobreviviente", *"I am the one that got away"*, como lo diría mi amigo Greg. Que significa: "Soy el que se les escapó". ¿Y sabes qué? Esa es la labor de un entrenador, recorrer el camino antes, saber lo que, "su entrenando" va a encontrar en el sendero. Y la otra parte que debe tener el entrenador, es ver en sus estudiantes, lo mejor de ellos, saber que pueden llegar incluso más allá de lo que ellos mismos creen. Ese quiero ser yo para ti en este libro, ese quiero ser yo para ti en general, y espero conocernos en vivo muy pronto.

En algunas partes de México, le decimos "cerillo" a un chamaco muy joven que ayuda a empacar la despensa en los súpers. Bueno, pues resulta que desde que yo tenía cinco años, mis papás se divorciaron y, sin darme cuenta en ese momento, ¡empezó un viaje lleno de experiencias muy fuertes que me moldearon en lo que soy ahora! Sobra decir que la mayoría de esas vivencias fueron bien dolorosas, pero a fuerza de no darme por vencido y por la gracia de Dios, ¡logramos, mi familia y yo; salir adelante!

Sentir el dolor de mi madre al no saber si tendríamos algo para comer al día siguiente me marcó para siempre. Ese divorcio la dejó como madre soltera, sin preparación, sin recursos y con tres hijos a su cargo. Desde que era un niño, aprendí el significado de dos palabras que se grabaron a fuego en mi corazón: responsabilidad y compromiso. Combinando estas dos fuerzas, las cosas simplemente tenían que suceder, no había espacio para fallar, no era una opción. Tomé en mis manos la responsabilidad de ser el proveedor, parcialmente de mi familia y, aunque el camino no fue fácil, aprendí a no darme por vencido. Todo lo que hago, lo hago con una dedicación absoluta, sabiendo que la responsabilidad y el compromiso son los pilares que me formaron. No creas que te lo digo desde el niño víctima, no pretendo una actitud del tipo: "pobrecito". Todo lo contrario, pienso que si desde chicos todos fuéramos sometidos a retos de esa magnitud, el 50 % o más de los problemas sociales ya los habríamos resuelto entre todos. Ha sido mi mejor escuela, y agradezco infinitamente a Dios por haberme puesto en ese lugar de gran reto.

Al principio de este libro quedamos que lo leerías completo en orden la primera vez, y luego, lo leerías una segunda y hasta una tercera vez en el orden que mejor consideres. Finalmente, este libro y su cuadernillo de trabajo, te invito a que sean parte de tus libros de cabecera, esos que consultamos para siempre una o dos veces al año por lo menos.

Este libro es como un baúl mágico lleno de herramientas para que puedas construir tu camino hacia la riqueza. Pero no te confundas, no es como esos baúles que te venden en la televisión para hacer ejercicio en casa y que después terminan siendo percheros. No, este baúl es mucho más útil, porque no solo te dará herramientas para tu bolsillo, sino también para tu mente y tu corazón.

No esperes que todas las herramientas funcionen de la misma manera, como esos juguetes de Lego, donde solo hay una forma de encajar las piezas. Cada herramienta tiene su propia forma de uso y su propia utilidad, pero todas juntas conforman un kit completo para que puedas construir la vida que siempre has soñado. ¿La meta? Que construyas tu primer proyecto de vida familiar y financiero.

No te rindas si alguna herramienta no funciona de inmediato, no te frustres si no puedes usar todas al mismo tiempo. Recuerda que incluso el mejor carpintero necesita tiempo y práctica para dominar todas sus herramientas. Pero una vez que las domines, te darás cuenta de todo lo que eres capaz de construir.

Cuando alimentamos el cuerpo con alimentos nutritivos y aumentamos la fuerza y la resistencia con actividad física frecuente, sabemos que estaremos en mejor disposición de combatir las infecciones y de recuperarnos si nos enfermamos. Lo mismo sucede con la salud financiera. Cuanto más desarrollemos el autoconocimiento y dominemos más y más herramientas, y más nuevos hábitos empoderantes; en tiempos en que "todo va bien", más preparados estaremos para afrontar las dificultades que la vida ponga en nuestro camino cuando lleguen. Aunque ¿sabes qué?, tengo una creencia: Esas "dificultades" dejarán de aparecer o serán cada vez menos recurrentes, o como lo diría en palabras de mi abuelo: "El diablo bien que sabe a quién se le aparece".

Este libro no es para que me veas como si fuera un gurú o un mesías de las finanzas, no soy un mago ni tengo una bola de cristal para predecir el futuro. Pero sí te aseguro que es una recopilación de todo lo que he aprendido a lo largo de mi experiencia y que ha sido de gran ayuda para mí. Quiero compartir contigo mis descubrimientos, para que no tengas que cometer los errores que yo cometí, ahorrarás muchísimo tiempo; que ahora ya sabes que es energía vital, tendrás muchos menos dolores de cabeza y el despilfarro indiscriminado de dinero, simplemente terminará. Tu poder adquisitivo crecerá también, ya lo dije antes; solo que ahora estarás preparado para cuando llegue ese momento.

Siempre recuerda aplicar la dos reglas del dinero de Warren Buffett:
1.- Nunca pierdas dinero.
2.- Nunca dejes de aplicar la regla #1.

Y de "mi cosecha":
Jamás arriesgues tu dinero en nada que no comprendas al cien por ciento, sin importar quién te dio ese consejo o quien te invito a ese negocio o inversión. Todos los negocios implican riesgo, deberemos aprender a medirlo y a gestionarlo.

Esto aplica para negocios de mercadeo en red, inversiones de todo tipo, negocios, emprendimientos, ese negocio al que te está invitando tu cuñado, etc. Nota: No te estoy diciendo que no lo hagas, solo que primero estudies a fondo el tema, sí, según el caso, esto implica meses o incluso años, pues la regla sigue vigente.

Me despediré de esta sección con una breve historia: De niño, tendría tal vez ocho o nueve años, vi en un escritorio de mi papá un libro que muchos años después comprendí era un gran clásico, el libro:

"Piense y hágase rico", de Napoleón Hill. Tomé el libro en mis manos, lo ojeé un poco, luego lo dejé donde estaba y reflexioné: Si cualquiera que quisiera ser rico, lo único que tuviera que hacer es pensar, pero principalmente solo comprar este libro y leerlo, entonces ¿por qué hay tanta gente pobre, -desde mi perspectiva de niño-, por todos lados? Tardé dos o tres décadas en responderme esa pregunta, y luego de no uno sino tal vez más de quinientos libros sobre temas financieros, económicos y finanzas de todo tipo, descubrí que esa cuestión no tiene una sola respuesta, sino muchas.

Antes de agradecerte por la confianza depositada en mi persona, quiero compartir contigo, una cita literal de uno de los grandes exponentes de temas financieros de la actualidad, el Dr. Andrés Panasiuk, de su libro "DIEZ LEYES IRREFUTABLES PARA LA DESTRUCCIÓN Y RESTAURACIÓN ECONÓMICA".

Hago esta cita para inspirarte a que en adición a este libro sigas leyendo, estudiando, investigando, vayas a entrenamientos, etc. Que consideres este libro como solo el inicio, dice así:

"Debes buscar consejo de hombres sabios en el área específica en la que necesites tomar tus decisiones económicas. Búscalos. Mantenlos cerca de ti. Escúchales y no tengas reparos en recompensarles por sus buenas recomendaciones. Sus consejos te ahorrarán dolor, tiempo y mucho dinero".

Lalo Cortez

Lalo Cortez

Entrenador Financiero, Conferencista, Ingeniero en Sistemas, Empresario, Investigador y "*Marketer*" Digital.

Aviso legal: Este libro es una guía informativa y educativa que comparte mis experiencias y conocimientos sobre finanzas personales. Sin embargo, no debe ser considerado como un consejo financiero personalizado, ni tampoco pretende sustituir el asesoramiento profesional de un experto en finanzas. La información aquí contenida no garantiza resultados financieros y el lector asume toda la responsabilidad de la interpretación y aplicación de los conceptos y consejos aquí expuestos. Antes de tomar cualquier decisión financiera, se recomienda buscar el asesoramiento adecuado de un profesional en la materia.

Bibliografía
Relación de libros y datos de investigación

1.- Diez Leyes Irrefutables para la destrucción y la restauración económica. Autor Andrés Panasiuk, 2010. Editorial Thomas Nelson Inc.

2.- Know yourself know your money. Autor Rachel Cruze, 2020. Editorial Ramsey Press.

3.- 50 clásicos de la Prosperidad. Autor Tom Butler-Bowdon, 2008. Editorial Sirio, S.A.

4.- Thou Shall Prosper. Autor Rabino Daniel Lapin, 2010. Publicado por John Wiley & Sons Inc.

5.- Atomic Habits. Autor James Clear, 2018. Editorial Penguin Random House LLC

6.- Limitless. Autor Jim Kwik, 2020. Editorial Hay House Inc. www.hayhouse.com

7.- High Performance Habits. Autor Brendon Burchrd, 2017. Editorial High Performance Research LLC

8.- Maneja tu Dinero para Dummies. Autor Roberto Moran, 2013. Editorial Planeta Mexicana, S.A. de C.V.

9.- Un equipo ganador. Autor Andrés Panasiuk. Editorial Thomas Nelson Inc.

10.- Get Good with Money. Autor Tiffany Aliche, 2021. Editorial Penguin Random House LLC

11.- Pequeño Cerdo Capitalista Inversiones. Autor Sofía Macias, 2013. Editorial Santillana Ediciones Generales, S.A. de C.V.

12.- First Steps to Wealth. Autor Dani Johnson, 2011. Editorial Call to Freedom Int'l, LLC.

13.- Las mujeres y el dinero. Autor Suze Orman, 2007. Editorial Ranfom House Ing. www.grupodelectura.com

14.- Total Money Makeover. Autor Dave Ramsey 2007. Editorial Nelson Books. HarperCollins Christian Publishing.

15.- The 21 DAY financial fast. Autor Michelle Singletary, 2010, 2014. Editorial Zondervan www.zondervan.com/ebooks

16.- Financial Fitness. Autor Chris Brady Orrin Woodward, 2018. Editorial Obstaclés Press

17.- Rich Dad Poor Dad. Autor Robert Kiyosaky, 1997. Publicado por Robert T. Kiyosaki's Cashflow Technologies

18.- Pequeño Cerdo Capialista, 2011. Autor Sofía Macias. Editorial Penguin Random House Grupo Editorial

19.- Money Magic, 2022. Autor Laurence J. Kotlikoff, Editorial Little, Brown

Spark
torial Penguin Books.

20.-The Psychology of Money, Autor Morgan Housel, 2020. Editorial Harriman House LTD

21.- Money. Autor Jacob Goldstein, 2020. Editorial AG Prospect, LLC.

22.- Los negocios de la biblia. Autor Larry Burket, 1996. Editorial Thomas Nelson Inc.

23.- The Path. Autor Tony Robbins & Peter Mallouk, 2020. Editorial Post Hill Press.

24.- Money Sutra. Autor Mauricio Roca Falla, 2020. Editorial Penguin Random House LLC

25.- Misbehaving. Autor Richard Thaler, 2015. Editorial W.W. Norton & Company, Inc.

26.- Thinking Fast and Slow. Autor Daniel Kahneman, 2011. Editorial Farrar, Straus and Giroux.

27.- The Automatic Millionaire. Autor David Bach, 2003, 2005, 2016. Editorial Crown Publishing Group.

28.- Smart couples finish rich. Autor David Bach. 2001, 2002, 2019. Editorial Crown Publishing Group.

29.- *Managing your Money for Dummies*. Autores Ted Benna, Stephen R. Bucci, James P. Caher, John M. Caher, N. Brian Caverly, Peter Economy, Jack Hunglemann, John E. Lucas, Sarah Glendon Lyons, Margaret A. Munro, Brenda Watson Newmann, 2009. Editorial Wiley Publishing Inc.

30.- *You are a badass at making money*. Autor Jen Sincero, 2017. Editorial Penguin Books.

31.- Los doce pasos de deudores anónimos. 2016. Literatura aprobada por la Conferencia de Servicio Mundial de D.A.

32.- La llave de la Riqueza. Autor Napoleon Hill, 1965. Editorial The Napoleon Hill Foundation.

33.- *Think and Grow Rich*, Autor Napoleon Hill, 1937. Editorial The Napoleon Hill Foundation.

34.- *The Soul of Money*. Autor Lynne Twist, 2017. Editorial W.W. Norton & Company, Inc.

35.- *Mind over Money*. Autor Eric Tyson, 2006. Editorial CDS Books.

36.- *Peaceful on Purpose*. Autor Joel Osteen, 2021. Editorial Hachette Book Group.

37.- *Behavioral Economics for Dummies*. Autor Morris Altman, PHD, 2012. Publicado por John Wiley & Sons Canada, Ltd

38.- Starting a Business for Dummies. Autor Kathlen R. Allen, PHD, Peter Economy, Paul and Sarah Edwards, Lita Epstein, Alex Hiam, Greg Holden, Peter Jaret, Jim Muehlhaunsen, 2015. Publicado por John Wiley & Sons, Inc

39.- Money. Master the Game: 7 Simple Steps to Financial Freedom. Autor Tonny Robbins, 2016. Editorial Simon & Schuster Ltd

40.- The abundance mind-set. Autor Joel Osteen, 2020. Editorial Hachette Book Group.

41.- La bolsa o la vida. Autor Joe Dominguez y Vicky Robin, 1992. Editorial Penguin Books.

42.- Telaraña de Deuda. Autor Ellen Hodgson, 2015. Editorial Almuzara, S.L.

43.- Economía Emocional. Autor Matteo Motterlini, 2015. Editorial Ediciones Culturales Paidós, S.A. de C.V.

44.- Emotionomics. Autor Dan Hill, 2014. Editorial Grupo Editorial Patria.

45.- Cracking the Millionaire Code. Autor Mark Victor Hansen, 1993. Editorial Harmony Books. www.crownpublising.com

46.- Mantenida S.A. Autor Madeleine Marion, 2013. Editorial Grupo Editorial Mesa Redonda S.A.C.

47.- 21 Leyes Absolutamente Inquebrantables del Dinero. Autor Brian Tracy, 2013. Editorial Taller del Éxito Exprés: diciembre de 2013.

48.- Multiplica tu Dinero. Brian Tracy, 2022. Editorial Penguin Random House. Grupo Editorial.

49.- Qué compran los que tienen dinero. Autor Gerardo Mendoza Peña, 2009. Editorial D.R. Ediciones B México, S.A. de C.V., 2009.

50.- La Alquimia de la Prosperidad. Autor Ferran Martínez, 2014. Editorial Ediciones Urano, S.A. www.mundourano.com www.edicionesurano.com

51.- El ahorrador inteligente. Autor Emilio Ontiveros y David Cano, 2015. Editorial Planeta Mexicana, S.A. de C.V.

52.- El camino a la Riqueza. Autor Brian Tracy, 2008. Editorial Grupo Nelson. www.gruponelson.com

53.- *The Four Spiritual Laws of Prosperity*. Autor Edwene Gaines, 2005. Editorial Rodale Inc.

54.- Fitness Financiero. Autor Joan Sotkin, 2009. Editorial Random House Mondadori, S.A. de C.V. www.rhmx.com.mx

55.- *Your Money, the missing manual.* Autor J.D. Roth, 2010. Publicado por O'Reillly Media, Inc.

56.- *The 7 Habits of Highly Effective People.* Autor de Stephen Covey, 1989. Editorial Free Press.

57.-*Rich Dad's Cashflow Quadrant: Guide to Financial Freedom,* Autor Robert Kiyosaki, 1998. Publicado por Robert T. Kiyosaki's Cashflow Technologies

58.- *Real Money Answers for Every Woman.* Autor Patrice C. Washington, 2013. Publicado por HarperCollins Books.

59.- *Your Money after the Big 5-0.* Autor Larry Burkett y Ron Blue, 2007. Publicado por B&H Publishing Group.

60.- *Financial Inteligence.* Autor Karen Berman y Joe Knight, 2006. Publicado por Business Literacy Institute, Inc.

61.- Finanzas Familiares: Mayordomía Integral", Autor Andrés Panasiuk, 201

62.- *The Millioaire Next Door.* Autor Thomas J. Stanley, 1996. Publicado por Gallery Books.

63.- 8 Reglas de los Emprendedores Exitosos. Autor Álvaro Mendoza, 2018. Publicado por MercadeoGlobal.com

64.- Finanzas para un Tonto. Autor Juan Marín Pozo, Editorial Aguilar. Nota: El término *MONEYLAND*, es marca registrada de Juan Marin Pozo, es el nombre de su simulador financiero.

65.- *The Psychology of Persuasion*, autor: Robert Cialdini, 1984. Publicado por Harper Business.

66.- El Hombre más Rico que jamás existió. Autor Steve Scott, 2006. Editorial: Ediciones Obelisco

67.- El hombre en busca de sentido. Autor: Victor Frankl, 2015 (versión en español), Editorial Herder.

68.- *Secrets of the Millionaire Mind*. Autor T. Harv Eker, 2005. Publicado por Harper Business.

69.- https://semiologia.net/ autor Alfonso Ruiz Soto.

70.- *Googled: The End of the World as We Know It*: Autor: Ken Auletta, 2010. Publicado por Penguin Books.

71.- *The dumb things smart people do with their money*. Autor Jill Schlesinger, 2019. Publicado por Ballantine Books.

72.- El síndrome de la impostora. Autor Elisabeth Cadoche y Anne de Montarlot, 2021. Editorial Planeta. www.planetadelibros.com.mx

73.- *Smart couples finish rich*. Autor David Bach, 2001. Editorial Penguin Random House.

74.- El amor es el amor y el dinero es el dinero. Autor: Adina Chelminsky, 2010. Editorial Ediciones Obelisco.

75.- *The automatic millionaire*. Autor David Bach, 2003. Editorial Crown Business.

76.- *Get Out of Your Head: Stopping the Spiral of Toxic Thoughts*, Autor: Jennie Allen. 2021. Publicado por WaterBrook.

77.- *Redefining anxiety*, Autor: John Delony, 2020. Publicado por Ramsey Press.

78.- *Rich Woman*. Autor: Kim Kiyosaki, 2006. Publicado por Penguin Random House.

79.- Tenemos La Pareja Para La Que Nos Alcanzó. Autor: Ruben Gonzalez Vera, 2014. Editorial Mina Estrella.

80.- Parkinson's Law, Autor: Cyril Northcote Parkinson, 1957. Publicado por Buccaneer Books.

81.- *Power vs. Force*, Autor: Dr. David Hawkings, 2011. Publicado por PenguinRandomHouse.com: Books.

Adicionalmente puedes investigar toda la obra de los autores de los cuales presento citas a lo largo de esta trilogía.

-*"La lectura es una herramienta poderosa para la educación y el enriquecimiento personal."* -

Barack Obama

*-"Si no sabes dónde estás yendo,
cualquier camino te llevará allí.*

*Es importante tener un
plan financiero claro y definido
para tu familia.*

*Ahora que ya has leído este libro,
ya tienes tu caja de herramientas
para construir tu proyecto
de vida familiar y financiero.*

Enhorabuena". -

Lalo Cortez

Made in the USA
Monee, IL
03 October 2023

43894929R00236